专利无效宣告请求案

2018年度典型案例报告

国家知识产权局专利局复审和无效审理部◎编著

全国百佳图书出版单位
——北京——
知识产权出版社

图书在版编目（CIP）数据

专利无效宣告请求案：2018 年度典型案例报告/国家知识产权局专利局复审和无效审理部编著．—北京：知识产权出版社，2020.11

ISBN 978-7-5130-7228-1

Ⅰ.①专…　Ⅱ.①国…　Ⅲ.①专利—审理—案例—中国　Ⅳ.①D923.425

中国版本图书馆 CIP 数据核字（2020）第 194215 号

内容提要

本书旨在针对 2018 年度具有影响力的典型专利无效案件开展分析研究和推介工作，为知识产权从业人员提供参考和借鉴。全书共选编 11 起典型案例，每一案例均包含案例评析和审查决定两部分，一方面反映了案件全貌，另一方面对案件法律问题作出精彩评析。

责任编辑：程足芬　　**责任校对**：王　岩

封面设计：博华创意・张冀　　**责任印制**：刘译文

专利无效宣告请求案：2018 年度典型案例报告

国家知识产权局专利局复审和无效审理部　编著

出版发行：知识产权出版社有限责任公司	网　　址：http://www.ipph.cn
社　　址：北京市海淀区气象路 50 号院	邮　　编：100081
责编电话：010-82000860 转 8390	责编邮箱：chengzufen@qq.com
发行电话：010-82000860 转 8101/8102	发行传真：010-82000893/82005070/82000270
印　　刷：三河市国英印务有限公司	经　　销：各大网上书店、新华书店及相关专业书店
开　　本：720mm×1000mm　1/16	印　　张：26.25
版　　次：2020 年 11 月第 1 版	印　　次：2020 年 11 月第 1 次印刷
字　　数：452 千字	定　　价：120.00 元

ISBN 978-7-5130-7228-1

编委会

前　言 PREFACE

专利权的无效宣告作为专利行政确权程序，对专利权的保护产生直接影响，是我国知识产权制度中必不可少的组成部分。一直以来，在实现高质量审查、向社会传递正向信息以保护创新主体和促进科技进步等方面发挥着重要作用。

国家知识产权局每年会从所审理的复审和无效案件中评选出社会关注度高、产业影响力大，能够诠释专利审查标准的年度十大案件并在“4·26”国家知识产权局开放日活动期间进行发布。这些案件能够多角度地深入诠释专利法律法规在复审和无效审查中的法律内涵和执行标准，对类似案件审查标准的使用也具有重要的启发和参考意义，并且受到了知识产权从业人员和创新主体的普遍关注。

国家知识产权局专利局复审和无效审理部在总结往年发布年度十大案件经验的基础上，调整撰写体例，形成《专利无效宣告请求案：2018年度典型案例报告》。希望通过典型案例报告的形式予以发布，以期能够进一步发挥典型案例的示范作用，对宣传专利保护制度、提高创新主体和社会公众的专利保护意识和运用专利制度的能力进而实现对创新的保护和激励带来积极的影响。

目 录 CONTENTS

一

计算机图形界面发明专利权的保护

评析“计算装置中的活动的卡隐喻”无效案

2017 年 12 月，苹果电脑贸易（上海）有限公司针对高通股份有限公司的一件名称为“计算装置中的活动的卡隐喻”的发明专利（专利号：ZL201310491586.1）向国家知识产权局原专利复审委员会（下称专利复审委员会）提起无效宣告请求。专利复审委员会组成五人合议组，经审理作出审查决定，维持专利权有效。

涉案专利涉及智能移动终端中 App 导航及关闭的应用管理技术，审查决定作出后，基于该维持有效的专利，福州市中级人民法院对苹果公司部分 iPhone 产品开出临时诉中禁令，在智能设备生产及消费领域引发广泛关注。本文通过对该无效宣告请求案件的审理思路进行梳理，尝试从技术方案的界定和技术特征的理解方面说明对此类案件的审查理念以及对 GUI 发明保护的相关启示，希望为相关从业人员提供参考。

一、了解技术背景，确定发明目的

涉案专利属于典型的 GUI 人机交互技术，纵观该领域的发展历程，随着新的人机交互的硬件或模式不断涌现，研发部门往往对人机交互的过程和效果的细节进行优化或创新，以此来推动该领域技术的进步。所以对于 GUI 领域的发明，充分了解方案的来龙去脉，确定技术要点，才能够更准确地理解技术方案的本质。

涉案专利涉及移动终端上应用程序的切换和关闭。在使用视窗系统的台式计算机中，应用程序的切换、关闭往往通过任务栏、桌面窗口、任务管理器等实现。这种基于窗口或按钮的交互技术往往是在较大的显示界面上通过鼠标点击或对特定控件的拖拽来完成，操作方式具有局限性。随着移动终端的出现，技术人员也将台式机的视窗系统移植到其上，但是由于运算处理能力以及显示面积有限，因而在某一时刻只能显示当前运行的应用程序，用户无法看到其他程序，切换起来既不直观，又不方便。

随着移动终端的运算处理能力的增强，允许同时运行若干应用程序，因此上述缺陷在屏幕有限的移动终端中越发凸显。涉案专利为了克服该缺陷，采用“卡隐喻”的方式对应用程序进行管理，将应用程序以卡片的形式显示在屏幕区域中。之后通过对多个卡的手势操作，实现对相应应用程序的切换和关闭。涉案专利的技术方案能够大大简化现有移动终端中切换和关闭应用程序时所要执行的操作，用户操作直观有效，体验较佳。

二、抓住领域特点，全面理解发明

请求人引用对比文件1（WO2008/030976A2）作为最接近的现有技术评述了本专利权利要求的新颖性和创造性。对比文件1是苹果公司对手机操作系统的触控功能的一项总揽的专利申请，通过几十个实施例介绍了启发法在各个应用程序实施例中的运用。

所谓启发法，是一种依据关于系统的有限认知和假说，得到关于此系统的结论的分析行为，通俗地说，对比文件1中的启发法可以理解为一种接收触摸输入，生成相应控制命令的方法。

请求人主张，对比文件1明确记载了将启发法用于确定输入命令，因此启发法整体应该被视为一项技术方案，公开了“左右掠过的手势切换卡，上下掠过的手势关闭卡”的方案，能够评价权利要求1的新颖性。对此专利权人认为，同一手势在不同的应用程序中启发法的定义不同，因此不同应用程序实施例中的启发法属于不同的技术方案。因此，本案的争议焦点之一就在于对比文件1整体上能否作为新颖性单独对比的基础，也即“一项技术方案”。

为此，首先需要判断启发法在对比文件1的各个应用程序实施例中如何理解。根据对比文件1的记载，启发法在浏览器程序中可实现为：接收左右掠过的手势，改变多个网页在浏览器窗口中的位置；在图像管理程序中可实现为：接收上下掠过的手势，滚动相册列表。可见，对比文件1中启发法包含多种具体的实现方式，每个应用程序只是选择了其中的一种或多种来应用启发法。那么，这些具体的应用实例是否能够共同构成“一项技术方案”呢？

需要注意的是，涉案专利与对比文件1均属于GUI交互领域，我们知道，在具有触控功能的GUI交互技术中，一个手势实现的功能受限于硬件环境以及软件的应用场景。在同一硬件环境下，同一手势在不同的软件应用场景中可以代表不同的功能，但在同一应用场景中，这些功能只能被择一地使用。如果抛开应用场景而仅仅根据文字记载，推断对比文件1中记载的多种手势功能均属于同一启发法中的多个实例，将可能导致该启发法中同一手势同时对应于多种功能，而这显然是不符合GUI的根本设计逻辑的。因此，对比文件1的启发法在不同应用程序中的解释不同且相互独立，不能认定对比文件1的启发法在整个移动终端中的应用构成“一项技术方案”。

基于上述分析，对比文件1不能破坏权利要求1的新颖性，继而需要考虑权利要求1是否具备创造性。对比文件1包含了多项技术方案，可以使用请求人所主张的浏览器实施例作为最接近的现有技术，与权利要求1进行特征对比。本案的第二个争议焦点在于，对比文件1浏览器实施例中的多个网页能否对应于权利要求1中的第一卡和第二卡。

关于第一卡和第二卡，权利要求1中有如下记载：“同时操作第一应用程序和第二应用程序；第一卡对应于第一应用程序，第二卡对应于第二应用程序。”请求人认为，从文字记载来看，第一应用程序和第二应用程序可以是同一应用程序，因此第一卡、第二卡与对比文件1浏览器中的多个网页相同。专利权人则认为，本专利的卡用于表征多个应用程序，因此二者不同。

合议组认为，虽然权利要求的解释离不开技术特征的文字记载，但是仅仅机械地对技术特征进行字面意义的解读是不够的。在确定技术用语的准确含义时，始终应当将技术方案代入所属技术领域，放置于技术发展进程的相应时间节点中，结合当时的技术背景以及领域特点，从而全面理解发明的技术本质。

涉案专利的优先权日在2008年，当时的移动终端虽然允许同时运行多个应用程序，但在狭小的屏幕空间上不能很好地对这些应用程序进行管理。本专利正是基于此而提出的。因此，权利要求1的卡必然代表多个应用程序，使得该方案具备对同时运行的多个程序进行管理的能力，从而能够解决现有技术中真正的痛点。

通过上述分析可知，权利要求1手势操作的重点就在于，它是在多个应用程序之间的操作。而对比文件1只是一个应用程序的内部操作，其与程序间的操作和管理在操作对象、操作目的和实现上都存在差异，因而不能简单地认为将其用到多个应用程序之间是显而易见的，并且其他对比文件也没有给出相应的技术启示或公开相同的交互过程，因此权利要求具备创造性，专利权被维持有效。

三、小结：对 GUI 交互发明保护的启示

本案由于其技术涉及公众普遍接触的智能手机界面，同时涉及两家知名公司，因此广受关注，但更应该看到，该案属于典型的保护“人机交互技术”的 GUI 发明专利申请，由于能够以概括性的语句保护技术本身，保护范围相对较宽、力度相对较大。本无效宣告审查决定的作出对于如何加强该特定领域技术创新的保护、权利要求保护范围的确定以及创造性的评判均具有典型的指导意义。

在申请阶段，如何使 GUI 发明更好地获得保护，涉案专利的撰写方式值得借鉴。GUI 交互技术通常包括平面布局、交互场景、操作对象、过程、结果等多项内容以及它们的内在关联，权利要求中如果能完整记载这些方面的特征，将有助于准确反映发明要解决的技术问题、体现创新要点，帮助创新主体获得与其技术贡献相匹配的专利保护。

另外在授权、确权阶段，GUI 领域的特点也需要受到关注。判断一件 GUI 发明要保护什么，不仅要看技术方案体现了怎样的交互过程，还要兼顾技术发展的背景，结合考察其应用场景、所要解决的技术问题、操作的对象、采用的手段以及相应结果等多种因素对方案的整体限定作用。只有在全面考虑了这些因素之后，才能准确理解 GUI 发明实质保护的技术内涵，从而充分、合理地对其创新成果予以保护。

无效宣告请求审查决定（第36696号）

决定要点

判断新颖性时适用单独对比原则，应当将每项权利要求分别与每一项现有技术的相关技术内容单独地进行比较，不得将其与一份对比文件中的多项技术方案的组合进行对比。

如果权利要求保护的技术方案与最接近的现有技术相比存在区别技术特征，该最接近的现有技术中不存在进行相应改进的动机，且现有技术整体也没有给出将上述区别技术特征应用到该最接近的现有技术以解决其存在的技术问题的启示，该区别技术特征的引入使得本发明专利权利要求的技术方案具有有益的技术效果，则该发明的权利要求具有突出的实质性特点和显著的进步，具备创造性。

决定文本

一、案由

本无效宣告请求涉及专利号为201310491586.1、名称为“计算装置中的活动的卡隐喻”的发明专利（下称本专利），其专利权人为高通股份有限公司。本专利是申请号为“200980128442.1”的发明专利申请（下称原申请）的分案申请。本专利的最早优先权日为2008年05月23日，申请日为2009年05月18日，授权公告日为2017年03月01日。本专利授权公告时的权利要求书如下：

“1. 一种计算机系统，其包括：

处理器；

触敏显示屏幕，其耦合到所述处理器，所述处理器接收所述触敏显示屏幕上的手势输入并且在至少两个显示模式中的任何一个显示模式下操作所述计算机系统，其中：

在给定的持续时间期间，所述处理器同时地操作至少第一应用程序和第二应用程序；

在全屏模式下，所述处理器在所述触敏显示屏幕上提供针对所述至少第一应用程序或第二应用程序中的仅一个应用程序的用户界面；

在窗口模式下，所述处理器：

在所述触敏显示屏幕上提供对应于所述第一应用程序的第一卡以及提供第二卡的第一部分，使得所述第二卡的第二部分在所述触敏显示屏幕上不可见，所述第二卡对应于所述第二应用程序，其中至少所述第一卡显示来自所述第一应用程序的操作的内容，所述内容对应于：（ⅰ）来自应用程序的输出，（ⅱ）任务，（ⅲ）消息，（ⅳ）文档或（ⅴ）网页；

通过改变所述第一卡在第一方向上相对于所述触敏显示屏幕的位置来对在所述触敏显示屏幕上沿着所述第一方向的定向接触进行响应；以及

对在所述触敏显示屏幕上沿着与所述第一方向不同的第二方向移动所述第一卡或所述第二卡的定向接触进行响应，这通过如下来进行：（ⅰ）基于沿着所述第二方向的定向接触来将所述第一卡或第二卡中之一标识为被选择，以及（ⅱ）在所述第二方向上将所选择的第一卡或第二卡从所述触敏显示屏幕上解散，使得相对应的第一应用程序或第二应用程序被关闭；

其中，响应于接收用户输入，所述处理器将所述计算机系统进行至少如下转换：（ⅰ）从所述全屏模式转换到所述窗口模式，或（ⅱ）从所述窗口模式转换到所述全屏模式。

2. 根据权利要求1所述的计算机系统，其中，所述第一方向在所述触敏显示屏幕上为大体上水平，并且其中所述第二方向在所述触敏显示屏幕上为大体上垂直。

3. 根据权利要求1所述的计算机系统，其中，所述第二方向为大体上向上。

4. 根据权利要求1所述的计算机系统，其中，在所述窗口模式下，每个卡都包括用于相对应的应用程序活动的用户界面，并且其中所述用户界面适于显示来自所述相对应的应用程序活动的操作的内容以及接收用于所述相对应的应用程序活动的输入。

5. 根据权利要求1所述的计算机系统，其中，在所述窗口模式下，所述第一卡或所述第二卡中的至少一个包括用于相对应的应用程序活动的用户界面的静态表示。

6. 根据权利要求1所述的计算机系统，其中，所述处理器被配置成在第三模式下操作所述计算机系统，其中所述第二卡和第三卡被堆叠，所述第二卡和所述第三卡均对应于所述第二应用程序。

7. 根据权利要求1所述的计算机系统，其中，在所述窗口模式下，所述处理器提供如具有焦点的所述第一卡或所述第二卡中的仅一个，并且其中在所述窗口模式下，所述处理器通过选择所述第一卡或第二卡中的哪一个成为焦点来对所述触敏显示屏幕上沿着所述第一方向的定向接触进行响应。

8. 根据权利要求1所述的计算机系统，其中，所述计算机系统在移动计算装置上被实现。

9. 根据权利要求8所述的计算机系统，其中，所述移动计算装置是手持式装置。

10. 根据权利要求1所述的计算机系统，其中，所述第一方向在所述触敏显示屏幕上为大体上垂直，并且其中所述第二方向在所述触敏显示屏幕上为大体上水平。

11. 根据权利要求1所述的计算机系统，其中，当在所述窗口模式下操作所述计算机系统时，所述处理器进一步被配置成通过移动至少所述第一卡或第二卡中的另一卡来对沿着所述第二方向移动所述第一卡或所述第二卡的定向接触进行响应，以填充通过被解散的第一卡或第二卡而留下的空隙。

12. 一种用于操作计算装置的方法，所述方法被一个或多个处理器实现，并且包括：

在全屏模式下操作所述计算装置，在所述全屏模式下，至少第一应用程序和第二应用程序被同时操作，并且其中针对所述第一应用程序或第二应用程序中的仅一个应用程序，用户界面被显示在触敏显示屏幕上；

当在所述全屏模式下操作所述计算装置时，接收用户输入；

响应于接收所述用户输入，从在所述全屏模式下操作所述计算装置转换到在窗口模式下操作所述计算装置，其中在所述窗口模式下，（ⅰ）至少第一卡被显示在所述触敏显示屏幕上，所述第一卡对应于所述第一应用程序，以及（ⅱ）第二卡的第一部分被显示在所述触敏显示屏幕上，使得所述第二卡的第二部分在所述触敏显示屏幕上不可见，所述第二卡对应于所述第二应用程序；

当在所述窗口模式下操作所述计算装置时：

通过改变所述第一卡在第一方向上相对于所述触敏显示屏幕的位置来对在所述触敏显示屏幕上沿着所述第一方向的定向接触进行响应；以及

对在所述触敏显示屏幕上沿着与所述第一方向不同的第二方向移动所述

第一卡或所述第二卡的定向接触进行响应，这通过如下来进行：（ⅰ）基于沿着所述第二方向的定向接触来将所述第一卡或第二卡中之一标识为被选择，以及（ⅱ）在所述第二方向上将所选择的第一卡或第二卡从所述触敏显示屏幕上解散，使得相对应的第一应用程序或第二应用程序被退出。

13. 根据权利要求12所述的方法，其中，所述第一方向在所述触敏显示屏幕上为大体上水平，并且其中所述第二方向在所述触敏显示屏幕上为大体上垂直。

14. 根据权利要求12所述的方法，其中，所述第一方向在所述触敏显示屏幕上为大体上垂直，并且其中所述第二方向在所述触敏显示屏幕上为大体上水平。

15. 根据权利要求12所述的方法，其中，当在所述窗口模式下操作所述计算装置时，对沿着所述第二方向移动所述第一卡或所述第二卡的定向接触进行响应包括移动至少所述第一卡或第二卡中的另一卡以填充通过被解散的第一卡或第二卡而留下的空隙。

16. 根据权利要求12所述的方法，其中，在所述窗口模式下，响应于接收在所述触敏显示屏幕上显示的所述第一卡或所述第二卡上的敲击输入，所述计算装置被从在所述窗口模式下操作转换到在所述全屏模式下操作。

17. 一种用于操作计算装置的系统，所述系统包括：

用于在全屏模式下操作所述计算装置的模块，其中在所述全屏模式下，针对第一应用程序或第二应用程序中的仅一个应用程序，用户界面被显示在触敏显示屏幕上；

用于当在所述全屏模式下操作所述计算装置时接收用户输入的模块；

用于响应于接收所述用户输入从在所述全屏模式下操作所述计算装置转换到在窗口模式下操作所述计算装置的模块，其中在所述窗口模式下，（ⅰ）至少第一卡被显示在所述触敏显示屏幕上，所述第一卡对应于所述第一应用程序，以及（ⅱ）第二卡的第一部分被显示在所述触敏显示屏幕上，使得所述第二卡的第二部分在所述触敏显示屏幕上不可见，所述第二卡对应于所述第二应用程序；

用于当在所述窗口模式下操作所述计算装置时通过改变所述第一卡在第一方向上相对于所述触敏显示屏幕的位置来对在所述触敏显示屏幕上沿着所述第一方向的定向接触进行响应的模块；以及

用于当在所述窗口模式下操作所述计算装置时对在所述触敏显示屏幕上

沿着与所述第一方向不同的第二方向移动所述第一卡或所述第二卡的定向接触进行响应的模块，所述响应通过如下操作来进行：（ⅰ）基于沿着所述第二方向的定向接触来将所述第一卡或第二卡中之一标识为被选择，以及（ⅱ）在所述第二方向上将所选择的第一卡或第二卡从所述触敏显示屏幕上解散，使得相对应的第一应用程序或第二应用程序被退出。

18. 根据权利要求17所述的系统，其中，所述第一方向在所述触敏显示屏幕上为大体上水平，并且其中所述第二方向在所述触敏显示屏幕上为大体上垂直。

19. 根据权利要求17所述的系统，其中，所述第一方向在所述触敏显示屏幕上为大体上垂直，并且其中所述第二方向在所述触敏显示屏幕上为大体上水平。

20. 根据权利要求17所述的系统，进一步包括用于如下操作的模块：

当在所述窗口模式下操作所述计算装置时，通过移动至少所述第一卡或第二卡中的另一卡来对沿着所述第二方向移动所述第一卡或所述第二卡的定向接触进行响应，以填充通过被解散的第一卡或第二卡而留下的空隙。”

针对上述专利权，苹果电脑贸易（上海）有限公司（下称请求人）于2017年12月12日向专利复审委员会提出无效宣告请求，请求宣告本专利权利要求1—20全部无效，其无效理由为：权利要求1—3、5、8—20不具备新颖性，不符合《专利法》第22条第2款的规定；权利要求1—20不具备创造性，不符合《专利法》第22条第3款的规定。请求人同时提交了如下证据：

附件1：本专利的授权公告文本；

附件2（下称对比文件1）：公开号为WO2008/030976A2、公开日为2008年03月13日的国际专利申请公开文本及中文译文；

附件3（下称对比文件2）：公开号为US2003/0117440A1、公开日为2003年06月26日的美国发明专利申请公开文本及中文译文；

附件4（下称对比文件3）：公开号为CN1860429A、公开日为2006年11月08日的中国发明专利申请公开文本；

附件5（下称对比文件4）：公开号为US5588105A、公开日为1996年12月24日的美国发明专利申请公开文本及部分中文译文。

经形式审查合格，专利复审委员会于2017年12月12日受理了上述无效宣告请求，向双方当事人发出受理通知书，将上述无效宣告请求书及证据副本转送给专利权人，同时成立合议组对本案进行审查。

请求人于2018年01月12日向专利复审委员会提交了意见陈述书，进一步补充提交了如下证据，其中附件5’用于替换无效宣告请求书中的附件5：

附件5’（下称对比文件4）：公开号为US5588105A、公开日为1996年12月24日的美国发明专利申请公开文本及部分中文译文；

附件6：本专利母案国际公布文本WO2009/143076A2及母案原申请的公开文本CN102099776A；

附件7（下称对比文件5）：公开号为US2007/0247440A1、公开日为2007年10月25日的美国发明专利申请公开文本及中文译文；

附件8（下称对比文件6）：公开号为US2008/0084400A1、公开日为2008年04月10日的美国发明专利申请公开文本及部分中文译文；

附件9（下称对比文件7）：公开号为US2006/0161861A1、公开日为2006年07月20日的美国发明专利申请公开文本及部分中文译文；

附件10（下称对比文件8）：公开号为US2006/0161847A1、公开日为2006年07月20日的美国发明专利申请公开文本及部分中文译文；

附件11（下称对比文件9）：公开号为US2007/0250787A1、公开日为2007年10月25日的美国发明专利申请公开文本及部分中文译文；

附件12（下称对比文件10）：公开号为CN1274439A、公开日为2000年11月22日的中国发明专利申请公开文本。

请求人在意见陈述书中进一步补充如下无效宣告请求理由：权利要求1—20修改超范围，不符合《专利法》第33条的规定；权利要求1—20保护范围不清楚，不符合《专利法实施细则》第20条第1款的规定；权利要求1—20得不到说明书支持，不符合《专利法》第26条第4款的规定；权利要求1—3、5、8—20不具备新颖性，不符合《专利法》第22条第2款的规定；权利要求1—20不具备创造性，不符合《专利法》第22条第3款的规定。具体为：

1. 关于修改超范围

（1）本专利通过上位概括、重新归纳和组合形成了新的权利要求1—20，其方案无法根据原申请记载的多个实施例直接、毫无疑义地得出，因此权利要求1—20修改超范围。

（2）原申请仅记载了将卡向上拖拽来解散活动，因此权利要求1、12、17步骤“基于沿着所述第二方向的定向接触来将所述第一卡或第二卡中之一标识为被选择”属于新增内容，超出了原申请记载的范围；原申请中仅公开了“向上”拖拽卡来关闭卡，权利要求1、12、17特征“在所述第二方向上将所选择的第一卡或第二卡从所述触敏显示屏幕上解散，使得相对应的第一应用程序或第二应用程序被关闭”使用上位概念“与第一方向不同的第二方向”替换下位概念“向上”，超出了原申请记载的范围，且向下解除窗口与原申请记载的向下执行卡的重新布置功能相矛盾。因此权利要求1、12、17修改超范围。

（3）权利要求2、13、18使用上位概念“大体上垂直”的“第二方向”替换下位概念“向上”，超出原申请记载的范围，且与原申请记载的向下执行的功能相矛盾。因此权利要求2、13、18修改超范围。

（4）权利要求10、14、19增加了“大体上水平”的“第二方向”来解散卡，与原申请记载的“向上”相矛盾，因此权利要求10、14、19修改超范围。

2. 关于保护范围不清楚

权利要求1、12、17“基于沿着所述第二方向的定向接触来将所述第一卡或第二卡中之一标识为被选择”中的“标识为被选择”可以理解为选择的卡变亮、变为完整模式、浮动等，因此其具体含义不清楚；从属权利要求2—11、13—16、18—20均没有克服该缺陷，因此权利要求1—20保护范围不清楚。

3. 关于得不到说明书支持

（1）权利要求1、12、17使用上位概念“第二方向”对说明书公开的“向上”拖拽卡来关闭卡进行概括，而说明书记载了向下拖拽将起始对卡的重新布置，而非关闭卡，因此权利要求1、12、17概括了较大的保护范围，得不到说明书支持。从属权利要求2—11、13—16、18—20均没有克服该缺陷，因此也得不到说明书支持。

（2）基于相同的理由，权利要求2、13、18的“大体上垂直”也得不到说明书支持。

（3）权利要求10、14、19的“大体上水平”与原申请记载的“向上”相矛盾，因此也得不到说明书支持。

4. 关于新颖性

独立权利要求1、12、17的技术方案完全被对比文件1公开，二者所属的技术领域、解决的技术问题和实现的技术效果均相同；从属权利要求2—3、5、8—11、13—16、18—20的附加技术特征均被对比文件1公开，因此权利要求1—3、5、8—20不具备新颖性。

5. 关于创造性

(1) 以对比文件1作为最接近的现有技术时

即使独立权利要求1与对比文件1相比存在区别技术特征，例如：1）第二卡对应于第二应用程序；和/或2）在第二方向上将所选择的第一卡或第二卡从触敏显示屏幕上解散。其中区别技术特征1）被对比文件2、5、9、10任何之一公开，或属于公知常识；区别技术特征2）被对比文件3、4、6任何之一公开，或属于公知常识；并且即使权利要求1与对比文件1还存在其他细微区别，也属于公知常识。因此，权利要求1相对于对比文件1与公知常识的结合，或对比文件1与对比文件2、5、9、10之一的结合，或对比文件1与对比文件2、5、9、10之一与公知常识的结合，或对比文件1与对比文件3、4、6之一的结合，或对比文件1与对比文件3、4、6之一与公知常识的结合，或对比文件1与对比文件2、5、9、10之一与对比文件3、4、6之一的结合，或对比文件1与对比文件2、5、9、10之一与对比文件3、4、6之一与公知常识的结合不具备创造性。

从属权利要求2的附加技术特征被对比文件1公开，或属于公知常识；从属权利要求3的附加技术特征被对比文件1公开，或属于公知常识；从属权利要求4的附加技术特征被对比文件2或对比文件2结合公知常识公开，或属于公知常识；从属权利要求5的附加技术特征被对比文件1、对比文件2或对比文件2结合公知常识公开，或属于公知常识；从属权利要求6的附加技术特征被对比文件2结合公知常识、对比文件7结合公知常识、对比文件8结合公知常识公开，或属于公知常识；从属权利要求7的附加技术特征属于公知常识；从属权利要求8的附加技术特征被对比文件1或对比文件5公开；从属权利要求9的附加技术特征被对比文件1或对比文件5公开；从属权利要求10的附加技术特征被对比文件1公开，或属于公知常识；从属权利要求11的附加技术特征被对比文件1公开，或属于公知常识。因而从属权利要求2—11不具备创造性。

基于与权利要求1相同的理由，独立权利要求12相对于对比文件1与公知常识的结合，或对比文件1与对比文件2、5、9、10之一的结合，或对比文件1与对比文件2、5、9、10之一与公知常识的结合，或对比文件1与对比文件3、4、6之一的结合，或对比文件1与对比文件3、4、6之一与公知常识的结合，或对比文件1与对比文件2、5、9、10之一与对比文件3、4、6之一

的结合，或对比文件1与对比文件2、5、9、10之一与对比文件3、4、6之一与公知常识的结合也不具备创造性。

从属权利要求13—16的附加技术特征均被对比文件1公开，或均属于公知常识，因而从属权利要求13—16不具备创造性。

基于与权利要求1相同的理由，独立权利要求17相对于对比文件1与公知常识的结合，或对比文件1与对比文件2、5、9、10之一的结合，或对比文件1与对比文件2、5、9、10之一与公知常识的结合，或对比文件1与对比文件3、4、6之一的结合，或对比文件1与对比文件3、4、6之一与公知常识的结合，或对比文件1与对比文件2、5、9、10之一与对比文件3、4、6之一的结合，或对比文件1与对比文件2、5、9、10之一与对比文件3、4、6之一与公知常识的结合也不具备创造性。

从属权利要求18—20的附加技术特征均被对比文件1公开，或均属于公知常识，因而从属权利要求18—20不具备创造性。

（2）以对比文件5作为最接近的现有技术时

独立权利要求1与对比文件5的区别技术特征仅在于：1）在第二方向上将所选择的第一卡或第二卡从所述触敏显示屏幕上解散。即使权利要求1与对比文件5还存在其他区别技术特征，例如：2）通过改变第一卡在第一方向上相对于触摸屏的位置来对在触摸屏上沿着第一方向的定向接触进行响应；3）基于沿着所述第二方向的定向接触来将所述第一卡或第二卡中之一标识为被选择；和/或4）第二卡对应于所述第二应用程序。其中区别技术特征1）被对比文件1、3、4、6任何之一公开，或属于公知常识；区别技术特征2）被对比文件1公开，或属于公知常识；区别技术特征3）被对比文件1公开，或属于公知常识；区别技术特征4）被对比文件1、9、10任何之一公开，或属于公知常识；并且即使权利要求1与对比文件5还存在其他细微区别，也属于公知常识。因此，权利要求1相对于对比文件5与公知常识的结合，或对比文件5与对比文件1、3、4、6之一的结合，或对比文件5与对比文件1、3、4、6之一与公知常识的结合，或对比文件5与对比文件1的结合，或对比文件5与对比文件1与公知常识的结合，或对比文件5与对比文件3、4、6之一与对比文件1的结合，或对比文件5与对比文件3、4、6之一与对比文件1与公知常识的结合，或对比文件5与对比文件3、4、6之一与对比文件1、9、10之一与公知常识的结合不具备创造性。

基于与权利要求1相同的理由，独立权利要求12、17相对于对比文件5

与公知常识的结合，或对比文件5与对比文件1、3、4、6之一的结合，或对比文件5与对比文件1、3、4、6之一与公知常识的结合，或对比文件5与对比文件1的结合，或对比文件5与对比文件1与公知常识的结合，或对比文件5与对比文件3、4、6之一与对比文件1的结合，或对比文件5与对比文件3、4、6之一与对比文件1与公知常识的结合，或对比文件5与对比文件3、4、6之一与对比文件1、9、10之一与公知常识的结合也不具备创造性。

从属权利要求2—11、13—16、18—20的附加技术特征的证据使用方式与以对比文件1作为最接近的现有技术时从属权利要求的证据使用方式一致，因此权利要求2—11、13—16、18—20也不具备创造性。

专利复审委员会本案合议组于2018年01月22日发出转送文件通知书，将请求人于2018年01月12日提交的意见陈述书及其所附证据副本转送给专利权人。

针对请求人2017年12月12日提交的无效宣告请求，专利权人于2018年01月26日提交了意见陈述书，对请求人提交的对比文件1和对比文件4的中文译文提出异议，同时提交了以下证据作为专利权人的相应译文：

反证1：对比文件1说明书第［00441］、［00476］、［00512］段的中文译文；

反证2：对比文件4说明书第5栏第5—15行的中文译文。

专利复审委员会本案合议组于2018年02月07日发出转送文件通知书，将专利权人于2018年01月26日提交的意见陈述书及其所附证据副本转送给请求人。

针对请求人2018年01月12日提交的意见陈述书，专利权人于2018年03月06日提交了意见陈述书，阐述了本专利符合《专利法》第33条、《专利法实施细则》第20条第1款、《专利法》第26条第4款、《专利法》第22条第2款和《专利法》第22条第3款的规定的理由，具体为：

（一）关于证据

对请求人提交的对比文件4、对比文件6—9的中文译文提出异议，并提交了以下证据作为专利权人的相应译文：

反证2’：对比文件4的扉页、说明书第5栏第5—15行、第9栏第1—17行的中文译文；

反证3：对比文件6的扉页、说明书第64段的中文译文；

反证4：对比文件7的扉页、说明书第［0042］段、图2B的中文译文；
反证5：对比文件8的扉页、说明书第［0053］段、图4A的中文译文；
反证6：对比文件9的扉页、说明书第［0033］、［0038］段的中文译文。

（二）关于无效理由

1. 关于修改是否超范围

（1）权利要求1—20是依据《专利法》所作的修改，修改的内容能够从原申请中直接、毫无疑义地确定，符合《专利法》第33条的规定。

（2）基于原申请的记载，只有处理器基于用户施加在卡上的拖拽手势将卡标识为被选择，卡才能相应地移动并被解散；原申请公开了向上拖拽手势可用于重新布置卡，其与向上拖拽手势解散卡不矛盾，因此向下拖拽手势重新布置卡与向下拖拽手势解散卡也不矛盾。因此权利要求1、12、17的修改符合《专利法》第33条的规定。

（3）基于相同的理由，权利要求2、13、18的修改符合《专利法》第33条的规定。

（4）原申请记载了第一方向与第二方向呈大致垂直关系的示例，并记载了第一方向可以为大体上水平或大体上垂直，因此权利要求10、14、19的修改符合《专利法》第33条的规定。

2. 关于保护范围是否清楚

特征“基于沿着所述第二方向的定向接触来将所述第一卡或第二卡中之一标识为被选择”是由处理器执行的动作，不一定要在屏幕上提供视觉反馈。因此，独立权利要求1、12、17及其从属权利要求2—11、13—16、18—20保护范围清楚。

3. 关于权利要求是否能得到说明书支持

（1）原申请记载了向上、向下拖拽手势均可用于重新布置卡的实施例，因而使用某一方向上的拖拽手势来重新布置卡与使用同一方向上的拖拽手势来解散卡并不矛盾。因此，独立权利要求1、12、17及其从属权利要求2—11、13—16、18—20能够得到说明书支持。

（2）基于相同的理由，权利要求2、13、18也能得到说明书支持。

（3）原申请记载了第一方向与第二方向呈大致垂直关系的示例，并记载了第一方向可以为大体上水平或大体上垂直，因此权利要求10、14、19能够得到说明书支持。

4. 关于新颖性

对比文件1至少未公开：独立权利要求1中除“一种计算机系统，其包括：处理器”之外的其余特征、独立权利要求12中除“一种用于操作计算装置的方法，所述方法被一个或多个处理器实现”之外的其余特征、独立权利要求17中除“一种用于操作计算装置的系统，所述系统包括”之外的其余特征。从属权利要求2—3、5、8—11、13—16、18—20的附加技术特征也未被对比文件1公开。因此，权利要求1—3、5、8—20均具备新颖性。

5. 关于创造性

（1）当以对比文件1作为最接近的现有技术时：参见上述针对新颖性的意见陈述，对比文件2—6、9、10均未公开独立权利要求1、12、17中的上述区别技术特征，例如至少均未公开有关第一方向、第二方向上的操作及其响应的特征，并且这些区别技术特征均不属于本领域的公知常识。因此，权利要求1、12、17具备创造性。

（2）当以对比文件5作为最接近的现有技术时：权利要求1、12、17与对比文件5也存在相同的区别技术特征，因而基于相同的理由，权利要求1、12、17具备创造性。

（3）请求人的意见陈述书中有关从属权利要求的附加技术特征的评述理由均不成立，因此从属权利要求2—11、13—16、18—20也都具备创造性。

针对专利权人2018年01月26日提交的意见陈述书，请求人于2018年03月14日提交了意见陈述书，认为专利权人提交的对比文件1、对比文件4的中文译文与请求人的中文译文没有实质性区别，因此坚持以请求人提交的中文译文为准。

专利复审委员会本案合议组于2018年03月15日发出转送文件通知书，将专利权人于2018年03月06日提交的意见陈述书及其所附证据副本转送给请求人。

专利复审委员会本案合议组于2018年03月20日向双方当事人发出了口头审理通知书，定于2018年04月12日举行第一次口头审理。

专利复审委员会本案合议组于2018年03月22日发出转送文件通知书，将请求人于2018年03月14日提交的意见陈述书转送给专利权人。

专利复审委员会本案合议组于2018年04月10日再次向双方当事人发出了口头审理通知书，定于2018年05月04日举行第二次口头审理，并于同日向双方当事人发出了合议组成员告知通知书，告知双方当事人因工作原因本案合议组成员发生变更。

第一次口头审理如期举行，双方当事人均委托代理人出席了本次口头审理。在本次口头审理过程中，明确了以下事项：

（1）双方当事人对对方出庭人员的身份和资格无异议，对合议组成员及书记员无回避请求，对合议组成员的变更无异议。

（2）对于合议组的转文，双方当事人均已收到。专利权人针对请求人于2018年03月14日提交的意见陈述书不再提交书面答复，所有意见以当庭陈述为准。

（3）请求人明确放弃于2017年12月12日提交的请求书中的无效理由，放弃该请求书中所附的对比文件4及其中文译文，其无效理由以2018年01月12日提交的意见陈述书为准，对比文件4及其中文译文也以该意见陈述书所附的附件5’为准。

（4）双方当事人当庭就译文异议达成以下一致意见：对比文件1说明书的第［00441］和［00476］段、对比文件4说明书的第5栏第5—15行和第9栏第1—17行、对比文件6的扉页和说明书第64段、对比文件7的扉页和说明书第42段、对比文件8的扉页、对比文件9的扉页的译文以专利权人提交的反证1、反证2’、反证3、反证4、反证5、反证6中的相应译文为准；对比文件1的说明书第［00512］段、对比文件4的扉页、对比文件7的说明书附图2B、对比文件8的说明书第53段和说明书附图4A的译文以请求人提交的附件2、附件5’、附件9、附件10中的相应译文为准；对比文件9说明书第33段的译文以在专利权人提交的反证6译文基础上，删除倒数第二句“主显示区域由最新到达的中断应用程序306所占据”中的“到达”为准；对比文件9说明书第38段的译文以前两句采用专利权人提交的反证6的译文，其余均采用请求人提交的附件11的译文为准。

（5）专利权人表示，请求人在无效理由有关创造性的评述中，引用了对比文件9的说明书附图3B—3F，该附图没有提交译文，因而不应作为证据使用。

（6）关于权利要求1、12、17中的特征“标识为被选择”，专利权人表示，权利要求中记载了该动作由处理器执行，因此可以确定其含义为处理器软件意义上将卡标识为被选择，而非视觉反馈方面的标识。

（7）双方当事人除坚持书面意见外，针对本专利的技术方案、《专利法》第33条、《专利法实施细则》第20条第1款、《专利法》第26条第4款的无效理由充分发表了意见。

针对专利权人 2018 年 03 月 06 日提交的意见陈述书，请求人于 2018 年 04 月 27 日提交了意见陈述书，阐述了本专利不符合《专利法》第 33 条、《专利法实施细则》第 20 条第 1 款、《专利法》第 26 条第 4 款、《专利法》第 22 条第 2 款和第 3 款规定的理由，同时提交了以下证据作为公知常识性证据，用于证明“移动电话采用触摸屏”“屏幕上同时显示多个应用程序窗口”是本领域的公知常识：

附件 13：《移动电话实践与指导》，西安电子科技大学出版社，马立军主编，2007 年 01 月第 1 版，第 1 次印刷；封面、书名页、版权页、目录页、第 14 页、封底，共 7 页；

附件 14：《信息技术应用基础（2005 版）》，复旦大学出版社，上海市计算机应用能力考核办公室编，2005 年 09 月第 1 版，第 1 次印刷；封面、书名页、版权页、目录页、第 68 页、封底，共 12 页；

附件 15：国家图书馆的《文献复制证明》及附件（证明编号 2018-NLC-GCZM-0392），共 21 页。

请求人在意见陈述书中补充了如下意见：1. 原申请中，选择和解散卡同时进行，而权利要求 1 中将“标识为被选择”和“解散”记载为分离的、依照先后顺序执行的步骤，因此与原申请的记载相悖，超出了原申请记载的范围。2. 专利权人认为“标识为被选择”是软件层面由处理器执行的动作，请求人认为视觉反馈是“标识为被选择”的一种可能理解，双方的不同解释恰好说明该特征含义不清楚。3. 本专利的卡模式和滑移模式下的操作类似，说明书中记载了滑移模式下向上拖拽关闭卡、向下拖拽重新布置卡，因而权利要求中对“向上”的上位概括得不到说明书支持。

第二次口头审理如期举行，双方当事人均委托代理人出席了本次口头审理。在本次口头审理过程中，进一步明确了以下事项：

（1）双方当事人对对方出庭人员的身份和资格无异议，对合议组成员及书记员无回避请求。

（2）合议组当庭将请求人于 2018 年 04 月 27 日提交的意见陈述书及证据副本转送给专利权人。专利权人当庭签收，并针对该转文充分发表了意见，同时表示庭后不再提交书面答复。

（3）专利权人对请求人所提交的证据的真实性、合法性和公开日期均无异议。

（4）合议组当庭告知双方当事人，第一次口头审理过程中已经就译文达成一致意见，并对有关《专利法》第33条、《专利法实施细则》第20条第1款、《专利法》第26条第4款的无效理由进行了调查，本次口头审理中双方当事人可对上述法条进行相关意见补充。

（5）双方当事人除坚持书面意见外，针对本专利的技术方案、《专利法》第33条、《专利法实施细则》第20条第1款、《专利法》第26条第4款、《专利法》第22条第2款、《专利法》第22条第3款的无效理由充分发表了意见。

（6）请求人认为：（6.1）对比文件1将启发法用于确定触摸屏设备的命令，公开了手机多个功能的展开，各个功能相互之间并没有非此即彼的互斥关系，可以应用于同一个手机，且文中多处描述了“在一些实施例中”，因此这些功能的组合公开了与权利要求1相同的技术方案。（6.2）本专利的第一、第二应用程序可以是相同的应用程序，因为本专利对于第一应用程序和第二应用程序没有任何定义，并且本专利说明书第［0024］段记载了“对于已经在运行的应用程序，可启动新卡”，权利要求6中也记载了第二卡和第三卡对应于同一应用程序的情况。因此对比文件1的多个浏览器网页相当于本专利的第一卡和第二卡，第一卡对应于第一应用程序，第二卡对应于第二应用程序。（6.3）请求人当庭引入对比文件1图63A、63E，并认为该内容包括在无效理由所引用的对比文件1全文之内，且与无效理由所引用的对比文件1第［00113］—［00114］段存在技术关联，主张其公开了本专利权利要求1的在窗口模式下以卡的方式呈现多个应用程序以及对卡的相关操作。

（7）专利权人表示：本专利的“卡”用于表征应用程序，权利要求中的“第一、第二应用程序”是不同的应用程序；权利要求4中用户界面接收的“输入”指的是用户对界面的输入；权利要求5中“静态表示”指的是对于窗口模式下的卡，用户不能对应用程序的内部功能进行操作。专利权人同时认为请求人在上述（6.3）部分所提及的当庭引入的部分超出了请求人提出无效理由的期限，属于新的事实和主张，并且即使依据该内容，其也不足以公开权利要求1中的相关内容。

至此，合议组认为本案事实已经清楚，可以作出审查决定。

二、决定的理由

（一）审查基础

在本次无效宣告请求程序中，专利权人未对权利要求书作出修改，因此本无效宣告请求审查决定所针对的文本为本专利的授权公告文本。

（二）证据认定

对比文件1—10均为专利文献，专利权人对其真实性、合法性和公开日期均没有异议，合议组经核实也未发现影响对比文件1—10的真实性的明显瑕疵，因此对对比文件1—10的真实性予以认可。对比文件1—10的公开时间均在本专利的最早优先权日之前，因此可以作为本专利的现有技术评价本专利权利要求的新颖性和创造性。专利权人对外文证据的对比文件2、5中文译文的准确性没有异议，针对外文证据对比文件1、4、6—9的中文译文的准确性提出异议，后双方当事人在第一次口头审理中已经就相关译文达成一致意见，因此对于上述有异议部分的外文证据以双方当事人达成一致意见的译文为准，其余部分的译文以请求人提交的译文为准。

专利权人对于无效理由中引入对比文件9的图3B—3F存在异议，认为对比文件9的中文译文没有包括图3B—3F，因而不应将其作为证据使用。对此，合议组认为，对比文件9的扉页中包含摘要附图的中文译文，附图3B—3F的原文与摘要附图中的英文标记相同，并且对比文件9说明书第［0033］段的中文译文也记载了图3D和3E中数字标记302、304、306的名称，因此本领域技术人员能够理解附图3B—3F中英文标记的实际含义与摘要附图的含义一致，对该附图的引入并不会导致无效理由和范围超出预期。因此，合议组对专利权人因请求人未提交附图3B—3F中文译文而请求不予接受的主张不予认可。

附件13、14为两本书籍的相关页复印件，附件15为国家图书馆出具的《文献复制证明》，用于证明附件13、14的真实性。专利权人对于附件13—15的真实性、合法性和公开日期均没有异议。合议组经核实也未发现影响其真实性的明显瑕疵，因此，对附件13—15的真实性予以认可。上述附件13、14的出版日期均早于本专利的最早优先权日，且所述两本书籍为相关领域教科书，因此可以作为公知常识性证据。

（三）关于《专利法》第 33 条

《专利法》第 33 条规定："申请人可以对其专利申请文件进行修改，但是，对发明和实用新型专利申请文件的修改不得超出原说明书和权利要求书记载的范围，对外观设计专利申请文件的修改不得超出原图片或者照片表示的范围。"

1. 本专利权利要求 1—20 限定了在全屏模式、窗口模式下对卡的操作，以及根据操作对应执行的功能，其技术方案在原申请说明书发明内容、具体实施方式部分均有记载，因此其修改没有超出原申请记载的范围，符合《专利法》第 33 条的规定。

2. 关于增加的特征"基于沿着所述第二方向的定向接触来将所述第一卡或第二卡中之一标识为被选择"：原申请说明书中记载了将卡向上拖拽离开屏幕以解散卡（参见说明书第［0106］—［0107］段、附图 8A—8B），本领域技术人员均知晓，在执行拖拽操作时，后台运行的计算机程序中必然对被拖拽的卡进行了标识选中，否则将无法明确该操作的执行对象，继而无法实现后续解散卡的操作，因此，处理器必然先将卡标识为被选择，然后执行解散卡的操作，其步骤存在顺序关系，并且该步骤和顺序均是本领域技术人员从原申请中能够直接、毫无疑义确定的。

关于特征"与第一方向不同的第二方向"：原申请说明书第［0106］、［0110］、［0120］段记载了向上拖拽的手势可用于解散卡；以及将卡从一个位置拖拽到另一个位置，例如向上、向下拖拽的手势均可用于重新布置卡。据此，本领域技术人员能够确定：在本专利中，向上拖拽的手势在不同条件下可用于执行不同功能，向上拖拽以解散卡和向上拖拽以重新布置卡并不矛盾。因此基于相同的理由，向下拖拽的手势在不同条件下也可以执行不同功能，向下拖拽以解散卡与向下拖拽以重新布置卡也并不矛盾。说明书中记载的"向上""向下"仅仅是用于对方向的举例，其指示了沿着某个方向执行拖拽可以解散卡这一技术内容，据此本领域技术人员能够根据本专利原申请文件的记载直接、毫无疑义地确定，在不同于第一方向的第二方向上的拖拽手势均可用于解散卡，因而该技术内容并未超出原申请记载的范围。

综上，权利要求 1、12、17 的修改未超出原申请记载的范围，符合《专利法》第 33 条的规定。

3. 关于特征"大体上垂直"：基于与上述第 2 点意见相似的理由，权利要求 2、13、18 的修改也未超出原申请记载的范围，符合《专利法》第 33 条的规定。

4. 关于特征“大体上水平”：原申请说明书中记载了当卡为水平布置时，向上拖拽以解散卡的示例（参见说明书第［0106］—［0107］段、附图 8A—8B），也即，拖拽卡的方向与卡的排列方向垂直。而根据说明书第［0094］段的记载，卡既可水平布置，也可垂直布置。据此，本领域技术人员能够根据本专利原申请文件的记载直接、毫无疑义地确定，当卡为垂直布置时，可以水平拖拽以解散卡。因此，权利要求 10、14、19 的修改未超出原申请记载的范围，符合专利法第 33 条的规定。

（四）关于《专利法实施细则》第 20 条第 1 款

《专利法实施细则》第 20 条第 1 款规定：“权利要求书应当说明发明或者实用新型的技术特征，清楚、简要地表述请求保护的范围。”

在本专利中，权利要求 1 记载了“所述处理器：……（ⅰ）基于沿着所述第二方向的定向接触来将所述第一卡或第二卡中之一标识为被选择”，据此可以明确，权利要求 1 中限定了执行“标识为被选择”的主体为处理器。因此，结合权利要求 1 中的上述记载，本领域技术人员能够理解此处的“标识”指的是处理器层面的标识。另外，说明书中也没有记载请求人所主张的以视觉反馈的形式将卡“标识为被选择”，本领域技术人员基于常规认知也能够知晓，将卡向上拖拽离开屏幕时，在后台运行的计算机程序必然要对被拖拽的卡进行标识选中，以指示该操作所针对的对象，因而此处应当将“标识”理解为处理器执行的软件程序中的标识、标记。因此，权利要求 1 及其从属权利要求 2—11 的保护范围是清楚的，符合《专利法实施细则》第 20 条第 1 款的规定。

基于同样的理由，权利要求 12、17 及其从属权利要求 13—16、18—20 保护范围也清楚，符合《专利法实施细则》第 20 条第 1 款的规定。

（五）关于《专利法》第 26 条第 4 款

《专利法》第 26 条第 4 款规定：“权利要求书应当以说明书为依据，说明要求专利保护的范围。”

1. 关于特征“第二方向”：原申请说明书中记载了向上拖拽的手势可用于执行多种功能、向下拖拽的手势可用于执行卡的重新布置（参见说明书第

[0106]、[0110]、[0120] 段)，这些有关方向的记载起到了说明和举例的作用，其所要表达的技术内容是：通过该操作将卡从序列中拖拽出来，从而解散卡。而无论拖拽方向是向上还是向下，均是从序列中拖拽出来，故而均可用于实现卡的解散，与当前属于卡模式还是滑移模式无关。因此，本领域技术人员能够从说明书中得到在“第二方向”上的拖拽可以解散卡，权利要求1、12、17 及其从属权利要求 2—11、13—16、18—20 能够得到说明书的支持，符合《专利法》第 26 条第 4 款的规定。

2. 关于特征“大体上垂直”：基于与上述第 1 点相似的理由，权利要求 2、13、18 能够得到说明书的支持，符合《专利法》第 26 条第 4 款的规定。

3. 关于特征“大体上水平”：原申请说明书中记载了当卡为水平布置时，向上拖拽以解散卡的示例（参见说明书第 [0106] — [0107] 段、附图 8A—8B)，也即，拖拽卡的方向与卡的排列方向垂直。而根据说明书第 [0094] 段的记载，卡既可水平布置，也可垂直布置。因而，本领域技术人员能够从说明书中得到在“大体上水平”的方向上的拖拽也可以解散卡的技术内容，权利要求 10、14、19 能够得到说明书的支持，符合《专利法》第 26 条第 4 款的规定。

（六）关于《专利法》第 22 条第 2 款

《专利法》第 22 条第 2 款规定：“新颖性，是指在申请日以前没有同样的发明或者实用新型在国内外出版物上公开发表过、在国内公开使用过或者以其他方式为公众所知，也没有同样的发明或者实用新型由他人向国务院专利行政部门提出过申请并且记载在申请日以后公布的专利申请文件中。”

判断新颖性时适用单独对比原则，应当将每项权利要求分别与每一项现有技术的相关技术内容单独地进行比较，不得将其与一份对比文件中的多项技术方案的组合进行对比。

1. 权利要求 1—3、5、8—11 相对于对比文件 1 具备新颖性

权利要求 1 请求保护一种计算机系统。对比文件 1 公开了一种计算设备(参见说明书全文、权利要求 1—45、附图 1—64)，该设备具有带有图形用户界面（GUI）的触敏显示器（也称为“触摸屏”）、一个或多个处理器（相当于本专利的处理器)、存储器以及程序。所述程序被存储在所述存储器中并被配置成由所述一个或多个处理器执行。所述程序包括：用于检测与所述触摸屏显示器的一个或多个手指接触的指令（相当于本专利的触敏显示屏幕，耦

合到所述处理器)。图 39A—39M 示出根据一些实施例的浏览器的示例性用户界面。在一些实施例中，响应于在完成图标 3938 上的敲击或在完成图标 3938 上的其他预定手势（相当于本专利的处理器接收所述触敏显示屏幕上的手势输入)，将位于显示器中心的窗口（例如 3912-2）放大以填满屏幕（即，该浏览器网页以窗口或全屏两种显示方式来显示，在全屏显示时，提供仅针对浏览器网页窗口的用户界面)。

UI 3900G（图 39G）是用于将新窗口添加到应用（诸如浏览器 147）的 UI。其包括显示窗（例如网页 3912-2)（即，以窗口形式显示浏览器网页时，处理器在触敏显示屏幕上提供第一窗口）和至少一个隐藏窗口（例如，网页 3912-1 和 3934-3，以及可能完全隐藏在屏幕外的其他网页）[即，提供第二窗口的第一部分，使得第二窗口的第二部分在所述触敏显示屏幕上不可见；并且由于这些窗口显示的是浏览器应用程序的网页内容，因而第一窗口显示来自浏览器应用程序的操作的内容，所述内容对应于（ⅰ）来自应用程序的输出，（ⅱ）任务，（ⅲ）消息，（ⅳ）文档或（ⅴ）网页]。

响应于在触摸屏显示器上检测到手势，将该应用中的显示窗口移离显示器，并将一隐藏窗口移到显示器上。例如，响应于在屏幕的左侧检测到敲击手势 3949，将具有网页 3912-2 的窗口向右部分地或全部移出屏幕，将具有网页 3912-3 的窗口完全移出屏幕，将具有网页 3912-1 的部分隐藏窗移到显示器的中心（即，通过改变第一窗口在第一方向上相对于触敏显示屏幕的位置来对在触敏显示屏幕上沿着第一方向的定向接触进行响应)。

在一些实施例中，响应于在完成图标 3938 上的敲击或在完成图标 3938 上的其他预定手势，将位于显示器中心的窗口（例如 3912-2）放大以填满屏幕 [即，响应于接收用户输入，（ⅱ）从网页的窗口显示转换到全屏显示]。

请求人主张：对比文件 1 将启发法用于确定触摸屏设备的命令，公开了手机多个功能的展开，各个功能相互之间并没有非此即彼的互斥关系，可以应用于同一个手机，且文中多处描述了“在一些实施例中”，其实质上描述了一个实施例。因而对比文件 1 中对浏览器网页、数字视频播放器、电话呼叫、相册等的相关操作及功能相当于公开了本专利权利要求 1 的完整技术方案。

对此，合议组认为：对比文件 1 的浏览器网页、数字视频播放器、电话呼叫、相册等分别属于不同的应用程序实施例。虽然对比文件 1 描述了将启发法用于根据手势确定用户指令，且多处提到“在一些实施例中”，但是对比文件 1 的启发法仅仅用于解释人机交互中手势识别的基本理论，在对比文件 1

的不同应用程序中，同一手势所对应执行的功能并不相同，因而对比文件1的多个实施例所记载的技术方案之间是相互独立的，不能共同构成一个单独的技术方案。从上述多个技术方案中各选取一些与手势操作相关的特征来组合评价本专利权利要求1的新颖性，不符合新颖性评判的单独对比原则。因而，对于请求人主张的权利要求1的各项特征分别被对比文件1的浏览器网页、视频播放器、电话呼叫、相册等实施例公开，合议组不予支持。

请求人主张：当仅以对比文件1的浏览器实施例作为单篇现有技术进行对比时，（1）对比文件1的多个浏览器网页相当于本专利的第一卡和第二卡，第一卡对应于第一应用程序，第二卡对应于第二应用程序，因为：（a）本专利对于第一应用程序和第二应用程序没有任何定义，第一、第二应用程序可以是相同的应用程序；（b）本专利说明书第［0024］段记载了“对于已经在运行的应用程序，可启动新卡”，并且本专利权利要求6中也记载了第二卡和第三卡对应于同一应用程序的情况。相应地，对比文件1公开了权利要求1中有关“处理器同时地操作至少第一和第二应用程序、响应于接收用户输入将计算机系统在全屏模式和窗口模式间转换”的特征。（2）浏览器实施例中的对全屏的“块”执行手势以实现全屏到窗口显示的逆转也相当于公开了特征“响应于接收用户输入，处理器将计算机系统从全屏模式转换到窗口模式”。（3）口头审理当庭新引入的对比文件1附图63A、63E包括在无效理由所引用的对比文件1全文之内，且与无效理由中具体引入的对比文件1第［00113］—［00114］段存在技术关联，因而可以当庭引入该附图且不超出期限，其可用于公开本专利权利要求1的在窗口模式下以卡的方式呈现多个应用程序以及对卡的相关操作。（4）对比文件1浏览器实施例中的第［00476］等段内容相当于公开了特征“对在所述触敏显示屏幕上沿着与所述第一方向不同的第二方向移动所述第一卡或所述第二卡的定向接触进行响应，这通过如下来进行：（ⅰ）基于沿着所述第二方向的定向接触来将所述第一卡或第二卡中之一标识为被选择，以及（ⅱ）在所述第二方向上将所选择的第一卡或第二卡从所述触敏显示屏幕上解散，使得相对应的第一应用程序或第二应用程序被关闭”。

对此，合议组认为：

关于第（1）点中的第（a）点：对于权利要求1中“第一卡、第二卡”的含义的理解，应当基于权利要求撰写时的常规逻辑进行合理推断。本专利旨在以卡隐喻的方式解决操作系统中多任务管理的问题，以“卡”的形式隐喻“应用程序”，当不同卡对应于不同应用程序时，通过对卡的切换和解散即可实现对应用程序的快速切换和关闭，因此，应当将权利要求1中的第一卡、第二卡理解为对应于不同的第一、第二应用程序。关于第（1）点中的第（b）点：虽然本专利说明书第［0024］段和权利要求6记载了一个应用程序可以对应两个以上的卡，但是该内容属于对权利要求1方案的进一步限定，其表示在以卡表征不同应用程序之后，还可以将同一应用程序展示为多个卡，而并非指示所有卡均对应于同一应用程序。而对比文件1浏览器网页均对应于同一浏览器应用程序，因而没有公开特征“第一卡对应于第一应用程序、第二卡对应于第二应用程序”。相应地，也没有公开权利要求1中有关“处理器同时地操作至少第一和第二应用程序、响应于接收用户输入将计算机系统在全屏模式和窗口模式间转换”的特征。

关于第（2）点：浏览器网页中的“块”属于全屏显示下的网页中的若干模块，从全屏显示的“块”切换到窗口显示的“块”不等于从全屏显示的网页转换到窗口显示的网页，更不等于从全屏显示的卡转换到窗口显示的卡。因此，对于请求人的该项主张，合议组不予支持。

关于第（3）点：即使合议组对请求人当庭引入的附图63A、63E予以接受，该图也仅能表示同时显示了应用1和应用2，说明书中亦仅有第［00955］段描述了该图“示出根据一些实施例的用于调节调光定时器的示例性方法”，根据该图和说明书的上述描述，并不能得出该显示能够实现何种功能，例如，两个应用之间如何通信、如何对两个应用进行操作、管理，因而无法体现请求人所主张的其公开了对卡的相关操作。

关于第（4）点：在浏览器实施例中（参见对比文件1第［00436］—［00540］段、附图39A—42C）仅仅记载了在删除图标上的敲击或在删除图标上的其他手势用于关闭浏览器网页，并未记载在第二方向上移动卡以解散卡并关闭浏览器应用程序的技术内容。因此，对于请求人的该项主张，合议组也不予支持。

综上所述，权利要求1与对比文件1至少存在以下区别技术特征：1）权利要求1中第一卡对应于第一应用程序、第二卡对应于第二应用程序，相应地，处理器同时地操作该第一应用程序和第二应用程序，并且响应于接收用户输入，使得计算机系统在应用程序的全屏模式、窗口模式间转换，而对比文件1第一网页窗口、第二网页窗口对应于同一浏览器应用程序，同时操作的是同一浏览器应用程序的两个网页窗口，并且是在浏览器应用程序中网页内容的全屏显示和窗口显示间转换；2）权利要求1还包括特征“对在所述触敏显示屏幕上沿着与所述第一方向不同的第二方向移动所述第一卡或所述第二卡的定向接触进行响应，这通过如下来进行：（ⅰ）基于沿着所述第二方向的定向接触来将所述第一卡或第二卡中之一标识为被选择，以及（ⅱ）在所述第二方向上将所选择的第一卡或第二卡从所述触敏显示屏幕上解散，使得相对应的第一应用程序或第二应用程序被关闭”。

鉴于权利要求1相对于对比文件1存在上述区别技术特征，并且上述区别技术特征也不属于惯用手段的直接置换，因此权利要求1相对于对比文件1具备新颖性，符合《专利法》第22条第2款的规定。权利要求2—3、5、8—11是独立权利要求1的从属权利要求，因而也具备新颖性，符合《专利法》第22条第2款的规定。

2. 权利要求12—16相对于对比文件1具备新颖性

权利要求12请求保护一种用于操作计算装置的方法。对比文件1公开了一种计算设备（参见说明书全文、权利要求1—45、附图1—64），该设备具有带有图形用户界面（GUI）的触敏显示器（也称为“触摸屏”）、一个或多个处理器（相当于本专利的所述方法被一个或多个处理器实现）、存储器以及程序。所述程序被存储在所述存储器中并被配置成由所述一个或多个处理器执行。所述程序包括：用于检测与所述触摸屏显示器（相当于本专利的触敏显示屏幕）的一个或多个手指接触的指令。图39A—39M示出根据一些实施例的浏览器的示例性用户界面。在一些实施例中，响应于在完成图标3938上的敲击或在完成图标3938上的其他预定手势（相当于本专利的接收用户输入），将位于显示器中心的窗口（例如3912-2）放大以填满屏幕［即，该浏览器网页以窗口或全屏两种显示方式来显示，在全屏显示时，仅针对浏览器网页窗口，用户界面被显示在触敏显示屏幕上］。

UI 3900G（图39G）是用于将新窗口添加到应用（诸如浏览器147）的UI。其包括显示窗（例如网页3912-2）［即，以窗口形式显示浏览器网页时，（ⅰ）至少第一窗口被显示在触敏显示屏幕上）和至少一个隐藏窗口（例如，网页3912-1和3934-3，以及可能完全隐藏在屏幕外的其他网页）［即，（ⅱ）第二窗口的第一部分被显示在触敏显示屏幕上，使得第二窗口的第二部分在所述触敏显示屏幕上不可见］。

响应于在触摸屏显示器上检测到手势，将该应用中的显示窗口移离显示器，并将一隐藏窗口移到显示器上。例如，响应于在屏幕的左侧检测到敲击手势 3949，将具有网页 3912-2 的窗口向右部分地或全部移出屏幕，将具有网页 3912-3 的窗口完全移出屏幕，将具有网页 3912-1 的部分隐藏窗移到显示器的中心（即，以窗口形式显示浏览器网页时，通过改变第一窗口在第一方向上相对于触敏显示屏幕的位置来对在触敏显示屏幕上沿着第一方向的定向接触进行响应）。

在一些实施例中，响应于在完成图标 3938 上的敲击或在完成图标 3938 上的其他预定手势，将位于显示器中心的窗口（例如 3912-2）放大以填满屏幕。

权利要求 12 与权利要求 1 请求保护的技术方案类似，因此基于与权利要求 1 相似的理由，权利要求 12 与对比文件 1 至少存在以下区别技术特征：1）权利要求 12 中第一卡对应于第一应用程序、第二卡对应于第二应用程序，相应地，同时地操作该第一应用程序和第二应用程序，并且响应于接收用户输入，使得计算机装置在应用程序的全屏模式、窗口模式间转换，而对比文件 1 第一网页窗口、第二网页窗口对应于同一浏览器应用程序，同时操作的是同一浏览器应用程序的两个网页窗口，并且是在浏览器应用程序中网页内容的全屏显示和窗口显示间转换；2）权利要求 12 还包括特征“对在所述触敏显示屏幕上沿着与所述第一方向不同的第二方向移动所述第一卡或所述第二卡的定向接触进行响应，这通过如下来进行：（ⅰ）基于沿着所述第二方向的定向接触来将所述第一卡或第二卡中之一标识为被选择，以及（ⅱ）在所述第二方向上将所选择的第一卡或第二卡从所述触敏显示屏幕上解散，使得相对应的第一应用程序或第二应用程序被退出”。

鉴于权利要求 12 相对于对比文件 1 存在上述区别技术特征，并且上述区别技术特征也不属于惯用手段的直接置换，因此权利要求 12 相对于对比文件 1 具备新颖性，符合《专利法》第 22 条第 2 款的规定。权利要求 13—16 是独立权利要求 12 的从属权利要求，因而也具备新颖性，符合《专利法》第 22 条第 2 款的规定。

3. 权利要求 17—20 相对于对比文件 1 具备新颖性

权利要求 17 请求保护一种用于操作计算装置的系统。对比文件 1 公开了一种计算设备（参见说明书全文、权利要求 1—45、附图 1—64），该设备具有带有图形用户界面（GUI）的触敏显示器（也称为“触摸屏”）、一个或多个处理器、存储器以及程序。所述程序被存储在所述存储器中并被配置成由所述一个或多个处理器执行。所述程序包括：用于检测与所述触摸屏显示器

（相当于本专利的触敏显示屏幕）的一个或多个手指接触的指令。图 39A—39M 示出根据一些实施例的浏览器的示例性用户界面。在一些实施例中，响应于在完成图标 3938 上的敲击或在完成图标 3938 上的其他预定手势（相当于本专利的用于接收用户输入的模块），将位于显示器中心的窗口（例如 3912-2）放大以填满屏幕（即，该浏览器网页以窗口或全屏两种显示方式来显示，在全屏显示时，仅针对浏览器网页窗口，用户界面被显示在触敏显示屏幕上）。

UI 3900G（图 39G）是用于将新窗口添加到应用（诸如浏览器 147）的 UI。其包括显示窗（例如网页 3912-2）[即，以窗口形式显示浏览器网页时，(i) 至少第一窗口被显示在触敏显示屏幕上] 和至少一个隐藏窗口（例如，网页 3912-1 和 3934-3，以及可能完全隐藏在屏幕外的其他网页）[即，(ii) 第二窗口的第一部分被显示在触敏显示屏幕上，使得第二窗口的第二部分在所述触敏显示屏幕上不可见]。

响应于在触摸屏显示器上检测到手势，将该应用中的显示窗口移离显示器，并将一隐藏窗口移到显示器上。例如，响应于在屏幕的左侧检测到敲击手势 3949，将具有网页 3912-2 的窗口向右部分地或全部移出屏幕，将具有网页 3912-3 的窗口完全移出屏幕，将具有网页 3912-1 的部分隐藏窗移到显示器的中心（即，以窗口形式显示浏览器网页时，通过改变第一窗口在第一方向上相对于触敏显示屏幕的位置来对在触敏显示屏幕上沿着第一方向的定向接触进行响应的模块）。

在一些实施例中，响应于在完成图标 3938 上的敲击或在完成图标 3938 上的其他预定手势，将位于显示器中心的窗口（例如 3912-2）放大以填满屏幕。

权利要求 17 与权利要求 1 请求保护的技术方案类似，因此基于与权利要求 1 相似的理由，权利要求 17 与对比文件 1 至少存在以下区别技术特征：1）权利要求 17 中第一卡对应于第一应用程序、第二卡对应于第二应用程序，相应地，响应于接收用户输入，使得计算机装置在应用程序的全屏模式、窗口模式间转换，而对比文件 1 第一网页窗口、第二网页窗口对应于同一浏览器应用程序，并且是在浏览器应用程序中网页内容的全屏显示和窗口显示间转换；2）权利要求 17 还包括特征“对在所述触敏显示屏幕上沿着与所述第一方向不同的第二方向移动所述第一卡或所述第二卡的定向接触进行响应的模块，所述响应通过如下操作来进行：（i）基于沿着所述第二方向的定向接触来将所述第一卡或第二卡中之一标识为被选择，以及（ⅱ）在所述第二方向上将所选择的第一卡或第二卡从所述触敏显示屏幕上解散，使得相对应的第一应用程序或第二应用程序被退出”。

鉴于权利要求 17 相对于对比文件 1 存在上述区别技术特征，并且上述区别技术特征也不属于惯用手段的直接置换，因此权利要求 17 相对于对比文件 1 具备新颖性，符合《专利法》第 22 条第 2 款的规定。权利要求 18—20 是独立权利要求 17 的从属权利要求，因而也具备新颖性，符合《专利法》第 22 条第 2 款的规定。

（七）关于《专利法》第 22 条第 3 款

《专利法》第 22 条第 3 款规定：“创造性，是指同申请日以前已有的技术相比，该发明有突出的实质性特点和显著的进步，该实用新型有实质性特点和进步。”

如果权利要求保护的技术方案与最接近的现有技术相比存在区别技术特征，该最接近的现有技术中不存在进行相应改进的动机，且现有技术整体也没有给出将上述区别技术特征应用到该最接近的现有技术以解决其存在的技术问题的启示，该区别技术特征的引入使得本发明专利权利要求的技术方案具有有益的技术效果，则该发明的权利要求具有突出的实质性特点和显著的进步，具备创造性。

1. 以对比文件 1 作为最接近的现有技术时，权利要求 1—20 具备创造性

（1）关于权利要求 1—11

（1.1）关于权利要求 1[1]

参见上述针对新颖性的评述，权利要求 1 与对比文件 1 的区别技术特征在于：1）权利要求 1 中第一卡对应于第一应用程序、第二卡对应于第二应用程序，相应地，处理器同时地操作该第一应用程序和第二应用程序，并且响应于接收用户输入，使得计算机系统在应用程序的全屏模式、窗口模式间转换，而对比文件 1 第一网页窗口、第二网页窗口对应于同一浏览器应用程序，同时操作的是同一浏览器应用程序的两个网页窗口，并且是在浏览器应用程序中网页内容的全屏显示和窗口显示间转换；2）权利要求 1 还包括特征“对在所述触敏显示屏幕上沿着与所述第一方向不同的第二方向移动所述第一卡

[1] 保留原审查决定的格式。

或所述第二卡的定向接触进行响应，这通过如下来进行：（ⅰ）基于沿着所述第二方向的定向接触来将所述第一卡或第二卡中之一标识为被选择，以及（ⅱ）在所述第二方向上将所选择的第一卡或第二卡从所述触敏显示屏幕上解散，使得相对应的第一应用程序或第二应用程序被关闭”。据此可以确定，权利要求 1 实际解决的技术问题在于：如何实现对多个应用程序的快速导航和快速关闭。

请求人主张：区别技术特征 1）中的部分特征“第二卡对应于第二应用程序”被对比文件 2、5、9、10 任何之一公开，或属于公知常识；并且附件 13—15 能够证明移动电话采用触摸屏、在屏幕上同时显示多个应用程序窗口是公知常识。区别技术特征 2）中的部分特征“在第二方向上将所选择的第一卡或第二卡从触敏显示屏幕上解散”被对比文件 3、4、6 任何之一公开，或属于公知常识。

对此，合议组认为：对于区别技术特征 1)，由于权利要求 1 是通过对第一、第二卡的操作来实现对第一、第二应用程序的控制，因此，特征“第一、第二卡对应于第一、第二应用程序”与“同时操作所述第一、第二应用程序，使得计算机系统在全屏模式、窗口模式间转换”之间是相互关联的，应当作为整体进行考虑。对比文件 5 公开了一种触摸屏装置（参见说明书第［0034］段，图 3A、3B、3D)，包括：“控制器 16 可以通过重叠的方式（在下文被称为‘切换模式’）显示含有图像的多个窗口。在显示窗口 20b 上显示属于第一层的执行菜单 30a，例如‘移动图像’‘MP3’‘照片’和‘收音机’。触摸屏或检测器 14 可以连接到触摸屏或检测器控制器 42 以用于将在触摸屏或检测器 14 上检测到的触摸信号化。如果触摸是双触摸，那么在步骤 S111 中，可以在已经取消了切换模式之后，在屏幕上显示全大小的被触摸的下面的层的显示窗口 20b，并且维持全屏模式。此时，如果触摸不是双触摸，那么在步骤 S112 中，可以将被触摸的下面的层的显示窗口 20b 显示为上覆的显示窗口，并且维持切换模式可见。”由此可见，对比文件 5 公开了不同卡对应于不同应用程序，并且相应地同时操作该多个应用程序，并响应于用户输入在应用程序的全屏模式和窗口模式之间转换，也即公开了区别技术特征 1)。并且该特征在对比文件 5 中所起的作用与其在本专利权利要求 1 中相同，均是用于以不同卡来表示不同的应用程序，从而实现多个应用程序间的快速导航。因此，对比文件 5 给出了将该区别技术特征 1）应用于对比文件 1 以解决其技术问题的启示。

鉴于对比文件5已经公开了区别技术特征1)，因此对于请求人关于区别技术特征1）中部分特征被对比文件2、9、10公开，或可由附件13—15证明其属于公知常识的主张，在此不再评述。

对于区别技术特征2)，由于“在第二方向上移动卡，将卡标识为被选择并使得卡在第二方向上解散，进而关闭对应的应用程序”的过程描述了对卡进行的一次完整操作及其对应执行的功能，因而这些特征之间相互关联，应当作为整体进行考虑。对比文件3公开了一种显示器（参见说明书第2页第3段、第2页倒数第5段、第2页最后1行—第3页第1行、第9页第12行)，包括：“姿势可以进一步定义显示器表面上所显示的应用程序的关闭，该姿势可以为手势。检测到的手势还可用于关闭内容窗口112，例如“X”或擦拭动作”。由此可见，对比文件3虽然公开了擦拭动作可以关闭应用程序，但擦拭动作仅仅是在窗口上或窗口附近划过，而不是移动卡的手势，也不涉及在第二方向上将卡从屏幕解散。

对比文件4公开了一个运行于笔输式计算机系统10的操作系统下的应用程序（参见说明书第5栏第12—16行、第9栏第10—11行)，包括：“通过将笔尖触针38的尖端放置在状态栏模板的一部分上，然后将触针的尖端在屏幕42上移动来指示执行拖动动作。这将导致在步骤206中，状态栏以及应用窗口两者的移动。如果拖动动作未被指示，则在步骤208判断是否有手势动作被指示执行。手势的一个实例为可以关闭窗口的‘擦拭’手势。如果有手势动作被指示，则步骤210执行该手势动作。”由此可见，对比文件4虽然公开了擦拭手势可以关闭窗口，但用于关闭窗口的擦拭动作仅仅是划过，而不是移动卡的手势，也不涉及在第二方向上将卡从屏幕解散。

对比文件6公开了一种响应于在播放的媒体视频文件的显示图像上执行的一个或多个手指手势而控制视频媒体回放的视频媒体播放器（参见说明书第［0064］段)，包括：“在优选实施例中，它从播放的媒体文件的左上部朝向播放的媒体文件的右下部跨越。这种对角滑动手指手势可以由本发明的例程通过其落入跨播放的视频媒体文件的特定角度范围内来检测。这样的对角滑动手指手势可以被映射到播放的媒体文件的关闭功能，停止播放并关闭文件。这是结束播放的视频媒体文件并关闭它的一种快捷方便的方式，使得其他计算内容可以显示在屏幕上。”由此可见，对比文件6虽然公开了擦拭手势可以关闭媒体文件，但其关闭的是媒体文件而不是应用程序，并且擦拭动作仅仅是在窗口上或窗口附近划过，而不是移动卡的手势，也不涉及在第二方向上将卡从屏幕解散。

而本专利权利要求1中通过在第二方向上移动第一卡或第二卡的定向接触，基于该定向接触将卡标识为被选择，并且在第二方向上将所选择的卡从屏幕上解散，多个步骤共同作用实现了将卡对应的应用程序关闭。即，对比文件3、4、6中关闭操作与权利要求1中关闭操作的对象、动作以及整体过程均不相同，因此对比文件3、4、6都没有公开区别技术特征2)，并且当前也没有证据表明上述区别技术特征2）属于本领域的公知常识，本专利通过采用沿第二方向移动卡、标识选中卡、在第二方向上从屏幕上解散卡以使得对应的应用程序被关闭的技术手段，能够获得更直观方便地关闭应用程序，以达到对操作系统中多个应用程序的快捷管理的有益效果。

因此，权利要求1相对于对比文件1与公知常识的结合，或对比文件1与对比文件2、5、9、10之一的结合，或对比文件1与对比文件2、5、9、10之一与公知常识的结合，或对比文件1与对比文件3、4、6之一的结合，或对比文件1与对比文件3、4、6之一与公知常识的结合，或对比文件1与对比文件2、5、9、10之一与对比文件3、4、6之一的结合，或对比文件1与对比文件2、5、9、10之一与对比文件3、4、6之一与公知常识的结合具备创造性，符合《专利法》第22条第3款的规定。

（1.2）关于权利要求2—11

权利要求2—11是权利要求1的从属权利要求，请求人主张用对比文件7和对比文件8评述部分从属权利要求的附加技术特征，未主张对比文件7和对比文件8公开了权利要求1相对于对比文件1存在的上述区别技术特征，且事实上对比文件7和对比文件8也没有公开在第二方向上移动卡、标识选中卡、解散卡以及关闭应用程序的技术内容，因此在权利要求1具备创造性的情况下，权利要求2—11也具备创造性，符合《专利法》第22条第3款的规定。

（2）关于权利要求12—16

（2.1）关于权利要求12

权利要求12是与权利要求1对应的方法权利要求，基于与权利要求1相似的理由，权利要求12相对于对比文件1与公知常识的结合，或对比文件1与对比文件2、5、9、10之一的结合，或对比文件1与对比文件2、5、9、10之一与公知常识的结合，或对比文件1与对比文件3、4、6之一的结合，或对比文件1与对比文件3、4、6之一与公知常识的结合，或对比文件1与对比文件2、5、9、10之一与对比文件3、4、6之一的结合，或对比文件1与对比文件2、5、9、10之一与对比文件3、4、6之一与公知常识的结合也具备创造性，符合《专利法》第22条第3款的规定。

(2.2) 关于权利要求13—16

权利要求13—16是权利要求12的从属权利要求，在权利要求12具备创造性的情况下，权利要求13—16也具备创造性，符合《专利法》第22条第3款的规定。

(3) 关于权利要求17—20

(3.1) 关于权利要求17

权利要求17是与权利要求1对应的产品权利要求，基于与权利要求1相似的理由，权利要求17相对于对比文件1与公知常识的结合，或对比文件1与对比文件2、5、9、10之一的结合，或对比文件1与对比文件2、5、9、10之一与公知常识的结合，或对比文件1与对比文件3、4、6之一的结合，或对比文件1与对比文件3、4、6之一与公知常识的结合，或对比文件1与对比文件2、5、9、10之一与对比文件3、4、6之一的结合，或对比文件1与对比文件2、5、9、10之一与对比文件3、4、6之一与公知常识的结合也具备创造性，符合《专利法》第22条第3款的规定。

(3.2) 关于权利要求18—20

权利要求18—20是权利要求17的从属权利要求，在权利要求17具备创造性的情况下，权利要求18—20也具备创造性，符合《专利法》第22条第3款的规定。

2. 以对比文件5作为最接近的现有技术时，权利要求1—20具备创造性

(1) 关于权利要求1—11

(1.1) 关于权利要求1

权利要求1请求保护一种计算机系统。对比文件5公开了一种触摸屏装置（参见说明书全文、权利要求1—16及附图1—5)，根据实施方案的触摸屏装置可以应用于安装有触摸屏的所有种类的数字设备，例如MP3、PDA、便携式终端、笔记本计算机。显示器12和触摸屏或检测器控制器42可以连接到主控制器44并且在所述主控制器的控制下操作（相当于一种计算机系统，包括处理器)。控制器16可以通过重叠的方式（在下文被称为‘切换模式’)（相当于窗口模式）显示含有图像的多个窗口。触摸屏或检测器14可以连接到触摸屏或检测器控制器42以用于将在触摸屏或检测器14上检测到的触摸信号化（相当于触敏显示屏幕，耦合到处理器，所述处理器接收触敏显示屏幕上的手势输入）。如果触摸是双触摸，那么在步骤 S111 中，可以在已经取消了切换模式之后，在屏幕上显示全大小的被触摸的下面的层的显示窗口 20b，并且维持全屏模式（相当于在全屏模式下，在触敏显示屏幕上提供针对至少第一应用程序或第二应用程序中的仅一个应用程序的用户界面）。此时，如果触摸不是双触摸，那么在步骤 S112 中，可以将被触摸的下面的层的显示窗口 20b 显示为上覆的显示窗口，并且维持切换模式（相当于在至少两个显示模式中的任何一个显示模式下操作所述计算机系统）。控制器 16 可以通过显示窗口来显示包括执行菜单的各种图像。参看图 3A，相应的显示窗口 20a、20b 示出属于同一层的执行菜单。也就是说，在显示窗口 20b 上显示属于第一层的执行菜单 30a，例如“移动图像”“MP3”“照片”和“收音机”（相当于在给定的持续时间期间，所述处理器同时地操作至少第一应用程序和第二应用程序）。如果触摸了图 3C 的切换模式选择区域 50b，那么可以将显示模式切换为切换模式，如图 3D 中所示。如果确定在菜单上检测到触摸，那么在步骤 S121 中，可以执行检测到的菜单。显示窗口可以彼此不完全重叠，使得其一些边缘或拐角可能未被覆盖（相当于在窗口模式下提供第一卡及第二卡的一部分，使得第二卡的第二部分在触敏显示屏幕上不可见）。在显示窗口 20b 上显示属于第一层的执行菜单 30a，例如“移动图像”“MP3”“照片”和“收音机”（相当于第一卡对应于第一应用程序，第二卡对应于第二应用程序）。在上覆的显示窗口 20a 上显示属于执行菜单 30a（“移动图像”）的下层（第二层）的执行菜单 30b（“拍摄移动图像”“查看所存储的移动图像”“查看 DMB”和“设定条件”）［相当于至少第一卡显示来自第一应用程序的操作的内容，所述内容对应于（i）来自应用程序的输出，（ii）任务，（iii）消息，（iv）文档或（v）网页］。此外，如果触摸在上覆的显示窗口 20a 上显示的执行菜单 30b，那么控制器 16 可以执行相关菜单。在一个实施方案中，如果触摸是在预定时间周期内触摸两次显示窗口的双触摸，那么可以取消切换模式并且可以在显示器上显示全大小的被双触摸的显示窗口。可以在取消了切换模式的显示窗口 20a 的一部分处提供切换模式选择区域 50b。切换模式选择区域 50b 可以接收触摸并且将显示模式切换为切换模式［相当于响应于接收用户输入，所述处理器将所述计算机系统进行至少如下转换：（i）从所述全屏模式转换到所述窗口模式，或（ii）从所述窗口模式转换到所述全屏模式］。

请求人主张：对比文件 5 第［0055］段公开了“通过拖拽操作来显示其

他被分组的菜单信息，使得用户可以容易地移动到所要的菜单"，因此公开了权利要求1中的特征"通过改变所述第一卡在第一方向上相对于所述触敏显示屏幕的位置来对在所述触敏显示屏幕上沿着所述第一方向的定向接触进行响应"。

对此，合议组认为：请求人所引段落仅仅是提到了"拖拽操作"一词，并没有具体描述所述拖拽操作的具体内容及所拖拽的对象，无法确定该拖拽操作与第一卡的位置变换是否存在直接的关联关系，因此对比文件5没有公开该特征。

请求人主张：对比文件5第［0055］段公开了"通过拖拽操作来显示其他被分组的菜单信息，使得用户可以容易地移动到所要的菜单"，因此公开了权利要求1中的特征"对在所述触敏显示屏幕上沿着与所述第一方向不同的第二方向移动所述第一卡或所述第二卡的定向接触进行响应，这通过如下来进行：（ⅰ）基于沿着所述第二方向的定向接触来将所述第一卡或第二卡中之一标识为被选择"。

对此，合议组认为：由于权利要求1中"在第二方向上移动卡，将卡标识为被选择并使得卡在第二方向上解散，进而关闭对应的应用程序"的过程描述了对卡进行的一次完整操作及其对应执行的功能，因而这些特征之间相互关联，应当作为整体进行考虑。对比文件5该段仅提到通过拖拽操作来显示其他被分组的菜单信息，使得用户可以容易地移动到所要的菜单，并没有具体描述该拖拽操作的对象和内容，也没有公开其与移动卡以解散窗口、关闭应用程序存在任何关联关系，因此，对比文件5没有公开该整体特征。

综上分析，权利要求1与对比文件5存在以下区别技术特征：1）权利要求1通过改变所述第一卡在第一方向上相对于所述触敏显示屏幕的位置来对在所述触敏显示屏幕上沿着所述第一方向的定向接触进行响应；2）权利要求1还包括"对在所述触敏显示屏幕上沿着与所述第一方向不同的第二方向移动所述第一卡或所述第二卡的定向接触进行响应，这通过如下来进行：（i）基于沿着所述第二方向的定向接触来将所述第一卡或第二卡中之一标识为被选择，以及（ii）在所述第二方向上将所选择的第一卡或第二卡从所述触敏显示屏幕上解散，使得相对应的第一应用程序或第二应用程序被关闭"。根据上述区别技术特征可以确定，权利要求1实际解决的技术问题是：如何实现对多个应用程序的快速切换和关闭。

请求人主张：区别技术特征1）被对比文件1公开，或属于公知常识；区别技术特征2）中的部分特征"基于沿着所述第二方向的定向接触来将所述第一卡或第二卡中之一标识为被选择”被对比文件1公开，或属于公知常识；区别技术特征2）中的部分特征“在第二方向上将所选择的第一卡或第二卡从所述触敏显示屏幕上解散”被对比文件1、3、4、6任何之一公开，或属于公知常识。

对此，合议组认为：对于区别技术特征1），对比文件1公开了一种计算设备（参见说明书全文、权利要求1—45、附图1—64），响应于在触摸屏显示器上检测到手势，将该应用中的显示窗口移离显示器，并将一隐藏窗口移到显示器上。例如，响应于在屏幕的左侧检测到敲击手势3949，将具有网页3912-2的窗口向右部分地或全部移出屏幕，将具有网页3912-3的窗口完全移出屏幕，将具有网页3912-1的部分隐藏窗移到显示器的中心。由此可见，对比文件1公开了改变一个窗口在第一方向上的位置以响应于第一方向的定向接触的技术特征。并且该特征在对比文件1中所起的作用与其在本专利权利要求1中相同，均在于通过简便的手势操作，实现多个缩略界面间的快速切换。在此基础上，本领域技术人员有动机将对比文件1公开的该内容应用于对比文件5中，改变卡的位置，以实现对重点关注的卡的切换。

对于区别技术特征2），参见上述关于权利要求1的第（六）部分和第（七）部分第（1.1）点的评述，基于相同的理由，对比文件1、3、4、6均没有公开该区别技术特征2）。并且当前也没有证据表明该区别技术特征2）属于本领域的公知常识，本专利通过采用沿第二方向移动卡、标识选中卡、在第二方向上从屏幕上解散卡的技术手段，能够获得更直观方便地关闭应用程序，以达到对操作系统中多个应用程序的快捷管理的有益效果。

综上所述，权利要求1相对于对比文件5与公知常识的结合，或对比文件5与对比文件1、3、4、6之一的结合，或对比文件5与对比文件1、3、4、6之一与公知常识的结合，或对比文件5与对比文件1的结合，或对比文件5与对比文件1与公知常识的结合，或对比文件5与对比文件3、4、6之一与对比文件1的结合，或对比文件5与对比文件3、4、6之一与对比文件1与公知常识的结合，或对比文件5与对比文件3、4、6之一与对比文件1、9、10之一与公知常识的结合具备创造性，符合《专利法》第22条第3款的规定。

（1.2）关于权利要求2—11

权利要求2—11是权利要求1的从属权利要求，请求人主张用对比文件7和对比文件8评述部分从属权利要求的附加技术特征，未主张对比文件7和对比文件8公开了权利要求1相对于对比文件5存在的上述区别技术特征，且事实上对比文件 7 和对比文件 8 也没有公开在第二方向上移动卡、标识选中卡、解散卡以及关闭应用程序的技术内容，因此在权利要求 1 具备创造性的情况下，权利要求 2—11 也具备创造性，符合《专利法》第 22 条第 3 款的规定。

(2) 关于权利要求 12—16

(2.1) 关于权利要求 12

权利要求 12 是与权利要求 1 对应的方法权利要求，基于与权利要求 1 相似的理由，权利要求 12 相对于对比文件 5 与公知常识的结合，或对比文件 5 与对比文件 1、3、4、6 之一的结合，或对比文件 5 与对比文件 1、3、4、6 之一与公知常识的结合，或对比文件 5 与对比文件 1 的结合，或对比文件 5 与对比文件 1 与公知常识的结合，或对比文件 5 与对比文件 3、4、6 之一与对比文件 1 的结合，或对比文件 5 与对比文件 3、4、6 之一与对比文件 1 与公知常识的结合，或对比文件 5 与对比文件 3、4、6 之一与对比文件 1、9、10 之一与公知常识的结合也具备创造性，符合《专利法》第 22 条第 3 款的规定。

(2.2) 关于权利要求 13—16

权利要求 13—16 是权利要求 12 的从属权利要求，在权利要求 12 具备创造性的情况下，权利要求 13—16 也具备创造性，符合《专利法》第 22 条第 3 款的规定。

(3) 关于权利要求 17—20

(3.1) 关于权利要求 17

权利要求 17 是与权利要求 1 对应的产品权利要求，基于与权利要求 1 相似的理由，权利要求 17 相对于对比文件 5 与公知常识的结合，或对比文件 5 与对比文件 1、3、4、6 之一的结合，或对比文件 5 与对比文件 1、3、4、6 之一与公知常识的结合，或对比文件 5 与对比文件 1 的结合，或对比文件 5 与对比文件 1 与公知常识的结合，或对比文件 5 与对比文件 3、4、6 之一与对比文件 1 的结合，或对比文件 5 与对比文件 3、4、6 之一与对比文件 1 与公知常识的结合，或对比文件 5 与对比文件 3、4、6 之一与对比文件 1、9、10 之一与公知常识的结合也具备创造性，符合《专利法》第 22 条第 3 款的规定。

(3.2) 关于权利要求 18—20

权利要求 18—20 是权利要求 17 的从属权利要求，在权利要求 17 具备创造性的情况下，权利要求 18—20 也具备创造性，符合《专利法》第 22 条第 3 款的规定。

综上所述，请求人主张的本专利权利要求 1—20 不符合《专利法》第 33 条、《专利法实施细则》第 20 条第 1 款、《专利法》第 26 条第 4 款、《专利法》第 22 条第 3 款的规定，权利要求 1—3、5、8—20 不符合《专利法》第 22 条第 2 款的规定的无效理由均不成立。

基于上述事实和理由，合议组作出如下决定。

三、决定

维持 201310491586.1 号发明专利权有效。

当事人对本决定不服的，可以根据《专利法》第 46 条第 2 款的规定，自收到本决定之日起三个月内向北京知识产权法院起诉。根据该款的规定，一方当事人起诉后，另一方当事人作为第三人参加诉讼。

合议组组长：季晓晖
主　审　员：王效维
参　审　员：王　可　朱明雅　曲　颖

二

如何准确确定权利要求的保护范围

评析“具有高密度的局部互连结构的电路及其制造方法”无效案

请求人苹果电脑贸易（上海）有限公司（下称苹果公司）就专利权人高通股份有限公司（下称高通公司）的名称为“具有高密度的局部互连结构的电路及其制造方法”（专利号：ZL201480013124.1）的发明专利权提出无效宣告请求。

这是高通公司和苹果公司系列无效宣告请求案件中唯一涉及集成电路芯片结构和工艺的案件，在北京高级人民法院相应的侵权纠纷标的额为1亿元。

原专利复审委员会经审理，作出第37129号无效宣告请求审查决定，维持专利权有效。

在上述无效宣告请求案中，双方当事人的争议焦点之一是如何理解和认定技术术语的含义，准确确定权利要求的保护范围，进而判断权利要求限定的技术方案是否满足新颖性和创造性。

一、权利要求保护范围确定的一般规则

专利权作为一种知识产权，通过权利要求向社会公示其保护范围，并作为侵权判定的依据。

对于权利要求保护范围的确定，我国《专利法》第59条第1款和《专利审查指南》第二部分第二章给出了相关规定。

《专利法》第59条第1款规定：“发明或者实用新型的保护范围以其权利要求的内容为准，说明书及附图可以用于解释权利要求的内容。”

《专利审查指南（2010）》第二部分第二章第3.2.2节规定：“每项权利

要求所确定的保护范围应当清楚。权利要求的保护范围应当根据其所用词语的含义来理解。一般情况下，权利要求中的用词应当理解为相关技术领域通常具有的含义。在特定情况下，如果说明书中指明了某词具有特定的含义，并且权利要求的保护范围由于说明书中对该词的说明而被限定得足够清楚，这种情况也是允许的。”

作为一般原则，在确定权利要求的保护范围时，首先应当准确站位本领域技术人员。作为本领域技术人员，应当知晓申请日或优先权日之前所述技术领域的普通技术知识，了解本领域的技术发展状况。其次，应当从技术的角度考量权利要求中技术术语的正确含义，避免脱离技术意义字面、机械地理解而导致产生不符合逻辑的解释。

二、技术术语含义的确定

1. 技术术语的含义一般应当理解为相关技术领域通常具有的含义

具体到本案，本案的争议焦点之一是“关于‘根据第二栅极层与第三栅极层之间的栅极层间距来安排第一栅极层’含义是否清楚的问题”。

对此，确定权利要求的保护范围时，应当准确站位本领域技术人员，把握技术实质。一般情况下，权利要求中的用词应当理解为本专利的申请日或优先权日之前本技术领域通常具有的含义。

作为本领域技术人员，应当知晓申请日或优先权日之前所属技术领域的普通技术知识，了解本领域的技术发展状况。

在本领域中描述两个晶体管的栅极之间距离关系的技术术语是“栅极间距”而不是“栅极层间距”。虽然“栅极层间距”没有采用本领域的标准技术术语，但整体考量本专利权利要求书和说明书的技术内容，本领域的技术人员可以理解“栅极层间距”实质上表达的是“栅极间距”。

从本专利优先权日之前应掌握的普通技术知识的角度来看，本领域技术人员普遍知晓栅极间距是指两个相邻晶体管的两个栅极之间的距离。

在本专利的优先权日前，从本领域的技术发展状况来看，随着半导体芯片中集成的晶体管数量的不断增加，半导体工艺已从亚微米工艺、深亚微米工艺、超深亚微米工艺发展到了纳米工艺，相应的半导体工艺尺寸变得越来越小，晶体管的分布更密集。本领域技术人员知晓对于特征尺寸较大的工艺，栅极间距不是需要重点考量的因素，但随着特征尺寸变小，会产生一系列影响器件性能的效应，此时，栅极间距便成为表征晶体管技术的关键指标，成为电路设计时重点考量的因素之一。

本专利的说明书已经明确指出本专利涉及深亚微米工艺技术，在此特征尺寸下，本领域技术人员应当知晓根据电路结构、设计规则和工艺条件等合理布局安排各晶体管的结构，并知晓如何根据第二栅极层与第三栅极层之间的栅极层间距来安排第一栅极层。

综合考量本领域通用的含义、本领域的技术发展状况、本领域技术人员应掌握的普通技术知识和应具备的能力，并结合说明书的记载和相应的图示，“根据第二栅极层与第三栅极层之间的栅极层间距来安排第一栅极层”的含义是清楚的。

2. 如果说明书中指明了某词具有特定的含义，且使用了该词的权利要求的保护范围足够清楚，则应按照说明书的特别界定理解权利要求用语的含义

（1）本领域中没有明确含义但说明书给出了界定

本案的争议焦点之二是“栅极切割层”含义是否清楚的问题。

对于双方当事人存在争议的权利要求的技术术语，虽然该术语在本领域中没有明确的定义，但本专利说明书中的记载指明了其具有的特定的含义，应当以说明书的界定理解权利要求用语的含义。

就本案而言，“栅极切割层”在本领域中没有通用的含义，但是说明书中对其有相应的界定。

结合说明书 0047 段中的文字记载以及附图 8 可知，“栅极切割层”的含义是通过与多个栅极层相交，将多个栅极层电隔离成相互不导通的两段栅极层。

因此，上述技术术语含义是清楚的。

（2）技术术语在本领域中具有通常含义，但说明书中有特定含义时，应按照说明书的特别界定理解权利要求用语的含义

本案的争议焦点之三是“级 2 互连”“第一级 2 栅极定向局部互连”和“第一级 1 栅极定向局部互连”的含义是否清楚。

对于双方当事人存在争议的权利要求的技术术语，虽然该术语在本领域中有明确的定义，但本专利说明书中的记载指明了其具有的特定的含义，应当以说明书的界定理解权利要求用语的含义。

具体到本案，在本领域中，互连和局部互连有通用的含义。

在集成电路芯片上各元件制造完成后，淀积金属薄膜，并通过光刻技术形成布线，把相互隔离的元件按一定要求互连成所需电路，这就是集成电路

的内部互连，通常叫作互连。随着集成电路集成度的提高，结构日趋复杂，金属互连已从简单向复杂、从单层向多层发展。互连线大致分为三种：局部互连线、模块间互连线和全局互连线。全局互连线是指布置在高层，宽度、厚度以及间距大的连线；模块间互连线是指布置在低层，密集和较薄的连线，是功能模块之间的连线；局部互连的定义是局部功能单元之间的连线。

但是“级2互连”“第一级2栅极定向局部互连”和“第一级1栅极定向局部互连”没有通用的含义，但本专利的说明书和部分附图中有明确的界定。

综合本领域中优先权日之前互连和局部互连的定义、互连技术的发展趋势，并通过阅读说明书以及附图的图示，本领域技术人员可以知晓本专利涉及集成电路的半导体基板与第一金属层之间的局部互连，将半导体基板与第一金属层之间细分为三级局部互连，分别为级1、级2和级3，本专利是对级1和级3之间的级2局部互连结构进行的改进，“局部互连”是“级2局部互连”的简略表达。“级2互连”是指位于级1和级3之间的级2互连，“第一级2栅极定向局部互连”是指多个级2栅极定向局部互连中的第一个，“第一级1栅极定向局部互连”是指多个级1栅极定向局部互连中的第一个。

因此，上述技术术语含义清楚。

由上述分析过程可见，在确定技术术语含义时，首先应当准确站位本领域技术人员，在此基础上根据本领域通常的含义以及说明书的记载准确认定权利要求的技术术语的含义，继而确定权利要求的保护范围。

事实上，无论是授权确权程序还是侵权程序中，权利要求保护范围的认定都是得出正确结论的基础。确权程序准确界定权利要求的保护范围，为后续的侵权程序判定得出正确结论奠定了基础，它作为授权程序和侵权程序之间的重要环节，在纠正不当授权和确认权利效力、助力专利权保护、有效衔接不同程序等方面发挥着重要作用。

无效宣告请求审查决定（第37129号）

决定要点

理解权利要求的保护范围时，应当站位本领域技术人员，一般情况下，权利要求中的用词应当理解为本技术领域通常具有的含义。对于双方当事人存在争议的权利要求的技术术语，虽然该术语在本领域中没有明确的定义，但本专利说明书中的记载指明了其具有的特定的含义，应当以说明书的界定理解权利要求用语的含义。

确定某一技术特征含义是否清楚，不能仅从字面上孤立地理解其含义，需要整体考量权利要求的技术方案以及各技术特征之间的连接关系，进而确定上述技术特征含义是否清楚。

作为本领域技术人员应当知晓申请日或优先权日之前所属技术领域所有的普通技术知识，能够获知所属技术领域中所有的现有技术。

综合考量本领域通用的含义、本领域的技术发展状况、本领域技术人员需要具备的能力，并结合说明书的记载和相应的图示，确定技术特征的含义是否清楚。

在判断发明的创造性时，应当对现有技术的技术方案进行整体考量，如果最接近的现有技术要解决的技术问题、采用的技术手段与本发明完全不同，其他现有技术也并未给出相关的技术启示，使得本领域技术人员不能显而易见地在最接近现有技术的基础上结合公知常识或其他现有技术得到本发明的技术方案，则该技术方案具备创造性。

决定文本

一、案由

本专利授权公告的权利要求书如下：

“1. 一种具有高密度的局部互连结构的电路，包括：

根据第二栅极层与第三栅极层之间的栅极层间距来安排的第一栅极层；

安排在所述第一栅极层与所述第二栅极层之间的第一栅极定向局部互连；

安排在所述第一栅极层与所述第三栅极层之间的第二栅极定向局部互连；

配置成将所述第一栅极层耦合至所述第一栅极定向局部互连和所述第二栅极定向局部互连中的一者的扩散定向局部互连层；以及

耦合在金属层与所述第一和第二栅极定向局部互连中的所述一者之间的通孔，以通过所述第一和第二栅极定向局部互连中的所述一者和所述扩散定向局部互连层来为所述第一栅极层提供必需的偏置电压。

2. 如权利要求 1 所述的电路，其特征在于，所述电路进一步包括连续扩散区，其中所述第一栅极层包括在所述连续扩散区中形成的具有源极/漏极端子对的阻挡晶体管的栅极，所述第一栅极定向局部互连被配置成耦合至所述漏极/源极端子对中的第一源极/漏极端子，并且所述第二栅极定向局部互连被配置成耦合至所述源极/漏极端子对中剩余的第二源极/漏极端子。

3. 如权利要求2所述的电路，其特征在于，所述扩散定向局部互连层被置于所述连续扩散区的版图之外。

4. 如权利要求2所述的电路，其特征在于，所述扩散定向局部互连层被置于所述连续扩散区的版图内。

5. 如权利要求2所述的电路，其特征在于，所述扩散定向局部互连层被配置成将所述第一栅极定向局部互连耦合至所述第一栅极层，所述电路进一步包括耦合在第一金属层与所述第一栅极定向互连层之间的通孔以将所述阻挡晶体管的所述栅极耦合至电源节点。

6. 如权利要求1所述的电路，其特征在于，所述第一栅极定向局部互连、所述第二栅极定向局部互连、和所述扩散定向局部互连各自是级2互连，所述电路进一步包括安排在所述第一级2栅极定向局部互连与所述第一源极/漏极端子之间的第一级1栅极定向局部互连以将所述第一级2栅极定向局部互连耦合至所述第一源极/漏极端子。

7. 如权利要求1所述的电路，其特征在于，所述第一栅极定向局部互连、所述第二栅极定向局部互连、和所述扩散定向局部互连都包括钨。

8. 如权利要求1所述的电路，其特征在于，进一步包括：

通过栅极切割层与所述第一栅极层分开的第四栅极层，其中所述第一栅极定向局部互连和所述第二栅极定向局部互连中的所述一者被配置成跨所述栅极切割层延伸；以及

配置成将所述第一栅极定向局部互连和所述第二栅极定向局部互连中的所述一者耦合至所述第四栅极层的第二扩散定向局部互连。

9. 一种用于制造高密度的局部互连结构的方法，包括：

根据毗邻的第二栅极层与第三栅极层之间的栅极层间距来在半导体基板上形成第一栅极层；

在所述第一栅极层与所述第二栅极层之间形成第一栅极定向局部互连；

在所述第一栅极层与所述第三栅极层之间形成第二栅极定向局部互连；

形成扩散定向局部互连以将所述第一连接栅极的局部互连和所述第二连接栅极的局部互连中的一者耦合至所述第一栅极层；以及

形成耦合在所述第一和第二栅极定向局部互连中的所述一者与第一金属

层之间的通孔，以通过所述第一和第二栅极定向局部互连中的所述一者和所述扩散定向局部互连来为所述第一栅极层提供必需的偏置电压。

10. 如权利要求9所述的方法，其特征在于，所述方法进一步包括：形成连续扩散区，其中形成所述第一栅极层形成在所述连续扩散区中具有漏极/源极端子对的阻挡晶体管的栅极，其中所述第一栅极定向局部互连耦合至所述漏极/源极端子对中的第一源极/漏极端子，其中所述第二栅极定向局部互连耦合至所述源极/漏极端子对中剩余的第二源极/漏极端子。

11. 如权利要求10所述的方法，其特征在于，形成所述扩散定向局部互连包括在所述连续扩散区的版图之外形成所述扩散定向局部互连。

12. 如权利要求10所述的方法，其特征在于，形成所述扩散定向局部互连包括在所述连续扩散区的版图内形成所述扩散定向局部互连。

13. 一种具有高密度的局部互连结构的电路，包括：

连续扩散区；

半导体基板内的配置成形成在所述连续扩散区中具有源极/漏极端子的一对晶体管的栅极的一对栅极层；

安排在所述一对栅极层之间的用于在所述连续扩散区中形成阻挡晶体管的栅极的第三栅极层；

配置成耦合至所述一对晶体管中的一晶体管的漏极/源极端子的栅极定向局部互连；

用于将所述栅极定向局部互连耦合至所述第三栅极层的装置；以及

耦合在所述栅极定向局部互连与第一金属层之间的通孔，以通过所述栅极定向局部和所述装置来为所述第三栅极层提供必需的偏置电压，

其中所述栅极定向局部互连和所述装置两者均位于所述半导体基板与毗邻的最底下的金属层之间。

14. 如权利要求13所述的电路，其特征在于，所述连续扩散区是p型扩散区，并且其中所述用于将所述栅极定向局部互连耦合至所述第三栅极层的装置被配置成将所述第三栅极层耦合至供电电压VDD。

15. 如权利要求13所述的电路，其特征在于，所述连续扩散区是n型扩散区，并且其中所述用于将所述栅极定向局部互连耦合至所述第三栅极层的装置被配置成将所述第三栅极层耦合至接地。

16. 如权利要求13所述的电路，其特征在于，所述装置是在所述连续扩散区的版图内形成的。”

针对上述专利权，请求人于2017年12月19日向专利复审委员会提出了无效宣告请求，认为：权利要求1—3、9—11、13—15不符合《专利法》第22条第2款有关新颖性的规定，权利要求1—16不符合《专利法》第22条第3款有关创造性的规定，请求宣告本专利权全部无效，同时提交了如下附件：

附件1：本专利的授权公告文本；

附件2（下称对比文件1）：美国专利文献US7920403B2，公告日2011年04月05日；

附件3（下称对比文件2）：美国专利文献US2012/0211837A1，公开日2012年08月23日。

经形式审查合格，专利复审委员会于2017年12月19日受理了上述无效宣告请求，并将上述无效宣告请求书及其附件副本转送给专利权人，随后成立合议组对本案进行审理。

2018年01月19日，请求人提交了意见陈述书，补充提交了无效理由和证据，其中提交的对比文件如下：

附件4：对比文件1的中文译文；

附件5：对比文件2的中文译文；

附件6（下称对比文件3）：美国专利文献US2009/0014796A1及其中文译文，公开日2009年01月15日；

附件7（下称对比文件4）：中国专利文献CN101521206A，公开日2009年09月02日；

附件8（下称对比文件5）：美国专利文献US6147857A及其中文译文，公开日2000年11月14日；

附件9：《硅集成电路工艺基础》，关旭东编著，北京大学出版社，2003年10月第1版，2008年03月第5次印刷，封面页、版权页、目录页、300—302页，共14页。

请求人认为，（1）本专利的权利要求1、3—4、6、8—9、11—13保护范围不清楚，权利要求1和9得不到说明书的支持，因此不符合《专利法》第26条第4款的规定；（2）权利要求6和8中的技术术语含义不清楚，因此权利要求6和8及对应说明书的记载内容公开不充分，不符合《专利法》第26条第3款的规定；（3）以对比文件3或5为最接近的现有技术，权利要求1—16不具备《专利法》第22条第3款规定的创造性。

2018年01月29日，本案合议组将请求人于2018年01月19日提交的上述意见陈述书及其附件转送给专利权人。

2018 年 03 月 13 日，专利权人提交了意见陈述书，认为请求人的无效理由均不成立，并同时提交了对比文件 3 和 5 的全部译文的译文异议。

合议组将专利权人的上述意见陈述及其附件转给请求人，并发出口头审理通知书。

口头审理于 2018 年 05 月 10 日举行，合议组对本案的所有无效理由和证据进行了调查，双方当事人均充分陈述了各自的意见，并明确了如下事项：

1. 关于证据

（1）关于公知常识性证据

请求人声称 2018 年 05 月 07 日提交了附件 10 和 11 作为公知常识性证据，并当庭提交了附件 10 和 11 的复印件，以及附件 9、10 和 11 的原件。

附件 10：《半导体器件物理与工艺》（第二版），[美] 施敏，赵鹤鸣、钱敏、黄秋萍译，苏州大学出版社，2002 年 12 月第 1 版，第 1 次印刷；

附件 11：《微电子技术概论》，常青、陶华敏、肖山竹、卢焕章著，国防工业出版社，2006 年 03 月第 1 版，第 1 次印刷。

合议组当庭将请求人提交的附件 10 和 11 的复印件转给专利权人签收，将附件 9、10 和 11 的原件交给专利权人核实。

（2）关于证据的真实性和公开日期

专利权人对所有专利文件的真实性、合法性和关联性没有异议，对附件 9、10 和 11 的真实性和公开日期没有异议。

（3）关于中文译文的准确性

专利权人对对比文件 1 和 2 的中文译文无异议，对对比文件 3 和 5 的中文译文有异议，并提交重新翻译的对比文件 3 和 5 的中文译文。专利权人指出对比文件 3 英文原文第 0041 段中的“VDD”和“BL”，请求人翻译为“偏置电压 VDD”和“字线”，专利权人认为应该翻译为“电源或电源供应源”和“位线”。

请求人认可专利权人的上述意见。

合议组当庭明确：对比文件 3 的上述译文以专利权人的中文译文为准，其他部分以请求人的中文译文为准。

专利权人指出对比文件 5 英文原文的第 3 栏 26—27 行，请求人翻译为“具有局部氧化物隔离结构 104 的场氧化物”，专利权人认为应该翻译为“与 locos 工艺相关联的场氧化物 104”。

请求人认可专利权人的上述意见，并指出专利权人的对比文件 5 中文译文第2栏左后一段中的附图标记“166”应该为“116”。

专利权人认可附图标记“166”应该为“116”。

合议组当庭明确：对比文件5中有异议的译文以专利权人的中文译文为准，其他部分以请求人提交的对比文件5的中文译文为准。

2. 关于无效理由

请求人在请求书中指出，权利要求1保护的技术方案已完全被对比文件1公开，因此权利要求1相对于对比文件1不具备新颖性。即使专利权人声称权利要求1与对比文件1还存在其他文字记载的细微区别，请求人也认为这些区别已被对比文件1和2的结合所公开，或属于本领域的公知常识。即使专利权人声称权利要求1与对比文件1还存在其他文字记载的细微区别，请求人也认为这些区别属于本领域的公知常识。请求人用附件9、10和11作为公知常识性证据佐证公知常识。此外，请求人在请求书以及补充提交的意见陈述中以对比文件1或3或5作为最接近的现有技术时，多处采用“即使还存在其他文字记载的细微区别，请求人也认为这些区别属于本领域的公知常识”的撰写方式评述相关权利要求不具备创造性。

合议组当庭向双方当事人明确：以对比文件1作为最接近的现有技术时，请求人在请求书和口审当庭都没有具体指出哪些“细微区别”属于公知常识，因此，属于没有结合证据具体评述权利要求不具备创造性的理由，这些无效理由不符合《专利审查指南》的相关规定，合议组不予接受。

请求人当庭明确的无效理由和范围为：

（1）权利要求1、3、4、6、8、9、11—13的保护范围不清楚，不符合《专利法》第26条第4款的规定；

（2）权利要求1、9得不到说明书的支持，不符合《专利法》第26条第4款的规定；

（3）权利要求6和8及对应说明书的记载内容公开不充分，不符合《专利法》第26条第3款的规定；

（4）权利要求1—3、9—11、13—15相对于对比文件1不具备《专利法》第22条第2款规定的新颖性；

（5）以对比文件1作为最接近的现有技术。

独立权利要求1相对于对比文件1和2的结合不具备创造性；

权利要求2—3的附加技术特征被对比文件1公开；

权利要求4的附加技术特征属于公知常识；

权利要求 5—8 的附加技术特征被对比文件 1 和公知常识公开；

独立权利要求 9 相对于对比文件 1 和 2 以及公知常识不具备创造性；

权利要求 10—11 的附加技术特征被对比文件 1 公开；

权利要求 12 的附加技术特征被对比文件 1 和公知常识公开；

独立权利要求 13 相对于对比文件 1 和 2 的结合不具备创造性；

权利要求 14—15 的附加技术特征被对比文件 1 公开；

权利要求 16 的附加技术特征被对比文件 1 和公知常识公开。

（6）以对比文件 3 或 5 作为最接近的现有技术。

独立权利要求 1 相对于对比文件 3 和公知常识的结合不具备创造性；

独立权利要求 1 相对于对比文件 5 和公知常识的结合不具备创造性；

权利要求 2 的附加技术特征相对于对比文件 3 和 4 的结合不具备创造性；

权利要求 3 的附加技术特征或者被对比文件 3 结合公知常识公开，或者属于公知常识；

权利要求 4 的附加技术特征或者被对比文件 3 公开，或者属于公知常识；

权利要求 5 的附加技术特征被对比文件 3 和 4 结合公知常识公开；

权利要求 6 的附加技术特征被对比文件 3 公开；

权利要求 7 的附加技术特征或者被对比文件 3 公开，或者属于公知常识；

权利要求 8 的附加技术特征被对比文件 3 和 4 的结合公开；

独立权利要求 9 相对于对比文件 3 和公知常识的结合不具备创造性；

独立权利要求 9 相对于对比文件 5 和公知常识的结合不具备创造性；

权利要求 10 的附加技术特征被对比文件 3 和 4 的结合公开；

权利要求 11 的附加技术特征被对比文件 3 结合公知常识公开；

权利要求 12 的附加技术特征被对比文件 3 公开；

独立权利要求 13 相对于对比文件 3 和 4 以及公知常识的结合不具备创造性；

独立权利要求 13 相对于对比文件 5 和公知常识的结合不具备创造性；

权利要求 14—16 的附加技术特征被对比文件 3 公开。

（7）在评价权利要求 1、5、9、13 的创造性时使用附件 9、10 和 11 作为公知常识性证据。

合议组于口头审理之后 2018 年 05 月 15 日收到了请求人 2018 年 05 月 07 日寄交的附件 10 和 11 的复印件，经核实，与请求人当庭提交并转给专利权人的附件 10 和 11 的文件一致。

至此，合议组认为本案事实已经清楚，可以作出审查决定。

二、决定的理由

1. 审查基础

本决定针对的文本为本专利授权公告的文本。

2. 关于证据

（1）关于证据真实性以及中文译文的准确性

请求人提交的对比文件1—5是专利文件，其中对比文件1—3、5是美国专利文件，对比文件4是中国专利文件，请求人提交了对比文件1—3和5的中文译文。

专利权人对所有专利文件的真实性、合法性、关联性以及公开日期没有异议。

专利权人对对比文件1和2的中文译文无异议，对对比文件3和5的部分中文译文有异议，并在口审当庭指出，请求人同意专利权人指出的译文异议并认可专利权人相关部分的中文译文。

合议组经核实，对对比文件1—5的真实性予以认可，对比文件1—5的公开日期早于本专利的优先权日，可以作为本专利的现有技术。对比文件1和2的中文译文以请求人提交的为准。对比文件3和5的中文译文中双方无异议之处以请求人提交的为准，专利权人口审中提出的有异议之处，以专利权人提交的对比文件3和5的中文译文为准。

（2）关于公知常识性证据

请求人提交了附件9、10和11作为公知常识性证据，口审当庭出示了附件9、10和11的原件。专利权人核实后对其真实性和公开日期没有异议。

附件9的“内容提要”中记载了：本书可作为高等学校微电子专业本科生和研究生的教材或参考书，也可供从事集成电路制造的工艺技术人员阅读。

附件10的“中文版序”中记载了：本书主要介绍了半导体器件、集成电路的工作原理及制作的工艺技术，适合于大学本科微电子相关专业的学生作为教科书，也适合于广大从事微电子技术科研、产业的技术人员作为参考书。

附件11的“内容简介”中记载了：本书内容系统，选材先进。既有对微电子器件与工艺的一般介绍，又有对微电子设计技术的深入论述。本书可作为非微电子专业电子与电气类本科生的教材与参考书，也可以作为各类高级技术和管理人士学习微电子技术的入门参考书。

综上，合议组认为，附件9、10和11不存在影响其真实性的明显瑕疵，专利权人对其真实性也没有异议，因此，合议组对其真实性予以认可；且附件 9、10 和 11 均为正规出版社出版的教科书，公开日期早于本专利的申请日，可以作为公知常识性证据使用。

3.《专利法》第 26 条第 4 款

《专利法》第 26 条第 4 款规定："权利要求书应当以说明书为依据，清楚、简要地限定要求专利保护的范围。"

理解权利要求的保护范围时，应当站位本领域技术人员，一般情况下，权利要求中的用词应当理解为申请日或优先权日之前本技术领域通常具有的含义。

作为本领域技术人员应当知晓申请日或优先权日之前所属技术领域所有的普通技术知识，能够获知所属技术领域中所有的现有技术。

对于双方当事人存在争议的权利要求的技术术语，虽然该术语在本领域中没有明确的定义，但本专利说明书中的记载指明了其具有的特定的含义，应当以说明书的界定理解权利要求用语的含义。

确定某一技术特征含义是否清楚，不能仅从字面上孤立地理解其含义，需要整体考量权利要求的技术方案以及各技术特征之间的连接关系，进而确定上述技术特征的含义是否清楚。

综合考量本领域通用的含义、本领域的技术发展状况、本领域技术人员需要具备的能力，并结合说明书的记载和相应的图示，确定技术特征的含义是否清楚。

3.1 权利要求 1 和 9 的保护范围清楚

请求人认为，权利要求 1 和 9 中不知如何根据"栅极层间距来安排第一栅极层"。说明书中第一栅极层实为阻挡晶体管，用于隔离扩散区相邻晶体管，而并无根据"栅极层间距来安排第一栅极层"的说明。

专利权人认为，栅极层间距是指相邻的栅极层之间的距离，为本领域的技术术语。此外根据说明书 0012 段、0036 段、0038 段的记载和附图 2、4A 和 4B 的图示，本领域技术人员能够理解该特征的含义。

合议组认为，理解权利要求的保护范围时，应当站位本领域技术人员，一般情况下，权利要求中的用词应当理解为本专利的申请日或优先权日之前本技术领域通常具有的含义。

首先，理解权利要求的保护范围时，应当站位本领域技术人员而非一般的公众。作为本领域技术人员应当知晓申请日或优先权日之前所属技术领域所有的普通技术知识，能够获知所属技术领域中所有的现有技术。

本案中，本领域技术人员是指集成电路设计和制造技术领域的技术人员。

本领域中描述两个晶体管的栅极之间距离关系的技术术语是“栅极间距”而不是“栅极层间距”。虽然“栅极层间距”没有采用本领域的标准技术术语，但整体考量本专利权利要求书和说明书的技术内容，本领域的技术人员可以理解“栅极层间距”实质上表达的是“栅极间距”。

从本专利的优先权日本领域技术人员应掌握的普通技术知识的角度来看，本领域技术人员普遍知晓栅极间距是指两个相邻晶体管的两个栅极之间的距离。

在本专利的优先权日前，从本领域的技术发展状况来看，随着半导体电路集成的晶体管数量不断增加，半导体工艺已从亚微米、深亚微米、超深亚微米发展到了纳米工艺，相应的半导体工艺尺寸变得越来越小，晶体管的分布更密集。本领域技术人员知晓对于特征尺寸较大的工艺，栅极间距不是需要重点考量的因素，但随着特征尺寸变小，会产生一系列影响器件性能的效应，此时，栅极间距便成为表征晶体管技术的关键指标，成为电路设计时重点考量的因素之一。

从本专利的优先权日本领域技术人员应具备的能力角度来看，在设计和制备特征尺寸较小的电路结构时，必须考量包括栅极间距在内的关键指标，根据电路结构、设计规则和工艺条件等合理布局安排各晶体管的结构以及栅极间距，才能获得满足设计要求和产品性能的电路结构。

其次，在本专利说明书 0012 段中记载了：深亚微米技术……如半导体领域中已知的，栅极层是根据栅极层间距来安排的。0036 段记载了：例如根据常规间距来布置栅极层是已知的，关于以恒定间距布置或安排栅极层以结合连续扩散区形成相应的晶体管，如果每隔一个栅极层是阻挡或隔离晶体管的栅极，则将有利地为密集的。0038 段记载了：栅极层被（例如水平地）安排在毗邻的栅极层之间并且根据栅极层间距与这些毗邻的栅极层分开。

最后，从说明书附图 2 中可以看出，阻挡晶体管 201 的多晶硅栅极 205 位于第一和第二晶体管 100 和 101 的多晶硅栅极 110 和 120 之间。图 4A 和 4B 中，阻挡晶体管 430 的栅极 425 位于第一和第二晶体管 405 和 420 的栅极 410 和 415 之间。

因此，本领域技术人员阅读了本专利的说明书和附图后，知晓本专利涉及的是深亚微米技术，在此特征尺寸下，根据电路结构、设计规则和工艺条件等合理布局安排各晶体管的结构，并根据第二栅极层与第三栅极层间距来安排第一栅极层。

综上，综合考量本领域通用的含义、本领域的技术发展状况、本领域技术人员应掌握的普通技术知识和应具备的能力，并结合说明书的记载和相应的图示，“根据第二栅极层与第三栅极层之间的栅极层间距来安排第一栅极层”的含义是清楚的。

因此，权利要求 1 和 9 的保护范围清楚，符合《专利法》第 26 条第 4 款的规定。

3.2 权利要求 3、4、11、12 的保护范围清楚

请求人认为，权利要求 3、4、11、12 中扩散定向局部互连层与扩散区之间的关系不清楚，本领域技术人员不清楚“版图内、外”的含义。

专利权人认为，版图是指连续扩散区所占据的面积，版图之内或之外是指在连续扩散区的边界之内或之外。

合议组认为，连续扩散区的版图是指布图设计中连续扩散区所占据的区域。上述权利要求中记载了扩散定向局部互连层与连续扩散区所占据的区域的相对位置关系。如本专利说明书的图 4A 的俯视图中所示，扩散定向局部互连层 445 位于连续扩散区 400 占据的区域之外，在图 4B 的俯视图中，扩散定向局部互连层 450 位于连续扩散区 400 占据的区域之内。

因此，权利要求 3、4、11、12 中扩散定向局部互连层与扩散区之间的位置关系清楚，相应地，权利要求 3、4、11、12 的保护范围清楚。

3.3 权利要求 6 的保护范围清楚

请求人认为，权利要求 6 中“级 2 互连”“第一级 2 栅极定向局部互连”“第一级 1 栅极定向局部互连”的含义不清楚。

专利权人认为，上述技术特征含义清楚确定，权利要求 6 限定的“级 2 互连”的位置关系以及连接关系清楚，至少附图 3 给出了“多级互连”结构。

合议组认为，理解权利要求的保护范围时，应当站位本领域技术人员，一般情况下，权利要求中的用词应当理解为本专利的申请日或优先权日之前本技术领域通常具有的含义。

对于双方当事人存在争议的权利要求的技术术语，虽然该术语在本领域中没有明确的定义，但本专利说明书中的记载指明了其具有的特定的含义，应当以说明书的界定理解权利要求用语的含义。

在本领域中，互连和局部互连有通用的含义。

在集成电路芯片上各元件制造完成后，淀积金属薄膜，并通过光刻技术形成布线，把相互隔离的元件按一定要求互连成所需电路，这就是集成电路的内部互连，通常叫作互连。随着集成电路集成度的提高，结构日趋复杂，金属互连已从简单向复杂、从单层向多层发展。互连线大致分为三种：局部互连线、模块间互连线和全局互连线。全局互连线是指布置在高层，宽度、厚度以及间距大的连线；模块间互连线是指布置在低层，密集和较薄的连线，是功能模块之间的连线；局部互连线是局部功能单元之间的连线。

在本领域中，“级 2 互连”“第一级 2 栅极定向局部互连”和“第一级 1 栅极定向局部互连”没有通用的含义。但在本专利的说明书和部分附图中有明确的界定。

说明书 0012 段中记载了：深亚微米技术已导致开发出安排在集成电路的第一金属层与集成电路的下面的半导体基板之间的多级局部互连，半导体基板与第一金属层之间的分隔被认为细分成三级，第一级接近半导体基板，第三级最接近第一金属层，第二级位于第一级与第三级之间。

0013 段记载了：第二级包括形成两种类型的级 2 互连：级 2 栅极定向局部互连和级 2 扩散定向局部互连。

0032 段记载了：图 3 中示出了一些示例两级局部互连。级 1 局部互连 310 包括标示为 LIc 的局部互连（LI）类型。在级 2 中有两种类型（类型 LIb 和 LIa）。此类级 1 互连将由此在级 2 互连的形成之前通过恰适的半导体工艺掩膜被应用到连续扩散区 305。

0034 段记载了：级 1 局部互连（诸如 LIc310）形成在扩散区 305 上。用于耦合至 LIc310（诸如 LIa315）的一种级 2 类型的局部互连是必需的。耦合在级 2 LIb 320 与金属层 M1 中的互连之间的通孔 V0 表示 M1 与级 1 和级 2 局部互连之间的级 3 互连。

0040 段公开了“局部互连”是“级 2 局部互连”的简略表达，0041—0042 段以及图 4A 公开了一种级 2 局部互连的具体实现方式；0043 段和图 4B 公开了另一种级 2 局部互连的具体实现方式。

图 3 中示出了位于扩散区和第一金属层 M1 之间的三级局部互连，分别为级 1、级 2 和级 3。级 1 中有 2 个栅极定向局部互连 310，级 2 中有 2 个栅极定向局部互连 315 和 1 个扩散定向局部互连 320，级 3 包括通孔 V0。

图 4A 和 4B 以及图 5A、5B 和 5C 分别示出了级 2 局部互连的具体结构布局。

由此可见，在本领域中对“互连”和“局部互连”有通用的含义，对“级2互连”“第一级2栅极定向局部互连”和“第一级1栅极定向局部互连”没有通用的含义，但是本专利说明书中对“局部互连”“级2互连”“第一级2栅极定向局部互连”和“第一级1栅极定向局部互连”有明确的界定。

综合本领域中优先权日之前互连和局部互连的定义、互连技术的发展趋势，并通过阅读说明书的上述相关段落以及附图3、4A、4B、5A、5B和5C的图示，本领域技术人员可以知晓本专利涉及集成电路的半导体基板与第一金属层之间的局部互连，将半导体基板与第一金属层之间细分为三级局部互连，分别为级1、级2和级3，本专利是对级1和级3之间的级2局部互连结构进行的改进，“局部互连”是“级2局部互连”的简略表达。权利要求6中的“级2互连”是指位于级1和级3之间的级2互连，“第一级2栅极定向局部互连”是指多个级2栅极定向局部互连中的第一个，“第一级1栅极定向局部互连”是指多个级1栅极定向局部互连中的第一个。因此，权利要求6中的上述技术术语含义清楚，权利要求6的保护范围是清楚的。

3.4 权利要求8的保护范围清楚

请求人认为，权利要求8中的“栅极切割层”“跨所述栅极切割层延伸”的含义不清楚。

专利权人认为，上述技术特征含义清楚，并且与其他结构的位置关系和结构关系清楚，且至少附图8中给出了相关结构的示意。

合议组认为，对于双方当事人存在争议的权利要求的技术术语，虽然该术语在本领域中没有明确的定义，但本专利说明书中的记载指明了其具有的特定的含义，应当以说明书的界定理解权利要求用语的含义。

就本案而言，“栅极切割层”在本领域中没有通用的含义，但是说明书中对其有相应界定。

本专利说明书0047段中记载了：多个栅极层（诸如栅极层810）通过栅极切割层815相交以形成电隔离的栅极层。可能存在选择性地重新耦合结果得到的经隔离栅极层中的一些栅极层的需要。例如，扩散定向局部互连825可以将栅极层810耦合至扩散定向局部互连830。进而，扩散定向局部互连830耦合至原本隔离的栅极层805。以此方式，栅极层810和805耦合在一起，而不管由栅极切割层815导致的隔离。

结合说明书中的上述文字记载以及附图8可知，“栅极切割层”的含义是通过与多个栅极层相交，将多个栅极层电隔离成相互不导通的两段栅极层。

"跨所述栅极切割层延伸"的含义是栅极定向局部互连与栅极切割层相交的方式延伸。

因此，权利要求8中的上述技术术语含义清楚，权利要求8的保护范围是清楚的。

3.5 权利要求13的保护范围清楚

请求人认为，权利要求13中"配置成耦合至所述一对晶体管中的一晶体管的漏极/源极端子的栅极定向互连"的含义不清楚，上述表述有歧义，导致一对晶体管中栅极定向局部互连的数量以及与源极/漏极的连接关系不清楚。

专利权人认为，权利要求13的主题名称清楚，采用的特征含义清楚，各要素的位置关系和连接关系清楚，"一对晶体管中的一晶体管"即为两个晶体管之一。

合议组认为，确定某一技术特征含义是否清楚，不能仅从字面上孤立地理解其含义，需要整体考量权利要求的技术方案以及各技术特征之间的连接关系，进而确定上述技术特征含义是否清楚。

权利要求13要求保护一种具有高密度的局部互连结构的电路，包括：连续扩散区；半导体基板内的配置成形成在所述连续扩散区中具有源极/漏极端子的一对晶体管的栅极的一对栅极层；安排在所述一对栅极层之间的用于在所述连续扩散区中形成阻挡晶体管的栅极的第三栅极层；配置成耦合至所述一对晶体管中的一晶体管的漏极/源极端子的栅极定向局部互连……

从上述内容可以看出，权利要求13的连续扩散区内形成有一对晶体管，一对晶体管中的每一个晶体管分别具有源极/漏极端子和栅极层，栅极定向局部互连耦合到一对晶体管中的一个晶体管的漏极/源极端子。

本领域技术人员通过阅读权利要求13的整体技术方案，并结合各部件之间的结构关系、位置关系和连接关系，可以清楚确定"配置成耦合至所述一对晶体管中的一晶体管的漏极/源极端子的栅极定向互连"的含义是栅极定向互连耦合至一对晶体管中的一个晶体管的漏极/源极端子。

因此，权利要求13中的上述技术术语含义清楚，权利要求13的保护范围是清楚的。

3.6 权利要求1和9能够得到说明书的支持

请求人认为，权利要求1中"根据第二栅极层与第三栅极层之间的栅极层间距来安排第一栅极层"没有记载在说明书中，本领域技术人员不知如何根据"栅极层间距来安排第一栅极层"。基于类似的理由，权利要求9也得不到说明书的支持。

专利权人认为，说明书第0012、0036和0038段以及图2、4A和4B给出了相关技术内容。

合议组认为，参见上文3.1中的评述可知，在本专利说明书0012段中记载了：深亚微米技术……如半导体领域中已知的，栅极层是根据栅极层间距来安排的。0036段记载了：例如根据常规间距来布置栅极层是已知的，关于以恒定间距布置或安排栅极层以结合连续扩散区形成相应的晶体管。0038段记载了：栅极层被（例如水平地）安排在毗邻的栅极层之间并且根据栅极层间距与这些毗邻的栅极层分开。

从说明书附图2中可以看出，阻挡晶体管201的多晶硅栅极205位于第一和第二晶体管100和101的多晶硅栅极110和120之间。图4A和4B中，阻挡晶体管430的栅极425位于第一和第二晶体管405和420的栅极410和415之间。

从上述内容可以看出，本专利说明书中对上述内容有相应记载，附图中有相关图示。

此外，在本专利优先权日前，从本领域技术人员应掌握的普通技术知识的角度来看，本领域技术人员普遍知晓栅极间距是指两个相邻的晶体管中两个栅极之间的距离。随着栅极间距变小，会产生一系列影响器件性能的效应，例如绝缘效果会下降导致漏电等。从本领域技术人员应具备的能力来看，本领域技术人员知晓本专利涉及深亚微米技术，会根据电路结构、设计规则和工艺条件等合理布局安排各晶体管的结构，并根据第二栅极层与第三栅极层之间的栅极间距来安排第一栅极层。

因此，权利要求1能够得到说明书的支持，基于同样的理由，权利要求9同样能够得到说明书的支持，符合《专利法》第26条第4款的规定。

4.《专利法》第26条第3款

《专利法》第26条第3款规定：说明书应当对发明或者实用新型作出清楚、完整的说明，以所属技术领域的技术人员能够实现为准；必要的时候，应当有附图。摘要应当简要说明发明或者实用新型的技术要点。

4.1 权利要求6和本专利说明书相关部分公开充分

请求人认为，权利要求6中提及了“级2互连”“第一级2栅极定向局部互连”和“第一级1栅极定向局部互连”。尽管在说明书图3、图5及第0032段、0042段提及了“级1”“级2”，但本领域技术人员不清楚说明书中的概念与权利要求6间的对应关系。

专利权人认为，本专利说明书的部分段落公开了权利要求6关于级2互连的相关技术方案，本领域技术人员根据说明书公开的技术内容可以实现权利要求6所保护的技术方案。

合议组认为，参见上文3.3的评述可知，通过阅读说明书的相关段落以及附图3、4A、4B、5A、5B和5C的图示，本领域技术人员知晓权利要求6中的“级2互连”是指位于级1和级3之间的级2互连，“第一级2栅极定向局部互连”是指多个级2栅极定向局部互连中的第一个，“第一级1栅极定向局部互连”是指多个级1栅极定向局部互连中的第一个栅极定向局部互连。

本专利的说明书充分公开了权利要求6的技术方案，本领域技术人员根据说明书公开的技术内容可以实现权利要求6的技术方案，因此权利要求6的技术方案以及说明书中与权利要求6的技术方案相关的内容公开充分，符合《专利法》第26条第3款的规定。

4.2 权利要求8和本专利说明书相关部分公开充分

请求人认为，权利要求8提及了“栅极切割层”，尽管在说明书第0047段以及图8提及了“栅极切割层”，然而由于栅极切割层并非本领域惯用术语，其含义不清楚。

专利权人认为，说明书0047段以及图8给出了“栅极切割层”“第一栅极层”“第四栅极层”三者之间的结构关系，“第一栅极定向局部互连”/“第二栅极定向局部互连”与“栅极切割层”之间的位置关系，因此，说明书公开的技术内容完全可以实现权利要求8所要求保护的技术方案。

合议组认为，对于双方当事人存在争议的专利权利要求的技术术语，虽然该术语在本领域中没有明确的定义，但本专利说明书中的记载指明了其具有的特定的含义，应当以说明书的界定理解权利要求用语的含义。

根据上文3.4的评述可知，结合说明书中0047段的文字记载以及附图8可知，“栅极切割层”的含义是通过与多个栅极层相交，将多个栅极层电隔离成相互不导通的两段栅极层。“跨所述栅极切割层延伸”的含义是栅极定向局部互连与栅极切割层相交的方式延伸。

因此，权利要求8中的“栅极切割层”含义清楚，本专利的说明书充分公开了权利要求8的技术方案，本领域技术人员根据说明书公开的技术内容可以实现权利要求8的技术方案，因此权利要求8的技术方案以及说明书中与权利要求8的技术方案相关的内容公开充分，符合《专利法》第26条第3

款的规定。

5.《专利法》第 22 条第 2 款

《专利法》第 22 条第 2 款："新颖性，是指该发明或者实用新型不属于现有技术；也没有任何单位或者个人就同样的发明或者实用新型在申请日以前向国务院专利行政部门提出过申请，并记载在申请日以后公布的专利申请文件或者公告的专利文件中。"

如果发明的技术方案与现有技术的技术方案实质不同，则该发明相对于该现有技术具备新颖性。

权利要求的保护范围应当根据其所用词语的含义来理解。一般情况下，权利要求中的用词应当理解为本技术领域通常具有的含义。在特殊情况下，如果说明书中指明了某词具有特定的含义，并且使用了该词的权利要求的保护范围由于说明书中对该词的说明而被限定得足够清楚，这种情况是允许的。

5.1 权利要求 1 相对于对比文件 1 是否具备新颖性

请求人认为，权利要求 1—3、9—11、13—15 相对于对比文件 1 不具备新颖性。

(1) 权利要求 1 的技术方案组成

特征 1-1：一种具有高密度的局部互连结构的电路，包括：

特征 1-2：根据第二栅极层与第三栅极层之间的栅极层间距来安排的第一栅极层；

特征 1-3：安排在所述第一栅极层与所述第二栅极层之间的第一栅极定向局部互连；

特征 1-4：安排在所述第一栅极层与所述第三栅极层之间的第二栅极定向局部互连；

特征 1-5：配置成将所述第一栅极层耦合至所述第一栅极定向局部互连和所述第二栅极定向局部互连中的一者的扩散定向局部互连层；以及

特征 1-6：耦合在金属层与所述第一和第二栅极定向局部互连中的所述一者之间的通孔，以通过所述第一和第二栅极定向局部互连中的所述一者和所述定向局部互连层来为所述第一栅极层提供必需的偏置电压。

(2) 请求人和专利权人关于权利要求 1 的总体意见

请求人认为，对比文件 1 公开了权利要求 1 的技术方案，两者的技术领域相同、解决的技术问题相同、实现的技术效果相同，因此权利要求 1 相对于对比文件 1 不具备新颖性。

专利权人认为，对比文件 1 没有公开权利要求 1 的全部技术特征，因此相对于对比文件 1 具备新颖性。

对此，合议组意见如下：

（3）本专利公开的技术内容

本专利涉及具有高密度的局部互连结构的电路及其制造方法。

现有技术的不足是：为了实现晶体管之间的隔离，采用在连续的扩散区设置阻挡晶体管实现晶体管之间的隔离，但是对阻挡晶体管栅极接电源或接地使局部互连的布局复杂，减小了密度（0008-0009 段）。

要解决的技术问题是改进上述阻挡晶体管栅极接电源或接地复杂的布局，提高局部互连布局的密度（0009 和 0010 段）。

采用的技术手段是将半导体基板与第一金属层之间的局部互连分成三级（级 1、级 2、级 3），对级 2 的结构进行改进，在级 2 中设置扩散定向局部互连和栅极定向局部互连，通过级 3 中的通孔经由级 2 中的扩散和栅极定向局部互连为级 1 中的阻挡晶体管提供必需的偏置电压（0012 和 0013 段）。

获得的技术效果是提高了单元布局的密度，减少了单元布局高度（0014、0040、0042—0044 段）。

（4）对比文件 1 公开的技术内容

对比文件 1 涉及一种 ROM 单元阵列结构，对比文件 1 现有技术的不足是（参见对比文件 1 第 1 栏 33—41 行）：当处理技术进入纳米时代时，单元晶体管的沟道宽度和沟道长度对其布局环境展现出显著的敏感性，所述布局环境为多晶硅间距效应（PSE）以及浅沟槽隔离（STI）应力效应（LOD）和应变效应。这些效应可能会显著地影响沟道宽度和沟道长度，并且因此降低单元晶体管的感测裕度。增加晶体管大小（单元大小）或者减小存储器的操作速度可以补偿布局环境效应，但它们会影响产品成本或性能。

对比文件 1 要解决的技术问题是（参见第 2 栏 19—22 行）在不会显著增加 ROM 单元阵列的大小或减小 ROM 单元阵列的速度的情况下缓解此类布局相关效应的 ROM 单元结构。

对比文件 1 采用的技术手段是（参见第 3 栏 11—14 行）：用永久关断晶体管来取代在位线（BL）方向上在两个相邻存储器单元之间的浅沟槽隔离（STI）。

对比文件 1 的第 3 栏第 62 行—第 4 栏 64 行，图 3A 和 3B 具体公开了如下内容：连续 OD 区 320 贯穿相邻的 NMOS 晶体管 310［i］和 310［i+1］，

NMOS 晶体管 310［i］具有多晶硅栅极 327［i］（相当于权利要求 1 的第二栅极层)、源极触点 323［i］和漏极触点 325［i］。金属 1 水平线 340［i］与源极触点 323［i］接触。金属 2 垂直线 362 经由通孔 352［i］与金属 1 水平线 340［i］接触，所述金属 2 垂直线 362 最终连接到 VSS，漏极触点 325［i］连接到金属 1 着落焊盘 342［i］。充当 BL 金属 2 垂直线 360 在 OD 区 320 的顶部上延伸。但不存在用于将金属 2 垂直线 360 连接到金属 1 着落焊盘 342［i］的通孔。因此，NMOS 晶体管 310［i］的漏极未连接到 BL，即，通过在 BL 360 与漏极着落焊盘 342［i］之间缺乏通孔来实现图 3A 的开关 308［i］。类似地，NMOS 晶体管 310［i+1］具有多晶硅栅极 327［i+1］（相当于权利要求 1 中的第三栅极层)、源极触点 323［i+1］和漏极触点 325［i+1］。金属 1 水平线 340［i+1］与源极触点 323［i+1］接触。金属 2 垂直线 362 经由通孔 352［i+1］与金属 1 水平线 340［i］接触以将 NMOS 晶体管 310［i+1］的源极连接到 VSS。连接到 VSS（未示出）的多晶硅水平线 335 置于相邻的 NMOS 晶体管 310［i］和 310［i+1］的漏极触点 325［i］和 325［i+1］之间。多晶硅水平线 335 是隔离 NMOS 晶体管 330 的栅极（相当于权利要求 1 中的第一栅极层)，并且实际上隔离了相邻的 NMOS 晶体管 310［i］和 310［i+1］。在图 3B 的 ROM 单元阵列中添加多晶硅水平线 335 使得多晶硅更均匀地隔开并且因此缓解多间距效应。

(5) 对比文件 1 没有公开特征 1-1

特征 1-1：一种具有高密度的局部互连结构的电路。

请求人认为，对比文件 1 公开了特征 1-1。

专利权人认为，特征 1-1 中，局部互连是指级 2 的局部互连。

合议组认为，权利要求的保护范围应当根据其所用词语的含义来理解。一般情况下，权利要求中的用词应当理解为本技术领域通常具有的含义。在特殊情况下，如果说明书中指明了某词具有特定的含义，并且使用了该词的权利要求的保护范围由于说明书中对该词的说明而被限定得足够清楚，这种情况是允许的。

如上文 3.3 中所述，虽然本领域中对“局部互连”有通用含义，但是本专利说明书中对“局部互连”有具体说明和相应界定。综合本领域中优先权日之前互连和局部互连的定义、互连技术的发展趋势，并通过阅读说明书 0012、0013、0032、0034、0040 和 0043 段记载相关内容以及附图 3、4A、4B、5A、5B 和 5C 的图示，本领域技术人员知晓本专利涉及集成电路的半导体基板与第一金属层之间的局部互连，将半导体基板与第一金属层之间细分为三级局部互连，分别为级 1、级 2 和级 3，本专利是对级 1 和级 3 之间的级 2 局部互连结构进行改进，“局部互连”是“级 2 局部互连”的简略表达。

因此权利要求 1 中“局部互连”的具体含义应依照说明书的特别界定，理解为位于半导体基板与第一金属层之间的级 1 之上的级 2 局部互连。

对比文件 1 的第 4 栏 25 行记载了：金属 1 水平线 340［i］与源极触点 323［i］接触。

由此可见，对比文件 1 中的半导体基板和金属 1 水平线 340［i］之间是源极触点 323［i］，只有一级局部互连，不是三级局部互连结构，不存在权利要求 1 的级 2 局部互连结构。

综上，对比文件 1 没有公开权利要求 1 的技术特征“局部互连”，因此没有公开权利要求 1 的特征 1-1。

（6）对比文件 1 没有公开特征 1-2

特征 1-2：根据第二栅极层与第三栅极层之间的栅极层间距来安排的第一栅极层。

请求人认为，对比文件 1 中也是根据栅极层间距设置栅极之间的间距位置。

专利权人认为，对比文件 1 没有公开特征 1-2。

合议组认为，对比文件 1 中的 NMOS 晶体管 310［i］和 310［i+1］的多晶硅栅极 327［i］和 327［i+1］相当于权利要求 1 中的第二栅极层和第三栅极层，多晶硅水平线 335 相当于权利要求 1 中的第一栅极层。

关于对“栅极层间距”技术特征的理解，参见上文 3.1 中的详细论述，栅极间距是指两个相邻的晶体管中两个栅极之间的距离。

但是对于特征尺寸较小的工艺，栅极间距是工艺设计所有允许的最小尺寸，是表征前沿的晶体管技术的关键指标之一，因此安排晶体管之间的布局时，栅极间距是重点考量的因素之一。

由此可见，只要具有多个 MOS 晶体管的集成电路都具有栅极间距，但不是所有的集成电路都需要按照栅极间距设置晶体管栅极，取决于所采用的工艺和产品的设计要求。

对比文件 1 的半导体存储器中具有多个 MOS 晶体管，因此同样具有栅极间距，但是对比文件 1 中并没有记载需要根据栅极间距设置多晶硅栅极 327［i］和 327［i+1］、多晶硅水平线 335 之间的间距。

综上，对比文件 1 没有公开特征 1-2。

（7）对比文件 1 没有公开特征 1-3 到 1-6

特征 1-3：安排在所述第一栅极层与所述第二栅极层之间的第一栅极定向局部互连；

特征 1-4：安排在所述第一栅极层与所述第三栅极层之间的第二栅极定向局部互连；

特征 1-5：配置成将所述第一栅极层耦合至所述第一栅极定向局部互连和所述第二栅极定向局部互连中的一者的扩散定向局部互连层；以及

特征 1-6：耦合在金属层与所述第一和第二栅极定向局部互连中的所述一者之间的通孔，以通过所述第一和第二栅极定向局部互连中的所述一者和所述定向局部互连层来为所述第一栅极层提供必需的偏置电压。

合议组认为，从图 3B 中可以看出，对比文件 1 中的 NMOS 晶体管 310［i］和 310［i+1］的多晶硅栅极 327［i］和 327［i+1］相当于权利要求 1 中的第二栅极层和第三栅极层，多晶硅水平线 335 相当于权利要求 1 中的第一栅极层。

如上文 5.1（5）所述，权利要求 1 中的第一和第二栅极定向局部互连、扩散定向局部互连都属于级 2 互连结构，但是对比文件 1 中没有级 2 互连，因此不存在相当于权利要求 1 中的第一和第二栅极定向局部互连的结构、扩散定向局部互连的结构。

金属 1 水平线 340［i］和 340［i+1］是半导体基板之上的多层布线的第一金属层，且其位置没有位于多晶硅栅极 327［i］和 327［i+1］与多晶硅水平线 335 之间，其作用也与权利要求 1 中的栅极定向局部互连的作用不同，因此对比文件 1 没有公开特征 1-3 和 1-4，不存在与扩散定向局部互连结构和作用均相同的技术特征，因此同样没有公开特征 1-5。

对比文件 1 的图 3B 中金属 2 垂直线 362 经由通孔 352［i］和 352［i+1］与金属 1 水平线 340［i］和 340［i+1］接触以将 NMOS 晶体管 310［i］和 310［i+1］的源极连接到 VSS。由此可见，通孔 352［i］和 352［i+1］连接的是金属 1 水平线 340［i］和 340［i+1］和金属 2 垂直线 362，通孔 352［i］和 352［i+1］并没有电连接相当于权利要求 1 的第一栅极层的多晶硅水平线 335，此外，通孔 352［i］和 352［i+1］提供的是 VSS，而不是偏置电压。因此对比文件 1 中的通孔 352［i］和 352［i+1］无论是连接的结构还是提供的电压均与权利要求 1 中特征 1-6 完全不同，因此对比文件 1 没有公开特征 1-6。

因此，对比文件 1 没有公开特征 1-1、1-2、1-3、1-4、1-5 和 1-6，对

比文件 1 的技术方案与本专利独立权利要求 1 的技术方案存在实质性不同。

综上所述，独立权利要求 1 相对于对比文件 1 具备新颖性。

5. 2 从属权利要求 2—3 具备新颖性

从属权利要求 2—3 为独立权利要求 1 的从属权利要求，在独立权利要求 1 相对于对比文件 1 具备新颖性的前提下，从属权利要求 2—3 相对于对比文件 1 同样具备新颖性。

5. 3 并列独立权利要求 9 相对于对比文件 1 具备新颖性

独立权利要求 9 的技术方案如下组成：

特征 9-1：一种用于制造高密度的局部互连结构的方法；

特征 9-2：根据毗邻的第二栅极层与第三栅极层之间的栅极层间距来在半导体基板上形成第一栅极层；

特征 9-3：在所述第一栅极层与所述第二栅极层之间形成第一栅极定向局部互连；

特征 9-4：在所述第一栅极层与所述第三栅极层之间形成第二栅极定向局部互连；

特征 9-5：形成扩散定向局部互连以将所述第一连接栅极的局部互连和所述第二连接栅极的局部互连中的一者耦合至所述第一栅极层；以及

特征 9-6：形成耦合在所述第一和第二栅极定向局部互连中的所述一者与第一金属层之间的通孔，以通过所述第一和第二栅极定向局部互连中的所述一者和所述扩散定向局部互连来为所述第一栅极层提供必需的偏置电压。

（1）并列独立权利要求 9 与独立权利要求 1 的撰写对应关系

并列独立权利要求 9 要求保护一种制造高密度的局部互连的方法，并列独立权利要求 9 实质上是与独立权利要求 1 的具有高密度的局部互连结构的电路相对应的制造方法，用方法的撰写形式表达了权利要求 1 的产品权利要求。

（2）并列独立权利要求 9 与独立权利要求 1 的特征对应关系

将并列独立权利要求 9 中特征 9-1、9-2、9-3、9-4、9-5 和 9-6 与独立权利要求 1 中的特征 1-1、1-2、1-3、1-4、1-5 和 1-6 相比，特征 9-1、9-3、9-4、9-5 和 9-6 与特征 1-1、1-3、1-4、1-5 和 1-6 实质相同，特征 9-2 与特征 1-2 相比增加了特征“半导体基板”。

（3）特征 9-1、9-3、9-4、9-5 和 9-6 没有被对比文件 1 公开

基于上文 5. 1（4）中详细陈述的同样理由，对比文件 1 没有公开特征

9-1。

基于上文5.1（7）中详细陈述的同样理由，对比文件1没有公开特征9-3、9-4、9-5和9-6。

（4）特征9-2没有被对比文件1公开

特征9-2与特征1-2相比增加了特征“半导体基板”。

对比文件1中的第1列5—7行记载了：本发明大体上涉及半导体存储器，并且更具体来说，涉及半导体只读存储器（ROM）单元阵列结构。

合议组认为，虽然对比文件1中没有明确记载半导体存储器形成在半导体基板中，但是本领域的技术人员都知晓，半导体存储器的基板由半导体材料制成是不言而喻的，因此对比文件1公开了特征半导体基板。

特征9-2中“根据毗邻的第二栅极层与第三栅极层之间的栅极层间距形成第一栅极层”未被对比文件1公开，具体理由参见上文5.1（6）中的详细评述意见。

因此，对比文件1没有公开特征9-1、9-2、9-3、9-4、9-5和9-6。并列独立权利要求9的技术方案与对比文件1的技术方案存在实质性不同。

综上所述，并列独立权利要求9相对于对比文件1同样具备新颖性。

5.4 从属权利要求10—11具备新颖性

从属权利要求10—11为并列独立权利要求9的从属权利要求，在其引用的并列独立权利要求9相对于对比文件1具备新颖性的前提下，从属权利要求10—11相对于对比文件1同样具备新颖性。

5.5 并列独立权利要求13相对于对比文件1是否具备新颖性

（1）并列独立权利要求13的技术方案组成

特征13-1：一种具有高密度的局部互连结构的电路；

特征13-2：连续扩散区；

特征13-3：半导体基板内的配置成形成在所述连续扩散区中具有源极/漏极端子的一对晶体管的栅极的一对栅极层；

特征13-4：安排在所述的一对栅极层之间的用于在所述连续扩散区中形成阻挡晶体管的栅极的第三栅极层；

特征13-5：配置成耦合至所述一对晶体管中的一晶体管的漏极/源极端子的栅极定向局部互连；

特征13-6：用于将所述栅极定向局部互连耦合至所述第三栅极层的装置；以及

特征 13-7：耦合在所述栅极定向局部互连与第一金属层之间的通孔，以通过所述栅极定向局部互连和所述装置来为所述第三栅极层提供必需的偏置电压；

特征 13-8：其中所述栅极定向局部互连和所述装置两者均位于所述半导体基板与毗邻的最底下的金属层之间。

（2）请求人和专利权人关于权利要求 13 的总体意见

请求人认为，对比文件 1 公开了权利要求 13 的技术方案，两者术语属于相同的技术领域、解决的技术问题相同、实现的技术效果相同，因此权利要求 13 相对于对比文件 1 不具备新颖性。

专利权人认为，对比文件 1 没有公开权利要求 13 的 13-1、13-3、13-5 至 13-8，因此相对于对比文件 1 具备新颖性。

对此，合议组意见如下：

（3）对比文件 1 公开的技术内容

对比文件 1 涉及一种 ROM 单元阵列结构，对比文件 1 现有技术的不足是（参见对比文件 1 第 1 栏 33—41 行）：当处理技术进入纳米时代时，单元晶体管的沟道宽度和沟道长度对其布局环境展现出显著的敏感性，所述布局环境为多晶硅间距效应（PSE）以及浅沟槽隔离（STI）应力效应（LOD）和应变效应。这些效应可能会显著地影响沟道宽度和沟道长度，并且因此降低单元晶体管的感测裕度。增加晶体管大小（单元大小）或者减小存储器的操作速度可以补偿布局环境效应，但它们会影响产品成本或性能。

对比文件 1 要解决的技术问题是（参见第 2 栏 19—22 行）：在不会显著增加 ROM 单元阵列的大小或减小 ROM 单元阵列的速度的情况下缓解此类布局相关效应的 ROM 单元结构。

对比文件 1 采用的技术手段是（参见第 3 栏 11—14 行）：用永久关断晶体管来取代在位线（BL）方向上在两个相邻存储器单元之间的浅沟槽隔离（STI）。

对比文件 1 的第 3 栏第 62 行—第 4 栏 64 行，图 3A 和 3B 具体公开了如下内容：连续 OD 区 320 贯穿相邻的 NMOS 晶体管 310 [i] 和 310 [i+1]，NMOS 晶体管 310 [i] 具有多晶硅栅极 327 [i]、源极触点 323 [i] 和漏极触点 325 [i]。金属 1 水平线 340 [i] 与漏极触点 323 [i] 接触。金属 2 垂直线 362 经由通孔 352 [i] 与金属 1 水平线 340 [i] 接触，所述金属 2 垂直线 362 最终连接到 VSS，漏极触点 325 [i] 连接到金属 1 着落焊盘 342 [i]。充当 BL 金属 2 垂直线 360 在 OD 区 320 的顶部上延伸。但不存在用于将金属 2 垂直线 360 连接到金属 1 着落焊盘 342［i］的通孔。因此，NMOS 晶体管 310［i］的漏极未连接到 BL，即，通过在 BL 360 与漏极着落焊盘 342［i］之间缺乏通孔来实现图 3A 的开关 308［i］。类似地，NMOS 晶体管 310［i+1］具有多晶硅栅极 327［i+1］、源极触点 323［i+1］和漏极触点 325［i+1］。金属 1 水平线 340［i+1］与源极触点 323［i+1］接触。金属 2 垂直线 362 经由通孔 352［i+1］与金属 1 水平线 340［i］接触以将 NMOS 晶体管 310［i+1］的源极连接到 VSS。

连接到 VSS（未示出）的多晶硅水平线 335 置于相邻的 NMOS 晶体管 310［i］和 310［i+1］的漏极触点 325［i］和 325［i+1］之间。多晶硅水平线 335 是隔离 NMOS 晶体管 330 的栅极，并且实际上隔离了相邻的 NMOS 晶体管 310［i］和 310［i+1］。在图 3B 的 ROM 单元阵列中添加多晶硅水平线 335 使得多晶硅更均匀地隔开并且因此缓解多间距效应。

（4）关于对比文件 1 没有公开特征 13-1

特征 13-1：一种具有高密度的局部互连结构的电路。

请求人认为，对比文件 1 公开了特征 13-1。

专利权人认为，对比文件 1 没有公开特征 13-1。

合议组认为，基于上文 5.1（4）中同样的理由，对比文件 1 没有公开特征 13-1。

（5）关于对比文件 1 公开了特征 13-2

特征 13-2：连续扩散区。

请求人认为，对比文件 1 公开了连续扩散区。专利权人对此予以认可。

合议组认为，对比文件 1 的第 4 栏 22—25 行以及图 3B 中公开了：连续 OD 区 320 贯穿相邻的 NMOS 晶体管 310［i］和 310［i+1］，NMOS 晶体管 310［i］具有多晶硅栅极 327［i］、源极触点 323［i］和漏极触点 325［i］。

由此可见，对比文件 1 中的连续 OD 区 320 与权利要求 13 中的特征 13-2 的连续扩散区的结构和作用相同，因此对比文件 1 公开了权利要求 13 的上述特征。

（6）关于对比文件 1 公开了特征 13-3

特征 13-3：半导体基板内的配置成形成在所述连续扩散区中具有源极/漏极端子的一对晶体管的栅极的一对栅极层。

请求人认为，对比文件 1 的多晶硅栅极 327［i］和 327［i+1］相当于一对栅极层。

专利权人认为，对比文件 1 没有公开特征 13-3。

合议组认为，对比文件 1 的第 4 栏 22—25 行以及图 3B 中公开了：连续 OD 区 320 贯穿相邻的 NMOS 晶体管 310 [i] 和 310 [i+1]，NMOS 晶体管 310 [i] 具有多晶硅栅极 327 [i]、源极触点 323 [i] 和漏极触点 325 [i]。第 4 栏 37—40 行公开了：类似地，NMOS 晶体管 310 [i+1] 具有多晶硅栅极 327 [i+1]、源极触点 323 [i+1] 和漏极触点 325 [i+1]。

由此可见，对比文件 1 中的 NMOS 晶体管 310 [i] 和 310 [i+1] 相当于特征 13-3 中形成在连续扩散区中具有源极/漏极端子的一对晶体管，多晶硅栅极 327 [i] 和 327 [i+1] 相当于特征 13-3 中一对晶体管的一对栅极层。

虽然对比文件 1 中没有明确记载上述一对晶体管形成在半导体基板内，然而对比文件 1 涉及的是半导体存储器，形成的是半导体存储单元阵列，显然存储单元阵列的结构形成在半导体基板上。

因此，对比文件 1 公开了特征 13-3。

(7) 关于对比文件 1 公开了特征 13-4

特征 13-4：安排在所述的一对栅极层之间的用于在所述连续扩散区中形成阻挡晶体管的栅极的第三栅极层。

请求人认为，对比文件 1 中的阻挡栅极相当于第三栅极层。

专利权人对此予以认可。

合议组认为，对比文件 1 记载了（第 4 栏 55 行，图 3B)：多晶硅水平线 335 是隔离 NMOS 晶体管 330 的栅极，并且实际上隔离了相邻的 NMOS 晶体管 310 [i] 和 310 [i+1]。

由此可见，对比文件 1 中形成在 NMOS 晶体管 310 [i] 和 310 [i+1] 的多晶硅栅极 327 [i] 和 327 [i+1] 之间的多晶硅水平线 335 相当于特征 13-3 中阻挡晶体管的第三栅极层。

因此，对比文件 1 公开了特征 13-4。

(8) 对比文件 1 没有公开特征 13-5、13-6、13-7、13-8

特征 13-5：配置成耦合至所述一对晶体管中的一晶体管的漏极/源极端子的栅极定向局部互连；

特征 13-6：用于将所述栅极定向局部互连耦合至所述第三栅极层的装置；以及

特征 13-7：耦合在所述栅极定向局部互连与第一金属层之间的通孔，以通过所述栅极定向局部互连和所述装置来为所述第三栅极层提供必需的偏置电压；

特征 13-8：其中所述栅极定向局部互连和所述装置两者均位于所述半导体基板与毗邻的最底下的金属层之间。

请求人认为，对比文件 1 中的金属 1 水平线 340［i］与源极 323［i］相连相当于栅极定向局部互连。对比文件 1 公开了特征 13-5、13-6、13-7、13-8。

专利权人认为，对比文件 1 没有公开上述特征。

合议组认为，阅读权利要求 13 的整体技术方案可知，在半导体基板和第一金属层之间的结构如下：第一、第二和第三晶体管栅极层、栅极定向局部互连、将栅极定向局部互连与第三栅极层耦合的装置、栅极定向局部互连与第一金属层之间的通孔。

栅极定向局部互连、和将栅极定向局部互连与第三栅极层耦合的装置为级 2 互连结构，级 2 互连结构之上是通孔。

对比文件 1 中的金属 1 水平线 340［i］与源极触点 323［i］接触，在金属 1 水平线 340［i］与半导体基板之间只有源极触点 323［i］，没有其他层级，也没有其他结构，金属 1 水平线 340［i］的作用并不相当于栅极定向局部互连。因此没有公开权利要求 13 中的栅极定向局部互连、将栅极定向局部互连与第三栅极层耦合的装置、栅极定向局部互连与第一金属层之间的通孔。

因此，对比文件 1 没有公开特征 13-5、13-6、13-7 和 13-8。

综上所述，对比文件 1 公开了并列独立权利要求 13 的特征 13-2、13-3、13-4，没有公开特征 13-1、13-5、13-6、13-7 和 13-8，对比文件 1 与本专利并列独立权利要求 13 的技术方案存在实质性不同，因此并列独立权利要求 13 相对于对比文件 1 具备新颖性。

5.6 从属权利要求 14—15 具备新颖性

从属权利要求 14—15 为并列独立权利要求 13 的从属权利要求，在其引用的并列独立权利要求 13 相对于对比文件 1 具备新颖性的前提下，从属权利要求 14—15 相对于对比文件 1 同样具备新颖性。

6.《专利法》第 22 条第 3 款

《专利法》第 22 条第 3 款："创造性，是指同现有技术相比，该发明有突出的实质性特点和显著的进步，该实用新型有实质性特点和进步。"

确定两个相比对的技术特征是否相同，不能孤立地从文义上判断，还需要考量这些技术特征在相应的技术方案中所起的作用。

不应孤立地判断一个技术特征是否属于公知常识，还应将特征置于其应用的环境中，考量其所起的作用，判断上述技术特征与其他技术特征之间是否存在关联，如果存在关联，则应当将这些区别特征当成一个整体，而不应当将其割裂开来。

在判断发明的创造性时，应对现有技术的技术方案进行整体考量，如果最接近现有技术要解决的技术问题、采用的技术手段与本发明不同，其他现有技术也并未给出相关的技术启示，使得本领域技术人员不能显而易见地在最接近现有技术的基础上结合公知常识或其他现有技术得到本发明的技术方案，则该技术方案具备创造性。

请求人认为，权利要求 1—16 不具备创造性。

6.1 对比文件 1 作为最接近的现有技术

6.11 权利要求 1 相对于对比文件 1 和 2 的结合具备创造性

请求人在请求书中记载了：对比文件 1 没有提及权利要求 1 中“局部互连”的名称，对比文件 2 说明书第 0063 和 0067 段以及图 2t 公开了局部互连，因此权利要求 1 相对于对比文件 1 和 2 的结合不具备创造性。

专利权人认为，对比文件 1 未公开特征 1-1 至特征 1-6。对比文件 2 未公开上述区别特征，且上述技术特征并非本领域的公知常识。

合议组认为，如本决定上文 5.1 所述，对比文件 1 没有公开特征 1-1 至 1-6，因此相对于对比文件 1，基于上述区别特征，权利要求 1 实际要解决的技术问题是改进级 2 局部互连结构，为第一栅极层提供偏置电压。

对比文件 2 公开了一种包括自对准接触元件的半导体装置，并具体公开了以下内容（说明书第 9 页第 0063 和 0067 段，图 2t）：掩模开口 209 可以表示用于提供“局部互连”的实例，其中栅电极结构将直接连接到漏极区域或源极区。可以应用光刻工艺以便界定基本上沿着晶体管宽度方向，即，平行于栅电极结构 260 而延伸的互连结构。在图 2t 的横截面区域中，说明用于连接到相应接触元件 225 的互连结构的部分 226A，而在图 2t 的横截面中未示出连接到一个或多个栅极电极结构 260 的垂直互连部分。

由此可见，对比文件 2 公开了一种半导体装置接触结构的自对准方案，并不涉及本专利中改进级 2 局部互连为第一栅极提供偏置电压的技术问题，因此没有公开权利要求 1 与对比文件 1 的区别特征 1-1 至 1-6，正是由于这些区别特征的存在，权利要求 1 的技术方案的通孔不仅可以对第一或第二栅极定向局部互连和扩散定向局部互连层提供偏置电压，同时可以借助第一或第二栅极定向局部互连和扩散定向局部互连层，为第一栅极层提供了必需的偏置电压，优化了局部互连的布局，增加了局部互连结构的密度。因此，对比文件 2 没有公开上述区别特征，更没有给出结合到对比文件 1 得到权利要求 1 技术方案的技术启示。因此，相对于对比文件 1 和 2，独立权利要求 1 的技术方案具备创造性。

6.12 从属权利要求 2—8 具备创造性

从属权利要求 2—8 直接或间接引用独立权利要求 1，在独立权利要求 1 相对于对比文件 1 和 2 具备创造性的前提下，从属权利要求 2—8 相对于对比文件 1 和 2 同样具备创造性。

6.13 并列独立权利要求 9 具备创造性

请求人认为，权利要求 9 与对比文件 1 的区别特征为：（1）对比文件 1 未明确提及“局部互连”的名称；（2）未明确提及上述栅极层形成于“半导体基板”之上。区别特征（1）被对比文件 2 的 0063 和 0067 段以及图 2t 公开，区别特征（2）属于本领域的公知常识，因此权利要求 9 相对于对比文件 1 和 2 以及公知常识的结合不具备创造性。

专利权人认为，对比文件 1 未公开特征 9-1 至特征 9-6。对比文件 2 未公开上述区别特征，且上述特征并非本领域的公知常识。

合议组认为，如本决定上文 5.3 所述，对比文件 1 虽然公开了特征 9-2 中的“半导体基板”，但是没有公开权利要求 9 的特征 9-2 中除半导体基板之外的其他特征，因此对比文件 1 没有公开权利要求 1 的特征 9-1 至 9-6，因此相对于对比文件 1，权利要求 9 实际要解决的技术问题是改进级 2 局部互连结构，为第一栅极层提供偏置电压。

对比文件 2 公开了一种包括自对准接触元件的半导体装置，并具体公开了以下内容（说明书第 9 页第 0063 和 0067 段，图 2t）：掩模开口 209 可以表示用于提供“局部互连”的实例，其中栅电极结构将直接连接到漏极区域或源极区。可以应用光刻工艺以便界定基本上沿着晶体管宽度方向，即，平行于栅电极结构 260 而延伸的互连结构。在图 2t 的横截面区域中，说明用于连接到相应接触元件 225 的互连结构的部分 226A，而在图 2t 的横截面中未示出连接到一个或多个栅极电极结构 260 的垂直互连部分。

由此可见，对比文件 2 公开了一种半导体装置接触结构的自对准方案，并不涉及本专利中改变级 2 局部互连结构，为第一栅极层提供偏置电压的技术问题，因此同样没有公开权利要求 9 与对比文件 1 的区别特征 9-1 至 9-6。

请求人主张特征“局部互连”被对比文件2公开，“半导体基板”为本领域的公知常识。

合议组认为，如本决定上文5.3所述，对比文件1公开了特征9-2中的“半导体基板”，但是没有公开权利要求9的特征9-2中除半导体基板之外的其他特征。

请求人提交附件9、10和11作为公知常识性证据以证明通过通孔实现互连是常用的连接方式。

合议组认为，不应孤立地判断一个技术特征是否属于公知常识，还应将特征置于其应用的环境中，考量其所起的作用，判断上述技术特征与其他技术特征之间是否存在关联，如果存在关联，则应当将这些区别特征当成一个整体，而不应当将其割裂开来。

虽然附件9中第300页记载形成通孔可以实现金属层之间的连接，这是本领域中常用的技术手段，就通过通孔实现互连而言，属于本领域的公知常识。然而不能孤立地看待特征通孔是否属于公知常识，还应将特征置于其应用的环境中，考量其所起的作用。特征9-6中通孔的位置位于第一金属层与第一和第二栅极定向局部互连以及扩散定向局部互连之间，其作用是通过第一和第二栅极定向局部互连之一和扩散定向局部互连为第一栅极层提供必需的偏置电压。

将特征9-6作为一个整体看待，虽然形成通孔实现互连是本领域的公知常识，但是在特征9-6的结构中形成通孔并起到相应作用并未被公知常识性证据9-11公开，特征9-6不属于本领域的公知常识。

请求人未主张特征9-1至9-6属于本领域的公知常识。目前没有证据表明特征9-1至9-6属于本领域的公知常识。正是由于这些区别特征的存在，通孔不仅可以对第一或第二栅极定向局部互连和扩散定向局部互连层提供偏置电压，同时可以借助第一或第二栅极定向局部互连和扩散定向局部互连层，为第一栅极层提供了必需的偏置电压，优化了局部互连的布局，增加了局部互连结构的密度。

因此，相对于对比文件1和2以及公知常识，独立权利要求9的技术方案具备创造性。

6.14 从属权利要求10—12具备创造性

从属权利要求10—12直接或间接引用并列独立权利要求9，在并列独立权利要求9相对于对比文件1和2以及公知常识具备创造性的前提下，从属权利要求 10—12 相对于对比文件 1 和 2 以及公知常识同样具备创造性。

6.15 并列独立权利要求 13 具备创造性

请求人在请求书中记载了：对比文件 1 没有提及权利要求 13 中“局部互连”的名称，对比文件 2 说明书第 0063 和 0067 段以及图 2t 公开了局部互连，因此权利要求 13 相对于对比文件 1 和 2 的结合不具备创造性。

专利权人认为，对比文件 1 未公开特征 13-1、特征 13-3、特征 13-5 至 13-8。对比文件 2 未公开上述区别特征，且上述区别特征并非本领域的公知常识。

合议组认为，如上文 5.5（4）—（8）中所述，对比文件 1 公开了特征 13-2、13-3 和 13-4，对比文件 1 没有公开特征 13-1、13-5、13-6、13-7 和 13-8，因此相对于对比文件 1，权利要求 13 实际要解决的技术问题是改进级 2 局部互连结构，为第三栅极层提供偏置电压。

对比文件 2 公开了一种包括自对准接触元件的半导体装置，并具体公开了以下内容（说明书第 9 页第 0063 和 0067 段，图 2t）：掩模开口 209 可以表示用于提供“局部互连”的实例，其中栅电极结构将直接连接到漏极区域或源极区。可以应用光刻工艺以便界定基本上沿着晶体管宽度方向，即，平行于栅电极结构 260 而延伸的互连结构。在图 2t 的横截面区域中，说明用于连接到相应接触元件 225 的互连结构的部分 226A，而在图 2t 的横截面中未示出连接到一个或多个栅极电极结构 260 的垂直互连部分。

由此可见，对比文件 2 公开了一种半导体装置接触结构的自对准方案，并不涉及本专利中改变级 2 局部互连为第三栅极提供偏置电压的技术问题，因此对比文件 2 同样没有公开权利要求 13 与对比文件 1 的区别特征 13-6 至 13-8，正是由于这些区别特征的存在，权利要求 13 的技术方案中，通孔可以通过栅极定向局部互连和装置为第三栅极层提供必需的偏置电压。优化了局部互连的布局，增加了局部互连结构的密度。对比文件 2 没有公开上述区别技术特征，更没有给出结合到对比文件 1 得到权利要求 13 技术方案的技术启示。因此，相对于对比文件 1 和 2，独立权利要求 13 的技术方案具备创造性。

6.16 从属权利要求 14—16 具备创造性

从属权利要求 14—16 引用独立权利要求 13 的从属权利要求，在独立权利要求 13 相对于对比文件 1 和 2 具备创造性的前提下，从属权利要求 14—16 相对于对比文件 1 和 2 同样具备创造性。

6.2 对比文件 3 作为最接近的现有技术

6.21 权利要求 1 相对于对比文件 3 和公知常识的结合具备创造性

（1）请求人和专利权人关于权利要求 1 的总体意见

请求人认为，权利要求 1 与对比文件 3 相比，区别仅在于：权利要求 1 通过耦合在金属层与所述第一和第二栅极定向局部互连中的一者之间的通孔向第一栅极层提供必需的偏置电压，而对比文件 3 公开的技术方案则是通过金属层 M1 导线与接触结构直接与栅极 g3 相接触，以向 g3 提供偏置电压。通过直接接触或间接接触实现互连是常用的连接方式，用公知常识性证据 9、10 和 11 佐证，因此权利要求 1 相对于对比文件 3 和公知常识不具备创造性。

专利权人认为，对比文件 3 至少未公开权利要求 13 中的特征 1-2 和 1-6，上述区别并非本领域的公知常识。

合议组的意见如下：

（2）对比文件 3 公开的技术内容

对比文件 3 的技术领域涉及一种具有改进的接触结构的半导体装置。背景技术是：形成于半导体基板上的单个半导体元件通常通过接触互连彼此耦合，以形成相应功能的电路（参见 0002 段）。如图 1 所示，由此形成的接触结构可以包括正方形接触结构 8，还可以包括具有比规则接触结构 8 大得多的大小的矩形接触结构 10（0003 段）。背景技术存在的不足是（0005—0007 段）：第一，特征大小进一步缩小可以导致接触结构具有非常大的深宽比，切出具有这种水平的深宽比的接触开口通常将花费更长的时间。相邻接触孔之间的表面区域上也可能出现被称为“条纹”的有害影响。“条纹”导致相邻接触结构之间的电短路并且可以导致严重的装置产量损失。第二，非常大的深宽比的锥形接触开口可以导致源极/漏极区域和栅极电极上的接触结构着落面积基本上减少，这继而可以导致接触电阻大幅度增加并且装置性能降低。第三，接触开口通过单独的光刻步骤而与源极/漏极区域和栅极电极对准，由于装置特征大小缩减，接触开口与源极/漏极区域和栅极电极之间的错位余量减小，导致装置产量大幅度损失或造成严重的装置可靠性问题。

基于此，对比文件 3 要解决的技术问题是（0008 段）：改进接触结构，应付装置缩小的趋势并且维持期望的特性。获得诸如低接触电阻、易于制作和高度可靠的技术效果。

所采用的技术手段是（0031、0032 和 0033 段）：如图 5B 所示，形成矩形形状的 CONT1，CONT1 的深宽比显著小于现有技术中接触结构 8 的深宽比

（具体见下文）。

获得的技术效果：可以避免接触条纹的有害影响，这些有利特征也为接触开口的错位提供改进的余量。

采用的具体技术方案如下：在半导体基板2的所需区域中，通过已知材料和工艺形成有MOS晶体管m1和m2，晶体管m1和m2具有源极/漏极区域和栅极电极，分别为s1、d1、g1和s2、d2、g2，第三MOS晶体管（未示出）的栅极g3形成于m1和m2之间的浅沟槽隔离（STI）区之上，耦合至m2的源极s2（0025段）。当这些处理步骤完成后，MOS晶体管m1和m2的每个源极/漏极区域s1/d1、s2/d2均耦合至一个接触结构12，以此方式形成在ILD_I层的接触结构12在下文中被称为CONT1（0029段）。如图5B所示，CONT1具有一个矩形形状。其轴向（长度方向）平行于沟道宽度方向（0031段）。使用已知的CVD工艺将钨填充在接触开口中，以形成钨插塞14和16。当需要将两个相邻的导电区域，例如g3和s2进行耦合连接时，形成一个矩形接触结构16，其一端耦合至某一MOS晶体管（未示出）的栅极g3，另一端耦合至形成于ILD_I层的接触结构12。由此形成的接触结构14和16在下文中一般被称为CONT2（0035段）。形成接触结构14和16之后，通过已知工艺将诸如铝、铜等适合的金属材料沉积在基板上形成第一层互连（M1）。随后通过一种已知的工艺加工晶圆，形成M1导线。

（3）对比文件3没有公开特征1-1

特征1-1：一种具有高密度的局部互连结构的电路。

请求人认为，对比文件3公开了特征1-1，钨插塞14和16相当于本专利中的级2局部互连。

专利权人认为，特征1-1中，高密度的局部互连是指高密度的级2的局部互连。

合议组认为，参见上文5.1（4）可知，虽然本领域中对“局部互连”有通用含义，但是本专利说明书中对“局部互连”有具体说明和相应界定，因此权利要求1中“局部互连”的具体含义应依照说明书的特别界定，理解为位于半导体基板与第一金属层之间的级1之上的级2局部互连。

对比文件3中的半导体基板2上形成有MOS晶体管m1和m2，接触结构12耦合到MOS晶体管m1和m2的每个源极/漏极区域s1/d1、s2/d2（0023段），如图5B所示，CONT1具有一个矩形形状。其轴向（长度方向）平行于沟道宽度方向（0031段）在接触结构12上形成有钨插塞14，在栅极g3和接触结构12上形成有钨插塞16，形成钨插塞14和16之后（0035段），通过已知工艺将诸如铝、铜等适合的金属材料沉积在基板上形成第一层互连（M1）（0038段）。

合议组认为，对比文件3中矩形的接触结构12相当于本专利中的半导体基板之上的级1局部互连，第一层互连（M1）相当于本专利中的第一金属层，分别与第一层互连（M1）以及接触结构12电连接的钨插塞14和16相当于本专利中级3的通孔。对比文件3中没有本专利中的级2局部互连结构。

因此，对比文件3没有公开特征1-1。

（4）对比文件3没有公开特征1-2

特征1-2：根据第二栅极层与第三栅极层之间的栅极层间距来安排的第一栅极层。

请求人认为，晶体管栅电极g3（相当于第一栅极层）形成于栅电极g2（相当于第二栅极层）和栅电极g1（相当于第三栅极层）之间，由此可以直接确定根据g1和g2之间的间距安排g3。

专利权人认为，对比文件3的g3位于STI之上并没有形成一个晶体管，不相当于第一栅极层，并且没有公开栅极层间距。

合议组认为，对比文件3中的MOS晶体管m1和m2的栅电极g1和g2相当于权利要求1中的第二栅极层和第三栅极层。

（ⅰ）对比文件3中的栅电极g3没有公开权利要求1中的第一栅极层

确定一个技术特征是否公开，不能孤立地从文义上确定是否公开，还需要考量该技术特征在整个技术方案中所起的作用。

综合考虑权利要求1的整体技术方案可以看出，权利要求1的发明构思是对级2局部互连结构进行改进，在级2局部互连结构中设置扩散定向局部互连层，通过通孔对级2的第一或第二定向局部互连和扩散定向局部互连层提供必要偏置电压，并为第一栅极层提供必要的偏置电压，使第一栅极层起隔离的作用。

对比文件3中第3页0025段中记载了：第三MOS晶体管（未示出）的栅电极g3形成于m1和m2之间的浅沟槽隔离（STI）区之上，耦合至m2的源极。

从对比文件3的图7B中可以看出，栅极g3的物理位置位于栅电极g1和g2之间，但对比文件3中没有记载通过第一层互连（M1）、钨插塞14和16为栅电极g3提供偏置电压。此外，栅极g3下面是将MOS晶体管m1和m2隔离的STI，因此栅电极g3所起的是与MOS晶体管m2的源极s2电耦合，与钨插塞 16 电连接，其作用是作为导线传输电信号，不具备将 MOS 晶体管 m1 和 m2 隔离的作用。

因此综合考量权利要求 1 的整体技术方案中第一栅极层所起的作用，以及对比文件 3 中栅电极 g3 所起的作用，对比文件 3 中的栅电极 g3 并不相当于权利要求 1 中的第一栅极层。

（ⅱ）对比文件 3 没有公开根据栅极层间距来安排第一栅极层

如上文 3.1 和 5.1（6）中详细论述的，只要具有多个 MOS 晶体管的集成电路都具有栅极间距，但不是所有的集成电路都需要按照栅极间距设置晶体管栅极，取决于所采用的工艺和产品的设计要求。

对比文件 3 的半导体集成电路中具有多个 MOS 晶体管，因此同样具有栅极间距，但是对比文件 3 中并没有记载需要根据第一和第二 MOS 晶体管 m1 和 m2 的栅电极 g1 和 g2 之间的栅极间距设置第三晶体管的栅电极 g3。

综上所述，对比文件 3 没有公开特征 1-2。

（5）对比文件 3 没有公开特征 1-3 至 1-5

特征 1-3：安排在所述第一栅极层与所述第二栅极层之间的第一栅极定向局部互连；

特征 1-4：安排在所述第一栅极层与所述第三栅极层之间的第二栅极定向局部互连；

特征 1-5：配置成将所述第一栅极层耦合至所述第一栅极定向局部互连和所述第二栅极定向局部互连中的一者的扩散定向局部互连层。

请求人认为，对比文件 3 中 g3 和 g2 之间平行于栅极方向具有的接触结构 12 相当于第一栅极定向局部互连，g3 和 g1 之间平行于栅极方向具有的另一接触结构 12 相当于第二栅极定向局部互连，BTC 接触结构 16 一端耦合到接触结构 12（相当于第一栅极定向局部互连），另一端耦合至 g3（相当于第一栅极层），且接触结构 16 的优选方案是平行于半导体基板 2（相当于扩散定向），因此对比文件 3 公开了特征 1-3 至 1-5。

专利权人认为，对比文件 3 没有公开上述特征。

合议组认为，特征 1-3 至 1-5 涉及级 2 局部互连的具体结构的位置关系和连接关系，属于相互关联的技术特征，应该作为一个整体技术特征予以考虑。如上文 6.21（3）中所述，对比文件 3 中的接触结构 12 和栅极 g2 和 g3 相当于本专利中的半导体基板之上的级 1 局部互连，钨插塞 14 和 16 相当于本专利级 3 的通孔，第一层互连 M1 相当于本专利中的第一金属层。对比文件 3

中不存在本专利中的级 2 局部互连。

因此，对比文件 3 没有公开与级 2 局部互连相关的特征 1-3 至 1-5。

（6）对比文件 3 没有公开特征 1-6

特征 1-6：耦合在金属层与所述第一和第二栅极定向局部互连中的所述一者之间的通孔，以通过所述第一和第二栅极定向局部互连中的所述一者和所述定向局部互连层来为所述第一栅极层提供必需的偏置电压。

请求人认为，权利要求 1 与对比文件 3 相比，区别仅在于权利要求 1 中通过耦合在金属层与第一和第二栅极定向局部互连中的一者的通孔向第一栅极层提供必需的偏置电压，而对比文件 3 公开的技术方案则是通过金属层 M1 导线与接触结构 16 直接与栅电极 g3 相接触，以向栅电极 g3 提供偏置电压。

专利权人认为，接触结构 16 是通孔，对比文件 3 并非给栅电极 g3 施加任何偏置电压，而仅仅是引出导线传输信号。

合议组认为，对比文件 3 中仅记载了第一层互连（M1）通过接触结构 16 与栅电极 g3 电连接，并没有记载通过第一层互连（M1）向栅电极 g3 提供偏置电压。

特征 1-6 中除通孔之外的技术特征均属于级 2 互连相关的结构特征。如上文 6.21（3）和（5）中所述，对比文件 3 中不存在本专利中的级 2 局部互连结构，因此与级 2 互连相关的结构特征均没有公开。

关于对比文件 3 是否公开特征“通孔”

如上文 6.21（3）中所述，对比文件 3 中矩形的接触结构 12 相当于本专利中半导体基板之上的级 1 局部互连，钨插塞 14 和 16 相当于本专利中级 3 的通孔。

虽然对比文件 3 公开了特征 1-6 中的特征“通孔”，但是没有公开与通孔电连接的相关结构，即与级 2 互连相关的结构特征，因此对比文件 3 没有公开特征 1-6。

（7）权利要求 1 相对于对比文件 3 和公知常识具备创造性

在判断发明的创造性时，应当对现有技术的技术方案进行整体考量，如果最接近现有技术的发明构思、工作原理与本发明完全不同，其他现有技术也并未给出相关的技术启示，使得本领域技术人员不能显而易见地在最接近现有技术的基础上结合公知常识或其他现有技术得到本发明的技术方案，则该技术方案具备创造性。

如上所述，权利要求 1 的特征 1-1 至 1-6 相对于对比文件 3 均未被公开，因此权利要求 1 相对于对比文件 3 实际解决的技术问题是：改进级 2 局部互连结构，更好地实现对第一栅极层的偏压控制。

权利要求 1 的技术方案对现有的级 2 局部互连结构进行了改进，在级 2 局部互连结构中设置扩散定向局部互连层，通过通孔对级 2 的第一或第二栅极定向局部互连和扩散定向局部互连层提供必要偏置电压，并为第一栅极层提供必要的偏置电压，使第一栅极层起隔离的作用。

对比文件 3 要解决的技术问题是改进方柱形接触结构，应付装置缩小的趋势并且维持期望的特性。所采用的技术手段是（0031、0032 和 0033 段）：形成矩形形状的 CONT1，CONT1 的深宽比显著小于现有技术中接触结构 8 的深宽比。

由此可见，对比文件 3 要解决的技术问题与权利要求 1 实际解决的技术问题不同，为解决技术问题所采用的技术手段也不相同。

对比文件 3 的第一层互连通过通孔与 MOS 晶体管电连接，半导体基板中有起隔离作用的 STI，不涉及通过通孔借助其他互连结构将栅电极 g3 偏置的技术内容。

对比文件 3 在半导体基板和第一层互连之间仅有权利要求 1 的第一和第三层互连结构，没有给出改变现有互连结构，增加第二级局部互连，且借助栅极定向局部互连和扩散定向局部互连层为第一栅极层提供必要偏置电压的技术启示。

请求人仅认为特征“通孔”没有被对比文件 3 公开，认为通过直接接触或间接接触实现互连是常用的连接方式，本领域的技术人员可以根据实际需要作出合理的选择，通过设置一个导电通孔使得金属层经由导电通孔与接触结构 12 再经由接触结构向栅电极 g3 提供偏置电压，均是本领域技术人员容易想到的，并用公知常识性证据附件 9、10 和 11 佐证上述区别属于本领域的公知常识。

专利权人认为，对比文件 3 未公开特征 1-1 至特征 1-6，且上述特征并非本领域的公知常识。

合议组认为，如上文 6.21（3）中所述，对比文件 3 中的钨插塞 14 和 16 相当于本专利中级 3 的通孔。虽然对比文件 3 公开了特征 1-6 中的特征“通孔”，但是没有公开与通孔电连接的相关结构，即与级 2 互连相关的结构特征，因此对比文件 3 没有公开特征 1-6。

请求人提交附件 9—11 作为公知常识性证据以证明通过通孔实现互连是

常用的连接方式。

如上文 6.13 中所述，不应孤立地判断一个技术特征是否属于公知常识，还应将特征置于其应用的环境中，考量其所起的作用，判断上述技术特征与其他技术特征之间是否存在关联，如果存在关联，则应当将这些区别特征当成一个整体，而不应当将其割裂开来。

虽然形成通孔实现互连是本领域的公知常识，但是将特征 1-6 作为一个整体，在与特征 1-6 相同的结构中形成通孔并起到相应作用并未被公知常识性证据 9—11 公开，特征 1-6 并不属于本领域的公知常识。

请求人未主张特征 1-1 至 1-6 属于本领域的公知常识，没有证据表明特征 1-1 至 1-6 属于本领域的公知常识。正是由于特征 1-1 至 1-6 的存在，通孔不仅可以对第一或第二栅极定向局部互连和扩散定向局部互连层提供偏置电压，同时可以借助第一或第二栅极定向局部互连和扩散定向局部互连层，为第一栅极层提供了必需的偏置电压，优化了局部互连的布局，增加了局部互连结构的密度。

因此，相对于对比文件 3 和公知常识，独立权利要求 1 的技术方案具备创造性。

6.22 从属权利要求 2—8 具备创造性

从属权利要求 2—8 直接或间接引用独立权利要求 1。

请求人提供对比文件 4 仅是为了证明权利要求 2、5、8 的附加技术特征被对比文件 3 和 4 公开，然而对比文件 4 依然没有权利要求 1 与对比文件 3 的区别特征，因此在独立权利要求 1 相对于对比文件 3 和公知常识具备创造性的前提下，从属权利要求 2—8 相对于对比文件 3 和公知常识同样具备创造性。

6.23 并列独立权利要求 9 相对于对比文件 3 和公知常识具备创造性

（1）双方当事人关于权利要求 9 的总体意见

请求人认为，权利要求 9 与对比文件 3 的区别特征为：权利要求 9 公开了形成耦合在金属层与第一和第二栅极定向局部互连中一者之间的通孔向第一栅极层提供必需的偏置电压，而对比文件 3 公开的技术方案则是通过金属层 M1 导线与接触结构 16 直接与栅电极 g3 相接触，以向 g3 提供偏置电压。上述区别特征属于本领域的公知常识，并用公知常识性证据附件 9、10 和 11 佐证，因此权利要求 9 相对于对比文件 3 和公知常识的结合不具备创造性。

专利权人认为，对比文件 3 未公开特征 9-1 至特征 9-6，且上述特征并非本领域的公知常识。

（2）并列独立权利要求9与独立权利要求1的撰写对应关系

并列独立权利要求9要求保护一种制造高密度的局部互连的方法，并列独立权利要求9实质上是与独立权利要求1的具有高密度的局部互连结构的电路相对应的制造方法，用方法的撰写形式表达了权利要求1的产品权利要求。

（3）并列独立权利要求9与独立权利要求1的特征对应关系

将并列独立权利要求9中特征9-1、9-2、9-3、9-4、9-5和9-6与独立权利要求1中的特征1-1、1-2、1-3、1-4、1-5和1-6相比，特征9-1、9-3、9-4、9-5和9-6与特征1-1、1-3、1-4、1-5和1-6实质相同，特征9-2与特征1-2相比增加了特征“半导体基板”。

（4）特征9-1、9-3、9-4、9-5和9-6没有被对比文件3公开

基于上文6.21（3）、6.21（5）和6.21（6）中详细陈述的同样理由，对比文件3未公开特征9-1、9-3、9-4、9-5和9-6。

（5）特征9-2没有被对比文件3公开

特征9-2与特征1-2相比增加了特征“半导体基板”。

对比文件3第3页0025段中记载了：在半导体基板2的所需区域中，通过一种材料和工艺形成有MOS晶体管m1和m2，因此对比文件3公开了特征半导体基板。

特征9-2中“根据毗邻的第二栅极层与第三栅极层之间的栅极层间距形成第一栅极层”未被对比文件3公开了，具体理由参见上文6.21（4）中的详细评述意见。

因此，对比文件3没有公开特征9-1、9-2、9-3、9-4、9-5和9-6。

基于上文6.21（7）中同样的理由，相对于对比文件3和公知常识，并列独立权利要求9的技术方案具备创造性。

6.24 从属权利要求10—12具备创造性

从属权利要求10—12直接或间接引用并列独立权利要求9，在并列独立权利要求9相对于对比文件3和公知常识具备创造性的前提下，从属权利要求10—12相对于对比文件3和公知常识同样具备创造性。

6.25 并列独立权利要求13相对于对比文件3和4以及公知常识具备创造性

（1）双方当事人关于权利要求13的总体意见

请求人认为，权利要求13与对比文件3相比区别在于：（1）权利要求13

采用的是阻挡晶体管，对比文件3采用的是浅沟槽隔离；（2）权利要求13公开了形成耦合在金属层与第一和第二栅极定向局部互连中一者之间的通孔向第一栅极层提供必需的偏置电压，而对比文件3公开的技术方案则是通过金属层M1导线与接触结构16直接与栅电极g3相接触，以向g3提供偏置电压。区别特征1被对比文件4公开了，区别特征2属于本领域的公知常识，用公知常识性证据附件9、10和11佐证。

专利权人认为，权利要求13和权利要求1相比进一步限定了连续扩散区以及只需要设置一个栅极定向局部互连，限定了阻挡晶体管以及装置，未限定装置的形状。对比文件3未公开权利要求13的特征13-2、13-4、13-6、13-7，对比文件4未公开上述区别特征，且上述区别特征并非本领域的公知常识。

对此，合议组意见如下：

（2）对比文件3没有公开特征13-1

特征13-1：一种具有高密度的局部互连结构的电路。

请求人认为，对比文件3公开了特征13-1。专利权人对此认可。

合议组认为，基于上文6.21（3）中同样的理由，对比文件3没有公开特征13-1。

（3）对比文件3没有公开特征13-2、13-3和13-4

特征13-2：连续扩散区；

特征13-3：半导体基板内的配置成形成在所述连续扩散区中具有源极/漏极端子的一对晶体管的栅极的一对栅极层；

特征13-4：安排在所述的一对栅极层之间的用于在所述连续扩散区中形成阻挡晶体管的栅极的第三栅极层。

请求人认为，对比文件3公开了上述特征。

专利权人认为，对比文件3的栅极层g3没有形成在连续扩散区上。

合议组认为，对比文件3的第3页0025段记载了：在半导体基板2的所需区域中，通过已知材料和工艺形成有MOS晶体管m1和m2，晶体管m1和m2具有源极/漏极区域和栅极电极，分别为s1、d1、g1和s2、d2、g2，第三MOS晶体管（未示出）的栅极g3形成于m1和m2之间的浅沟槽隔离（STI）区之上，耦合至m2的源极s2（0025段）。

由此可见，从0025段的记载以及图7B中可以看出，在半导体基板2中，MOS晶体管m1和m2之间被隔离区STI切断隔离，没有形成连续扩散区，因此栅极层 g3 没有形成在连续扩散区上，对比文件 3 没有公开特征“连续扩散区”，因此没有公开特征 13-2 以及具有特征“连续扩散区”的特征 13-3 和 13-4。

此外，STI 隔离区上仅形成有栅电极 g3，并没有形成完整的晶体管；再者，STI 隔离区已经起到隔离 MOS 晶体管 m1 和 m2 的作用，不必再形成起隔离作用的阻挡晶体管，因此对比文件 3 的栅电极 g3 与权利要求 13 中的阻挡晶体管的栅极完全不同，对比文件 3 没有公开特征 13-4。

（4）对比文件 3 公开了特征 13-5

特征 13-5：配置成耦合至所述一对晶体管中的一晶体管的漏极/源极端子的栅极定向局部互连。

请求人认为，对比文件 3 中的两个接触结构 12 相当于栅极定向局部互连。

专利权人对此认可。

合议组认为，对比文件 3 的 0029 段中记载了：MOS 晶体管 m1、m2 的每个源极/漏极区域 s1/d1、s2/d2 均耦合至一个接触结构 12。以此方式形成在 ILD_I 层的接触结构 12 在下文中被称作 CONT1。0031 段中记载了：CONT1 具有一个矩形形状，其轴向（长度方向）平行于沟道宽度方向。

由此可见，对比文件 3 的接触结构 12 相当于特征 13-5 中的栅极定向局部互连，因此对比文件 3 公开了特征 13-5。

（5）对比文件 3 没有公开特征 13-6、13-7 和 13-8

特征 13-6：用于将所述栅极定向局部互连耦合至所述第三栅极层的装置；以及

特征 13-7：耦合在所述栅极定向局部互连与第一金属层之间的通孔，以通过所述栅极定向局部互连和所述装置来为所述第三栅极层提供必需的偏置电压；

特征 13-8：其中所述栅极定向局部互连和所述装置两者均位于所述半导体基板与毗邻的最底下的金属层之间。

请求人认为，对比文件 3 中的 BTC 接触结构 16 相当于所述装置，仅没有公开通孔。

专利权人认为，对比文件 3 没有公开上述特征。

合议组认为，特征 13-6、13-7 和 13-8 是与级 2 局部互连相关的技术特征。

如上文6.21（3）中所述，对比文件3中的接触结构12相当于权利要求13中半导体基板之上的级1局部互连，钨插塞14和16相当于权利要求13中级3的通孔，第一层互连M1相当于权利要求13中的最底下的金属层。对比文件3中不存在权利要求13中的级2局部互连。因此对比文件3没有公开与级2局部互连相关的技术特征，没有公开特征13-6、13-7和13-8。

（6）权利要求13相对于对比文件3和4以及公知常识具备创造性

请求人认为，对比文件4公开了阻挡晶体管，设置通孔属于公知常识，并用公知常识性证据附件9、10和11佐证。

专利权人认为，对比文件4未公开权利要求13与对比文件3的区别特征，且上述区别特征并非本领域的公知常识。

合议组认为，权利要求13与对比文件3相比，仅公开了特征13-5，区别在于没有公开特征13-1至13-4，13-6至13-8。相比于对比文件3，权利要求13实际要解决的技术问题是：改进在半导体基板和第一金属层之间的局部互连结构，更好地实现对第三栅极层的偏压控制。

对比文件4公开了一种只读存储器阵列结构，并公开了以下内容：用一永久断开的晶体管取代一字线（BL）方向上的两个相邻内存单元的浅沟渠隔离（STI）（说明书第4页最后一段）。

NMOS晶体管230的栅极连接至VSS。NMOS晶体管230的源极及漏极分别连接至内存单元210［i］及210［i+1］的VSS。因此NMOS晶体管230永久处于断开状态，且不会在ROM单元阵列中进行任何电子作用。然而，NMOS晶体管230可提供布局效益（说明书第5页第1段5—9行）。

当从图2B的内存单元阵列结构中除去STI区域时，STI应力及应变效应也被除去。此外，随着多晶硅栅极235的增加，在整个图2B的ROM单元阵列上，多晶硅的置放具有更平均的间隔，因此，根据本发明第一实施例的内存单元阵列结构具有较小的多晶硅间隔效应（说明书第5页第2段第6-10行）。

对比文件4公开了采用NMOS晶体管230作为隔离晶体管取代现有技术中的浅沟槽隔离的技术方案，即公开了与连续扩散区有关的特征13-2、13-3、13-4。但是对比文件4与对比文件3结合仅能得到具有连续扩散区和隔离晶体管且只有2级局部互连的半导体集成电路结构，得到的只是本专利现有技术中的结构，这种结构正是本专利需要改进和完善的结构。对比文件4依然没有公开权利要求13中与级2局部互连相关的结构，即特征13-1、13-6至13-8，也没有给出得到上述结构的技术启示。

请求人使用公知常识性证据附件 9、10 和 11 仅用于证明设置特征“通孔”属于本领域的公知常识，然而特征通孔已被对比文件 3 的钨插塞 14 和 16 公开。

虽然对比文件 3 公开了特征 13-7 中的特征“通孔”，但是没有公开与通孔电连接的相关结构，即与级 2 互连相关的结构特征，因此对比文件 3 没有公开特征 13-7。

如上文 6.13 中所述，虽然形成通孔实现互连是本领域的公知常识，但是将特征 13-7 作为一个整体，在与特征 13-7 相同的结构中形成通孔并起到相应作用并未被公知常识性证据 9—11 公开，特征 13-7 并不属于本领域的公知常识。

请求人未主张特征 13-1、13-6 至 13-8 属于本领域的公知常识，没有证据表明特征 13-1、13-6 至 13-8 属于本领域的公知常识。正是由于这些特征的存在，权利要求 13 方案中的通孔不仅可以对栅极定向局部互连和扩散定向局部互连层提供偏置电压，同时可以借助栅极定向局部互连和扩散定向局部互连层，为第三栅极层提供了必需的偏置电压，优化了局部互连的布局，增加了局部互连结构的密度。

因此，相对于对比文件 3 和 4 以及公知常识，独立权利要求 13 的技术方案具备创造性。

6.26 从属权利要求 14—16 是否具备创造性

从属权利要求 14—16 引用独立权利要求 13 的从属权利要求，在独立权利要求 13 相对于对比文件 3 和 4 以及公知常识具备创造性的前提下，从属权利要求 14—16 相对于对比文件 3 和 4 以及公知常识同样具备创造性。

6.3 独立权利要求 1 相对于对比文件 5 和公知常识是否具备创造性

（1）请求人和专利权人关于权利要求 1 的总体意见

请求人认为，权利要求 1 与对比文件 5 相比，区别仅在于权利要求 1 中采用通孔提供偏置电压，而对比文件 5 采用的是钨塞 117。上述区别属于本领域的公知常识，用公知常识性证据附件 9、10 和 11 佐证，因此权利要求 1 相对于对比文件 5 和公知常识不具备创造性。

专利权人认为，对比文件 5 没有公开权利要求 1 的任何技术特征。

（2）对比文件 5 公开的技术内容

对比文件 5 涉及一种任选的片上电源旁路电容器，现有技术的不足是（第 1 栏 10—20 行）：集成电路上的晶体管瞬态电流的量值已经随着技术发展而在增加。甚至封装引线、接合线和芯片互连线的小电感都会引起不可接受的量的电压尖峰或跳动，这对逻辑和模拟集成电路具有破坏性影响。

对比文件 5 要解决的技术问题是：减弱集成电路整个电路上的瞬态电压尖峰（第 2 栏 17—18 行）。

对比文件 5 采用的技术手段是电容器分布地连接在接地线或轨道与电源线或轨道之间（第 2 栏 16—17 行）。

对比文件 5 具体公开了以下技术内容：所述第四级金属充当多个电容器板，所述多个电容器板通过薄电介质与顶部电容器板 100 分开（第 3 栏 2—4 行）。如果其连接到 Vss，那么在 Vdd 轨道 102 与顶部电容器板 100 之间形成电容器。相反地，如果顶部电容器板 100 连接到 Vdd，那么在 Vss 轨道 103 与顶部电容器板 100 之间形成电容器（第 3 列 13—17 行，图 1）。层间连接堆栈 121 将主 Vdd 总线 102 耦合至本地 Vdd 总线 116，层间连接堆栈 115 将主 Vss103 耦合到本地 Vss 总线 118。层间连接堆栈 121 和 115 包括钨塞 117 和其他金属层 114，如图 1 所示，均是级 2 和级 3。图 1 中还显示出了：厚层间介质层 122；具有与 locos 工艺相关联的场氧化物 104；—P 型场效应晶体管的栅极 113，其 P+源极 110 耦合至本地 Vdd 116；—P 型场效应晶体管 107 的 N+阱，该 N+阱结 106 耦合至本地 Vdd 总线 116；—P 型场效应晶体管 124 的漏极；—P+基板结 108，耦合至本地 Vss108，耦合至本地 Vss118；—N 型场效应晶体管的 N+源极 109；—N 型场效应晶体管的栅极 112；N 型场效应晶体管的漏极 111；以及形成于级 2 和级 3 之上的层间金属信号互连结构 114（第 3 栏 19—35 行，图 1）。

（3）对比文件 5 公开了特征 1-1

特征 1-1：一种具有高密度的局部互连结构的电路。

请求人认为，对比文件 5 公开了特征 1-1。

专利权人认为，对比文件 5 中的 116 是 M1 金属层，不涉及半导体基板和 M1 金属层中间的多级局部互连。

合议组认为，如上文 3.3 和 5.1（4）所述，虽然本领域中对“局部互连”有通用含义，但是本专利说明书中对“局部互连”有具体说明和相应界定。综合本领域中优先权日之前互连和局部互连的定义、互连技术的发展趋势，并通过阅读说明书 0012、0013、0032、0034、0040 和 0043 段记载相关内容以及附图 3、4A、4B、5A、5B 和 5C 的图示，权利要求 1 中“局部互连”的具体含义依照说明书的特别界定，应理解为位于半导体基板与第一金属层之间的级 1 之上的级 2 局部互连。

对比文件 5 的第 3 栏第 2 段中记载了：—P 型场效应晶体管的栅极 113，其 P+源极 110 耦合至本地 Vdd 116。

由此可见，对比文件 5 中的本地 Vdd 116 与半导体基板之间只有一级，不是三级，不存在权利要求 1 中的级 2 局部互连。

综上，对比文件 5 没有公开权利要求 1 的技术特征“局部互连”，因此没有公开权利要求 1 的特征 1-1。

（4）对比文件 5 没有公开特征 1-2

特征 1-2：根据第二栅极层与第三栅极层之间的栅极层间距来安排的第一栅极层。

请求人认为，对比文件 5 的栅极 113 相当于第三栅极层，栅极 112 相当于第二栅极层，置于两者之间的与 locos 工艺相关联的场氧化物 104 相当于接地的第一栅极层。

专利权人认为，与 locos 工艺相关联的场氧化物 104 是绝缘结构，起隔离两侧晶体管的作用。

合议组认为，对比文件 5 中 P 型场效应晶体管具有栅极 113 相当于第三栅极层，N 型场效应晶体管具有栅极 112 相当于第二栅极层。

（ⅰ）对比文件 5 中的场氧化物 104 不同于权利要求 1 中的第一栅极层

确定一个技术特征是否公开，需要站位本领域技术人员，还需要考量该技术特征在整个技术方案中所起的作用。

对比文件 5 中与 locos 工艺相关联的场氧化物 104 的作用是将 P 型场效应晶体管与 N 型场效应晶体管绝缘的隔离结构，场氧化物 104 不是具有源/漏结构的晶体管，其上的本体 Vss 总线 118 无论是材料组成还是作用都不同于栅极。

本专利是采用在半导体基板中设置阻挡晶体管实现晶体管之间的隔离，因此权利要求 1 中在第二和第三栅极之间设置了第二栅极，而通过具有第二栅极的晶体管实现两侧晶体管之间的隔离。

因此，综合考量权利要求 1 的整体技术方案中第一栅极层所起的作用，以及对比文件 5 中与 locos 工艺相关联的场氧化物 104 所起的作用，对比文件 5 没有公开权利要求 1 中的第一栅极层。

（ⅱ）关于对比文件 5 没有公开栅极层间距来安排第一栅极层

如上文 3.1 和 5.1（6）中详细论述的，只要具有多个 MOS 晶体管的集成电路都具有栅极间距，但不是所有的集成电路都需要按照栅极间距设置晶体管栅极，取决于所采用的工艺和产品的设计要求。

对比文件 5 的半导体集成电路中具有多个 MOS 晶体管，因此同样具有栅极间距，但是对比文件 5 中没有第三晶体管，也没有记载需要根据栅电极 112 和 113 之间的栅极间距设置第三晶体管的栅电极。

综上所述，对比文件 5 没有公开特征 1-2。

(5) 对比文件 5 没有公开特征 1-3、1-4、1-5、1-6

特征 1-3：安排在所述第一栅极层与所述第二栅极层之间的第一栅极定向局部互连；

特征 1-4：安排在所述第一栅极层与所述第三栅极层之间的第二栅极定向局部互连；

特征 1-5：配置成将所述第一栅极层耦合至所述第一栅极定向局部互连和所述第二栅极定向局部互连中的一者的扩散定向局部互连层；以及

特征 1-6：耦合在金属层与所述第一和第二栅极定向局部互连中的所述一者之间的通孔，以通过所述第一和第二栅极定向局部互连中的所述一者和所述定向局部互连层来为所述第一栅极层提供必需的偏置电压。

请求人认为，(1) 对比文件 5 中与源极 109 直接接触并耦合至 Vss118 的连接结构相当于第一栅极定向局部互连，与源极 110 直接接触并耦合至 Vss118 的连接结构相当于第二栅极定向局部互连，相当于第一栅极定向局部互连的连接结构将所述局域氧化隔离结构（相当于第一栅极层）耦合至本地 Vss118（相当于扩散栅极定向局部互连），上述结构通过耦合在金属层与所述第一和第二栅极定向局部互连中的所述一者之间的钨塞 117 与本地 Vss 接触将所述局域氧化隔离结构（相当于第一栅极层）供电（接地，相当于偏置电压）。(2) 权利要求 1 与对比文件 5 的区别仅在于权利要求 1 中采用通孔提供偏置电压，而对比文件 5 公开的技术方案采用了钨塞 117，上述区别属于本领域的公知常识，用公知常识性证据附件 9、10 和 11 佐证。

专利权人认为，对比文件 5 中的 118 是金属层 M1，未公开特征 1-3、1-4、1-5 和 1-6。

合议组认为，确定一个技术特征是否公开，需要站位本领域技术人员，还需要考量该技术特征在整个技术方案中所起的作用。

对比文件 5 说明书第 3 栏第 2 段记载了以及图 1 中图示出，基板 123 中形成有 NMOS 晶体管和 PMOS 晶体管，在两个晶体管之间形成有与 locos 工艺相关联的场氧化物 104，在 CMOS 晶体管之上的厚层间介电质 122 中形成有本地 Vdd 总线 116、本地 Vss 总线 118、层间连接堆栈 121 和 115、Vss 轨道 103 和顶部电容器板 100。

其中，本地 Vdd 总线 116 和本地 Vss 总线 118 属于第一金属层 M1，层间连接堆栈 121 和 115 属于第一金属层 M1 之上的金属层，顶部电容器板 100 属于顶部金属层。

因此，本地 Vss 总线 118 所连接的结构以及所起的作用与权利要求 1 中的扩散定向局部互连所连接的结构以及所起的作用不同。

对比文件 5 中的钨塞 117 形成在层间连接堆栈 115 与 Vss 轨道 103 之间的通孔中，形成在本地 Vss 总线 118 之上，权利要求 1 中的通孔形成在半导体基板之上级 3 局部互连中，相当于形成在对比文件 5 的本地 Vss 总线 118 之下。对比文件 5 中的钨塞 117 将 Vss 轨道 103 电连接到本地 Vss 总线 118，权利要求 1 中的通孔的作用是借助栅极定向局部互连和扩散定向局部互连为第一栅极层提供必需的偏置电压。由此可见，对比文件 5 中钨塞 117 所在通孔的位置、所连接的结构以及所起的作用均与权利要求 1 中的通孔的位置、所连接的结构以及所起的作用不同。

在本地 Vdd 总线 116 与 P+源极 110 之间只有一层连接结构，在本地 Vss 总线 118 与 N+源极 109 之间只有一层连接结构，而权利要求 1 中第一和第二栅极定向局部互连、扩散定向局部互连以及通孔都是三级局部互连结构中级 2 和级 3 中的结构，因此对比文件 3 没有公开与第一和第二栅极定向局部互连、扩散定向局部互连以及通孔相关的技术特征，也没有记载与提供偏置电压的相关内容。

综上，对比文件 5 没有公开特征 1-3、1-4、1-5 和 1-6。

(6) 权利要求 1 相对于对比文件 5 和公知常识具备创造性

如上所述，权利要求 1 的特征 1-1 至 1-6 相对于对比文件 5 均未被公开，因此权利要求 1 相对于对比文件 5 实际解决的技术问题是：改进级 2 局部互连结构，更好地实现对第一栅极层的偏压控制。

权利要求 1 的技术方案对现有的级 2 局部互连结构进行了改进，在级 2 局部互连结构中设置扩散定向局部互连层，通过通孔对级 2 的第一或第二栅极定向局部互连和扩散定向局部互连层提供必要的偏置电压，并为第一栅极层提供必要的偏置电压，使第一栅极层起隔离的作用。

要解决的技术问题是：减弱集成电路整个电路上的瞬态电压尖峰（第 2

栏 17—18 行)。

对比文件 5 采用的技术手段是电容器分布地连接在接地线或轨道与电源线或轨道之间（第 2 栏 16—17 行)。

由此可见，对比文件 5 要解决的技术问题与权利要求 1 实际解决的技术问题不同，为解决技术问题所采用的技术手段也不相同。

对比文件 5 在半导体基板和第一层互连之间仅有一层局部互连结构，而不是三层，且没有给出改变现有互连结构，增加第二和第三级局部互连，进而借助栅极定向局部互连和扩散定向局部互连层为第一栅极层提供必要偏置电压的技术启示。

请求人认为仅特征“通孔”没有被对比文件 5 公开，但认为通过直接接触或间接接触实现互连是常用的连接方式，用公知常识性证据附件 9、10 和 11 佐证上述区别属于本领域的公知常识。

专利权人认为，对比文件 5 未公开特征 1-1 至特征 1-6，且上述特征并非本领域的公知常识。

合议组认为，如上文 6.31（5）中所述，对比文件 5 中钨塞 117 所在通孔的位置、所连接的结构以及所起的作用均与权利要求 1 中的通孔的位置、所连接的结构以及所起的作用不同。对比文件 5 没有公开与第一和第二栅极定向局部互连、扩散定向局部互连以及通孔相关的技术特征，也没有记载与提供偏置电压的相关内容，因此对比文件 5 没有公开特征 1-6。

如上文 6. 13、6. 21（6）和（7）所述，将特征 1-6 作为一个整体看待，虽然形成通孔实现互连是本领域的公知常识，但是在与特征 1-6 相同的结构中形成通孔并起到相应作用并未被公知常识性证据 9-11 公开，特征 1-6 不属于本领域的公知常识。

请求人未主张特征 1-1 至 1-6 属于本领域的公知常识，没有证据表明特征 1-1 至 1-6 属于本领域的公知常识。正是由于特征 1-1 至 1-6 的存在，通孔不仅可以对第一或第二栅极定向局部互连和扩散定向局部互连层提供偏置电压，同时可以借助第一或第二栅极定向局部互连和扩散定向局部互连层，为第一栅极层提供了必需的偏置电压，优化了局部互连的布局，增加了局部互连结构的密度。

因此，相对于对比文件 5 和公知常识，独立权利要求 1 的技术方案具备创造性。

6. 32 从属权利要求 2—8 具备创造性

从属权利要求 2—8 直接或间接引用独立权利要求 1。

请求人提供对比文件4仅是为了证明权利要求2、5、8的附加技术特征被对比文件3和4公开，然而对比文件4依然没有权利要求1与对比文件5的区别特征，因此在独立权利要求1相对于对比文件5和公知常识具备创造性的前提下，从属权利要求2—8相对于对比文件5和公知常识同样具备创造性。

6.33 并列独立权利要求9相对于对比文件5和公知常识具备创造性

(1) 双方当事人关于权利要求9的总体意见

请求人认为，权利要求9与对比文件5的区别仅在于权利要求9中采用通孔提供偏置电压，而对比文件5公开的技术方案采用了钨塞117，上述区别属于本领域的公知常识，用公知常识性证据附件9、10和11佐证，因此权利要求9相对于对比文件5和公知常识的结合不具备创造性。

专利权人认为，对比文件5未公开特征9-1至特征9-6，且上述特征并非本领域的公知常识。

(2) 并列独立权利要求9与独立权利要求1的撰写对应关系

并列独立权利要求9要求保护一种制造高密度的局部互连的方法，并列独立权利要求9实质上是与独立权利要求1的具有高密度的局部互连结构的电路相对应的制造方法，用方法的撰写形式表达了权利要求1的产品权利要求。

(3) 并列独立权利要求9与独立权利要求1的特征对应关系

将并列独立权利要求9中特征9-1、9-2、9-3、9-4、9-5和9-6与独立权利要求1中的特征1-1、1-2、1-3、1-4、1-5和1-6相比，特征9-1、9-3、9-4、9-5和9-6与特征1-1、1-3、1-4、1-5和1-6实质相同，特征9-2与特征1-2相比增加了特征“半导体基板”。

(4) 特征9-1、9-3、9-4、9-5和9-6没有被对比文件5公开

合议组认为，基于上文6.31（3）和6.31（5）中详细陈述的同样理由，对比文件5未公开特征9-1、9-3、9-4、9-5和9-6。

(5) 特征9-2没有被对比文件5公开

特征9-2与特征1-2相比增加了特征“半导体基板”。

对比文件5的发明领域中记载了：本发明涉及半导体集成电路领域。发明概要中记载了：提供一种半导体集成电路，所述半导体集成电路包括：半导体衬底……因此对比文件5公开了特征“半导体基板”。

特征9-2中“根据毗邻的第二栅极层与第三栅极层之间的栅极层间距形

成第一栅极层”未被对比文件5公开，具体理由参见上文6.31（4）中的详细评述意见。

因此，对比文件5没有公开特征9-1、9-2、9-3、9-4、9-5和9-6。

基于上文6.21（6）中同样的理由，相对于对比文件5和公知常识，并列独立权利要求9的技术方案具备创造性。

6.34 从属权利要求10—12具备创造性

从属权利要求10—12直接或间接引用并列独立权利要求9，在并列独立权利要求9相对于对比文件5和公知常识具备创造性的前提下，从属权利要求10—12相对于对比文件5和公知常识同样具备创造性。

6.35 并列独立权利要求13相对于对比文件5和公知常识具备创造性

（1）双方当事人关于权利要求9的总体意见

请求人认为，权利要求13与对比文件5的区别仅在于权利要求13中采用通孔提供偏置电压，而对比文件5公开的技术方案采用了钨塞117，上述区别属于本领域的公知常识，用公知常识性证据附件9、10和11佐证，因此权利要求13相对于对比文件5和公知常识的结合不具备创造性。

专利权人认为，对比文件5没有公开特征13-2、13-4、13-5、13-6、13-7，且上述区别特征不属于本领域的公知常识。

（2）对比文件5没有公开特征13-1

特征13-1：一种具有高密度的局部互连结构的电路。

请求人认为，对比文件5公开了特征13-1。专利权人对此认可。

合议组认为，基于上文6.31（3）中同样的理由，对比文件5没有公开特征13-1。

（3）对比文件5没有公开特征13-2、13-3和13-4

特征13-2：连续扩散区；

特征13-3：半导体基板内的配置成形成在所述连续扩散区中具有源极/漏极端子的一对晶体管的栅极的一对栅极层；

特征13-4：安排在所述的一对栅极层之间的用于在所述连续扩散区中形成阻挡晶体管的栅极的第三栅极层。

请求人认为，对比文件5中公开了：形成于基板123（相当于连续扩散区）中的栅极113和栅极112（相当于一对栅极层），形成于栅极113和栅极112之间的局域氧化隔离结构（与两侧的P+substrate结及N+well结一起相当于阻挡晶体管，局域氧化隔离结构相当于第三栅极层）。

专利权人不予认可。

合议组认为，对比文件 5 说明书第 3 栏第 2 段记载了以及图 1 中图示出，基板 123 中形成有 NMOS 晶体管和 PMOS 晶体管，在两个晶体管之间形成有与 locos 工艺相关联的场氧化物 104。

由此可见，虽然栅极 113 和栅极 112 相当于一对栅极层，但是形成于栅极 113 和栅极 112 之间的与 locos 工艺相关联的场氧化物 104 所起的作用是将其两侧的 NMOS 晶体管和 PMOS 晶体管相互绝缘隔离，而不是起用导电材料形成晶体管传输信号的栅极层的作用，不能相当于第三栅极层，因此基板 123 中没有形成连续扩散区，对比文件 5 没有公开特征“连续扩散区”，相应地没有公开特征 13-2 以及具有特征“连续扩散区”的特征 13-3 和 13-4。

（4）对比文件 5 没有公开特征 13-5、13-6、13-7 和 13-8

特征 13-5：配置成耦合至所述一对晶体管中的一晶体管的漏极/源极端子的栅极定向局部互连；

特征 13-6：用于将所述栅极定向局部互连耦合至所述第三栅极层的装置；以及

特征 13-7：耦合在所述栅极定向局部互连与第一金属层之间的通孔，以通过所述栅极定向局部互连和所述装置来为所述第三栅极层提供必需的偏置电压；

特征 13-8：其中所述栅极定向局部互连和所述装置两者均位于所述半导体基板与毗邻的最底下的金属层之间。

请求人认为，对比文件 5 中与源极 109 直接接触并耦合至 Vss118 的连接结构相当于栅极定向局部互连。本地 Vss118（相当于所述装置）将连接堆栈 121 的连接结构钨塞 117 耦合至所述局域氧化隔离结构。上述结构位于基板和金属层之间，通过连接堆栈 115 经本地 Vss 接触向所述局域氧化隔离结构（相当于第三栅极层）供电（接地，提供偏置电压）。

专利权人认为，对比文件 5 没有公开上述特征。

合议组认为，特征 13-6、13-7 和 13-8 是与级 2 局部互连相关的技术特征。

如上文 6.31（5）中所述，对比文件 5 中在本地 Vdd 总线 116 与 P+源极 110 之间只有一层连接结构，在本地 Vss 总线 118 与 N+源极 109 之间只有一层连接结构，而权利要求 13 中栅极定向局部互连、装置以及通孔都是三级局部互连结构中级 2 和级 3 中的结构，因此对比文件 5 没有公开与栅极定向局部互连、装置以及通孔相关的技术特征，也没有记载与提供偏置电压的相关内容。

综上，对比文件 5 没有公开特征 13-5、13-6、13-7 和 13-8。

（5）权利要求 13 相对于对比文件 5 和公知常识具备创造性

如上所述，权利要求 1 的特征 13-1 至 13-8 相对于对比文件 5 均未被公开，因此权利要求 13 相对于对比文件 5 实际解决的技术问题是：改进级 2 局部互连结构，更好地实现对第一栅极层的偏压控制。

权利要求 13 的技术方案对现有的级 2 局部互连结构进行了改进，在级 2 局部互连结构中设置扩散定向局部互连层，通过通孔对级 2 的栅极定向局部互连和装置提供必要偏置电压，并为第三栅极层提供必要的偏置电压，使第三栅极层起隔离的作用。

要解决的技术问题是：减弱集成电路整个电路上的瞬态电压尖峰（第 2 栏 17—18 行）。

对比文件 5 采用的技术手段是电容器分布地连接在接地线或轨道与电源线或轨道之间（第 2 栏 16—17 行）。

由此可见，对比文件 5 要解决的技术问题与权利要求 13 实际解决的技术问题不同，为解决技术问题所采用的技术手段也不相同。

对比文件 5 在半导体基板和第一层互连之间仅有一层局部互连结构，而不是三层，且没有给出改变现有互连结构，增加第二和第三级局部互连，进而借助栅极定向局部互连和装置为第三栅极层提供必要偏置电压的技术启示。

请求人认为仅特征“通孔”没有被对比文件 5 公开，但认为通过直接接触或间接接触实现互连是常用的连接方式，用公知常识性证据附件 9、10 和 11 佐证上述区别属于本领域的公知常识。

专利权人认为，对比文件 5 未公开特征 13-1 至特征 13-8，且上述特征并非本领域的公知常识。

合议组认为，如上文 6.13、6.21（6）和（7）、6.31（5）所述，虽然形成通孔实现互连是本领域的公知常识，但是将特征 13-7 作为一个整体看待，在与特征 13-7 相同的结构中形成通孔并起到相应作用并未被公知常识性证据 9—11 公开，特征 13-7 不属于本领域的公知常识。

请求人未主张特征 13-1 至 13-8 属于本领域的公知常识，没有证据表明特征 13-1 至 13-8 属于本领域的公知常识。正是由于特征 13-1 至 13-8 的存在，通孔不仅可以对栅极定向局部互连和装置提供偏置电压，同时可以借助栅极定向局部互连和装置，为第三栅极层提供了必需的偏置电压，优化了局部互连的布局，增加了局部互连结构的密度。

因此，相对于对比文件 5 和公知常识，独立权利要求 13 的技术方案具备创造性。

6. 36 从属权利要求 14—16 具备创造性

从属权利要求 14—16 引用独立权利要求 13 的从属权利要求，在独立权利要求 13 相对于对比文件 5 和公知常识具备创造性的前提下，从属权利要求 14—16 相对于对比文件 5 和公知常识同样具备创造性。

综上所述，请求人主张的无效理由均不成立。

基于上述理由，合议组作出如下决定。

三、决定

维持 201480013124. 1 号发明专利权有效。

当事人对本决定不服的，可以根据《专利法》第 46 条第 2 款的规定，自收到本决定之日起三个月内向北京知识产权法院起诉。根据该款的规定，一方当事人起诉后，另一方当事人作为第三人参加诉讼。

合议组组长：孙学锋
主　审　员：沈　丽
参　审　员：黄道许

三

创造性评价中对是否存在相反技术教导的考量

评析“定位、追踪和/或找回无线通信设备的装置和方法”无效案

一、引言

在专利审查中，对于创造性的评价，就一项区别特征的引入有无技术启示而言，经常会遇到当事人以存在相反技术教导进行争辩。由于相反技术教导并未出现在《专利审查指南》中，实践中对其含义和作用在认识上存在分歧，容易导致审查中对相反技术教导认识不一致的情况。

二、相反技术教导的理解

《专利审查指南》规定，采用“三步法”判断专利是否具备创造性。判断过程中，要确定现有技术整体上是否存在某种技术启示，即，现有技术中是否给出了将区别特征应用到最接近的现有技术以解决其存在的技术问题的启示，这种启示使得本领域技术人员在面对该技术问题时，有动机改进最接近的现有技术并获得要求保护的发明。

认定现有技术公开的内容要构成相反技术教导，通常认为针对实际解决的技术问题，本领域技术人员在阅读对比文件记载的技术内容后，确定现有技术整体上给出了不能将区别特征应用到最接近的现有技术以解决其存在的技术问题的动机，阻止了本领域技术人员通过与现有技术的结合或对现有技术的改进得到要求保护的方案的可能性。如果从对比文件中能找到存在相反技术教导的内容，就能够证明现有技术之间的结合不是显而易见的，需要付出创造性的劳动。

虽然现有技术公开的内容是客观技术事实，但是技术方案往往是由多个

复杂的技术特征组成，针对同样的客观技术事实，不同对比文件的记载可能还会存在偏差甚至截然相反，并且由于技术的快速发展，某些对比文件记载的缺陷在申请日前已经得到克服或者解决，因此在判断过程中，本领域技术人员应该根据其掌握的技术知识和能力，客观还原申请日以前现有技术应有的客观技术事实，并考虑该技术领域的发展水平、普遍认知和实际需求，对现有技术予以全面客观衡量。

三、审查实践

下面结合无效案例，阐述在创造性判断过程中如何就相反技术教导进行考量。

某专利涉及用于定位、追踪和/或找回无线设备的方法和装置，其所要解决的技术问题是针对错放、丢失或被盗的无线设备能够被定位和找回，针对错放、丢失或被盗的无线设备中存储的数据能够被禁用和安全处理。为了解决上述技术问题，本专利技术方案包括：目标（即错放、丢失或被盗）无线设备接收到由第二无线设备或服务提供商发送的具有包括定位状态码的通信数据包（例如短消息），响应于检测到该通信数据包中的定位状态码，在目标无线设备上执行一个或多个定位例程（例如禁用键盘、捕获音频、确定地理位置等），以满足对目标无线设备定位和找回的需要，目标无线设备还可在秘密模式下操作，秘密模式下禁止目标无线设备输出在非秘密模式下执行所述定位例程时产生的用户易察觉的指示（如显示的灯光或可听音）。根据本专利保护的方案可以确定，本专利权利要求 1 对于秘密模式和非秘密模式下执行的定位例程内容没有进行进一步限定，根据从属权利要求和本专利说明书的记载可知，权利要求 1 中所执行的定位例程可以包括但不限于诸如检索用户数据等秘密模式下执行的操作，以及诸如启用感官警报等非秘密模式下执行的操作。因此，根据权利要求记载的内容可以确定权利要求 1 的方案涵盖了比较宽泛的范围，对于秘密模式或非秘密模式下执行的定位例程完全可以根据实际需要进行选择。

对比文件 1 是最接近的现有技术，公开了用于控制和保护丢失、被盗的移动装置的方法和设备，其所要解决的技术问题是在移动装置丢失、被盗后，控制该移动装置以防止除帮助者以外的其他人使用。为了解决该问题，其方案是所有者借助远程控制电话经由例如短消息系统发送控制消息，丢失的移动装置响应于接收到控制消息中的关键字及参数来执行相应操作，例如可锁定丢失的移动装置，也可以命令移动装置经由短消息系统向给定号码发送关于位置和使用的信息，便于定位和追踪。

本专利权利要求 1 保护的方案相对于对比文件 1 的区别在于：执行步骤还包括在秘密模式下操作目标无线设备，秘密模式禁止目标无线设备输出在非秘密模式下执行所述一个或多个定位例程时产生的用户易察觉的指示。针对该区别特征，确定本专利实际解决的技术问题是如何满足对丢失或被盗设备中存储的数据提供安全处理的需要。

对比文件 4 公开了用于通信装置失窃后阻止数据失窃和安全数据检索的方法和设备，其所要解决的技术问题是在便携式装置失窃后，如何阻止装置内数据的失窃，维护数据安全。为了解决该问题，其方案是在通信装置失窃后，该装置可进入秘密模式以用于与寻呼中心传送重要信息而不被当前用户所察觉，对当前用户不应给出通信装置正在秘密模式中操作的可感知（可看见或可听见）指示。

该案的争议焦点在于对比文件 4 是否给出了与对比文件 1 结合的技术启示，有观点认为对比文件 1 和对比文件 4 构成了相反技术教导。

持上述相反技术教导观点的人认为：对比文件 1 首先锁定移动设备并向当前持有者显示警告消息，使得当前持有者无法继续使用移动设备，对比文件 1 不关注移动设备中是否有重要数据，是否需要保护并将重要数据回传。而对比文件 4 中认为数据存储装置中的数据比该装置本身更有价值，为了能够取回装置中的数据，可以舍弃对装置本身的找回需求。对比文件 1 和对比文件 4 的出发点截然相反，构成相反技术教导。

对此，合议组认为，在判断专利要求保护的方案是否显而易见的过程中，不能将某技术特征从现有技术中孤立出来，而应当综合考虑该技术特征在整个技术方案中所发挥的作用和产生的效果。

首先，以对比文件 1 作为重塑发明的起点，要考虑对比文件 1 是否存在改进的需求。基于本领域技术人员应有的知识和能力对对比文件进行分析后确定，当设备丢失或被盗后，希望能够定位找回丢失设备是用户的直接反应，找回设备本身就意味着能够找回设备中存储的数据，退一步讲，即便未能找到设备，原用户也希望能找回其丢失设备中的重要数据，因此对比文件 1 客观存在与本专利相同的改进需求。

其次，判断对比文件中记载的内容是否构成相反技术教导时，应站位于本领域技术人员，结合本领域技术人员应有的知识和能力对现有技术进行全面整体分析。对比文件 1 中控制锁定丢失的移动设备，其作用是防止未授权用户使用该设备，并通过向给定号码发送其位置和使用的信息，进行定位和追踪，其更侧重于对设备自身的保护。对比文件 4 中允许当前用户使用装置，进入秘密模式下秘密传回重要数据，其作用是为取回装置中重要数据，其更侧重于对装置中存储数据的保护。可见，现有技术中描述的方案侧重点虽各有不同，但是对比文件 1 和对比文件 4 的出发点均是考虑到在设备丢失时经常遇到的找回设备或找回重要信息的需求，本质上都是以保护原用户财物的安全作为出发点，而并非以是否禁用/使用设备作为出发点。也就是说，对比文件 1 通过锁定移动设备并传回位置信息的技术手段，在找回移动设备方面具有优势，对比文件 4 通过进入秘密模式并秘密传回重要数据，在找回无线设备中存储的数据方面具有优势，但这两者之间并不矛盾，现有技术的这种记载不排除本领域技术人员根据实际需要选择这两种方案，对比文件 1 与对比文件 4 不存在结合障碍，不构成相反教导。

综上，基于本领域技术人员的知识和能力整体进行考量后确定，针对为失窃设备中存储的数据提供安全处理的需求（即发明所实际解决的技术问题），对比文件 4 给出了设置秘密模式并传送重要信息而不被当前用户所察觉的技术教导，对比文件 1 与对比文件 4 不存在结合障碍，本领域技术人员有动机将对比文件 4 中秘密模式下传回重要数据的方案应用到对比文件 1 中，进而得到权利要求 1 保护的技术方案是显而易见的。

四、结语

在创造性判断中不能仅凭现有技术中记载的“否定”信息就认定现有技术存在相反技术教导，需要在把握发明实际贡献的基础上，从本领域技术人员的视角出发，考虑该技术领域的发展水平、普遍认知和实际需求，对现有技术予以全面客观衡量，以确定现有技术所记载的“否定”信息是否存在使本领域技术人员舍弃该技术手段的认识或结合障碍，由此才能在创造性判断中获得准确的结论。

无效宣告请求审查决定（第37072号）

决定要点

如果一项权利要求所限定的技术方案与最接近的现有技术相比存在区别特征，但该区别特征属于本领域解决相关技术问题的惯用技术手段，本领域技术人员基于该现有技术及其所应具备的知识水平和设计能力可以显而易见地得到该权利要求所限定的技术方案，则该权利要求所限定的技术方案不具有突出的实质性特点和显著的进步，不具备创造性。

决定文本

一、案由

本无效宣告请求审查决定涉及专利号为200880004304.8，名称为“定位、追踪和/或找回无线通信设备的装置和方法”的发明专利（下称本专利）。本专利申请日为2008年01月31日，最早优先权日为2007年02月06日，授权公告日为2012年11月28日。专利权人为高通股份有限公司。本专利授权公告时的权利要求书如下：

“1. 一种用于定位目标无线通信设备的方法，该方法包括：

在所述目标无线通信设备处接收具有包括定位状态码的格式的通信数据包，所述定位状态码与所述目标无线通信设备可操作的多个定位状态中的一个相关联，其中，每一个定位状态存储在所述目标无线通信设备的存储器中，并包括由所述目标无线通信设备执行的一个或多个定位例程；以及

响应于检测到所述通信数据包中的所述定位状态码，在所述目标无线通信设备上执行所述一个或多个定位例程中的至少一个例程，

其中，执行步骤还包括：在秘密模式下操作所述目标无线通信设备，所述秘密模式禁止所述目标无线通信设备输出在非秘密模式下执行所述一个或多个定位例程时产生的用户易察觉的指示。

2. 根据权利要求1所述的方法，还包括：将至少所述一个或多个例程的

执行结果传送给网络实体、服务提供商和所述目标无线通信设备的用户中的至少一个。

3. 根据权利要求1所述的方法，其中，接收所述通信数据包还包括：触发所述目标无线通信设备来执行与多个定位状态中的关联于所述定位状态码的一个定位状态相对应的例程序列。

4. 根据权利要求1所述的方法，其中，接收所述通信数据包还包括：接收对应于数据呼叫或语音呼叫中的一个的通信数据包。

5. 根据权利要求1所述的方法，其中，接收所述通信数据包还包括：接收短消息服务SMS通信数据包。

6. 根据权利要求5所述的方法，其中，所述SMS通信数据包还包括：用于设置与所述一个或多个例程相关联的参数的可变长度字段。

7. 根据权利要求1所述的方法，其中，执行步骤还包括激活错放状态、丢失状态、被盗状态、追踪状态、紧急监视状态和秘密监视状态中的一个。

8. 根据权利要求1所述的方法，其中，执行步骤还包括禁用键盘、禁用通信呼叫、禁用所述目标无线通信设备、禁用特定应用、启用所述目标无线通信设备、改变所述目标无线通信设备的运行状态、确定地理位置、捕获静止图像、捕获运动图像、捕获音频、启用感官警报、储备电池电能、破坏通信、删除第一组用户数据、检索第二组用户数据、锁定对第三组用户数据的访问中的至少一个。

9. 根据权利要求1所述的方法，其中，执行步骤还包括捕获静止图像、捕获运动图像和捕获音频中的至少一个。

10. 根据权利要求9所述的方法，还包括：将所捕获的静止图像、所捕获的运动图像和所捕获的音频中的至少一个传送给网络设备、服务提供商和所述目标无线通信设备的用户中的至少一个。

11. 根据权利要求1所述的方法，其中，执行步骤还包括：将振铃音状态从静音状态、振动状态和低音量状态中的至少一个改变为可听见状态和高音量状态中的至少一个。

12. 根据权利要求1所述的方法，其中，执行步骤还包括在所述目标无线通信设备上储备电池电能以为另外的定位例程供应需要的电能。

13. 根据权利要求12所述的方法，其中，在所述目标无线通信设备上储备电池电能还包括进入待机模式、进入睡眠模式和执行自动关闭中的至少一个。

14. 根据权利要求12所述的方法，还包括：响应于一事件而使用所述储备的电池电能。

15. 根据权利要求1所述的方法，其中，执行步骤还包括：删除第一组用户数据，以及检索第二组用户数据。

16. 根据权利要求15所述的方法，还包括：将所述第二组用户数据传送给网络实体、服务提供商和所述目标无线通信设备的用户中的至少一个。

17. 根据权利要求15所述的方法，其中，执行步骤还包括：在传送所述第二组用户数据之后从所述目标无线通信设备删除所述第一组用户数据。

18. 根据权利要求1所述的方法，其中，执行步骤还包括：激活所述多个定位状态中与所述定位状态码相对应的一个定位状态，还包括：在所述目标无线通信设备的非易失性存储器位置中存储所述定位状态码的指示值，当恢复向所述目标无线通信设备供电时检查所述非易失性存储器位置以确定所述指示值，并重新激活所述多个定位状态中的对应于所述指示值的一个定位状态。

19. 根据权利要求1所述的方法，其中，执行所述一个或多个例程还包括：在接收所述格式的通信数据包之前，执行在静止模式下运行的一个或多个例程。

20. 根据权利要求1所述的方法，其中，执行步骤还包括：所述目标无线通信设备通过扰乱语音通信和数据通信中的至少一个来破坏通信。

21. 根据权利要求1所述的方法，其中，在所述目标无线通信设备处接收通信数据包还包括：在所述目标无线通信设备处接收从所述目标无线通信设备内部传送的通信数据包。

22. 一种用于定位目标无线通信设备的装置，包括：

接收模块，用于在目标无线通信设备处接收具有包括定位状态码的格式的通信数据包，所述定位状态码与所述目标无线通信设备可操作的多个定位状态中的一个相关联，其中，每一个定位状态存储在所述目标无线通信设备的存储器中，并包括由所述目标无线通信设备执行的一个或多个定位例程；以及

执行模块，用于响应于检测到所述通信数据包中的所述定位状态码，在所述目标无线通信设备上执行所述一个或多个定位例程中的至少一个例程，

其中，所述执行模块还包括：用于在秘密模式下操作所述目标无线通信设备的模块，所述秘密模式禁止所述目标无线通信设备输出在非秘密模式下

执行所述一个或多个定位例程时产生的用户易察觉的指示。

23. 根据权利要求22所述的装置，包括：

其中，所述接收模块包括通信模块，所述通信模块存储在所述存储器中并可由所述处理器执行；以及

其中，所述执行模块包括定位/找回模块。

24. 根据权利要求22所述的装置，还包括：用于将所述多个定位例程中的所述一个或多个定位例程的执行结果传送给网络实体、服务提供商和所述目标无线通信设备的用户中的至少一个的模块。

25. 根据权利要求22所述的装置，其中，用于接收所述通信数据包的所述接收模块还包括：用于触发所述目标无线通信设备来执行与多个定位状态中的关联于所述定位状态码的一个定位状态相对应的例程序列的模块。

26. 根据权利要求22所述的装置，其中，用于接收所述通信数据包的所述接收模块还包括：用于接收对应于数据呼叫或语音呼叫中的一个的通信数据包的模块。

27. 根据权利要求22所述的装置，其中，用于接收所述通信数据包的所述接收模块还包括：用于接收短消息服务SMS通信模块的模块。

28. 根据权利要求27所述的装置，其中，所述SMS通信数据包还包括：用于设置与所述一个或多个例程相关联的参数的可变长度字段。

29. 根据权利要求22所述的装置，其中，所述执行模块还包括：用于激活以下状态之一的模块：错放状态、丢失状态、被盗状态、追踪状态、紧急监视状态和秘密监视状态。

30. 根据权利要求22所述的装置，其中，所述执行模块还包括以下至少一个：用于禁用键盘的模块、用于禁用通信呼叫的模块、用于禁用所述目标无线通信设备的模块、用于启用所述目标无线通信设备的模块、用于改变所述目标无线通信设备的运行状态的模块、用于禁用特定应用的模块、用于确定地理位置的模块、用于捕获静止图像的模块、用于捕获运动图像的模块、用于捕获音频的模块、用于启用感官警报的模块、用于储备电池电能的模块、用于破坏通信的模块、用于删除第一组用户数据的模块、用于检索第二组用户数据的模块、以及用于锁定对第三组用户数据的访问的模块。

31. 根据权利要求22所述的装置，其中，所述执行模块还包括：用于捕获静止图像、运动图像和音频文件中至少一个的模块。

32. 根据权利要求31所述的装置，还包括：用于将所捕获的静止图像、

所捕获的运动图像和所捕获的音频中的至少一个传送给网络设备、服务提供商和所述设备的用户中的至少一个的模块。

33. 根据权利要求22所述的装置，其中，所述执行模块还包括：用于将振铃音状态从静音状态、振动状态和低音量状态中的至少一个改变为可听见状态和高音量状态中的至少一个的模块。

34. 根据权利要求22所述的装置，其中，所述执行模块还包括：用于在所述目标无线通信设备上储备电池电能以为另外的定位例程供应需要的电能。

35. 根据权利要求34所述的装置，其中，所述用于在所述目标无线通信设备上储备电池电能的模块还包括：用于进入待机模式的模块、用于进入睡眠模式的模块和用于执行自动关闭的模块中的至少一个。

36. 根据权利要求34所述的装置，还包括：用于响应于一事件来使用所储备的电池电能的模块。

37. 根据权利要求22所述的装置，其中，所述执行模块还包括：用于删除第一组用户数据的模块，以及用于检索第二组用户数据的模块。

38. 根据权利要求37所述的装置，还包括：用于将所检索的用户数据传送给网络设备、服务提供商和所述设备的用户中的至少一个，以及从所述目标无线通信设备中删除所述用户数据的模块。

39. 根据权利要求22所述的装置，其中，所述执行模块还包括：用于激活所述多个定位状态中与所述定位状态码相对应的一个定位状态的模块，还包括：用于在所述目标无线通信设备的非易失性存储器位置中存储所述定位状态码的指示值的模块，用于当恢复向所述目标无线通信设备供电时检查所述非易失性存储器位置以确定所述指示值的模块，以及用于重新激活所述多个定位状态中的对应于所述指示值的一个定位状态的模块。

40. 根据权利要求22所述的装置，其中，用于执行所述一个或多个预定例程的所述执行模块还包括：用于在接收到所述通信数据包之前，执行在静止模式下运行的一个或多个例程的模块。

41. 根据权利要求22所述的装置，其中，所述执行模块还包括：用于通过扰乱语音通信和数据通信中的至少一个来破坏所述目标无线通信设备的通信的模块。

42. 根据权利要求22所述的装置，其中，用于在目标无线通信设备处接收通信数据包的所述接收模块还包括：用于在所述目标无线通信设备处接收从所述目标无线通信设备内部传送的通信数据包的模块。

43. 根据权利要求25所述的装置，还包括由所述定位例程中的一个或多个实现的备用电源。

44. 一种用于定位目标无线通信设备的方法，该方法包括：

生成具有包括定位状态码的格式的通信数据包，所述定位状态码与在所述目标无线通信设备上的所述目标无线通信设备可操作的多个定位状态中的一个定位状态相关联，其中，生成通信数据包还包括生成短消息服务SMS通信数据包，所述SMS通信数据包包括有效载荷，所述有效载荷具有：用于调用在所述目标无线通信设备上的定位/找回模式的定位/找回标识符、用于将生成方标识为被认证方的个人标识符、与所述多个定位状态中的一个相关联的码、以及用于设置与一个或多个定位例程相关联的参数的可变长度字段；以及

将所述通信数据包传送给所述目标无线通信设备。

45. 根据权利要求44所述的方法，还包括：从所述目标无线通信设备接收响应于检测到所述通信数据包中的所述定位状态码而在所述目标无线通信设备上执行的所述一个或多个例程的执行结果。

46. 根据权利要求44所述的方法，其中，生成步骤还包括：生成具有一格式的通信数据包，所述格式包括与所述多个定位状态中的一个相关联的所述定位状态码，其中，至少一个定位状态与一例程序列相关联，所述至少一个定位状态触发所述目标无线通信设备来执行所述例程序列。

47. 根据权利要求44所述的方法，其中，生成通信数据包还包括生成对应于数据呼叫或语音呼叫中的至少一个的通信数据包。

48. 根据权利要求44所述的方法，其中，生成SMS通信数据包还包括生成包含用于设置与所述一个或多个定位例程相关联的参数的可变长度字段的SMS通信数据包。

49. 根据权利要求44所述的方法，其中，所述多个定位状态中的所述一个定位状态选自包括下列状态的定位状态组：错放状态、丢失状态、被盗状态、追踪状态、紧急监视状态和秘密监视状态。

50. 根据权利要求44所述的方法，其中，所述多个定位状态中的每一个定位状态与一个或多个定位例程相关联，所述一个或多个定位例程选自包括下列各项的组：禁用键盘、禁用通信呼叫、禁用所述目标无线通信设备、启用所述目标无线通信设备、改变所述目标无线通信设备的运行状态、禁用特定应用、确定地理位置、捕获静止图像、捕获运动图像、捕获音频、启用感

官警报、储备电池电能、删除第一组预定用户数据、检索第二组预定用户数据、以及锁定对第三组用户数据的访问。

51. 根据权利要求44所述的方法，其中，生成具有格式的通信数据包还包括：在从包括第二无线通信设备、与网络接口关联的网络实体设备和服务提供商设备的组中选择的通信设备处生成所述通信数据包。

52. 根据权利要求44所述的方法，其中，所述一个或多个定位状态例程中的一个包括图像捕获例程、视频捕获例程和音频捕获例程中的至少一个。

53. 根据权利要求52所述的方法，还包括：接收由所述图像捕获例程、所述视频捕获例程和所述音频捕获例程所捕获的数据，其中，由网络设备、服务提供商实体和与所述目标无线通信设备的用户相关联的第二无线通信设备中的至少一个从所述目标无线通信设备接收所述数据。

54. 根据权利要求44所述的方法，其中，所述一个或多个定位状态例程中的一个包括用户数据检索例程和用户数据删除例程。

55. 根据权利要求54所述的方法，还包括：接收由所述用户数据检索例程所捕获的数据，其中，由网络设备、服务提供商实体和与所述目标无线通信设备的用户相关联的第二无线通信设备中的至少一个从所述目标无线通信设备接收所述数据。

56. 一种用于定位目标无线通信设备的装置，所述装置包括：

生成模块，用于生成具有包括定位状态码的预定格式的通信数据包，所述定位状态码与在所述目标无线通信设备上的所述目标无线通信设备可操作的多个预定定位状态中的一个相关联，其中，生成通信数据包还包括生成短消息服务SMS通信数据包，所述SMS通信数据包包括有效载荷，所述有效载荷具有：用于调用在所述目标无线通信设备上的定位/找回模式的定位/找回标识符、用于将生成方标识为被认证方的个人标识符、与所述多个定位状态中的一个相关联的码、以及用于设置与一个或多个定位例程相关联的参数的可变长度字段；

传送模块，用于将所述通信数据包传送给所述目标无线通信设备。

57. 如权利要求56所述的装置，其中，所述生成模块和所述传送模块包括：

可操作的通信模块，其中，每一个定位状态与能够在所述目标无线通信设备上操作的一个或多个预定例程相关联，所述通信模块用于将所述通信数据包以无线方式传送给所述目标无线通信设备。

58. 根据权利要求56所述的装置，还包括：用于接收响应于检测到所述通信数据包中的所述定位状态码而在所述目标无线通信设备上执行的所述一个或多个例程的执行结果的模块。

59. 根据权利要求56所述的装置，其中，用于生成通信数据包的所述生成模块还包括：用于生成具有一格式的通信数据包的模块，所述格式包括与多个定位状态中的一个相关联的定位状态码，其中，至少一个定位状态与一例程序列相关联，所述至少一个定位状态触发所述目标无线通信设备来执行所述例程序列。

60. 根据权利要求56所述的装置，其中，用于生成通信数据包的所述生成模块还包括：用于生成对应于数据呼叫或语音呼叫中的至少一个的通信数据包的模块。

61. 根据权利要求56所述的装置，其中，用于生成SMS通信数据包的模块还包括：用于生成包含用于设置与所述一个或多个预定例程相关联的参数的可变长度字段的SMS通信数据包的模块。

62. 根据权利要求56所述的装置，其中，用于生成具有预定格式的通信数据包的所述生成模块还包括：用于生成具有一格式的通信数据包的模块，所述格式包括与多个定位状态中的一个相关联的定位状态码，其中，所述多个定位状态选自包括下列状态的定位状态组：错放状态、丢失状态、被盗状态、追踪状态、紧急监视状态和秘密监视状态。

63. 根据权利要求56所述的装置，其中，所述多个定位状态中的每一个定位状态与所述一个或多个定位例程中的至少一个相关联，所述一个或多个定位例程选自包括下列各项的例程组：用于禁用键盘的模块、用于禁用通信呼叫的模块、用于禁用所述目标无线通信设备的模块、用于启用所述目标无线通信设备的模块、用于改变所述目标无线通信设备的运行状态的模块、用于禁用特定应用的模块、用于确定地理位置的模块、用于捕获静止图像的模块、用于捕获运动图像的模块、用于捕获音频的模块、用于启用感官警报的模块、用于储备电池电能的模块、用于删除第一组用户数据的模块、用于检索第二组用户数据的模块、用于锁定对第三组用户数据的访问的模块。

64. 根据权利要求56所述的装置，其中，用于生成具有预定格式的通信数据包的所述生成模块还包括：用于在一通信设备处进行生成的模块，所述通信设备选自包括下列设备的组：与所述目标无线通信设备的用户相关联的第二无线通信设备、与网络接口关联的网络实体设备、以及服务提供商设备。

65. 根据权利要求56所述的装置，其中，所述装置选自包括下列装置的组：服务提供商网络装置、无线通信装置、互联网装置、执法机关网络装置。

66. 一种用于定位目标无线通信设备的方法，该方法包括：

在所述目标无线通信设备处接收具有包括定位状态码的格式的通信数据包，所述定位状态码与所述目标无线通信设备可操作的多个定位状态中的一个相关联，其中，每一个定位状态存储在所述目标无线通信设备的存储器中，并包括由所述目标无线通信设备执行的一个或多个定位例程；以及

响应于检测到所述通信数据包中的所述定位状态码，在所述目标无线通信设备上执行所述一个或多个定位例程中的至少一个例程，

其中，执行步骤还包括：所述目标无线通信设备通过扰乱语音通信和数据通信中的至少一个来破坏通信。

67. 根据权利要求66所述的方法，还包括：将至少所述一个或多个例程的执行结果传送给网络实体、服务提供商和所述目标无线通信设备的用户中的至少一个。

68. 根据权利要求66所述的方法，其中，接收所述通信数据包还包括：触发所述目标无线通信设备来执行与所述一个或多个定位例程相关联且与多个定位状态中的关联于所述定位状态码的一个定位状态相对应的例程序列。

69. 根据权利要求66所述的方法，其中，接收所述通信数据包还包括：接收对应于数据呼叫或语音呼叫中的一个的通信数据包。

70. 根据权利要求66所述的方法，其中，接收所述通信数据包还包括：接收短消息服务SMS通信数据包。

71. 根据权利要求70所述的方法，其中，所述SMS通信数据包还包括：用于设置与所述一个或多个例程相关联的参数的可变长度字段。

72. 根据权利要求66所述的方法，其中，执行步骤还包括：激活错放状态、丢失状态、被盗状态、追踪状态、紧急监视状态和秘密监视状态中的一个。

73. 根据权利要求66所述的方法，其中，执行步骤还包括禁用键盘、禁用通信呼叫、禁用所述目标无线通信设备、禁用特定应用、启用所述目标无线通信设备、改变所述目标无线通信设备的运行状态、确定地理位置、捕获静止图像、捕获运动图像、捕获音频、启用感官警报、储备电池电能、破坏通信、删除第一组用户数据、检索第二组用户数据、锁定对第三组用户数据的访问中的至少一个。

74. 根据权利要求 66 所述的方法，其中，执行步骤还包括捕获静止图像、捕获运动图像和捕获音频中的至少一个。

75. 根据权利要求 74 所述的方法，还包括：将所捕获的静止图像、所捕获的运动图像和所捕获的音频中的至少一个传送给网络设备、服务提供商和所述目标无线通信设备的用户中的至少一个。

76. 根据权利要求 66 所述的方法，其中，执行步骤还包括：将振铃音状态从静音状态、振动状态和低音量状态中的至少一个改变为可听见状态和高音量状态中的至少一个。

77. 根据权利要求 66 所述的方法，其中，执行步骤还包括：在所述目标无线通信设备上储备电池电能以为另外的定位例程供应需要的电能。

78. 根据权利要求 77 所述的方法，其中，在所述目标无线通信设备上储备电池电能还包括进入待机模式、进入睡眠模式和执行自动关闭中的至少一个。

79. 根据权利要求 77 所述的方法，还包括：响应于一事件而使用所述储备的电池电能。

80. 根据权利要求 77 所述的方法，其中，执行步骤还包括：删除第一组用户数据，以及检索第二组用户数据。

81. 根据权利要求 80 所述的方法，还包括：将所述第二组用户数据传送给网络实体、服务提供商和所述目标无线通信设备的用户中的至少一个。

82. 根据权利要求 80 所述的方法，其中，执行步骤还包括：在传送所述第二组用户数据之后从所述目标无线通信设备删除所述第一组用户数据。

83. 根据权利要求 66 所述的方法，其中，执行步骤还包括：激活所述多个定位状态中与所述定位状态码相对应的一个定位状态，还包括：在所述目标无线通信设备的非易失性存储器位置中存储所述定位状态码的指示值，当恢复向所述目标无线通信设备供电时检查所述非易失性存储器位置以确定所述指示值，并重新激活所述多个定位状态中的对应于所述指示值的一个定位状态。

84. 根据权利要求 66 所述的方法，其中，执行所述一个或多个例程还包括：在接收所述格式的通信数据包之前，执行在静止模式下运行的一个或多个例程。

85. 根据权利要求 66 所述的方法，其中，在所述目标无线通信设备处接收通信数据包还包括：在所述目标无线通信设备处接收从所述目标无线通信设备内部传送的通信数据包。

86. 一种用于定位目标无线通信设备的装置，包括：

接收模块，用于在目标无线通信设备处接收具有包括定位状态码的格式的通信数据包，所述定位状态码与所述目标无线通信设备可操作的多个定位状态中的一个相关联，其中，每一个定位状态存储在所述目标无线通信设备的存储器中，并包括由所述目标无线通信设备执行的一个或多个定位例程；以及

执行模块，用于响应于检测到所述通信数据包中的所述定位状态码，在所述目标无线通信设备上执行所述一个或多个定位例程中的至少一个例程，

其中，执行还包括：所述目标无线通信设备通过扰乱语音通信和数据通信中的至少一个来破坏通信。

87. 根据权利要求86所述的装置，还包括：用于将所述多个定位例程中的所述一个或多个定位例程的执行结果传送给网络实体、服务提供商和所述目标无线通信设备的用户中的至少一个的模块。

88. 根据权利要求86所述的装置，其中，所述执行模块还包括：用于触发所述目标无线通信设备来执行与所述一个或多个定位例程相关联且与多个定位状态中的关联于所述定位状态码的一个定位状态相对应的例程序列的模块。

89. 根据权利要求86所述的装置，其中，所述接收模块还包括：用于接收对应于数据呼叫或语音呼叫中的一个的通信数据包的模块。

90. 根据权利要求86所述的装置，其中，所述接收模块还包括：用于接收短消息服务SMS通信模块的模块。

91. 根据权利要求86所述的装置，其中，所述接收模块还包括：用于接收包括可变长度字段的通信数据包的模块，所述可变长度字段用以设置与所述一个或多个例程相关联的参数。

92. 根据权利要求86所述的装置，其中，所述执行模块还包括：用于在多个定位状态中的至少一个定位状态中操作所述目标无线通信设备的模块，所述多个定位状态选自包括以下状态的组：错放状态、丢失状态、被盗状态、追踪状态、紧急监视状态和秘密监视状态。

93. 根据权利要求86所述的装置，其中，所述执行模块还包括以下至少一个：用于禁用键盘的模块、用于禁用通信呼叫的模块、用于禁用所述目标无线通信设备的模块、用于启用所述目标无线通信设备的模块、用于改变所

述目标无线通信设备的运行状态的模块、用于禁用特定应用的模块、用于确定地理位置的模块、用于捕获静止图像的模块、用于捕获运动图像的模块、用于捕获音频的模块、用于启用感官警报的模块、用于储备电池电能的模块、用于破坏通信的模块、用于删除第一组用户数据的模块、用于检索第二组用户数据的模块、以及用于锁定对第三组用户数据的访问的模块。

94. 根据权利要求86所述的装置，其中，所述执行模块还包括：用于捕获静止图像、运动图像和音频文件中至少一个的模块。

95. 根据权利要求94所述的装置，还包括：用于将由所述静止图像捕获例程、所述运动图像捕获例程和所述音频捕获例程中的至少一个捕获的数据传送给网络设备、服务提供商和所述设备的用户中的至少一个的模块。

96. 根据权利要求86所述的装置，其中，所述执行模块还包括：用于将振铃音状态从静音状态、振动状态和低音量状态中的至少一个改变为可听见状态和高音量状态中的至少一个的模块。

97. 根据权利要求86所述的装置，其中，所述执行模块还包括：用于在所述目标无线通信设备上储备电池电能以为另外的定位例程供应需要的电能。

98. 根据权利要求97所述的装置，其中，所述用于在所述目标无线通信设备上储备电池电能的模块还包括：用于进入待机模式的模块、用于进入睡眠模式的模块和用于执行自动关闭的模块中的至少一个。

99. 根据权利要求97所述的装置，还包括：用于响应于一事件来使用所储备的电池电能的模块。

100. 根据权利要求86所述的装置，其中，所述执行模块还包括：用于删除第一组用户数据的模块，以及用于检索第二组用户数据的模块。

101. 根据权利要求100所述的装置，还包括：用于将所检索的用户数据传送给网络设备、服务提供商和所述设备的用户中的至少一个，以及从所述目标无线通信设备中删除所述用户数据的模块。

102. 根据权利要求86所述的装置，其中，所述执行模块还包括：用于激活所述多个定位状态中与所述定位状态码相对应的一个定位状态的模块，还包括：用于在所述目标无线通信设备的非易失性存储器位置中存储所述定位状态码的指示值的模块，用于当恢复向所述目标无线通信设备供电时检查所述非易失性存储器位置以确定所述指示值的模块，以及用于重新激活所述多个定位状态中的对应于所述指示值的一个定位状态的模块。

103. 根据权利要求86所述的装置，其中，所述执行模块还包括：用于在接收到所述通信数据包之前，执行在静止模式下运行的一个或多个例程的模块。

104. 根据权利要求86所述的装置，其中，用于在目标无线通信设备处接收通信数据包的所述接收模块还包括：用于在所述目标无线通信设备处接收从所述目标无线通信设备内部传送的通信数据包的模块。

105. 根据权利要求86所述的装置，还包括由所述定位例程中的一个或多个实现的备用电源。"

针对上述专利权，苹果电脑贸易（上海）有限公司（下称请求人）于2018年02月26日向专利复审委员会提出了无效宣告请求，请求宣告本专利权利要求1—105全部无效，同时提交了如下附件作为证据：

附件1：授权公告号为CN101611599B的中国发明专利的复印件，申请日为2008年01月31日，最早优先权日为2007年02月06日，授权公告日为2012年11月28日（即本专利授权公告文本）。

请求人在无效请求书中认为：权利要求1—105的保护范围不清楚，不符合《专利法实施细则》第20条第1款的规定。

经形式审查合格，专利复审委员会于2018年02月26日受理了上述无效宣告请求并将上述无效宣告请求书及证据副本转给了专利权人，同时成立合议组对本案进行审查。

请求人于2018年03月26日提交了无效宣告程序意见陈述书，补充了无效理由及证据，提交的证据如下（编号续前）：

附件2：公开号为EP1170969A1的欧洲专利申请文献的复印件及其中文译文，共28页，公开日为2002年01月09日（下称对比文件1）；

附件3：公开号为EP1684535A1的欧洲专利申请文献的复印件及其中文译文，共22页，公开日为2006年07月26日（下称对比文件2）；

附件4：公开号为CN1685744A的中国发明专利申请公开说明书的复印件，公开日为2005年10月19日（下称对比文件3）；

附件5：专利号为US6480096B1的美国专利文献的复印件及其中文译文，共20页，公开日为2002年11月12日（下称对比文件4）；

附件6：公开号为CN1722827A的中国发明专利申请公开说明书的复印件，公开日为2006年01月18日（下称对比文件5）；

附件7：公开号为CN1842190A的中国发明专利申请公开说明书的复印件，公开日为2006年10月04日（下称对比文件6）；

附件 8：公开号为 CN1882131A 的中国发明专利申请公开说明书的复印件，公开日为 2006 年 12 月 20 日（下称对比文件 7）。

请求人在意见陈述书中提出的无效理由为：（一）权利要求 44—51、56—64、66—73、83、86—93 相对于对比文件 1 不具备《专利法》第 22 条第 2 款规定的新颖性，权利要求 66 和 86 相对于对比文件 3 不具备《专利法》第 22 条第 2 款规定的新颖性；（二）权利要求 1—105 不具备《专利法》第 22 条第 3 款规定的创造性，具体评述方式为：（1）以对比文件 1 作为最接近的现有技术，①独立权利要求 1、22 相对于对比文件 1 与公知常识的结合，或者对比文件 1 和对比文件 4 的结合，或者对比文件 1、对比文件 4 和公知常识的结合不具备创造性；②独立权利要求 44、56 相对于对比文件 1 和公知常识的结合不具备创造性；③独立权利要求 66、86 相对于对比文件 1 和公知常识的结合，或者对比文件 1、对比文件 3 的结合，或者对比文件 1、对比文件 3 和公知常识的结合不具备创造性；（2）以对比文件 2 作为最接近的现有技术，①独立权利要求 1、22 相对于对比文件 2 与公知常识的结合，或者对比文件 2 和对比文件 4 的结合，或者对比文件 2、对比文件 4 和公知常识的结合，或者对比文件 2、对比文件 1 和对比文件 4 的结合，或者对比文件 2、对比文件 1、对比文件 4 和公知常识的结合不具备创造性；②独立权利要求 44、56 相对于对比文件 2 和对比文件 1 的结合，或者对比文件 2、对比文件 1 和公知常识的结合不具备创造性；③独立权利要求 66、86 相对于对比文件 2 与公知常识的结合，或者对比文件 2 和对比文件 1 的结合，或者对比文件 2、对比文件 1 和公知常识的结合，或者对比文件 2 和对比文件 3 的结合，或者对比文件 2、对比文件 3 和公知常识的结合不具备创造性；（3）以对比文件 3 作为最接近的现有技术，①独立权利要求 1、22 相对于对比文件 3 与公知常识的结合，或者对比文件 3 和对比文件 4 的结合，或者对比文件 3、对比文件 4 和公知常识的结合，或者对比文件 3、对比文件 1 和对比文件 4 的结合，或者对比文件 3、对比文件 1、对比文件 4 和公知常识的结合不具备创造性；②独立权利要求 66、86 相对于对比文件 3 和公知常识的结合不具备创造性；（4）从属权利要求 2—21、23—43、45—55、57—65、67—85、87—105 的附加技术特征或被对比文件 1、对比文件 2、对比文件 3、对比文件 5、对比文件 6、对比文件 7 公开，或属于本领域公知常识，因此，在其引用的权利要求不具备创造性的前提下，上述从属权利要求也不具备创造性。

本案合议组于 2018 年 04 月 03 日向专利权人发出了转送文件通知书，将请求人于2018年03月26日提交的无效宣告程序意见陈述书及其所附附件转送给专利权人。

针对无效宣告请求书和请求人于2018年03月26日提交的意见陈述书，专利权人于2018年05月18日提交了意见陈述书和权利要求书的修改替换页，其中仅对独立权利要求44和56进行了修改，具体修改方式为：在独立权利要求44和56中补入特征“其中，每一个定位状态包括由所述目标无线通信设备执行的一个或多个定位例程；以及其中，所述目标无线通信设备响应于检测到所述通信数据包中的所述定位状态码，执行所述一个或多个定位例程中的至少一个例程，其中，执行步骤还包括：在秘密模式下操作所述目标无线通信设备，所述秘密模式禁止所述目标无线通信设备输出在非秘密模式下执行所述一个或多个定位例程时产生的用户易察觉的指示”。另外，专利权人表示对请求人提交的对比文件4的中文译文有异议，并提交了对比文件4的中文译文替换页，同时认为权利要求1—105的保护范围清楚，具备新颖性和创造性。专利权人提交的修改后的独立权利要求44和56内容如下：

“44. 一种用于定位目标无线通信设备的方法，该方法包括：

生成具有包括定位状态码的格式的通信数据包，所述定位状态码与在所述目标无线通信设备上的所述目标无线通信设备可操作的多个定位状态中的一个定位状态相关联，其中，生成通信数据包还包括生成短消息服务SMS通信数据包，所述SMS通信数据包包括有效载荷，所述有效载荷具有：用于调用在所述目标无线通信设备上的定位/找回模式的定位/找回标识符、用于将生成方标识为被认证方的个人标识符、与所述多个定位状态中的一个相关联的码、以及用于设置与一个或多个定位例程相关联的参数的可变长度字段；以及

将所述通信数据包传送给所述目标无线通信设备，

其中，每一个定位状态包括由所述目标无线通信设备执行的一个或多个定位例程；以及

其中，所述目标无线通信设备响应于检测到所述通信数据包中的所述定位状态码，执行所述一个或多个定位例程中的至少一个例程，其中，执行步骤还包括：在秘密模式下操作所述目标无线通信设备，所述秘密模式禁止所述目标无线通信设备输出在非秘密模式下执行所述一个或多个定位例程时产生的用户易察觉的指示。”

“56. 一种用于定位目标无线通信设备的装置，所述装置包括：

生成模块，用于生成具有包括定位状态码的预定格式的通信数据包，所述定位状态码与在所述目标无线通信设备上的所述目标无线通信设备可操作的多个预定定位状态中的一个相关联，其中，生成通信数据包还包括生成短消息服务SMS通信数据包，所述SMS通信数据包包括有效载荷，所述有效载荷具有：用于调用在所述目标无线通信设备上的定位/找回模式的定位/找回标识符、用于将生成方标识为被认证方的个人标识符、与所述多个定位状态中的一个相关联的码、以及用于设置与一个或多个定位例程相关联的参数的可变长度字段；

传送模块，用于将所述通信数据包传送给所述目标无线通信设备，

其中，每一个定位状态包括由所述目标无线通信设备执行的一个或多个定位例程；以及

其中，所述目标无线通信设备响应于检测到所述通信数据包中的所述定位状态码，执行所述一个或多个定位例程中的至少一个例程，其中，执行步骤还包括：在秘密模式下操作所述目标无线通信设备，所述秘密模式禁止所述目标无线通信设备输出在非秘密模式下执行所述一个或多个定位例程时产生的用户易察觉的指示。”

合议组于2018年05月24日向请求人发出转送文件通知书，将专利权人于2018年05月18日提交的意见陈述书及附件转送给请求人；合议组于同日向双方当事人发送口头审理通知书，定于2018年07月12日举行口头审理。

针对专利权人于2018年05月18日提交的意见陈述书，请求人于2018年07月09日提交了意见陈述书，同时提交了如下附件（编号续前）：

附件9：申请号为US60/888,469的美国专利申请文本的复印件及其中文译文，申请日为2007年02月06日（作为本专利优先权基础1的专利申请文本），共42页；

附件10：《黑客攻防演习》，封面页、扉页、版权页、第411—434页、第502—511页的复印件，共37页，2007年6月第1次印刷，第2版，电子工业出版社，请求人声称其公开时间为2007年06月；

附件11：《黑客攻防实战入门》，封面页、扉页、版权页、第204—232页、第356—360页的复印件，共37页，2007年7月第2次印刷，第2版，电子工业出版社，请求人声称其公开时间为2007年01月；

附件12：《计算机病毒分析与防范大全》，封面页、扉页、版权页、第112—117页、第180—181页的复印件，共11页，2006年5月第2次印刷，

电子工业出版社，请求人声称其公开时间为2006年03月；

附件13：《网络安全技术》，封面页、扉页、版权页、第64-69页、第216—128页的复印件，共12页，2011年2月第5次印刷，第2版，电子工业出版社，请求人声称其公开时间为2007年02月。

请求人在意见陈述书中认为：附件9作为本专利的第一优先权文本，用于说明专利权人对权利要求44和56的修改导致其不享有第一优先权日2007年02月06日；附件10—13均作为公知常识类证据，附件11、12的公开日期早于本专利的第一优先权日，可以用于评价全部权利要求；附件10、13的公开日期早于本专利的第二优先权日2007年07月31日，可以用于评价不享有第一优先权日的权利要求。针对专利权人于2018年05月18日提交的权利要求替换页，请求人认为：权利要求44和56的修改超出了原申请文本记载的范围，不符合《专利法》第33条的规定；权利要求44和56的保护范围不清楚，不符合《专利法实施细则》第20条第1款的规定；权利要求44和56得不到说明书的支持，不符合《专利法》第26条第4款的规定；权利要求44、56相对于对比文件1不符合《专利法》第22条第2款的规定；权利要求44、56相对于对比文件1和公知常识的结合，或者对比文件1和对比文件2的结合，或者对比文件1和对比文件4的结合不符合《专利法》第22条第3款的规定，同时坚持无效宣告请求书及补充意见中关于本专利无效理由和证据的全部意见。

口头审理如期举行，双方当事人均出席了本次口头审理。在口头审理过程中，双方当事人对合议组成员无回避请求，对对方当事人的身份无异议。合议组当庭将请求人于2018年07月09日提交的意见陈述书及其附件的副本转交给专利权人，并告知专利权人可在口头审理辩论终结后指定的期限内提交相关的答复意见。

请求人当庭表示对专利权人于2018年05月18日提交的权利要求书的修改方式无异议，其无效理由和证据以无效宣告请求书及补充意见陈述书中的内容为准。

专利权人当庭对请求人提交的所有证据的真实性未提出异议，对对比文件1—7的公开日期未提出异议，但认为请求人提交的附件9超出了自请求日起一个月补充证据的举证期限，不应被考虑；本专利享有的优先权成立，附件10、11和13的公开日期均晚于本专利的优先权日，故不能作为公知常识性证据；附件12并不属于公知常识性证据，不应被接受。请求人坚持认为专利权人对权利要求44和56的修改导致其不享有第一优先权，附件10、11和13的公开日期早于本专利的优先权日，可以作为公知常识性证据使用。关于提交的中文译文，请求人明确表示认可专利权人提交的对比文件4的中文译文，专利权人表示对请求人提交的对比文件1—2的中文译文的准确性无异议。审理过程中，双方当事人在坚持其书面意见的基础上详细阐述了各自的具体主张及理由。

口头审理结束后，请求人于2018年07月20日提交了意见陈述书，并提交了附件14：《黑客攻防实战入门》，封面页、扉页、版权页、第204—232页、第356—360页的复印件，共37页，2007年01月第1次印刷，第2版，电子工业出版社。请求人认为：关于附件11公开日期的认定，其版权页记载的“图书在版编目（CIP）数据”中显示“电子工业出版社，2007.1”，基于图书在版编目（CIP）的相关标准定义，上述时间2007.1是出版时间；附件14是《黑客攻防实战入门》的第1次印刷版本，其相关页面内容与附件11第2次印刷的内容相同，因此，附件11的公开日期为2007年01月，其构成了本专利的现有技术。

针对请求人于2018年07月09日提交的意见陈述书，专利权人于2018年07月27日向专利复审委员会提交了意见陈述书，坚持其口头审理中陈述的意见，认为请求人提交的附件9属于超期证据，不应被考虑；附件10、11和13的公开日期均晚于本专利的优先权日，不能作为公知常识性证据；附件12不属于公知常识性证据，不应被采纳；修改后的权利要求44和56符合《专利法》第33条、《专利法实施细则》第20条第1款和《专利法》第26条第4款的规定，本专利的全部权利要求均具备新颖性和创造性。

在上述审理工作的基础上，合议组经过合议后，认为本案事实已经清楚，现依法作出如下审查决定。

二、决定的理由

1. 审查基础

专利权人于2018年05月18日提交了权利要求书的修改替换页，其中对独立权利要求44和56进行了修改，具体修改方式为：在独立权利要求44和56中分别补入特征“其中，每一个定位状态包括由所述目标无线通信设备执行的一个或多个定位例程；以及其中，所述目标无线通信设备响应于检测到所述通信数据包中的所述定位状态码，执行所述一个或多个定位例程中的至少一个例程，其中，执行步骤还包括：在秘密模式下操作所述目标无线通信设备，所述秘密模式禁止所述目标无线通信设备输出在非秘密模式下执行所述一个或多个定位例程时产生的用户易察觉的指示”。

针对该修改文本，请求人表示对该权利要求书的修改方式无异议，但认为权利要求 44 和 56 的修改存在超出原申请文本记载范围的问题。

对此，合议组认为，权利要求 44 要求保护一种用于定位目标无线通信设备的方法，修改后权利要求 44 中补入的技术特征是对权利要求 44 中的定位状态码、定位状态以及定位例程的进一步限定。权利要求 44 所保护的用于定位目标无线通信设备的技术方案可以从原说明书第 12 段—第 20 段、第 47 段—第 48 段中描述的内容直接地、毫无疑义地确定，上述内容不存在请求人所主张的修改超范围的问题。

同理，权利要求 56 要求保护一种用于定位目标无线通信设备的装置，修改后权利要求 56 中补入的技术特征是对权利要求 56 中的定位状态码、定位状态以及定位例程的进一步限定。权利要求 56 所保护的用于定位目标无线通信设备的技术方案可以从原说明书第 12 段—第 20 段、第 56 段—第 57 段、第 72 段以及附图 3 中描述的内容直接地、毫无疑义地确定，上述内容不存在请求人所主张的修改超范围的问题。因此，专利权人对专利文件的修改满足《专利审查指南》第四部分第三章第 4. 6 节中关于修改原则的相关规定。

关于专利文件的修改方式，根据国家知识产权局关于修改《专利审查指南》的决定（第七十四号）：对于无效宣告程序中专利文件的修改，在满足上述修改原则的前提下，修改权利要求书的具体方式一般限于权利要求的删除、技术方案的删除、权利要求的进一步限定和明显错误的修正；权利要求的进一步限定是指在权利要求中补入其他权利要求中记载的一个或者多个技术特征，以缩小保护范围。本案中，专利权人在权利要求 44 和 56 中补入权利要求 1 中记载的特征“其中，每一个定位状态包括由所述目标无线通信设备执行的一个或多个定位例程……所述秘密模式禁止所述目标无线通信设备输出在非秘密模式下执行所述一个或多个定位例程时产生的用户易察觉的指示”，以缩小保护范围，故专利权人对专利文件所作的上述修改属于《专利审查指南》（根据第七十四号局令修正）中对权利要求的进一步限定。

综上，专利权人对专利文件所作的修改符合《专利法》《专利法实施细则》及《专利审查指南》的相关规定，因此本无效决定所针对的审查文本是专利权人于 2018 年 05 月 18 日提交的权利要求第 1—105 项。

2. 证据认定

1）关于附件1—9

附件1是本专利授权公告文本，对比文件1—对比文件7是专利文献，属于公开出版物。专利权人对上述证据的真实性和公开日期未提出异议，合议组亦予以认可，且对比文件1—对比文件7的公开日期均早于本专利优先权日，故对比文件1—7可作为本专利的现有技术使用。

关于证据的中文译文，对于请求人提交的三篇外文专利文献，专利权人表示对对比文件1—2的中文译文准确性无异议，对对比文件4的中文译文提出异议，请求人表示认可专利权人提交的对比文件4的中文译文。故对比文件1—2的译文以请求人提交的内容为准，对比文件4的译文以专利权人提交的内容为准。

附件9是请求人于2018年07月09日提交的作为本专利优先权基础1的专利申请文本及其中文译文，经合议组核实，附件9属于在无效宣告请求日及自请求日起一个月的时间期限未曾提交过的证据，根据《专利审查指南》第四部分第三章第4.3.1节关于请求人举证的规定，附件9的提交日期已经超出了自提出无效宣告请求之日起一个月内补充证据的期限，而且根据《专利审查指南》第四部分第三章第4.2节第（2）项（ⅰ）节的规定，即便请求人认为附件9是针对专利权人以删除以外的方式修改权利要求而增加的无效宣告理由，附件9也超出了指定的期限，故合议组对附件9不予考虑。

2）关于附件10—14

附件10是《黑客攻防演习》，其版权页中标注"2007年6月第1次印刷"，请求人声称其公开日为2007年06月；附件11是《黑客攻防实战入门》，其版权页中标注"2007年7月第2次印刷"和"图书在版编目（CIP）数据：2007.1"，请求人声称其公开时间为2007年01月；附件13是《网络安全技术》，其版权页中标注"2011年2月第5次印刷"和"图书在版编目（CIP）数据：2007.2"，请求人声称其公开时间为2007年02月。专利权人对上述证据的真实性无异议，但认为其公开日期均晚于本专利的申请日。

合议组认为：附件10、11和13均属于公开出版物，就出版物而言，其公开时间为出版物出版发行、能够为公众所知的时间。通常，对于传统出版物而言，其在印刷之前是不能公开发行、并且为公众所知的，而印刷日是表示出版物已经复制完成、随时可以进行发行的时间，并且在出版物的版权页上被清楚标明，因此，印刷日可用于表征出版物最早的公开时间。另外，由于出版物的同一版本的不同印次之间在内容上可能存在差别，在没有其他证据予以证明的情况下，不能以“图书在版编目（CIP）数据”标注的信息代替印刷日而视为是公开时间。综上，根据《专利审查指南》第二部分第三章第2.1.2.1节中出版物公开的相关规定，合议组将附件10、11和13中标注的印刷日视为其公开日，并确定附件10的公开日期为2007年06月30日，附件11的公开日期为2007年07月31日，附件13的公开日期为2011年02月28日。鉴于上述附件10、11和13的公开日期均晚于本专利的申请日（优先权日），故附件10、11和13不构成本专利的现有技术。

关于附件12，附件12是《计算机病毒分析与防范大全》，属于公开出版物，其版权页中标注“2006年5月第2次印刷”，请求人声称其公开日期为2006年05月。专利权人对真实性和公开日期无异议，合议组亦予以认可，鉴于出版物的印刷日可视为公开日，因此，附件12的公开日期为2006年05月31日，早于本专利的优先权日。另外，根据附件12“内容简介”中记载的“本书从计算机病毒的定义及特征开始……提出具有针对性的防范建议，以便普通读者揭开病毒的神秘面纱，构建自己的防范体系。本书适合计算机安全领域的从业者及爱好者阅读，对计算机普通用户更深入地了解计算机病毒也有莫大的帮助”，合议组认可附件12属于技术手册或教科书等所属技术领域中的公知常识性证据的范畴，根据《专利审查指南》第四部分第三章第4.3.1节的规定，请求人可以在口头审理辩论终结前提交所属技术领域中的公知常识性证据，因此，合议组认定附件12可以构成本专利优先权日之前本领域的公知常识。

附件14是请求人在本案口头审理结束后提交的证据，请求人声称其可证明附件11的公开日期为2007年01月。经核实，虽然附件14的书名、作者和出版厂商与附件11相同，但是，附件14版权页中标注的“印次：2007年1月第1次印刷”与附件11版权页中标注的“印次：2007年7月第2次印刷”信息明显不同，并且附件14属于请求人超出举证期限提交的证据，根据《专利审查指南》第四部分第三章第4.3.1节的规定，合议组对附件14不予考虑。

3. 关于《专利法》第22条第3款

《专利法》第22条第3款规定：“创造性，是指同申请日以前已有的技术相比，该发明有突出的实质性特点和显著的进步，该实用新型有实质性特点和进步。”

（1）权利要求 1 要求保护一种用于定位目标无线通信设备的方法，对比文件 1 公开了用于控制和保护丢失、被盗或误用的移动电话的方法和装置，并具体公开了以下内容（参见对比文件 1 的中文译文说明书第 0001 段至第 0058 段，权利要求 1—34，附图 1—6，说明书摘要）：本发明提供用于在移动电话已丢失或被盗时控制移动电话，从而阻止除帮助所有者找到移动电话以外使用的方法和设备；远程控制电话可以经由例如已知的短消息系统来实施；提供以下安全特性：命令移动电话经由 SMS 向给定号码发送关于其位置和使用的信息。在操作中，移动电话在其实际上已丢失或被盗之后可通过遥控被设置成安全模式。所述电话在其仍然开启时也可通过遥控被设置成锁定模式；并且所述电话可用于通知所有者电话的位置和使用（参见对比文件 1 的中文译文说明书摘要和说明书第 0010 段）；

图 2 是图 1 所示移动电话的安全性和控制模块的框图。在图 2 中，遥控式安全模式模块 54 使移动电话 10 处于安全模式下，安全模式是禁止使用移动电话 10（紧急呼叫和对另一个号码的呼叫除外）的状态（参见对比文件 1 的说明书中文译文第 0031 段）；在图 2 中，状态消息模块 56 允许用户通过发送具有请求的控制消息来请求关于移动电话的状态的信息；移动电话 10 可例如经由短消息系统（SMS）将信息传回到控制讯息中所规定的号码；所述信息可含有例如电话位置数据或最后使用数据（参见对比文件 1 的说明书中文译文第 0040 段）；

本发明的范围不欲限于向移动电话 10 传送控制消息的任何特定方式；然而，无论何种系统被用于向移动电话 10 传送控制消息，所述系统都必须使一般用户能够轻易地发送控制消息（参见对比文件 1 的说明书中文译文第 0047 段）；本领域中已知的短消息系统（SMS）提供用于传送控制消息的天然选择或方案，但是其他消息传送系统是本领域中已知的，包括无线互联网连接（参见对比文件 1 的说明书中文译文第 0048 段）；每当移动电话“开启”并且联系网络时，接收移动电话可自动地接收控制消息（参见对比文件 1 的说明书中文译文第 0051 段）；

在图 2 中，控制语言模块 64 操作以控制用于在用户与移动电话 10（图 1）之间传送消息的语言（参见对比文件 1 说明书中文译文第 0053 段，图 2）；命令从继之以移动电话的安全码的关键字 SECURITY 开始。当短消息到达时，控制语言模块 64 始终检查控制消息的开头，并且如果发现具有匹配的安全码的关键字，那么所述模块解释整个消息并采取相应的行动（参见对比文件 1

的说明书中文译文第 0056 段，图 2)；

在开头的关键字和安全码之后，可以添加一个命令关键字（及其参数，如果需要)。支持的命令及其描述的实例在如下的表 1 中列出（参见对比文件 1 的说明书中文译文第 0057 段，图 2，表 1)：

表 1

关键字	参数	描　述
LOCK	—	锁定移动电话，在屏幕上显示“电话被锁定”消息和预定义的电话号码。允许呼叫所述号码
LOST	电话号码	锁定移动电话，(任选）在屏幕上显示“此电话丢失”消息。允许呼叫由移动电话号码参数规定的一个号码，或预定义的号码
STOLEN	电话号码	锁定移动电话，在屏幕上显示“此电话被盗”消息。允许呼叫由移动电话号码（任选）参数规定的一个号码，或预定义的号码
UNLOCK	—	解锁移动电话，使得移动电话能够正常地使用
INFO	电话号码	命令移动电话向移动电话号码参数中所规定的号码发送状态消息

作为一实例，含有文字“SECURITY 12345 LOST 02654321”的命令消息可指导控制语言模块 64：显示丢失电话消息，锁定移动电话，并且允许呼叫电话号码 02654321（参见对比文件 1 的说明书中文译文第 0058 段)。

根据对比文件 1 公开的上述内容可知，对比文件 1 公开了一种用于远程定位丢失、被盗或误用的移动设备的方法，远程控制电话可以经由例如短消息系统来实施，命令移动电话经由短消息向给定号码发送关于其位置和使用的信息。其中，对比文件 1 中移动电话 10 相当于权利要求 1 中的“目标无线通信设备”；对比文件 1 中用户传递给移动电话 10 的消息、请求关于移动电话 10 的状态的信息的控制消息相当于权利要求 1 中的“包括定位状态码的格式的通信数据包”；对比文件 1 的控制信息中包含的关键字［包括“LOCK（锁定）”“LOST（丢失）”“STOLEN（被盗）”等］相当于权利要求 1 中的“定位状态码”；对应的“锁定”“丢失”“被盗”状态相当于权利要求 1 中的“定位状态”；从表 1 所示的控制消息所支持的命令及其描述的实例可见，关键字［包括“LOCK（锁定）”“LOST（丢失）”“STOLEN（被盗）”等］与操作移动电话 10 执行的“锁定”“丢失”“被盗”等状态中的一个相关联，这相当于权利要求 1 中所述定位状态码与目标无线通信设备可操作的多个定位状态中的一个相关联；对比文件 1 中的关键字必然存储在移动电话 10 的存储设备中；由“关键字”触发的锁定手机、显示特定信息和预设的电话号码等的操作相当于权利要求 1 中的“由所述目标无线通信设备执行的一个或多个定位例程”；对比文件 1 中移动电话 10 的控制语言模块 64 响应于接收信息中的关键字，在移动电话 10 中执行由关键字触发的预设动作，这相当于权利要求 1 中“响应于检测到所述通信数据包中的所述定位状态码，在所述目标无线通信设备上执行所述一个或多个定位例程中的至少一个例程”。另外，对比文件 1 中在移动电话 10 的控制语言模块 64 响应于接收信息中的关键字，在移动电话中执行由关键字触发的预设动作时，提到借助控制消息中的关键字“INFO”，命令移动电话向移动电话号码参数中所规定的号码发送状态信息，但对比文件 1 未明确公开上述丢失移动电话向所规定的电话号码发送状态信息的过程可以是在用户非察觉的情况下执行。

由上述内容可见，权利要求 1 要求保护的方案与对比文件 1 相比，二者区别特征在于：执行步骤还包括，在秘密模式下操作所述目标无线通信设备，所述秘密模式禁止所述目标无线通信设备输出在非秘密模式下执行所述一个或多个定位例程时产生的用户易察觉的指示。

基于上述区别特征可以确定，本专利权利要求 1 所要解决的技术问题是如何在用户非察觉的情况下执行对目标无线通信设备的操作。

关于上述区别特征，对比文件 4 公开了用于通信装置中的失窃阻止和安全数据检索的方法和设备，其中具体公开了以下内容：在如上文论述检测到寻呼装置丢失或失窃之后，寻呼装置还可进入秘密模式以用于与寻呼中心传送某些信息而不被寻呼装置的直接用户所察觉；寻呼装置可尝试在未经授权的用户的正常操作过程期间但对未经授权的用户透明地与寻呼中心返回通信（参见对比文件 4 说明书中文译文第 2 栏第 45—57 行）；因此，当前用户（即，未经授权的用户）在对寻呼装置进行再编程之后可能不知道装置仍在秘密模式中操作以防他们得利；换句话说，不应当向未经授权的用户给出寻呼装置正在秘密模式中操作的可感知（可看见或可听见或其他方式）指示（参见说明书中文译文第 3 栏第 7—11 行）。由上述内容可知，对比文件 4 公开了当通信装置丢失或失窃之后，未经授权的通信设备可进入秘密模式，在不被当前用户察觉的秘密模式下运行丢失的通信装置，在秘密模式中对未经授权的用户不应当给出可感知（可看见或可听见或其他方式）的指示。可见，对比文件4已经公开上述相关技术特征，且二者所起的作用相同，都是用于在秘密模式下操作目标无线通信设备，传送某些信息而不被当前用户所察觉。因此，对比文件4给出了采用上述区别特征的技术启示。在对比文件1的基础上结合对比文件4得到本专利权利要求1所要求保护的方案对本领域技术人员来说是显而易见的。因此，权利要求1相对于对比文件1和对比文件4的结合不具备突出的实质性特点和显著的进步，不符合《专利法》第22条第3款的规定。

（2）权利要求2对其引用的权利要求1作了进一步限定，对比文件1公开了以下内容：远程控制电话可以经由例如已知的短消息系统来实施；命令移动电话经由短消息向给定号码发送关于其位置和使用的信息；所述电话可用于通知所有者电话的位置和使用（参见对比文件1的中文译文说明书摘要和说明书第0010段）；借助控制消息中的关键字“INFO”，命令移动电话向移动电话号码参数中所规定的号码发送状态信息（参见对比文件1的说明书中文译文第0057段和表1）。由此可见，对比文件1公开了在接收到控制信息，执行相应操作并将结果传输给指定用户（相当于权利要求2中的“将至少所述一个或多个例程的执行结果传送给所述目标无线通信设备的用户”）。在此基础上，本领域技术人员可以根据实际需要将结果传送给相关的服务提供商或网络实体，这属于本领域技术人员容易想到和实现的设置方式。因此，在其引用的权利要求1不具备创造性的前提下，从属权利要求2也不符合《专利法》第22条第3款的规定。

（3）权利要求3对其引用的权利要求1作了进一步限定，对比文件1公开了以下内容：当短消息到达时，控制语言模块64始终检查控制消息的开头，并且如果发现具有匹配的安全码的关键字，那么所述模块解释整个消息并采取相应的行动（参见对比文件1说明书中文译文第0056段，图2）；在开头的关键字和安全码之后，可以添加一个命令关键字（及其参数，如果需要）；支持的命令及其描述的实例在如下的表1中列出（参见对比文件1说明书中文译文第0057段，图2，表1）；作为一实例，含有文字“SECURITY 12345 LOST 02654321”的命令消息可指导控制语言模块64：显示丢失电话消息，锁定移动电话，并且允许呼叫电话号码02654321（参见对比文件1的说明书中文译文第0058段）。由上述内容可见，对比文件1公开了在接收到远程定位命令（相当于权利要求3中的通信数据包）后执行相应操作，包括锁定手机、展示丢失手机的信息等（相当于权利要求3中对应的例程序列）。因此，对比文件1公开了权利要求3的附加技术特征。在其引用的权利要求1不具备创造性的前提下，从属权利要求3也不符合《专利法》第22条第3款的规定。

（4）权利要求4对其引用的权利要求1作了进一步限定，对比文件1公开了以下内容：当短消息到达时，控制语言模块64始终检查控制消息的开头，并且如果发现具有匹配的安全码的关键字，那么所述模块解释整个消息并采取相应的行动（参见对比文件1说明书中文译文第0056段，图2）；在开头的关键字和安全码之后，可以添加一个命令关键字（及其参数，如果需要）。支持的命令及其描述的实例在如下的表1中列出（参见对比文件1说明书中文译文第0057段，图2，表1）；作为一实例，含有文字“SECURITY 12345 LOST 02654321”的命令消息可指导控制语言模块64：显示丢失电话消息，锁定移动电话，并且允许呼叫电话号码02654321”（参见对比文件1的说明书中文译文第0058段）。由上述内容可见，对比文件1公开了接收到远程定位命令（相当于权利要求4中的通信数据包）中，包括“锁定手机，允许拨打电话02654321”（相当于权利要求4中对应于语音呼叫的一个通信数据包）；在“INFO”指令中包括命令移动电话向移动电话号码参数中所规定的号码发送状态信息（相当于权利要求4中对应于数据呼叫的一个通信数据包）。因此，权利要求4的附加技术特征被对比文件1公开。当其引用的权利要求1不具备创造性时，从属权利要求4也不符合《专利法》第22条第3款的规定。

（5）权利要求5对其引用的权利要求1作了进一步限定，对比文件1公开了以下内容：本领域中已知的短消息系统（SMS）提供用于传送控制消息的天然选择或方案，但是其他消息传送系统是本领域中已知的，包括无线互联网连接（参见对比文件1说明书中文译文第0048段）；当短消息到达时，控制语言模块64始终检查控制消息的开头，并且如果发现具有匹配的安全码的关键字，那么所述模块解释整个消息并采取相应的行动（参见对比文件1说明书中文译文第0056段，图2）。由此可见，对比文件1公开了接收到短消息的远程定位命令（相当于权利要求5中的短消息服务通信数据包）。因此，权利要求5的附加技术特征被对比文件1公开。在其引用的权利要求1不具备创造性的前提下，从属权利要求5也不符合《专利法》第22条第3款的规定。

（6）权利要求6对其引用的权利要求5作了进一步限定，对比文件1公开了：在开头的关键字和安全码之后，可以添加一个命令关键字（及其参数，如果需要）；支持的命令及其描述的实例在如下的表1中列出（参见对比文件1的说明书中文译文第0057段，图2，表1）；作为一实例，含有文字“SECURITY 12345 LOST 02654321”的命令消息可指导控制语言模块64：显示丢失电话消息，锁定移动电话，并且允许呼叫电话号码02654321（参见对比文件1的说明书中文译文第0058段）。由上述内容可见，对比文件1中参数相当于权利要求6中与所述一个或多个例程相关联的参数的可变长度字段。因此，当其引用的权利要求5不具备创造性时，从属权利要求6不符合《专利法》第22条第3款的规定。

（7）权利要求7对其引用的权利要求1作了进一步限定，对比文件1公开了以下内容：在开头的关键字和安全码之后，可以添加一个命令关键字（及其参数，如果需要）；支持的命令及其描述的实例在如下的表1中列出（参见说明书中文译文第0057段，图2，表1）；作为一实例，含有文字“SECURITY 12345 LOST 02654321”的命令消息可指导控制语言模块64：显示丢失电话消息，锁定移动电话，并且允许呼叫电话号码02654321（参见对比文件1的说明书中文译文第0058段）。由上述内容可见，对比文件1公开了权利要求7中的“丢失状态”（LOST）、“被盗状态”（STOLEN）、“追踪状态”（INFO）。

另外，对比文件5公开了移动通讯设备中远端触发多媒体数据传送的方法，并具体公开了以下内容：本发明提供一种利用多媒体信息系统（MMS）和短信息系统（SMS）来远端触发装有照相机的移动通讯设备、以捕获多媒体数据并传送至远端通讯设备的方法及系统；本发明可实现视频的实时传送，而且可以定位错放的移动通讯设备（参见对比文件5摘要）；如果希望监控模块远端监测该移动通讯设备所处的环境，则监控模块使该移动通讯设备捕获并传输周围环境的静态图像和/或声频数据；此外，该传输的周围环境的静态图像和/或声频数据可提供有用信息，以在该移动通讯设备被错放时对其进行定位（参见对比文件5说明书第6页第2段）。由此可见，对比文件5公开和给出了设置错放状态、监视状态的技术启示，本领域技术人员在此基础上可以根据实际应用的需要设置紧密监视状态或秘密监视状态。因此，在其引用的权利要求1不具备创造性的前提下，从属权利要求7也不符合《专利法》第22条第3款的规定。

（8）权利要求8对其引用的权利要求1作了进一步限定，对比文件1公开了以下内容：在开头的关键字和安全码之后，可以添加一个命令关键字（及其参数，如果需要）；支持的命令及其描述的实例在如下的表 1 中列出（参见对比文件 1 说明书中文译文第 0057 段，表 1）。由此可见，对比文件 1 公开了权利要求 8 中有关“禁用键盘”“禁用通信呼叫”“禁用所述目标无线通信设备”“禁用特定应用”“启用所述目标无线通信设备”“改变所述目标无线通信设备的运行状态”“确定地理位置”“破坏通信”等执行步骤。

另外，对比文件 5 公开了移动通讯设备中远端触发多媒体数据传送的方法，并具体公开了以下内容：如果希望监控模块远端监测该移动通讯设备所处的环境，则监控模块使该移动通讯设备捕获并传输周围环境的静态图像和/或声频数据。此外，该传输的周围环境的静态图像和/或声频数据可提供有用信息，以在该移动通讯设备被错放时对其进行定位（参见对比文件 5 的说明书第 6 页第 2 段）。由此可见，对比文件 5 公开了权利要求 8 中有关“捕获静止图像、捕获运动图像、捕获音频”等执行步骤。对于“启用感官警报、删除用户数据、检索用户数据，锁定用户数据的访问”等执行步骤是本领域技术人员根据实际需要容易进行设置的。综上，当其引用的权利要求 1 不具备创造性时，从属权利要求 8 不符合《专利法》第 22 条第 3 款的规定。

（9）权利要求 9 对其引用的权利要求 1 作了进一步限定，对比文件 5 公开了移动通讯设备中远端触发多媒体数据传送的方法，并具体公开了以下内容：如果希望监控模块远端监测该移动通讯设备所处的环境，则监控模块使该移动通讯设备捕获并传输周围环境的静态图像和/或声频数据。此外，该传输的周围环境的静态图像和/或声频数据可提供有用信息，以在该移动通讯设备被错放时对其进行定位（参见对比文件 5 的说明书第 6 页第 2 段）。由此可见，对比文件 5 公开了权利要求 9 中有关“捕获静止图像、捕获运动图像、捕获音频”的执行步骤。因此，权利要求 9 的附加技术特征被对比文件 5 公开。当其引用的权利要求 1 不具备创造性时，从属权利要求 9 不符合《专利法》第 22 条第 3 款的规定。

（10）权利要求 10 对其引用的权利要求 9 作了进一步限定，对比文件 5 公开了移动通讯设备中远端触发多媒体数据传送的方法，并具体公开了以下内容：如果希望监控模块远端监测该移动通讯设备所处的环境，则监控模块使该移动通讯设备捕获并传输周围环境的静态图像和/或声频数据。此外，该传输的周围环境的静态图像和/或声频数据可提供有用信息，以在该移动通讯设备被错放时对其进行定位（参见对比文件 5 的说明书第 6 页第 2 段）；使用移动多媒体信息服务（MMS）将多媒体传送至所述的远端通讯设备，其中，所述的多媒体包括一个或多个静态图像、音频数据、实时视频数据和文本信息中的一个或多个（参见对比文件5权利要求35）。由上述内容可见，对比文件5公开了将所捕获的静止图像、所捕获的运动图像和所捕获的音频中的至少一个传送给远端通讯设备的内容，而对于本领域技术人员来说，网络设备、服务提供商和目标无线通信设备用户均可以作为候选的远端通讯设备，这可以根据实际应用的需要进行选择，属于本领域的常规设置。因此，当其引用的权利要求9不具备创造性时，从属权利要求10不符合《专利法》第22条第3款的规定。

（11）权利要求11对其引用的权利要求1作了进一步限定，对比文件2公开了用于远程定位丢失的移动通信装置的系统和方法，其中公开了以下内容：在第一实例中，一旦已更改用户偏好以便启用通知，移动装置100的用户便可随后呼叫或发送通信到移动装置100，从而致使例如可听见的信号等警示机制被激活；以此方式，用户可接着定位丢失的装置（参见对比文件2说明书中文译文第0011段）。在对比文件2已经公开了远程操控移动设备激活可听见的信号的情况下，使该移动设备执行例如：将振铃状态从静音状态、振动状态和低音量状态中的至少一个改变为可听见状态和高音量状态，这对于本领域技术人员而言均可以根据实际需要容易进行设置。因此，当其引用的权利要求1不具备创造性时，从属权利要求11不符合《专利法》第22条第3款的规定。

（12）从属权利要求12对权利要求1作了进一步限定，对比文件6公开了移动终端遗失时的电池节约方法，其中公开了以下内容：上述移动通信终端200接收上述遗失状态指示信息后，上述电池管理程序为节约电池而关闭（off）上述终端模块210的电源（参见对比文件6说明书第4页倒数第一段）；从本发明的移动通信终端遗失时的电池节约方法来看，向上述移动通信终端200发送遗失状态指示消息后，向上述基站300请求关闭（off）电源，上述位置跟踪服务器305完成位置跟踪后，关闭（off）上述终端模块210的电源，从而可以减小电池耗电（参见对比文件6说明书第6页第3段）。由此可见，对比文件6公开了权利要求12的附加技术特征。当其引用的权利要求1不具备创造性时，从属权利要求12不符合《专利法》第22条第3款的规定。

（13）从属权利要求13对权利要求12作了进一步限定，对比文件6公开了移动终端遗失时的电池节约方法，其中公开了以下内容：上述移动通信终端 200 接收上述遗失状态指示信息后，上述电池管理程序为节约电池而关闭（off）上述终端模块 210 的电源（参见对比文件 6 说明书第 4 页倒数第一段）。由此可见，对比文件 6 公开了权利要求 13 中在目标无线通信设备上储备电池电能包括执行自动关闭的特征。另外，为了储备电池电能以供应需要的电能，本领域技术人员容易想到将目标无线通信设备设置为进入待机模式或进入睡眠模式，以便节约电池电能。因此，当其引用的权利要求 12 不具备创造性时，从属权利要求 13 不符合《专利法》第 22 条第 3 款的规定。

（14）从属权利要求 14 对权利要求 12 作了进一步限定，对比文件 6 公开了移动终端遗失时的电池节约方法，其中公开了以下内容：上述电池管理程序自上述终端模块的电源关闭时起，在经过一定时间（TI）后，打开（on）上述终端模块的电源。上述一定时间（TI），即反复时间最好使用上述终端的存储器 270 中保存的值，或由外部信号决定（参见对比文件 6 说明书第 5 页第 1 段）；通过传输上述电源打开登记消息，通知上述基站 200 上述向上述移动通信终端 200 的电源已经打开（on），可以请求跟踪遗失的上述移动通信终端 200 的位置（参见对比文件 6 说明书第 5 页第 2 段）。由上述内容可见，对比文件 6 公开了响应于存储器 270 中保存的值或由外部信号打开所述储备的电池电能的技术方案。因此，权利要求 14 的附加技术特征被对比文件 6 公开。当其引用的权利要求 12 不具备创造性时，从属权利要求 14 不符合《专利法》第 22 条第 3 款的规定。

（15）从属权利要求 15 对权利要求 1 作了进一步限定，对比文件 7 公开了一种失窃手机电话簿保护方法，其中公开了以下内容：第一步，复制存储在手机中的电话簿，并以此复制的内容通过短信的方式，向手机生产公司的短信服务器发送短信进行备份；若用户设定了在手机失窃情况下备份该失窃手机电话簿的手机号码，则向用户设定的手机发送第一步中复制的电话簿（参见对比文件 7 说明书第 5 页第 2 段）；若已将失窃手机电话簿中所有电话号码复制和保存完毕，则删除该失窃手机电话簿中所有电话号码（参见对比文件 7 说明书第 6 页第 2 段）。由此可见，对比文件 7 公开了检索、复制和删除电话簿（用户数据）的方案。因此，权利要求 15 的附加技术特征被对比文件 7 公开。当其引用的权利要求 1 不具备创造性时，从属权利要求 15 不符合《专利法》第 22 条第 3 款的规定。

（16）从属权利要求 16 对权利要求 15 作了进一步限定，对比文件 7 公开了一种失窃手机电话簿保护方法，其中公开了以下内容：第一步，复制存储在手机中的电话簿，并以此复制的内容通过短信的方式，向手机生产公司的短信服务器发送短信进行备份；若用户设定了在手机失窃情况下备份该失窃手机电话簿的手机号码，则向用户设定的手机发送第一步中复制的电话簿；当判断出手机处于失窃状态后，手机启动复制电话簿功能模块；依次复制存储在手机中的电话簿，以短信的方式，依次向用户在启用该智能保护模块时设定的手机发送短信；同时手机也自动地向手机生产公司的短信服务器发送短信进行备份；这样，机主的电话簿就被安全地转移到用户设定的手机和本公司的客户数据服务站点上（参见对比文件 7 说明书第 5 页第 2—3 段）；若已将失窃手机电话簿中所有电话号码复制和保存完毕，则删除该失窃手机电话簿中所有电话号码（参见对比文件 7 说明书第 6 页第 2 段）。由此可见，对比文件 7 公开了向网络实体、服务提供商或用户发送用户数据的内容。因此，权利要求 16 的附加技术特征被对比文件 7 公开。当其引用的权利要求 15 不具备创造性时，从属权利要求 16 不符合《专利法》第 22 条第 3 款的规定。

（17）从属权利要求 17 对权利要求 15 作了进一步限定，对比文件 7 公开了一种失窃手机电话簿保护方法，其中公开了以下内容：第一步，复制存储在手机中的电话簿，并以此复制的内容通过短信的方式，向手机生产公司的短信服务器发送短信进行备份；若用户设定了在手机失窃情况下备份该失窃手机电话簿的手机号码，则向用户设定的手机发送第一步中复制的电话簿（参见对比文件 7 说明书第 5 页第 2 段）；若已将失窃手机电话簿中所有电话号码复制和保存完毕，则删除该失窃手机电话簿中所有电话号码（参见对比文件 7 说明书第 6 页第 2 段）。由此可见，对比文件 7 公开了在复制保存完毕用户数据后，删除相应数据的技术方案。因此，权利要求 17 的附加技术特征被对比文件 7 公开。当其引用的权利要求 15 不具备创造性时，从属权利要求 17 不符合《专利法》第 22 条第 3 款的规定。

（18）从属权利要求 18 对权利要求 1 作了进一步限定，参见前述对权利要求 1 的评述意见可知，对比文件 1 公开了有关定位状态码、激活多个定位状态中与所述定位状态码相对应的一个定位状态，在移动设备的存储器中存储定位状态码的指示值的特征。对于使用非易失性存储器存储所述指示值的信息，这属于本领域的常规设置。另外，当恢复向移动终端设备供电时检查存储器以确定所述指示值，并重新激活对应于所述指示值的定位状态，这对本领域技术人员而言也可以根据实际应用的需要容易进行设置。当其引用的权利要求 1 不具备创造性时，从属权利要求 18 不符合《专利法》第 22 条第 3

款的规定。

（19）从属权利要求 19 对权利要求 1 作了进一步限定，对本领域技术人员而言，在接收到通信数据包之前，移动电话可以后台运行一个或多个应用程序，这属于本领域的惯用手段。因此，权利要求 19 的附加技术特征属于本领域的惯用手段。当其引用的权利要求 1 不具备创造性时，从属权利要求 19 不符合《专利法》第 22 条第 3 款的规定。

（20）从属权利要求 20 对权利要求 1 作了进一步限定，对比文件 3 公开了用于操作丢失的移动通信设备的方法和装置，其中公开了以下内容：安全模块 120 可以自动拨打回叫号而不管找到者希望拨叫的号码条目是什么；例如，安全模块 120 可以允许输入另外的号码，但是强制呼叫回叫号码；安全模块 120 还可以在按下了任何按键或触发了任何输入之后自动拨打回叫号码（参见对比文件 3 说明书第 4 页第 3—6 行）。由此可见，对比文件 3 公开了通过扰乱和改变拨叫号码的方式（相当于扰乱语音通信）破坏通信的方法。另外，通过扰乱数据通信来破坏通信也是本领域技术人员可以根据实际应用的需要进行设置的，并不需要花费创造性的劳动。因此，当其引用的权利要求 1 不具备创造性时，从属权利要求 20 不符合《专利法》第 22 条第 3 款的规定。

（21）从属权利要求 21 对权利要求 1 作了进一步限定，对比文件 1 中作为定位状态码的关键字以及实现关键字描述的例程都存储于移动电话内部（参见对比文件 1 的说明书中文译文第 0056 段至第 0057 段，表 1），这相当于移动电话从移动电话处接收内部传送的通信数据包。因此，权利要求 21 的附加技术特征被对比文件 1 公开。当其引用的权利要求 1 不具备创造性时，从属权利要求 21 不符合《专利法》第 22 条第 3 款的规定。

（22）权利要求 22 请求保护一种用于定位目标无线通信设备的装置，它是与权利要求 1 所要求保护的方法相对应的装置权利要求。对于本领域技术人员来说，基于相应的方法步骤来设置对应的处理模块/程序模块实现相应的功能，属于本领域的惯用手段。因此，基于上述对权利要求 1 相似的评述理由，在对比文件 1 的基础上结合对比文件 4 和本领域惯用手段得到权利要求 22 要求保护的技术方案对于本领域技术人员来说是显而易见的，权利要求 22 不具有突出的实质性特点和显著的进步，不具备《专利法》第 22 条第 3 款规定的创造性。

（23）从属权利要求 23 对权利要求 22 作了进一步限定，对比文件 1 公开了：在图 2 中，控制语言模块 64 操作以控制用于在用户与移动电话 10（图

1）之间传送消息的语言（参见对比文件1说明书中文译文第0053段，图2）；命令从继之以移动电话的安全码的关键字SECURITY开始。当短消息到达时，控制语言模块64始终检查控制消息的开头，并且如果发现具有匹配的安全码的关键字，那么所述模块解释整个消息并采取相应的行动（参见对比文件1的说明书中文译文第0056段，图2）。由此可见，对比文件1中的控制语言模块相当于权利要求23中的定位/找回模块。另外，对比文件1的移动电话中必然具备用于执行通信功能的通信模块，并由处理器来执行操作。另外，设置通信模块并由处理器来执行操作也属于本领域的惯用手段。因此，当其引用的权利要求22不具备创造性时，从属权利要求23不符合《专利法》第22条第3款的规定。

（24）从属权利要求24—42的附加技术特征分别与权利要求2—21的附加技术特征相对应，基于与评述权利要求2—21相似的理由，从属权利要求24—42也不具有突出的实质性特点和显著的进步，不符合《专利法》第22条第3款的规定。

（25）从属权利要求43对权利要求25作了进一步限定，对比文件6公开了移动终端遗失时的电池节约方法，并公开了以下内容：上述移动通信终端200接收上述遗失状态指示信息后，上述电池管理程序为节约电池而关闭（off）上述终端模块210的电源（参见对比文件6说明书第4页倒数第一段）；向上述移动通信终端200发送遗失状态指示消息后，向上述基站300请求关闭（off）电源，上述位置跟踪服务器305完成位置跟踪后，关闭（off）上述终端模块210的电源，从而可以减小电池耗电（参见对比文件6说明书第6页第3段）。由此可见，权利要求43的附加技术特征被对比文件6公开。另外，该附加技术特征也属于本领域的惯用手段。因此，当其引用的权利要求25不具备创造性时，从属权利要求43不符合《专利法》第22条第3款的规定。

（26）权利要求44要求保护一种用于定位目标无线通信设备的方法。对比文件1公开了一种用于远程定位丢失、被盗或误用的移动设备的方法，远程控制电话可以经由例如短消息系统来实施，命令移动电话经由短消息向给定号码发送关于其位置和使用的信息（参见对比文件1的中文译文说明书第0001段至第0058段，权利要求1—34，附图1—6，说明书摘要）。

参见前文评述权利要求1时对比文件1公开的内容可知，对比文件1中移动电话10相当于权利要求44中的“目标无线通信设备”；对比文件1中用户传递给移动电话 10 的消息、请求关于移动电话 10 的状态的信息的控制消息相当于权利要求 44 中的“生成具有包括定位状态码的格式的通信数据包”；对比文件 1 的控制信息中包含的关键字［包括“LOCK（锁定）”“LOST（丢失）”“STOLEN（被盗）”等］相当于权利要求 44 中的“定位状态码”；对应的“锁定”“丢失”“被盗”状态相当于权利要求 44 中的“定位状态”；从表 1 所示的控制消息所支持的命令及其描述的实例可见，关键字［包括“LOCK（锁定）”“LOST（丢失）”“STOLEN（被盗）”等］与操作移动电话 10 执行的“锁定”“丢失”“被盗”等状态中的一个相关联，这相当于权利要求 44 中所述定位状态码与目标无线通信设备可操作的多个定位状态中的一个相关联；对比文件 1 中使用短消息系统提供用于传送控制消息的方案，这相当于权利要求 44 中生成短消息服务通信数据包；对比文件 1 中控制消息相当于权利要求 44 中 SMS 通信数据包包括的有效载体。另外，对比文件 1 中移动电话 10 的控制语言模块 64 响应于接收信息中的关键字，在移动电话 10 中执行由关键字触发的预设动作，作为一实例，含有文字“SECURITY 12345 LOST 02654321”的命令消息可指导控制语言模块 64：显示丢失电话消息，锁定移动电话，并且允许呼叫电话号码 02654321。由上述内容可见，对比文件 1 中关键字 SECURITY 相当于权利要求 44 中的“定位/找回标识符”；对比文件 1 中安全码“12345”相当于权利要求 1 中的“个人标识符”；对比文件 1 中的关键字包括“LOCK（锁定）”“LOST（丢失）”“STOLEN（被盗）”相当于权利要求 44 中与所述多个定位状态中的一个相关联的码；对比文件 1 中参数相当于权利要求 44 中的“与一个或多个定位例程相关联的参数的可变长度字段”；对比文件 1 中将通信数据包传送给丢失的移动电话，这相当于权利要求 44 中将通信数据包传送给所述目标无线通信设备；对比文件 1 由“关键字”触发的锁定手机、显示特定信息和预设的电话号码等的操作相当于权利要求 44 中的“由所述目标无线通信设备执行的一个或多个定位例程”；对比文件 1 中移动电话 10 的控制语言模块 64 响应于接收信息中的关键字，在移动电话 10 中执行由关键字触发的预设动作，这相当于权利要求 44 中“所述目标无线通信设备响应于检测到所述通信数据包中的所述定位状态码，执行所述一个或多个定位例程中的至少一个例程”；但对比文件 1 未明确公开上述丢失移动电话向所规定的电话号码发送状态信息的过程可以是在用户非察觉的情况下执行。

由上述内容可见，权利要求 44 要求保护的方案与对比文件 1 相比，二者区别在于：执行步骤还包括，在秘密模式下操作所述目标无线通信设备，所述秘密模式禁止所述目标无线通信设备输出在非秘密模式下执行所述一个或多个定位例程时产生的用户易察觉的指示。

基于上述区别特征可以确定，本专利所要解决的技术问题是如何在用户非察觉的情况下执行对目标无线通信设备的操作。

关于上述区别特征，对比文件4公开了用于通信装置中的失窃阻止和安全数据检索的方法和设备，其中具体公开了以下内容：在如上文论述检测到寻呼装置丢失或失窃之后，寻呼装置还可进入秘密模式以用于与寻呼中心传送某些信息而不被寻呼装置的直接用户所察觉；寻呼装置可尝试在未经授权的用户的正常操作过程期间但对未经授权的用户透明地与寻呼中心返回通信（参见对比文件4说明书中文译文第2栏第45—57行）；因此，当前用户（即，未经授权的用户）在对寻呼装置进行再编程之后可能不知道装置仍在秘密模式中操作以防他们得利；换句话说，不应当向未经授权的用户给出寻呼装置正在秘密模式中操作的可感知（可看见或可听见或其他方式）指示（参见对比文件4说明书中文译文第3栏第7—11行）。由上述内容可知，对比文件4公开了当通信装置丢失或失窃之后，未经授权的通信设备可进入秘密模式，在不被当前用户察觉的秘密模式下运行丢失的通信装置，在秘密模式中对未经授权的用户不应当给出可感知（可看见或可听见或其他方式）的指示。可见，对比文件4已经公开上述相关技术特征，且二者所起的作用相同，都是用于在秘密模式下操作目标无线通信设备，传送某些信息而不被当前用户所察觉。因此，对比文件4给出了采用上述区别特征的技术启示。在对比文件1的基础上结合对比文件4和本领域惯用手段得到本专利权利要求44所要求保护的方案对本领域技术人员来说是显而易见的。因此，权利要求44相对于对比文件1和对比文件4的结合不具备突出的实质性特点和显著的进步，不符合《专利法》第22条第3款的规定。

（27）从属权利要求45对权利要求44作了进一步限定，对比文件1公开了以下内容：在开头的关键字和安全码之后，可以添加一个命令关键字（及其参数，如果需要）。支持的命令及其描述的实例在如下的表1中列出（参见对比文件1说明书中文译文第0057段，图2，表1）。根据对比文件1公开的内容可见，表1中支持的命令所描述的实例即为根据检测到的通信数据包中的状态码而在移动电话10上执行的一个或多个例程的结果。因此，权利要求45的附加技术特征被对比文件1公开。当其引用的权利要求44不具备创造性时，从属权利要求 45 不具备《专利法》第 22 条第 3 款的规定。

（28）从属权利要求 46 对权利要求 44 作了进一步限定，对比文件 1 公开了：在图 2 中，控制消息传送模块 62 控制用户到移动电话 10（图 1）之间的控制消息传送（参见对比文件 1 说明书中文译文第 0046 段）；当短消息到达时，控制语言模块 64 始终检查控制消息的开头，并且如果发现具有匹配的安全码的关键字，那么所述模块解释整个消息并采取相应的行动（参见对比文件 1 说明书中文译文第 0056 段，图 2）；在开头的关键字和安全码之后，可以添加一个命令关键字（及其参数，如果需要）。支持的命令及其描述的实例在如下的表 1 中列出（参见对比文件 1 说明书中文译文第［0057］段，图 2，表 1）；作为一实例，含有文字"SECURITY 12345 LOST 02654321"的命令消息可指导控制语言模块 64：显示丢失电话消息，锁定移动电话，并且允许呼叫电话号码 02654321"（参见对比文件 1 说明书中文译文第 0058 段）。由此可见，对比文件 1 公开了生成、传输远程定位命令（相当于权利要求中的通信数据包）、接收后执行相应操作，包括锁定手机、展示丢失手机的信息等。因此，权利要求 46 的附加技术特征被对比文件 1 公开。当其引用的权利要求 44 不具备创造性时，从属权利要求 46 不符合《专利法》第 22 条第 3 款的规定。

（29）从属权利要求 47 对权利要求 44 作了进一步限定，对比文件 1 公开了：当短消息到达时，控制语言模块 64 始终检查控制消息的开头，并且如果发现具有匹配的安全码的关键字，那么所述模块解释整个消息并采取相应的行动。（参见对比文件 1 说明书中文译文第 0056 段，图 2）；在开头的关键字和安全码之后，可以添加一个命令关键字（及其参数，如果需要）。支持的命令及其描述的实例在如下的表 1 中列出：（参见对比文件 1 说明书中文译文第 0057 段，图 2，表 1）；作为一实例，含有文字"SECURITY 12345 LOST 02654321"的命令消息可指导控制语言模块 64：显示丢失电话消息，锁定移动电话，并且允许呼叫电话号码 02654321（参见对比文件 1 说明书中文译文第 0058 段）。由此可见，对比文件 1 公开了接收到远程定位命令（相当于权利要求中的通信数据包）中包括"锁定手机，允许拨打电话 02654321"（相当于"对应于语音呼叫的一个通信数据包"）；在"INFO"指令中包括向移动电话号码参数中所规定的号码发送状态信息（相当于"对应于数据呼叫的一个通信数据包"）。因此，权利要求 47 的附加技术特征被对比文件 1 公开。当其引用的权利要求 44 不具备创造性时，从属权利要求 47 不符合《专利法》第 22 条第 3 款的规定。

（30）从属权利要求48对权利要求44作了进一步限定，对比文件1公开了：本领域中已知的短消息系统（SMS）提供用于传送控制消息的天然选择或方案，但是其他消息传送系统是本领域中已知的，包括无线互联网连接（参见对比文件1说明书中文译文第0048段）；当短消息到达时，控制语言模块64始终检查控制消息的开头，并且如果发现具有匹配的安全码的关键字，那么所述模块解释整个消息并采取相应的行动（参见对比文件1说明书中文译文第0056段，图2）；在开头的关键字和安全码之后，可以添加一个命令关键字（及其参数，如果需要）。支持的命令及其描述的实例在如下的表1中列出（参见对比文件1说明书中文译文第0057段，图2，表1）；作为一实例，含有文字“SECURITY 12345 LOST 02654321”的命令消息可指导控制语言模块64：显示丢失电话消息，锁定移动电话，并且允许呼叫电话号码02654321（参见对比文件1说明书中文译文第0058段）。由此可见，对比文件1公开了短信息（相当于SMS通信数据包），对比文件1中由关键字参数构成的短消息数据包相当于与一个或多个定位例程相关联的参数的可变长度字段的短消息通信数据包。因此，当其引用的权利要求44不具备创造性时，从属权利要求48不符合《专利法》第22条第3款的规定。

（31）从属权利要求49对权利要求44作了进一步限定，对比文件1公开了以下内容：在开头的关键字和安全码之后，可以添加一个命令关键字（及其参数，如果需要）；支持的命令及其描述的实例在如下的表1中列出（参见说明书中文译文第0057段，图2，表1）；作为一实例，含有文字“SECURITY 12345 LOST 02654321”的命令消息可指导控制语言模块64：显示丢失电话消息，锁定移动电话，并且允许呼叫电话号码02654321（参见对比文件1的说明书中文译文第0058段）。由上述内容可见，对比文件1公开了权利要求49中的“丢失状态”（LOST）、“被盗状态”（STOLEN）、“追踪状态”（INFO）。

另外，对比文件5公开了移动通讯设备中远端触发多媒体数据传送的方法，并具体公开了以下内容：本发明提供一种利用多媒体信息系统（MMS）和短信息系统（SMS）来远端触发装有照相机的移动通讯设备、以捕获多媒体数据并传送至远端通讯设备的方法及系统；本发明可实现视频的实时传送，而且可以定位错放的移动通讯设备（参见对比文件5摘要）；如果希望监控模块远端监测该移动通讯设备所处的环境，则监控模块使该移动通讯设备捕获并传输周围环境的静态图像和/或声频数据；此外，该传输的周围环境的静态图像和/或声频数据可提供有用信息，以在该移动通讯设备被错放时对其进行定位（参见对比文件5说明书第6页第2段）。由此可见，对比文件5公开和给出了设置错放状态、监视状态的技术启示，本领域技术人员在此基础上可以根据实际需要设置紧密监视状态或秘密监视状态。因此，在其引用的权利要求44不具备创造性的前提下，从属权利要求49也不符合《专利法》第22条第3款的规定。

（32）从属权利要求50对权利要求44作了进一步限定，对比文件1公开了以下内容：在开头的关键字和安全码之后，可以添加一个命令关键字（及其参数，如果需要）；支持的命令及其描述的实例在如下的表1中列出（参见对比文件1说明书中文译文第0057段，表1）。由此可见，对比文件1公开了权利要求50中有关"禁用键盘""禁用通信呼叫""禁用所述目标无线通信设备""禁用特定应用""启用所述目标无线通信设备""改变所述目标无线通信设备的运行状态""确定地理位置""破坏通信"等执行步骤。

另外，对比文件5公开了移动通讯设备中远端触发多媒体数据传送的方法，并具体公开了以下内容：如果希望监控模块远端监测该移动通讯设备所处的环境，则监控模块使该移动通讯设备捕获并传输周围环境的静态图像和/或声频数据。此外，该传输的周围环境的静态图像和/或声频数据可提供有用信息，以在该移动通讯设备被错放时对其进行定位（参见对比文件5的说明书第6页第2段）。由此可见，对比文件5公开了权利要求50中有关"捕获静止图像、捕获运动图像、捕获音频"等执行步骤。对于"启用感官警报、删除用户数据、检索用户数据，锁定用户数据的访问"等执行步骤是本领域技术人员根据实际需要容易进行设置的。综上，当其引用的权利要求44不具备创造性时，从属权利要求50不符合《专利法》第22条第3款的规定。

（33）从属权利要求51对权利要求44作了进一步限定，对比文件1公开了：在图2中，控制语言模块64操作以控制用于在用户与移动电话10（图1）之间传送消息的语言（参见对比文件1说明书中文译文第0053段，图2）。可见，对比文件1的用户相当于权利要求51中的"第二无线通信设备"。另外，对比文件2公开了：无论如何激活丢失策略设定，在激活后，企业服务器14都将向丢失的移动装置100传输远程定位命令（参见对比文件2说明书中文译文第0011段）。可见，对比文件2中企业服务器相当于权利要求51中的"网络实体设备"或"服务提供商设备"。因此，对比文件1和对比文件2公开了权利要求51的附加技术特征。当其引用的权利要求44不具备创造性时，从属权利要求 51 不符合《专利法》第 22 条第 3 款的规定。

（34）从属权利要求 52 对权利要求 44 作了进一步限定，对比文件 5 公开了移动通讯设备中远端触发多媒体数据传送的方法，并具体公开了以下内容：如果希望监控模块远端监测该移动通讯设备所处的环境，则监控模块使该移动通讯设备捕获并传输周围环境的静态图像和/或声频数据。此外，该传输的周围环境的静态图像和/或声频数据可提供有用信息，以在该移动通讯设备被错放时对其进行定位（参见对比文件 5 的说明书第 6 页第 2 段）。由此可见，对比文件 5 公开了权利要求 52 中有关“捕获静止图像、捕获运动图像、捕获音频”的执行步骤。因此，权利要求 52 的附加技术特征被对比文件 5 公开。当其引用的权利要求 44 不具备创造性时，从属权利要求 52 不符合《专利法》第 22 条第 3 款的规定。

（35）权利要求 53 对其引用的权利要求 52 作了进一步限定，对比文件 5 公开了移动通讯设备中远端触发多媒体数据传送的方法，并具体公开了以下内容：如果希望监控模块远端监测该移动通讯设备所处的环境，则监控模块使该移动通讯设备捕获并传输周围环境的静态图像和/或声频数据。此外，该传输的周围环境的静态图像和/或声频数据可提供有用信息，以在该移动通讯设备被错放时对其进行定位（参见对比文件 5 的说明书第 6 页第 2 段）；使用移动多媒体信息服务（MMS）将多媒体传送至所述的远端通讯设备，其中，所述的多媒体包括一个或多个静态图像、音频数据、实时视频数据和文本信息中的一个或多个（参见对比文件 5 权利要求 35）。由上述内容可见，对比文件 5 公开了将所捕获的静止图像、所捕获的运动图像和所捕获的音频中的至少一个传送给远端通讯设备的内容，而对于本领域技术人员来说，网络设备、服务提供商和目标无线通信设备用户均可以作为候选的远端通讯设备，这可以根据实际应用的需要进行选择。因此，当其引用的权利要求 52 不具备创造性时，从属权利要求 53 不符合《专利法》第 22 条第 3 款的规定。

（36）从属权利要求 54 对权利要求 44 作了进一步限定，对比文件 7 公开了一种失窃手机电话簿保护方法，其中公开了以下内容：第一步，复制存储在手机中的电话簿，并以此复制的内容通过短信的方式，向手机生产公司的短信服务器发送短信进行备份；若用户设定了在手机失窃情况下备份该失窃手机电话簿的手机号码，则向用户设定的手机发送第一步中复制的电话簿（参见对比文件 7 说明书第 5 页第 2 段）；若已将失窃手机电话簿中所有电话号码复制和保存完毕，则删除该失窃手机电话簿中所有电话号码（参见对比文件7说明书第6页第2段）。由此可见，对比文件7公开了检索、复制和删除电话簿（用户数据）的方案。因此，权利要求54的附加技术特征被对比文件7公开。当其引用的权利要求44不具备创造性时，从属权利要求54不符合《专利法》第22条第3款的规定。

（37）从属权利要求55对权利要求54作了进一步限定，对比文件7公开了一种失窃手机电话簿保护方法，其中公开了以下内容：第一步，复制存储在手机中的电话簿，并以此复制的内容通过短信的方式，向手机生产公司的短信服务器发送短信进行备份；若用户设定了在手机失窃情况下备份该失窃手机电话簿的手机号码，则向用户设定的手机发送第一步中复制的电话簿；当判断出手机处于失窃状态后，手机启动复制电话簿功能模块；依次复制存储在手机中的电话簿，以短信的方式，依次向用户在启用该智能保护模块时设定的手机发送短信；同时手机也自动地向手机生产公司的短信服务器发送短信进行备份；这样，机主的电话簿就被安全地转移到用户设定的手机和本公司的客户数据服务站点上（参见对比文件7说明书第5页第2—3段）；若已将失窃手机电话簿中所有电话号码复制和保存完毕，则删除该失窃手机电话簿中所有电话号码（参见对比文件7说明书第6页第2段）。由此可见，对比文件7公开了向网络实体、服务提供商或用户发送用户数据的内容。因此，权利要求55的附加技术特征被对比文件7公开。当其引用的权利要求54不具备创造性时，从属权利要求55不符合《专利法》第22条第3款的规定。

（38）权利要求56请求保护一种用于定位目标无线通信设备的装置，它是与权利要求44所要求保护的方法相对应的装置权利要求。对于本领域技术人员来说，基于相应的方法步骤来设置对应的处理模块/程序模块实现相应的功能，属于本领域的惯用手段。因此，基于上述对权利要求44相似的评述理由，在对比文件1的基础上结合对比文件4和本领域惯用手段得到权利要求56要求保护的技术方案对于本领域技术人员来说是显而易见的，权利要求56不具有突出的实质性特点和显著的进步，不具备《专利法》第22条第3款规定的创造性。

（39）从属权利要求57对权利要求56作了进一步限定，对比文件1公开了：在图2中，控制语言模块64操作以控制用于在用户与移动电话10（图1）之间传送消息的语言（参见对比文件1说明书中文译文第0053段，图2）；命令从继之以移动电话的安全码的关键字SECURITY开始。当短消息到达时，控制语言模块64始终检查控制消息的开头，并且如果发现具有匹配的安全码的关键字，那么所述模块解释整个消息并采取相应的行动（参见对比文件 1 的说明书中文译文第 0056 段，图 2）。由此可见，对比文件 1 公开了每一个定位状态与在目标无线通信设备上操作的一个或多个预定例程相关联，并同构接收短消息启动预定例程。并且，对比文件 1 的移动电话中必然具备用于执行通信功能的通信模块，将通信数据包以无线方式传送给目标无线通信设备。另外，对于通信模块的设置也属于本领域的惯用手段。因此，当其引用的权利要求 56 不具备创造性时，从属权利要求 57 不符合《专利法》第 22 条第 3 款的规定。

（40）从属权利要求 58—64 的附加技术特征分别与权利要求 45—51 的附加技术特征相对应，基于与评述权利要求 45—51 相似的理由，从属权利要求 58—64 也不具有突出的实质性特点和显著的进步，不符合《专利法》第 22 条第 3 款的规定。

（41）从属权利要求 65 对权利要求 56 作了进一步限定，其附加技术特征对于本领域技术人员而言均属于本领域的常规选择，本领域技术人员可以根据实际应用的需要进行选择。因此，当其引用的权利要求 56 不具备创造性时，从属权利要求 65 不符合《专利法》第 22 条第 3 款的规定。

（42）权利要求 66 请求保护一种用于定位目标无线通信设备的方法，对比文件 1 公开了一种用于远程定位丢失、被盗或误用的移动设备的方法，远程控制电话可以经由例如短消息系统来实施，命令移动电话经由短消息向给定号码发送关于其位置和使用的信息（参见对比文件 1 的中文译文说明书第 0001 段至第 0058 段，权利要求 1—34，附图 1—6，说明书摘要）。

参见前面评述权利要求 1 时对比文件 1 公开的内容可知，对比文件 1 中移动电话 10 相当于权利要求 66 中的“目标无线通信设备”；对比文件 1 中用户传递给移动电话 10 的消息、请求关于移动电话 10 的状态的信息的控制消息相当于权利要求 66 中的“具有包括定位状态码的格式的通信数据包”；对比文件 1 的控制信息中包含的关键字［包括“LOCK（锁定）”“LOST（丢失）”“STOLEN（被盗）”等］相当于权利要求 66 中的“定位状态码”；对应的“锁定”“丢失”“被盗”状态相当于权利要求 66 中的“定位状态”；从表 1 所示的控制消息所支持的命令及其描述的实例可见，关键字［包括“LOCK（锁定）”“LOST（丢失）”“STOLEN（被盗）”等］与操作移动电话 10 执行的“锁定”“丢失”“被盗”等状态中的一个相关联，这相当于权利要求 66 中所述定位状态码与目标无线通信设备可操作的多个定位状态中的一个相关联；对比文件 1 中的关键字必然存储在移动电话 10 的存储设备中；对比文件 1 由“关键字”触发的锁定手机、显示特定信息和预设的电话号码等的操作相当于权利要求 66 中的“由所述目标无线通信设备执行的一个或多个定位例程”；对比文件 1 中移动电话 10 的控制语言模块 64 响应于接收信息中的关键字，在移动电话 10 中执行由关键字触发的预设动作，这相当于权利要求 66 中“响应于检测到所述通信数据包中的所述定位状态码，在所述目标无线通信设备上执行所述一个或多个定位例程中的至少一个例程”；但对比文件 1 未明确公开移动电话通过扰乱语音通信和数据通信中的至少一个来破坏通信。

由上述内容可见，权利要求 66 要求保护的方案与对比文件 1 相比，二者区别在于：执行步骤还包括，所述目标无线通信设备通过扰乱语音通信和数据通信中的至少一个来破坏通信。

基于上述区别特征可以确定，权利要求 66 实际解决的技术问题是：如何避免未经授权的用户使用无线通信设备进行通信。

关于上述区别特征，对比文件 3 公开了用于操作丢失的移动通信设备的方法和装置，其中公开了以下内容：安全模块 120 可以自动拨打回叫号而不管找到者希望播叫的号码条目是什么；例如，安全模块 120 可以允许输入另外的号码，但是强制呼叫回叫号码；安全模块 120 还可以在按下了任何按键或触发了任何输入之后自动拨打回叫号码（参见对比文件 3 说明书第 4 页第 3—6 行）。由此可见，对比文件 3 公开了通过扰乱和改变拨叫号码的方式（相当于扰乱语音通信）破坏通信的方法。因此，对比文件 3 给出了与对比文件 1 结合进一步得到权利要求 66 技术方案的启示。另外，通过扰乱数据通信来破坏通信也是本领域技术人员可以根据实际应用的需要容易进行设置。

因此，权利要求 66 相对于对比文件 1、对比文件 3 和本领域惯用手段的结合不具备突出的实质性特点和显著的进步，不符合《专利法》第 22 条第 3 款的规定。

（43）从属权利要求 67—85 的附加技术特征分别与权利要求 2—19、21 的附加技术特征相对应，基于与评述权利要求 2—19、21 相似的理由，从属权利要求 67—85 也不具有突出的实质性特点和显著的进步，不符合《专利法》第 22 条第 3 款的规定。

（44）权利要求 86 请求保护一种用于定位目标无线通信设备的装置，它是与权利要求 66 所要求保护的方法相对应的装置权利要求。对于本领域技术人员来说，基于相应的方法步骤来设置对应的处理模块/程序模块实现相应的功能，属于本领域的惯用手段。因此，基于上述对权利要求 66 相似的评述理由，在对比文件 1 的基础上结合对比文件 3 和本领域惯用手段得到权利要求 86 要求保护的技术方案对于本领域技术人员来说是显而易见的，权利要求 86 不具有突出的实质性特点和显著的进步，不具备《专利法》第 22 条第 3 款规定的创造性。

（45）从属权利要求 87—105 的附加技术特征分别与权利要求 24—40、42、43 的附加技术特征相对应，基于与评述权利要求 24—40、42、43 相似的理由，从属权利要求 87—105 也不具有突出的实质性特点和显著的进步，不符合《专利法》第 22 条第 3 款的规定。

鉴于请求人提出的本专利权利要求 1—105 不符合《专利法》第 22 条第 3 款的规定的无效理由成立，合议组对请求人提出的其他理由和证据不再予以评述。

三、决定

宣告 200880004304. 8 号发明专利权全部无效。

当事人对本决定不服的，可以根据《专利法》第 46 条第 2 款的规定，自收到本决定之日起三个月内向北京知识产权法院起诉。根据该款的规定，一方当事人起诉后，另一方当事人作为第三人参加诉讼。

合议组组长：赵博华
主　审　员：武　磊
参　审　员：李　卉

四

网络证据公开日期的认定

评析“一种一体式自拍装置”无效案

随着信息传播途径的多样化，网络已成为人们日常生活和工作的重要组成部分。在专利无效宣告程序中，网络证据的重要性也日益凸显。网络证据所呈现的内容是否构成专利法意义上的现有技术，需要考虑该网络证据是否处于能够为公众获得的状态，以及公众能够获知该网络证据的时间是否在申请日之前。由于网络证据公开形式具有多样化的特点，例如网站文章页面、微信朋友圈、QQ空间内容、淘宝销售结果页面等，也为判断此类证据的公开性和公开日期带来了更多的问题。

针对请求人“深圳市韵美饰界科技有限公司”和“东莞市品耀五金有限公司”就专利权人“源德盛塑胶电子（深圳）有限公司”的第ZL201420522729.0号实用新型专利权提出的无效宣告请求，原专利复审委员会经审理作出审查决定，维持涉案专利权有效。

在案件审理过程中，关于涉案专利不具备新颖性、创造性的无效理由，请求人使用了两份从互联网获取的证据，对这两份网络证据的公开日期如何认定，成为该案审理过程中双方当事人争议的焦点之一。本文旨在结合该案，根据网络证据的不同类型，结合证据所体现的事实进行综合分析，对其公开日期认定问题进行讨论。

在该无效宣告请求案中，请求人在百度网站上搜索关键词“自拍杆-新款自拍杆-远点拍新款自拍杆自拍神器”得到的其中一条搜索结果为阿里巴巴网站上的自拍杆销售和性能介绍页面，请求人将点击进入该产品销售页面获得的网页内容作为证据9，并将该条搜索结果的百度快照日期2014年06月30

日作为证据 9 的公开日；同样，在百度网站上搜索关键词“官方全新发布 3-way 手持杆”时显示的其中一条搜索结果是百度贴吧 gopro 吧上的一条发帖内容，请求人将点击进入该贴吧主帖得到的网页内容作为证据 10，将上述搜索结果的百度快照日期 2014 年 06 月 03 日作为证据 10 的公开日。请求人在口头审理时当庭提交了北京某公证处出具的公证书，公证日期为 2017 年 12 月 12 日，用以证明证据 9 和证据 10 的获取来源和保全过程。

专利权人则基于以下三点原因认为请求人所声称的证据 9 和证据 10 的公开日期均不应当被采信：①百度快照的日期不应被直接认定为该页面内容能够为公众所知的时间；②证据 9 的阿里巴巴网站的产品销售页面上的图片是可以修改或更换的，存在修改不易留痕迹的情形；③证据 9 所涉及的产品经销商在阿里巴巴网站上注册日期为 2014 年 10 月 30 日，在请求人所声称的公开日期之后，从而也能够推定该网页的公开日期应当在请求人所声称的日期之后。

对于这两份证据的真实性和公开性，双方当事人并未产生争议，那么，应如何认定这两份证据的公开日期，百度快照日期能否作为该百度快照所指向链接的网页所呈现内容的公开日期呢？

对此，百度快照是在百度搜索引擎中搜索网页时，百度蜘蛛抓取文章进行备份以后的一个缓存文件，并保存在百度数据库中，当原网站打开速度慢或打不开的时候，可以利用百度快照快速阅读网页内容，百度快照是纯文本缓存，其并不保存图片、视频、动画等信息。互联网信息的公开时间一般以互联网信息的发布时间为准，百度快照的时间一般仅能证明其链接的发布时间，但由于其链接内容可能会发生变化，不能直接认定为点开链接进去后所得网页内容的公开时间。

为了进一步查明事实，以确保双方当事人的利益不受损，合议组继续对这两条搜索结果所涉及的具体网页上是否记载了能体现其公开时间的内容进一步调查。

由于双方当事人对证据 9 所涉及网页上公开的内容存在争议，合议组进行当庭演示以进行事实调查，通过公证书中涉及证据 9 的获取方式，在浏览器页面上打开百度网站，在百度网站上输入“自拍杆-新款自拍杆-远点拍新款自拍杆自拍神器”，排在第二位的搜索结果显示“正品远点拍一体式折叠自拍杆自拍神器清货”在阿里巴巴网上的销售页面，但在百度搜索结果页面上并没有显示具体的快照日期。接下来，点击该百度搜索结果进入阿里巴巴网站销售页面后，在该网页内容上也没有记载任何明确的公开日期，因此无法确定该网页的公开日期，更加无法确定该网页上的内容能够在本专利的申请日之前为公众所知。再次点击查看该页面上经销商厂家的具体信息，该商家的注册日期为 2014 年 10 月 30 日，在请求人所声称的公开日期之后。此外，通过调查该产品销售页面上的具体内容，发现在该产品销售页面显示的图片中，该自拍杆所使用的苹果系列机型包括“iPhone 6、iPhone 6 plus”，而众所周知 iPhone 6 和 iPhone 6 plus 这两款手机是在 2014 年 09 月 10 日苹果秋季新品发布会上发布的机型，于 2014 年 10 月 17 日在中国大陆发售。基于上述几点事实，根据上述网页记载内容，不能够确定所述产品图片在请求人所声称的 2014 年 06 月 30 日之前为公众所知。

对于证据 10，通过当庭演示，其所涉及网页内容也即主帖的发帖日期为 2014 年 06 月 03 日 11 点 47 分。在该主帖发布之后有两个其他用户发布的后续回帖，这些回帖的日期与主帖的发帖日期相同，回帖时间分别是 2014 年 06 月 03 日 12 点 55 分和 2014 年 06 月 03 日 21 点 59 分，在时间上具有连续性，并且回帖内容与主帖发布的内容存在呼应，从而也佐证了主帖公开时间的真实性。基于百度贴吧的公信力、运营机制，并且根据主帖记载的发布时间，以及回帖内容、回帖时间与主帖之间形成的证据链关系，能够认定该主帖的公开时间为 2014 年 06 月 03 日。

基于已查明事实，对于上述两种不同类型的网络证据的公开时间，给出了不同的认定结论，究其原因，就在于在认定过程中综合考量了所涉及网站的公信力、交互性以及日志记录机制等多方面因素。

电子商务网站如阿里巴巴、淘宝等是为买卖双方提供的交易平台，这类平台网站交互性很强，同时也赋予了用户很多的交互权限，在该网站上所显示的产品信息由卖家（经销商）自行编辑、上传，在上传之后用户能够对自己发布的网页内容进行编辑、删除等操作，对相同链接地址所链接的产品图片可以由用户随时更改，并且在网页内容上不容易留有编辑痕迹，因此对于此类网络证据，较难证明公开内容与公开时间的对应关系。对于此类涉及电子商务网站的网络证据，即使通过公证书对获取该证据的来源、途径和方法等进行保全和固定，仅能用于完善网络证据的公开性，对于其公开日期，在没有其他证据进行相互印证或佐证的情况下，此类产品销售页面链接的发布时间并不能直接等同于销售页面所显示内容或图片的公开时间。

与之相反，百度贴吧作为众所周知的知名网站，贴吧上用户发布帖子的公开日期应为在贴吧发帖时根据系统时间自动生成，其发帖内容在生成后由百度网站进行统一的维护和管理，其管理机制通过管理员进行管理，安全性能得到一定的保证，并且不管是用户还是管理员对已发帖内容都只能进行删除操作，而无法进行再次编辑，也即依据百度贴吧的发帖内容和日志机制能够确定该网页的公开日期。

综上，对于网络证据公开时间的认定，应基于网站信誉度、网站权限管理机制、网站的审核以及日志记录机制、网页的时间戳以及网页上能够体现日期的内容等多方面考量，以确定其是否能够作为现有技术来使用。

无效宣告请求审查决定（第 35919 号）

决定要点

即使某个技术特征在权利要求和现有技术中的表达相同或相近，但是如果其在各自技术方案中所起的作用不同，则不应当认为现有技术公开了该技术特征。采用了上述技术特征所限定的技术方案能够获得有益的技术效果，则该技术方案具备创造性。

决定文本

一、案由

本专利的专利号为 201420522729.0，申请日为 2014 年 09 月 11 日，授权公告日为 2015 年 01 月 21 日。本专利授权公告时的权利要求书如下：

“1. 一种一体式自拍装置，包括伸缩杆及用于夹持拍摄设备的夹持装置，所述夹持装置包括载物台及设于载物台上方的可拉伸夹紧机构，其特征在于：所述夹持装置一体式转动连接于所述伸缩杆的顶端。

2. 根据权利要求 1 所述的自拍装置，其特征在于：所述载物台上设有一缺口，所述夹紧机构设有一与所述缺口位置相对应的折弯部，所述伸缩杆折叠后可容置于所述缺口及折弯部。

3. 根据权利要求 2 所述的自拍装置，其特征在于：所述伸缩杆包括若干伸缩节。

4. 根据权利要求3所述的自拍装置，其特征在于：所述伸缩杆上端设有一连接头，该连接头与所述伸缩杆的最上端伸缩节一体式设置。

5. 根据权利要求4所述的自拍装置，其特征在于：所述连接头与所述夹持装置转动连接，且转动连接位置设有锁紧装置。

6. 根据权利要求3所述的自拍装置，其特征在于：所述伸缩杆的下端设有手持部，该手持部上设有拍摄按钮。

7. 根据权利要求6所述的自拍装置，其特征在于：所述手持部包括一防滑区，所述防滑区设有防滑纹。

8. 根据权利要求6所述的自拍装置，其特征在于：所述手持部的底端设有电源开关。

9. 根据权利要求7所述的自拍装置，其特征在于：所述手持部的底端设有"USB"接口。

10. 根据权利要求2所述的自拍装置，其特征在于：所述载物台的上表面为前端高后端低的曲面。

11. 根据权利要求10所述的自拍装置，其特征在于：所述夹紧机构设置于所述载物台的上表面的后端，所述折弯部沿所述载物台的上表面的前端方向凸起。

12. 根据权利要求11所述的自拍装置，其特征在于：所述折弯部沿载物台的上表面的前端方向凸起位置设有一提手以及一体式设于提手下方的软垫。

13. 根据权利要求12所述的自拍装置，其特征在于：所述提手上设有防滑纹。"

针对该专利，专利复审委员会于2016年04月19日发出第28758号无效宣告请求审查决定，宣告本专利权利要求1无效，在权利要求2—13的基础上继续维持该专利有效。

深圳市韵美饰界科技有限公司（下称第一请求人）、东莞市品耀五金有限公司（下称第二请求人）均于2017年12月12日向专利复审委员会提出了无效宣告请求（案件委内编号分别为5W113997和5W114000），第一请求人与第二请求人所提交的无效理由和证据、后续程序中所提交的文件及口头审理过程中的意见陈述均相同，下文中将第一请求人、第二请求人统称为请求人。请求人以本专利权利要求2—13不符合《专利法》第22条第3款的规定为由，请求宣告本专利权利要求2—13全部无效，同时提交了如下附件：

附件1（本专利）：CN204119349U；

附件 2（证据 1）：CN201298135Y；

附件 3（证据 2）：CN202772939U；

附件 4（证据 3）：CN203801004U；

附件 5（证据 4）：CN203797307U；

附件 6（证据 5）：CN202812715U；

附件 7（证据 6）：CN302931725S；

附件 8（证据 7）：CN201152920Y；

附件 9（证据 8）：CN201331658Y；

附件 10（证据 9）："正品远点拍一体式折叠自拍杆自拍神器清货"在阿里巴巴网站上的产品销售和性能介绍页面，具体网址为：

https://detail.1688.com/offer/43187592113.html?spm=a2615.2177701/5680897.4.1cebc3703ygMpw；请求人声称其公开日为百度快照上显示的 2014 年 06 月 30 日；

附件 11（证据 10）：位于百度贴吧，名称为"官方全新发布 3-way 手持杆"的发帖内容，具体网址为：

http://tieba.baidu.com/p/3082521980；请求人声称其公开日为发帖日 2014 年 06 月 03 日。

请求人认为：（1）权利要求 2—13 相对于证据 9 不具备《专利法》第 22 条第 2 款规定的新颖性；（2）权利要求 2 相对于证据 9 和本领域公知常识的结合，证据 1、证据 2 和本领域公知常识的结合，或证据 1、证据 2、证据 3 和本领域公知常识的结合，或者证据 1、证据 10 和本领域公知常识的结合，或者证据 1、证据 10、证据 3 和本领域公知常识的结合不具备《专利法》第 22 条第 3 款规定的创造性；权利要求 3 的附加技术特征被证据 1 或证据 2 或证据 3 公开，或属于本领域公知常识；权利要求 4 的附加技术特征被证据 3 或证据 5 公开，或属于本领域公知常识；权利要求 5 的附加技术特征被证据 5 公开或属于本领域公知常识；权利要求 6 的附加技术特征被证据 6 公开或属于本领域公知常识；权利要求 7 的附加技术特征被证据 7 公开或属于本领域公知常识；权利要求 8—9 的附加技术特征被证据 3 公开或属于本领域公知常识；权利要求 10 的附加技术特征被证据 4 公开或属于本领域公知常识；权利要求 11 的附加技术特征被证据 3 或证据 4 公开或属于本领域公知常识；权利要求 12 的附加技术特征被证据 4 或证据 8 公开或属于本领域公知常识；权利要求 13 的附加技术特征被证据 4 公开或属于本领域公知常识；因此权利要求

3—13也不具备《专利法》第22条第3款规定的创造性。

经形式审查合格，专利复审委员会于2017年12月29日受理了上述无效宣告请求并将无效宣告请求书及证据副本转给了专利权人，同时成立合议组对本案进行审查。

专利权人针对上述无效宣告请求于2018年02月08日提交了意见陈述书，并认为：（1）证据9无法证明网址内自拍杆的销售日期在本专利的申请日之前；（2）本专利权利要求2—13符合专利法及其实施细则的各项规定。

专利复审委员会本案合议组于2018年03月15日向第一请求人、于2018年03月14日向第二请求人发出了转送文件通知书，将专利权人于2018年02月08日提交的意见陈述书分别转送给两位请求人，并于2018年03月15日向各方当事人发出了口头审理通知书，定于2018年04月10日举行口头审理。

针对上述转送文件通知书，请求人于2018年04月09日提交了意见陈述书。

口头审理如期举行，各方当事人均出席了本次口头审理。在口头审理过程中：

（1）各方当事人对合议组成员无回避请求，对对方出庭人员身份无异议。

（2）合议组当庭明确，在本次无效宣告程序中，专利权人未修改权利要求书，因此以在先第28758号无效决定维持有效的权利要求，即本专利授权公告文本中的权利要求2—13作为本次口头审理的基础。

（3）对于请求人于2018年04月09日提交的意见陈述书，请求人进行当庭陈述，专利权人进行当庭答复，双方当事人对此无异议。请求人当庭提交（2017）京国信内经证字第10354号公证书，公证日期为2017年12月12日，用以证明证据9和证据10的获取和保全过程。专利权人对请求人提交的证据1—8的真实性及公开日期均无异议，对证据9和证据10提交内容与公证书内容一致性没有异议，对证据9和证据10的公开日期存在异议，并认为证据9和证据10不能用作本专利的现有技术。

专利权人提出证据9所展示的阿里巴巴销售页面所属的阿里巴巴网站容易被修改且不容易留有修改痕迹，不足以证明其截图记载内容上的时间处于公众能够得知的状态，且该销售店铺商家的注册日期为2014年10月30日，在本专利申请日之后。经合议组当庭调查，证据9所展示的阿里巴巴销售页面的企业认证信息中的注册日期为2014年10月30日，双方当事人对合议组当庭调查过程明确无误，请求人表示该企业有可能主动修改注册日期。专利权人提出证据10所展示的百度贴吧发帖页面没有显示时间信息，请求人表示在证据10的百度快照页面、发帖页面和后续回帖页面上均显示了日期为2014年06月03日。

请求人当庭明确：权利要求2相对于证据9不具备新颖性，因此也不具备创造性；使用其他证据评价创造性的组合方式与请求书相同。各方当事人在坚持书面意见的基础上充分阐述了各自的意见。

请求人于2018年04月13日提交了意见陈述书，认为：（1）百度在生成链接的时候是自动捕捉链接内产品相关信息的，而百度快照捕捉的产品信息时间，都是产品上线一段时间后，百度快照会根据产品相关信息，自动捕捉该产品部分信息，生成百度快照信息，其中就包括产品发布时间。因此，证据9完全可以证明网址内自拍杆的公开时间是在本专利的申请日之前；（2）任何公司在申请营业执照以及进行工商注册之前都需要先核准公司名称，核准公司名称的时间期限至少一个月，从核准下来名称一直到真正拿到营业执照之间还要一段时间，在公司核准名称时，该公司可以就其产品进行宣传推广和销售。也就是说，“深圳市宝安区松岗星乐电子厂”在其成立时间之前就能够在法律允许的范围内在阿里巴巴等网站上进行宣传推广和销售，而进行宣传推广和销售的时候，阿里巴巴等网站会给出上传营业执照的期限，这也就合理解释了证据9的链接生成时间为何会早于商家“深圳市宝安区松岗星乐电子厂”在阿里巴巴网站中的成立时间。

至此，合议组认为本案事实已经清楚，可以作出审查决定。

二、决定的理由

1. 审查文本

在本次无效宣告程序中，专利权人未修改权利要求书，因此以在先第28758号无效决定维持有效的权利要求，即本专利授权公告文本中的权利要求2—13作为本次口头审理的基础。

2. 证据认定

2.1 证据1—8是专利文献，专利权人对上述证据的真实性、合法性和公开时间无异议。合议组对上述证据的真实性亦予以认可。证据1—8的公开日期均在本专利的申请日之前，可以作为评价本专利的现有技术证据使用。

2.2 对于证据9，经合议组当庭调查，通过证据9第1—6页的获取方式，在浏览器页面上打开百度网，在百度网上输入“自拍杆-新款自拍杆-远点拍新款自拍杆自拍神器”，排在第二位的搜索结果得到了“正品远点拍一体式折叠自拍杆自拍神器清货”在阿里巴巴网上的销售页面，但在百度搜索结果页面上没有显示具体的公开日期，点击该搜索结果后进入阿里巴巴网站销售页面，经销商为“深圳市宝安区松岗星乐电子厂”，点击该经销商的认证信息，网页页面上记载“成立日期：2014 年 10 月 30 日，注册号：440306813576375，营业期限：2014-10-30 至长期，登记机关：深圳市市场监督管理局”。请求人声称该经销商可能自行修改该注册信息的公开日期，并且由于工商注册核准需要一段时间，而可能导致该经销商销售日期和工商注册日期不一致。

对此，合议组认为：互联网信息的公开时间一般以互联网信息的发布时间为准，百度快照的时间一般仅能证明其链接的发布时间，由于其链接内容可能会发生变化，不能直接认定为点开链接进去后所得网页内容的公开时间。并且，电子商务网站是为买卖双方提供的交易平台，在该网站上所显示的产品信息由卖家（经销商）自行编辑、上传，对相同链接地址所链接的产品图片可以由经销商更改，对于此类电子商务网站的互联网证据进行公证时，公证的仅是公证日当天获取的网页内容。

对于本案，在合议组当庭调查时，通过请求人提交的公证书所公证的获取方式，在百度搜索结果页面上并没有显示百度快照日期，在产品销售网页上也没有记载明确的公开日期，因此无法确定该产品销售网页的公开日期，更加无法确定该产品销售网页上的内容能够在本专利的申请日之前为公众所知。并且通过登录产品销售页面调查，该页面显示的图片中，该自拍杆所使用的苹果系列机型包括“iPhone 6、iPhone 6 plus”，而众所周知 iPhone 6 和 iPhone 6 plus 这两款手机是在 2014 年 09 月 10 日苹果秋季新品发布会上发布的机型，于 2014 年 10 月 17 日在中国大陆发售。根据上述网页记载内容，不能够确定所述产品图片在请求人所声称的 2014 年 06 月 30 日之前为公众所知。因此，在无其他证据佐证其公开性及其公开时间的情况下，不能证明证据 9 中所涉及产品图片在本专利申请日之前能够为公众所知。对于请求人所声称证据 9 的公开日期为 2014 年 06 月 30 日的主张，合议组不予支持。证据 9 不能作为本专利的现有技术使用，对于权利要求 2—13 相对于证据 9 不具备新颖性和创造性的无效宣告请求理由不予审理。

2. 3 对于证据 10，经合议组核实：该公证书的第 27—31 页的网页内容与证据 10 的内容一致，该网页内容记载了百度贴吧的打开过程，完整地反映了公证时网页证据的来源。作为众所周知的知名网站，百度贴吧的公开日期应为用户在贴吧发帖时根据系统时间自动生成，其发帖内容在生成后由百度网站进行统一的维护和管理，其管理机制通过管理员进行管理，安全性能得到一定的保证，并且当用户对发帖内容进行编辑时会在所发帖子内生成最新编辑时间，依据百度贴吧的发帖内容能够确定该帖子的公开日期。经查，该公证书第28—29页所关联的gopro吧的帖子“官方全新发布3-way手持杆”的发帖日期为2014年06月03日，在该帖子的后续回帖内容中也显示了回帖日期为2014年06月03日。综上，根据百度贴吧的公信力以及运营机制，以及网页上显示的发帖日期和后续回帖日期，对于请求人所声称证据10的公开日期为2014年06月03日的主张，合议组予以认可。证据10的公开日期在本专利申请日之前，能作为评价本专利创造性的现有技术。

3.《专利法》第22条第3款

《专利法》第22条第3款规定：创造性，是指与现有技术相比，该发明具有突出的实质性特点和显著的进步，该实用新型具有实质性特点和进步。

3.1关于权利要求2相对于证据1、证据2结合本领域公知常识不具备创造性的理由

权利要求2要求保护一种一体式自拍装置，证据1公开了一种小型相机手举自拍杆，并具体披露了（参见说明书第1页最后一段至第2页第1段，图1—6）：如图1、图2、图3、图4、图5、图6所示，本发明主要由卡装云台（相当于夹持装置）和伸缩杆、握把及快门线等构成。卡装云台主件13后方设有用于套装卡钩6的卡钩腔12，卡钩杆腔12内设有卡钩6和锁定卡钩6的卡构锁定压块11和卡钩锁定旋钮10。卡装云台主件13的上方设有卡钩锁紧扳手9，通过拨动卡钩锁紧扳手9后，卡钩锁紧扳手齿8和卡钩齿条7来带动卡钩6锁紧相机31（上述卡钩6、卡钩齿条7、卡钩锁紧扳手齿8、卡钩锁紧扳手9等组成的锁紧相机的机构相当于可拉伸夹紧机构）。卡钩6除在钩杆的一侧设有卡钩齿条7外，在弯钩段还套有橡胶软套5。卡装云台主件13的中部设有用于卡装相机31的槽型软垫托3及槽型软垫托内垫有使相机可卡紧的软垫4。槽型软垫托3的下方设有用于连接快门线的快门线接口1（软托垫3和软垫4的组合相当于载物台）。卡装云台主件前方设有供自拍的构图镜2。卡装云台主件13的下头部设有用于连接V型接头15的接口。V型连接头15套入到卡装云台主件13的下头部接口处，在通过螺丝30和锁紧旋钮14锁紧连接。V型接头15的V型口端与连接头17同样用螺丝30和锁紧旋钮14锁紧。

权利要求 2 与证据 1 相比，至少存在以下区别：（1）权利要求 2 保护的自拍装置是一体式的，夹持装置与伸缩杆为一体式连接；（2）所述载物台上设有一缺口，所述夹紧机构设有一与所述缺口位置相对应的折弯部，所述伸缩杆折叠后可容置于所述缺口及弯折部。

基于上述区别，权利要求 2 所要解决的技术问题是，如何避免使用时临时组装自拍装置；以及如何更好地收纳自拍杆，方便携带。

对于区别特征（1），对于本领域技术人员来说，可拆卸连接和不可拆卸的一体连接都是机械结构中的常用连接方式，属于本领域的惯用手段，二者各自的优缺点也是本领域所公知的，因而本领域技术人员可以根据不同的应用场景以及不用的需求，选择将夹持装置与伸缩杆设置为一体式连接或者可拆卸连接。

对于区别特征（2），该区别特征整体限定了，载物台的缺口和折弯部的位置相对，二者形成容纳折叠后的伸缩杆的空间。如证据 1 图 5—6 所示，伸缩杆与卡装云台之间相折叠。其折叠是通过锁紧旋钮 14 将过 V 型结构 15 分别旋紧于卡装云台主件 13 和伸缩杆上的连接头 17 实现的，折叠后，云台主件只是平行于伸缩杆设置，并不涉及折弯部分或缺口以容纳折叠后的伸缩杆的类似结构，因而证据 1 既未公开上述区别特征（2），也未给出相应启示。

证据 2 公开了一种带有伸缩柄的手机罩壳，并具体公开了如下技术内容(参见说明书第 0014—0017 段)：“一种带有伸缩柄的手机罩壳 100，包括一罩壳本体 1 和一可上下收放的伸缩柄 2，所述罩壳本体 1 的外侧面向外延伸有一“T”字形的凸块 3：所述伸缩柄 2 包括相互连接的一固定部 21 和一伸缩杆 22；所述固定部 21 可转动地连接于凸块 3 的横边，所述伸缩杆 22 叠放于凸块 3 的竖边上。所述凸块 3 的上表面向下凹陷，形成一“T”字形的凹槽 31。所述伸缩杆 22 可相对所述固定部 21 转动，所述伸缩杆 22 包括从上至下依次套接的四节柄杆 221。用户在使用的时候，可以把所述伸缩杆 22 拉出，根据需要调整伸缩长度，然后手握该伸缩杆 22 进行自拍；也可以把所述伸缩杆 22 各个节收缩起来，转动伸缩杆 22，与手机一定角度把手机支撑在某一平面上，然后进行固定位置拍摄。”

对于区别特征（2），请求人认为：证据 2 通过在手机罩壳上设置凹槽，方便将伸缩柄收回到手机罩壳中，给出了将伸缩杆收纳到载物台上的技术启示，而且证据 2 还公开了在手机罩壳上开设凹槽以容纳伸缩柄，本领域技术人员在证据 2 的基础上，容易想到在载物台上开设有缺口和/或弯折部来容纳伸缩杆。

对此，合议组认为：即使某个技术特征在权利要求和现有技术中的表达相同或相近，但是如果其在各自技术方案中所起的作用不同，则不应当认为现有技术公开了该技术特征。

证据2的手机罩壳是用于容纳和包裹手机，本专利的载物台是通过与夹紧机构的配合来夹紧固定拍摄设备，该手机罩壳的作用和结构与本专利均不相同，因此不能相当于本专利的载物台；虽然证据2中公开了用于收纳的缺口，但该缺口设置在手机罩壳外侧的凸台上，所述缺口的作用是将伸缩杆整体容纳于手机罩壳的凹槽内，而本专利的缺口设置在载物台上，用于和相对应位置的折弯部形成容纳自拍杆的伸缩杆的空间，两者的整体结构和作用也不相同。证据2中没有任何记载可拉伸夹紧机构的内容，也没有公开在夹紧机构上设置与缺口位置相对应的折弯部以及将伸缩杆折叠后容置于缺口及折弯部，并且在证据2公开内容的基础上，本领域技术人员也没有动机在手机罩壳上设置折弯部。综上，证据2既未公开上述区别特征（2），也未给出相应的技术启示。

此外，现有证据也不足以证明上述区别特征（2）属于本领域的公知常识，且采用了上述区别特征所限定的结构，实现了更好更节省空间的收纳自拍杆，方便携带的有益效果。因而，权利要求2相对于证据1、证据2结合公知常识是非显而易见的，该权利要求具备实质性特点和进步，因而具备《专利法》第22条第3款规定的创造性。

3.2 关于权利要求2相对于证据1、证据10结合公知常识不具备创造性的理由

权利要求2与证据1的区别特征参见3.1部分。

基于上述区别，权利要求2所要解决的技术问题是，如何避免使用时临时组装自拍装置；以及如何更好地收纳自拍杆，方便携带。

对于区别特征（1）的评述如3.1部分所述。

证据10公开了一种3-way手持杆。参见证据10的图片可见，证据10公开了一种可折叠的手持杆，所述手持杆具有多节，在该手持杆折叠时，节杆可以卡接在相邻节杆上设置的凹槽内。

对于区别特征（2），请求人认为：证据10公开了弯折折叠的一种手持杆，给出了将伸缩杆收纳到缺口的技术启示。

对此，合议组认为：证据10涉及一种可折叠的手持杆，在多节手持杆上

设置了凹槽，用于容纳相邻的手持杆。该手持杆与本专利的伸缩杆的结构形式是不相同的，也不能相当于本专利的载物台和夹紧机构。且本专利是在伸缩杆顶部与之相连接的载物台以及夹紧机构上设置位置相对应的缺口和折弯部，而依据证据10的图片所示，该折叠杆的顶部放置了拍摄装置（即存在放置拍摄装置的载物台），但依据图片无法确定所述拍摄装置与所述折叠杆是如何连接的，也无法确定该折叠杆顶部是否设置了可拉伸夹紧机构，即证据10没有公开放置拍摄装置的载物台上设置了缺口，也没有公开在可拉伸夹紧机构上设置与缺口位置相对应的折弯部，从而形成容纳伸缩杆的空间。并且在证据10公开内容的基础上，本领域技术人员也没有动机将其与证据1相结合。综上，证据10既未公开上述区别特征（2），也未给出相应的技术启示。

此外，现有证据也不足以证明上述区别特征（2）属于本领域的公知常识，且采用了上述区别特征所限定的结构，实现了更好更节省空间的收纳自拍杆，方便携带的有益效果。因而，权利要求2相对于证据1、证据10结合公知常识是非显而易见的，该权利要求具备实质性特点和进步，因而具备《专利法》第22条第3款规定的创造性。

3.3 关于权利要求2相对于证据1、证据2、证据3结合公知常识或证据1、证据10、证据3结合公知常识不具备创造性的理由

权利要求2与证据1的区别特征参见3.1部分。

基于上述区别，权利要求2所要解决的技术问题是，如何避免使用时临时组装自拍装置；以及如何更好地收纳自拍杆，方便携带。

对于区别特征（1）的评述如3.1部分所述。

证据3公开了一种手柄式的拍摄遥控装置，并具体公开了如下技术内容（参见说明书第0025—0028段）：“本实施例所述的手柄式的拍摄遥控装置，包括手柄外壳1和无线遥控器2，手柄外壳1包含一个容纳腔，无线遥控器2设于容纳腔内……所述的无线遥控器2的侧壁设有控制按键21，无线遥控器2的端部设有USB接口23。”

证据3还公开了（参见说明书第0032—0034段、图5—6）：“所述的遥控拍摄装置还包括用于夹持拍摄设备的手机固定架3，包括固定架32和连接平台31，固定架32可放置拍摄装置，连接平台31与手柄外壳1的第一连接头12连接固定。其中，拍摄装置可以是智能手机。……所述拍摄遥控装置还包括伸缩杆4，该伸缩杆4下端与所述第一连接头12固定，伸缩杆4包括若干单元节及设置于上端的第二连接头41；所述第二连接头41包括一用于直接连

接拍摄设备或手机固定架 3 的连接部。"

对于区别特征（2），请求人认为：证据 3 的图 5 已经公开了在手机固定架上设置折弯部，相当于本专利权利要求 2 中的折弯部。

对此，合议组认为：证据 3 所要解决的技术问题是目前便携式拍摄杆的遥控装置是独立的，因而操作不便，不利于拍摄，从而提供了一种手柄式的拍摄遥控装置以克服拍摄不便的问题。证据 3 中没有记载所述手机固定架 3 与手柄外壳 1 转动连接从而折叠收纳的技术内容，也没有公开在手机固定架上设置折弯部和与折弯部位置相对应的缺口。并且图 5 中所示的手柄式拍摄遥控装置的第一连接头 12 是设有外螺纹的凸台，与连接平台连接固定，即证据 3 中用于夹持拍摄设备的手机固定架 3 和手柄外壳的连接头 12 是固定连接的，不能相对转动，因此证据 3 不能给出在载物台上设置与折弯部的位置相对的缺口与折弯部一起容纳伸缩杆的技术启示。综上，依据证据 3 的图 5 所示，不能确定手机固定架 3 的固定架 32 上方的折弯部的作用是用于形成容纳折叠后的伸缩杆的空间。证据 3 既未公开上述区别特征（2），也未给出相应的技术启示。

参见 3. 1 和 3. 2 部分的评述理由，证据 2 和证据 10 均未公开上述区别特征（2），也未给出相应的技术启示。

此外，现有证据也不足以证明上述区别特征（2）属于本领域的公知常识，且采用了上述区别特征所限定的结构，实现了更好更节省空间的收纳自拍杆，方便携带的有益效果。

因而，权利要求 2 相对于证据 1、证据 2、证据 3 结合公知常识或者相对于证据 1、证据 10、证据 3 结合公知常识是非显而易见的，该权利要求具备实质性特点和进步，因而具备《专利法》第 22 条第 3 款规定的创造性。

3. 4 关于证据 4—8

请求人还使用了证据 4—8 用于评价从属权利要求的创造性。

证据 4 公开了一种手持式遥控拍摄装置的拍摄设备夹持装置，并具体公开了如下技术内容（参见说明书第 0023—0024 段、0027 段、图 1—2）："所述载物台 1 的上表面为弧面。所述载物台 1 的自由端 11 高于连接端 12。……活动杆 3 的两端分别可拉伸地设置于两支撑臂 2 内，中部设有弯折结构 31，且该弯折结构 31 位于载物台 1 的上方。……所述提手 6 上设有凹槽 62，提手 6 通过凹槽 62 卡设于活动杆 3 的弯折结构 31 上。"并且从证据 4 的附图 1 可以看出提手 6 上设置有防滑纹。

证据5公开了一种手持相机支架，并具体公开了如下技术内容（参见说明书第0017—0020段）：“本实用新型为一种手持相机支架，包括伸缩杆1、相机托架2以及连接伸缩杆1和相机托架2的连接部3。……相机托架2和连接部3之间形成铰接的连接方式；在锁固钮4一端头上垂直于轴线方向转动连接有一钮柄41，钮柄41为四边形环状结构，其一边转动连接在锁固钮4的一端头上，钮柄41可以以转动连接在锁固钮4上的一边为轴，转动其相对的另一边，使其形成收起或打开的状态，使用时可打开钮柄41，旋动钮柄可以带动旋固钮转动。当需要相机托架转动一定角度进行拍照时，可以利用钮柄41或凹槽42旋开锁固钮，转动相机托架至需要的角度，然后在利用钮柄或凹槽锁紧锁固钮，从而将相机托架2固定在需要的角度上，使用起来方便并且锁紧后相机托架更稳固。”

证据6公开了一种手持式蓝牙伸缩自拍杆，并具体公开了（参见简要说明和外观设计图片）：“手持式蓝牙伸缩自拍杆的手持部位设有蓝牙按钮，杆子部分具有伸缩功能，顶部设有放置手机的平台，可调节角度。”

证据7公开了一种手持式照相机自拍支架，并具体公开了如下技术内容（参见说明书第3页第11行—第4页第3行）：“如图1、图2所示，本实用新型为一种手持式照相机自拍支架，支架可伸缩，其由四节相互活动套接的内外支管2组成，内支管套入外支管的尾端设有弹性止推凸块，外支管侧壁上设有供止推凸块活动穿置的限位通孔。支管可以是方管也可以是圆管，本实用新型支管2采用方管。支管2前端设有相机固定座3，支管2内贯穿有牵引线4，支管2内腔可转动地设有一转臂5，转臂5为弧形，转臂5的中部与牵引线4的后端连接，支管2上设有可控制转臂5转动的控制按钮21，固定座3内可转动地设有一杠杆6，杠杆6后端与牵引线4另一端连接，固定座3上安装有与杠杆6的前端上侧相抵触的快门线1，杠杆6上设有扭力弹簧，扭力弹簧的作用是松开快门控制按键21后1的下端设有与快门线连接口33螺接的快门线连接头11，快门线连接头11的内腔设有与芯线相连的顶针，顶针伸至固定座3与杠杆6的前端上侧相抵触，在芯线的另一端连有与相机快门抵触的快门顶头12。”

证据8公开了一种相机自拍手持杆，并具体公开了如下技术内容（参见说明书第2页第7—10行）：“相机托架由设有相机连接通孔的托板和垂直活动插置在通孔内可与相机连接的锁紧螺栓构成。所述托板与相机接触面设有防滑垫。所述防滑垫是压花橡胶垫。”

综上可知，证据4—8均未公开上述区别特征（2），也未给出相应的技术启示。此外，现有证据也不足以证明上述区别特征（2）属于本领域的公知常识，且采用了上述区别特征所限定的结构，实现了更好更节省空间的收纳自拍杆，方便携带的有益效果。因此，即使进一步结合证据4—8，权利要求2的技术方案仍具备实质性特点和进步，因而具备《专利法》第22条第3款规定的创造性。

3.5 关于针对权利要求3—13的无效理由

权利要求3—13直接或间接引用权利要求2，在权利要求2具备创造性的基础上，权利要求3—13也具备《专利法》第22条第3款规定的创造性。

综上所述，请求人提出的无效请求理由均不成立。

三、决定

在授权公告文本中的权利要求2—13的基础上维持201420522729.0号实用新型专利权有效。

当事人对本决定不服的，可以根据《专利法》第46条第2款的规定，自收到本决定之日起三个月内向北京知识产权法院起诉。根据该款的规定，一方当事人起诉后，另一方当事人作为第三人参加诉讼。

合议组组长：郑　直
主　审　员：李　笑
参　审　员：郭晓宇

五

三步法与化合物发明的创造性判断

评析“作为抗病毒化合物的缩合的咪唑基咪唑”无效案

涉案专利ZL201280004097.2（下称本专利）涉及新化合物“维帕他韦”及其药用盐、组合物和制药用途，该化合物与“索菲布韦”组合，构成了专利权人吉利德制药有限责任公司开发的用于治疗丙型肝炎（HCV）的第三代明星药物丙通沙®的核心成分。丙通沙®也是首个获批的针对HCV病毒的泛基因型药物，即针对HCV的GT1—GT6全部基因型均有效，由此免除了患者在治疗前必须进行基因型筛查的烦琐步骤。

全球最大的独立医疗救援组织之一，无国界医生依据其“病者有其药”项目的开展，在中国向一系列与丙型肝炎有关的专利（申请）发起挑战，由此引发了本次无效宣告请求，其无效宣告理由仅涉及创造性。复审和无效审理部（原专利复审委员会）作出第38394号无效宣告请求审查决定，维持该专利权有效。

本案中所涉及的化合物创造性问题颇具代表性，集中体现了相关领域的判断思路和审查标准。

一、“三步法”是化合物发明创造性判断的基本方法

判断发明相对于现有技术是否显而易见，通常可以按照“三步法”进行，这是《专利审查指南》在第二部分第四章规定的创造性判断的基本方法。

化合物发明带有该领域的一些特点，如，在表达形式上具有一定的特殊性，在结构与性能的关系上更依赖于实验证明等，为此，《专利审查指南》在第二部分第十章有关化学领域发明专利申请审查的若干规定中，又进一步细

化了化合物的创造性判断方法，即（1）结构上与已知化合物不接近的、有新颖性的化合物，并具有一定的用途或效果，可以认为它有创造性而不必要求其具有预料不到的用途或者效果；（2）结构上与已知化合物接近的化合物，必须要有预料不到的用途或者效果。这种方法，也被业内称为“预料不到的技术效果判断法”。

一直以来，有观点认为，该方法是一种不同于“三步法”的单独的判断方法，但经分析即可知事实并非如此。当发明要求保护的化合物具有一定的技术效果和用途，并且与现有技术的化合物“结构不接近”时，则发明对现有技术所做的贡献其实应当被认定为至少提供了一种不同于现有技术的其他结构的化合物，只要这一贡献能够得到确认，相应的技术问题就已经得到解决，此时当然无须再与现有技术进行用途或效果上的比对；而当二者“结构接近”时，通常意味着结构上的区别很小，例如仅仅属于本领域公知的常规基团的替换，由于本领域技术人员的一般认知是常规基团替换仅能得到活性相同，或者用途/效果相当的化合物，因此，需要依据该化合物的用途和/或效果，重新确定其对现有技术的贡献。根据《专利审查指南》的规定，与已知化合物的已知用途不同的用途，或者是对已知化合物的某一已知效果的实质性的改进或提高，或者是在公知常识中没有明确的，或者不能由常识推论得到的用途或效果，均可成为创造性评价中的预料不到的效果，从而使得要求保护的化合物具备创造性。

可见，前述的“预料不到的技术效果判断法”，其内在逻辑并没有脱离“三步法”中首先确定实际解决的技术问题，再进一步寻找技术启示的范畴，二者在本质上是一致的。“预料不到的技术效果判断法”仅仅是“三步法”在特定领域的具体应用，其作用在于使得本领域技术人员能够结合具体案情，更为简便和直观地评判化合物的创造性。

本案中，权利要求1保护下式化合物：

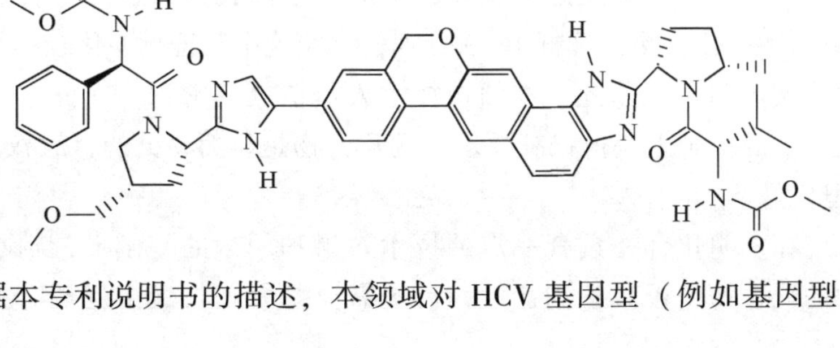

根据本专利说明书的描述，本领域对HCV基因型（例如基因型1a、1b、

2a、3a、4a）具有广泛抑制活性的 HCV 治疗剂存在着需求，对不易于产生病毒耐药性的药剂也存在特别的需求。本发明提供一种具有提高的抑制或药物动力学特性的化合物，包括抑制产生抗病毒耐药性的增强的活性、更高的口服生物利用度、更高的功效或延长的体内有效半衰期。在实施例部分，还针对包括权利要求 1 的化合物在内的若干具体化合物，检测了其和血清蛋白对复制子效力的作用、MT-4 细胞的细胞毒性等，并将检测结果列于表格中。

本案中用于评价权利要求 1 创造性的证据组合方式之一为：使用证据 1 公开的化合物 0.0044（为表述清楚，证据 1 中的具体化合物均以其抗 HCV 病毒的 EC50 值命名）作为最接近的技术方案。

本专利	证据 1 化合物 0.0044
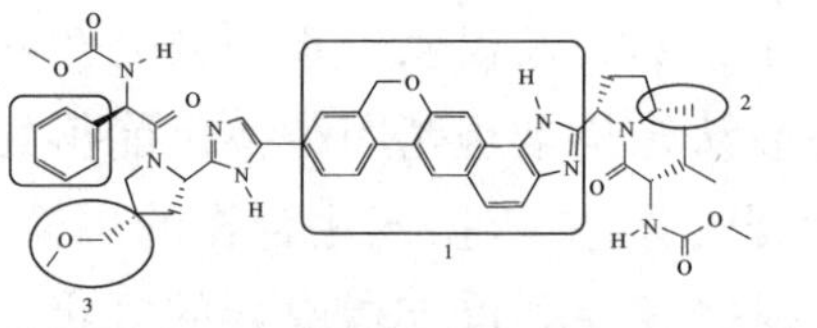	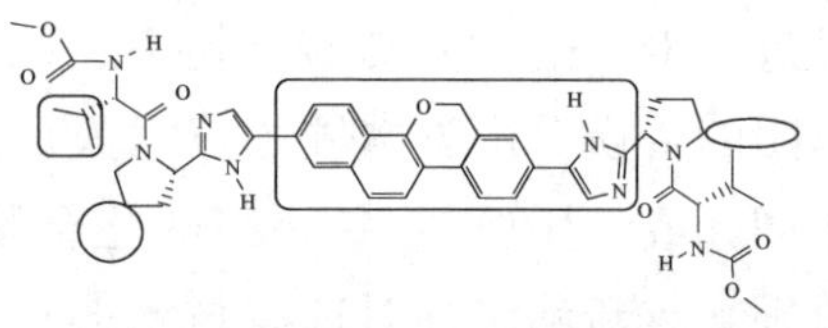

证据 1 公开了一种抗 HCV 病毒的通式化合物 J-Y-J（ⅰ），其具有得以改善的抑制性能或药代动力学性能，所述得以改善的抑制性能或药代动力学性能包括增强的对抗病毒耐药性形成的活性、改善的口服生物利用度、更大的效力（例如，在抑制 HCV 活性方面）或延长的体内有效半衰期，典型地，……可以抑制 HCV 的多个基因型。例如……对于选自 la、lb、2a、2b、3a、4a 和 5a 的多种 HCV 基因型有活性。在实验部分，证据 1 公开了数百种代表性化合物及其生物学数据（使用基于 Renilla 荧光素酶（RLuC）的 HCV 复制子报道基因试验-HCV lb RLuc 测定抗病毒效力［EC50］）。

请求人认为，权利要求 1 的化合物与其相比，存在图示的四点区别。从 HCV1b 的 EC50 来看，权利要求 1 的化合物并没有取得更高的抗 HCV 活性，因此，权利要求 1 相对于证据 1 实际解决的技术问题是获得另一种具有较高的抗 HCV 活性的化合物，证据 1—3 分别就维帕他韦与证据 1 化合物结构上的区别给出了技术启示，因此，本领域技术人员依据其常识，在证据 1 结合证据 2 和证据 3 的基础上获得权利要求 1 的化合物是显而易见的，故权利要求 1 不具备创造性。

因此，在发明化合物具有一定的技术效果和用途的基础上，判断权利要求 1 保护的化合物是否具备创造性，首先需要判断其与最接近现有技术的化合物 0.0044 在结构上是否接近，如果结论是否定的，则不再需要与现有技术进行用途或效果上的比对；而如果结论为二者结构接近，则需要进一步详细考察本专利与证据 1 化合物的技术效果，以及本领域技术人员如何看待这些技术效果。这里所说的技术效果既包括那些已经被验证的技术效果，如本专利与证据 1 说明书各自记载的所述化合物的抗 HCV1b 活性，以及本专利说明书记载的韦帕他韦针对其他多种基因型 HCV 病毒的抑制作用，也应当包括证据 1 的说明书中曾经提及，但并未实际验证的所述化合物的泛基因抑制活性。

二、判断化合物结构是否相近，需要从现有技术的整体出发

根据《专利审查指南》第二部分第十章第 6.1 节的规定，“判断两种化合物在结构上是否接近，与所在的技术领域有关。一般而言，结构接近的化合物必须具有相同的基本核心部分或者基本的环结构”。

实践中，判断发明要求保护的化合物与现有技术的化合物在结构上是否接近，不仅要考虑结构本身的相似性，还要考虑化合物构效关系的密切程度。所述密切程度与发明的技术领域有关，也与现有技术的整体状况有关。如前所述，结构接近的化合物必须具有相同的基本核心部分或者基本的环结构；但是，具有相同的基本核心部分或基本的环结构，未必一定属于结构接近的化合物。

本案中，请求人认为本专利化合物与证据 1 的化合物 0.0044 具有共同的异色烯并苯核心（即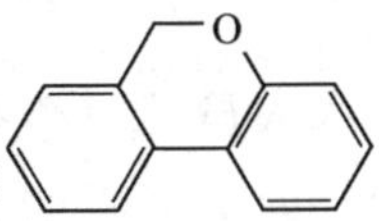），专利权人则认为，本专利化合物的基本核心部分是五环稠合体系（即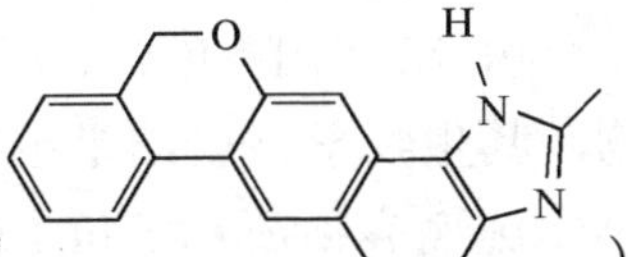），而证据 1 为四环稠合体系（即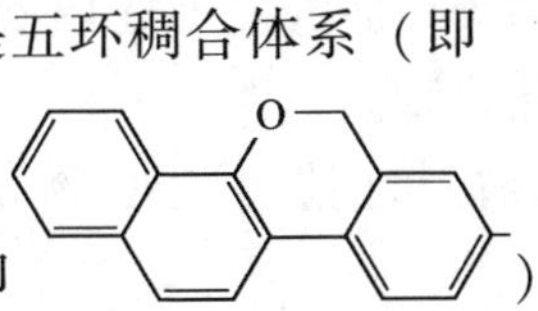），二者基本核心结构完全不同。

合议组认为，首先，稠环是两个或多个环共用相邻两个碳或杂原子形成的环体系，因彼此之间相互连接而成为一个整体骨架，在没有相反证据的情况下，通常作为一个整体环单元而不能被随意切分。

其次，判断某一结构单元是否构成最接近现有技术化合物的基本核心部分还需要考虑最接近现有技术的整体教导。经进一步查明，除通式化合物 J-

Y-J（ⅰ）之外，证据 1 还公开了式（ⅰ）化合物的具体方案，其包括 M^0-W-M^0、M^0-W-M^9、M^9-W-M^0，或 M^9-W-M^9、M^{10}-W-M^0、M^0-W-M^{10}、M^{10}-W-M^9、M^9-W-M^{10}、M^{10}-W-M^{10}。

关于中心部分 W，证据 1 提供了多种实施方案，包括三环、四环以及五环稠合的结构，但是，无论是四环还是五环稠合体系，均未涉及在多环稠合系统中稠合有咪唑环的情形。本领域技术人员按照证据 1 的整体教导可以确定，证据 1 化合物 0.0044 中，四环稠合的 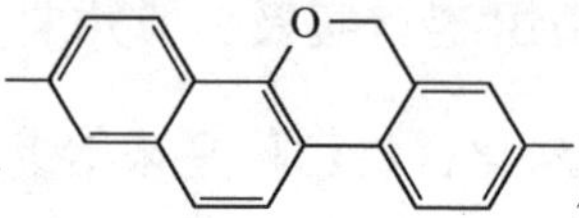 应当是其结构的中心部分。

关于中心部分 W 两侧的基团 M^0 和 M^9，其中尽管出现了咪唑环，但无论是咪唑、苯并咪唑以及更为复杂的含咪唑的三环稠合结构，均属于证据 1 定义的式（ⅰ）化合物的两臂结构，其与前述中心部分是单键连接而非稠合关系。这与本专利中咪唑环构成五环稠合体系的一部分的结构是不同的。

在化学领域，本专利这种多环稠合体系与证据 1 公开的由单键连接的“稠环-芳环”或者“稠环-稠环”体系具有不同的电子排布和空间构型，化学性质通常也不同，本领域技术人员一般不会认为二者属于接近的结构，更何况请求人也未提供其他的现有技术证据证明，就 HCV 抑制作用而言，本专利的五元稠合体系在结构上与证据 1 公开的四环稠合体系在本领域中被认为是接近的结构。

而根据本专利说明书记载，本领域技术人员可以概括出这样的结论，尽管本专利权利要求 1 仅保护一种具体化合物，但其发明目的就是中心部分为五环稠合环体系的化合物及其用于 HCV 治疗用途的研究。本专利说明书实施例提供的具体化合物及其生物学试验结果也表明，带有上述五环稠合环体系的化合物具备说明书实施例表格所示的抗 HCV 活性。上述内容进一步表明，本专利在发明伊始即聚焦于五环稠合环系化合物。

基于以上理由，本专利权利要求 1 化合物与证据 1 化合物 0.0044 在结构上不接近。

对于请求人主张的其他现有技术，即证据 2 和证据 3，采用相同方式进行分析可知，证据 2 和 3 对于化合物的结构上的教导较之证据 1 相差更远。基于前述理由，二者同样不可能给出本专利的五环稠合结构的技术启示。

从以上分析过程可以看出，在进行结构是否相近的判断过程中，除了关注证据本身对于化合物结构的描述之外，亦不能脱离本领域对于化学结构及其性质的基本认知，二者共同构成了现有技术的整体教导。

实践中，化合物发明经常是在最接近的现有技术化合物基础上进行结构修饰得到的。既然来源于最接近的现有技术，那么修饰动机和手法首先会受到最接近的现有技术文献整体教导的影响。创造性判断中的所述整体教导体现在，化合物通式结构的特点、各取代基的分布方面，包括位置、大小、数量、取代基本身的结构和相应的化学性质等，以及化合物的构效关系，即化学结构与生物活性之间的关系，其中当然也包括对效果实施例进行分析得到的“趋势”信息，这些均是认定本领域技术人员能否获得技术启示以及获得何种技术启示的重要因素。

本案通过阐释评价化合物创造性的审查标准，有助于公众了解化学领域专利无效宣告审查的特点，使广大创新主体和专利工作者对于此类案件的审理思路获得更多的了解，对于化学领域的无效宣告请求以及审查具有借鉴作用。

无效宣告请求审查决定（第38394号）

决定要点

化合物权利要求的创造性判断原则是，结构上与已知化合物不接近的、有新颖性的化合物，并具有一定用途或效果，即可以认定其具备创造性；两种化合物结构上是否接近，应当结合其技术领域进行判断。

该判断原则的内在逻辑与“三步法”是一致的。具体而言，当发明要求保护的化合物与最接近现有技术的化合物“结构不接近”时，发明对最接近现有技术所做的贡献其实应当被认定为至少提供了一种不同于现有技术的其他结构的化合物，只要这一贡献能够得到确认，相应的技术问题就已经得到解决，此时当然无须再与现有技术进行用途或效果上的比对；相反，当二者“结构接近”时，通常意味着结构上的区别较小，此时需要依据该化合物的用途和/或效果，重新确定其对最接近现有技术的贡献。

决定文本

一、案由

本无效宣告请求案涉及国家知识产权局于2016年05月25日公告授予的、名称为“作为抗病毒化合物的缩合的咪唑基咪唑”的第201280004097.2号发明专利权（下称本专利），其申请日为2012年11月16日，优先权日为2011年11月16日，专利权人为吉利德制药有限责任公司（由“吉利德科学公司”经“吉利德法莫赛特有限责任公司”变更而来）。本专利授权公告时的权利要求书如下：

“1. 下式化合物：

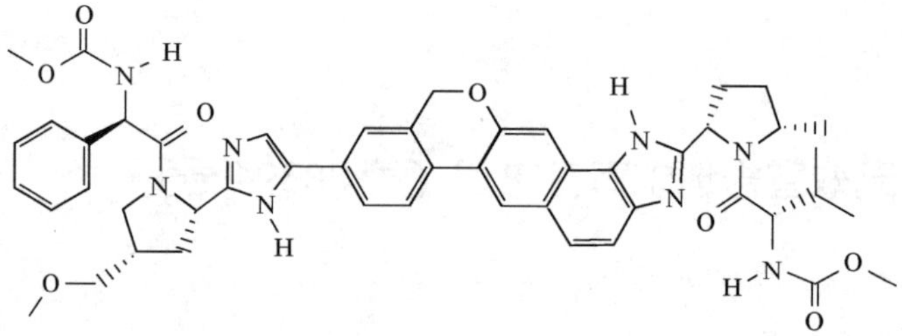

2. 一种药物组合物，该药物组合物包含权利要求1所述的化合物和药物学上可接受的载体。

3. 根据权利要求2所述的药物组合物，所述药物组合物进一步包含NS5B聚合酶抑制剂。

4. 下式化合物在药物学上可接受的盐：

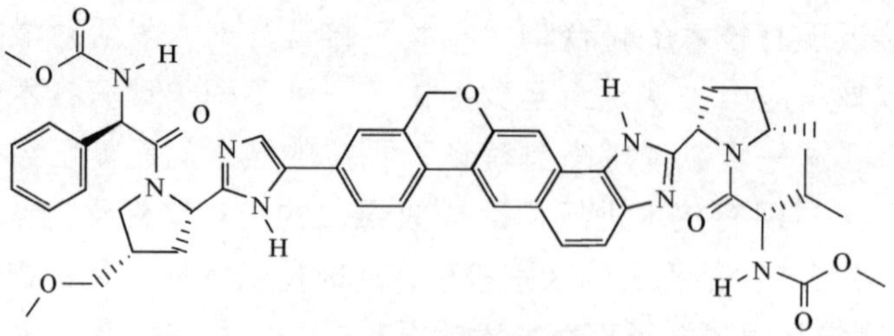

5. 一种药物组合物，该药物组合物包含权利要求4所述的化合物在药学上可接受的盐和药物学上可接受的载体。

6. 根据权利要求5所述的药物组合物，所述药物组合物进一步包含NS5B聚合酶抑制剂。

7. 权利要求 1 所述的化合物在制造用于预防或治疗丙肝的药物中的用途。

8. 权利要求 4 所述的化合物在药学上可接受的盐在制造用于预防或治疗丙肝的药物中的用途。

9. 权利要求 2—3 和 5—6 中任一项所述的药物组合物在制造用于预防或治疗丙肝的药物中的用途。”

无国界医生（下称请求人）于 2018 年 06 月 19 日向专利复审委员会提出无效宣告请求。请求人认为，权利要求 1—9 相对于证据 1、证据 2 和证据 3 的结合或进一步结合公知常识，以及证据 2、证据 1 和证据 3 的结合或进一步结合公知常识不具备创造性。

2018 年 07 月 12 日，请求人提交了意见陈述书以及如下证据 1—3：

证据 1：PCT 专利文献 WO2010/132601A1，公开日为 2010 年 11 月 18 日，及其中文译文即中国专利文献 CN102596936A；

证据 2：PCT 专利文献 WO2010/111534A1，公开日为 2010 年 09 月 30 日，及其中文译文即中国专利文献 CN102427726A；

证据 3：中国专利文献 CN102007122A，公开日为 2011 年 04 月 06 日。

经形式审查合格，专利复审委员会于 2018 年 08 月 02 日受理了上述无效宣告请求，并将请求人提交的无效宣告请求书、意见陈述书以及所有证据的副本全部转送给专利权人，同时成立合议组对本案进行审查。

专利权人针对上述无效宣告请求于 2018 年 09 月 17 日提交了意见陈述书以及如下反证：

反证 1：Epclusa®的药品说明书，复印件及其部分中文译文；

反证 2：仲兆金等，“抗丙型肝炎病毒药物”，中国医药生物技术，第 12 卷第 1 期，第 54—62 页，2017 年 02 月，复印件；

反证 3：Christopher A. Lipinski 等，“Experimental and computational approaches to estimate solubility and permeability in drug discovery and development settings”，Advanced Drug Delivery Reviews，1997 年第 23 卷，第 3—25 页，复印件及其部分中文译文；

反证 4：Daniel F. Veber 等，“Molecular Properties That Influence the Oral Bioavailability of Drug Candidates”，Journal of Medicinal Chemistry，2002 年第 45 卷，第 2615—2623 页，复印件及其部分中文译文；

反证 5：Timothy J. Ritchie 等，“The impact of aromatic ring count on compound developability-are too many aromatic rings a liability in drug design", Drug Discovery Today，第 14 卷第 21/22 期，2009 年 11 月，复印件及其部分中文译文；

反证 6：专利复审委员会第 27258 号无效宣告请求审查决定书。

专利权人认为，（1）本案中，权利要求 1 保护的化合物（简称维帕他韦）与现有技术公开的化合物之间的结构差异不仅体现在数量上（至少四个结构差异），而且还体现在结构差异的显著性方面（母核结构明显不同），即便本领域技术人员在证据 1—3 公开的数千种具体化合物的基础上进行大范围的总结、归纳，也无法显而易见获得本专利化合物，反证 6 证明了该思路在审查实践中的应用；本专利说明书的实验数据证明，该化合物具有广谱、高效和出人意料的生物利用度等各方面的优异效果，这是根据证据 1—3 无法预期的。（2）权利要求 1 的化合物是一种泛基因型的 NS5A 抑制剂，可与索菲布韦组合构成复方药物 Epclusa®用于治疗 HCV 基因型 1—6 型感染，Epclusa®于 2016 年获得 FDA 批准上市，2018 年获得 CFDA 批准上市，是首个获得批准上市的用于治疗 HCV 病毒 GT1-6 型的治疗方案（参见反证 1 和反证 2）；（3）本发明化合物打破了主导药物化学文献的生物利用度"规则"，并且实现了出人意料的生物利用度。Lipinski 的 5 规则参见反证 3（参见中文译文摘要部分以及正文第 2.6 节）；Veber 规则参见反证 4（参见中文译文摘要部分）；环规则和芳香环规则参见反证 5（参见中文译文摘要部分），根据这些公认的药物设计"规则"，本领域技术人员也不会预期本发明化合物所具有的生物利用度。因此，本专利权利要求 1—9 相对于证据 1—3 及其组合具备《专利法》第 22 条第 3 款的创造性。

专利复审委员会本案合议组于 2018 年 09 月 21 日向双方当事人发出口头审理通知书，拟定于 2018 年 11 月 16 日举行口头审理，同时发出转送文件通知书，将专利权人提交的上述意见陈述书以及所有反证的副本全部转送给请求人，要求其在指定的期限内答复。

2018 年 11 月 06 日，请求人提交了意见陈述书以及反证 4 的部分中文译文，针对反证 1—6 及其内容发表了意见。

2018 年 11 月 07 日，专利权人面取了请求人提交的上述意见陈述书以及反证 4 的部分中文译文。

口头审理如期举行，双方当事人均委托代理人出席了口头审理。合议组对本案的所有无效宣告理由和证据进行了调查，双方当事人均充分陈述了各自的意见，在此基础上，合议组确认并记录了如下事实：

（1）请求人明确其无效宣告理由和范围为：权利要求1—9不符合《专利法》第22条第3款的规定，证据结合方式为：证据1、证据2和证据3的结合或进一步结合公知常识，证据2、证据1和证据3的结合或进一步结合公知常识，其中分别使用证据1或证据2作为最接近的现有技术；

（2）请求人当庭提交证据4（《直接抗病毒时代的丙型肝炎》，蔡皓东编著，中国医药科技出版社，2016年07月第1版，封面页、出版信息页、第101—102页），以证明证据1第708页公开的具体化合物达拉他韦是一种早于本发明化合物维帕他韦的泛基因型丙肝病毒NS5A抑制剂，因此泛基因活性并非本专利独有的；专利权人核实证据4原件后，认可证据1—4的真实性以及证据1和证据2的译文准确性，但认为证据4的公开日晚于本专利优先权日；

（3）专利权人当庭出示了网页下载反证1过程的公证书（2018年京长安内经证字第49984号），以及中国科学院文献情报中心提供的反证2—5文献复制证明，经核实，请求人认可反证1—6的真实性；

请求人提交了反证4的部分译文，认为其能更全面反映反证4的内容。其中针对反证4摘要第9—11行的译文与专利权人存在差异；经合议组当庭询问，双方均认可上述部分的原文所表达的意思是“在某个泛数据集中，将分子量500作为区分生物利用度是否可接受的一个并不严格的界限”，在此基础上，专利权人同意由合议组确定该部分内容的准确译文，同时，认可请求人提交的关于反证4其他补充译文的准确性。

对于专利权人提交的其他译文，请求人均认可其准确性。

2018年11月30日，专利权人提交意见陈述书，就口头审理时的争议焦点重申了意见，此外，还提交了《现代汉语词典》第5版，中国社会科学院语言研究所词典编辑室编，商务印书馆，2005年06月第5版，封面页、扉页、出版信息页和第1150页，复印件4页（编号为反证7），用于证明“任何”一词的含义以及进一步阐述《专利审查指南》第二部分第四章第3.2.1.1节中，包含该词的有关“技术问题与技术效果二者关系”的记载当如何理解。

至此，合议组认为本案事实已经清楚，可以作出审查决定。

二、决定的理由

1. 审查基础

本无效宣告请求审查决定是以本专利的授权公告文本为基础作出的。

2. 证据的认定

本案中，请求人共提交了4份证据，其中证据1—3均为专利文献，证据4为中文书籍，专利权人认可证据1—4的真实性以及相关译文的准确性。

合议组经核实，对上述证据的真实性和译文准确性亦予以确认。证据1—3的公开日均早于本专利的优先权日，故可以作为现有技术评价本专利的创造性，证据4的公开日晚于本专利的优先权日，不能作为本专利的现有技术。

3.《专利法》第22条第3款

《专利法》第22条第3款规定：创造性，是指与现有技术相比，该发明具有突出的实质性特点和显著的进步，该实用新型具有实质性特点和进步。

化合物权利要求的创造性判断原则是，结构上与已知化合物不接近的、有新颖性的化合物，并具有一定用途或效果，即可以认定其具备创造性；两种化合物结构上是否接近，应当结合其技术领域进行判断。

该判断原则的内在逻辑与“三步法”是一致的。具体而言，当发明要求保护的化合物与最接近现有技术的化合物“结构不接近”时，发明对最接近现有技术所做的贡献其实应当被认定为至少提供了一种不同于现有技术的其他结构的化合物，只要这一贡献能够得到确认，相应的技术问题就已经得到解决，此时当然无须再与现有技术进行用途或效果上的比对；相反，当二者“结构接近”时，通常意味着结构上的区别较小，此时需要依据该化合物的用途和/或效果，重新确定其对最接近现有技术的贡献。

本专利权利要求1保护下式化合物：

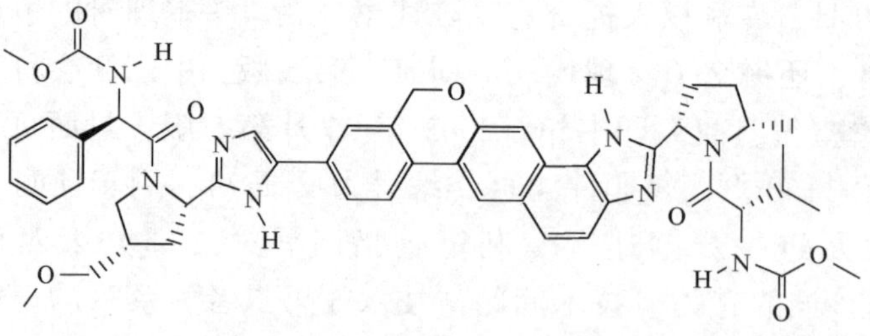

根据说明书的描述，本领域对HCV基因型（例如基因型1a、1b、2a、3a、4a）具有广泛抑制活性的HCV治疗剂存在着需求，对不易于产生病毒耐药性的药剂也存在特别的需求（参见说明书第0004段）。本发明提供一种具有提高的抑制或药物动力学特性的化合物，包括抑制产生抗病毒耐药性的增强的活性、提高的口服生物利用度、更高的功效或延长的体内有效半衰期（参见说明书第0038段）。说明书采用权利要求1的化合物，检测了其和血清蛋白对复制子效力的作用、MT-4 细胞的细胞毒性等（参见第 0995 段表格化合物 599）。

3.1 以证据 1 化合物 0.0044 作为最接近的现有技术

请求人使用证据 1 公开的化合物 0.0044（为表述清楚计，证据 1 中的具体化合物均以其抗 HCV 病毒的 EC_{50} 值命名）作为最接近的技术方案，认为权利要求 1 的化合物与其相比，除中心连接单元不同外，还在臂结构上存在三点区别。从 HCV1b 的 EC_{50} 来看，权利要求 1 化合物并没有取得更高的抗 HCV 活性，因此，权利要求 1 相对于证据 1 实际解决的技术问题是获得另一种具有较高的抗 HCV 活性的化合物，证据 1—3 分别就维帕他韦与证据 1 化合物结构上的区别给出了技术启示，因此，本领域技术人员依据其常识，在证据 1 结合证据 2 和证据 3 的基础上获得权利要求 1 的化合物是显而易见的，故权利要求 1 不具备创造性。

专利权人认为，证据 1 所主张的化合物 0.0044 为四环稠合的基本核心部分，没有公开或教导本专利五环稠合的基本核心部分，且稠环上杂原子分布差异明显，四环的排列方式也与本专利明显不同，可见本专利与证据 1 的化合物基本核心部分不相同，二者结构上不接近，本专利相对于证据 1 具备创造性。

3.1.1 证据 1 公开的内容

经查，证据 1 涉及一种式（1）的抗病毒化合物：J-Y-J（ⅰ），其“具有得以改善的抑制性能或药代动力学性能，所述得以改善的抑制性能或药代动力学性能包括增强的对抗病毒耐药性形成的活性、改善的口服生物利用度、更大的效力（例如，在抑制 HCV 活性方面）或延长的体内有效半衰期。某些……化合物可具有较少的副作用、不那么复杂的给药方案、或具有口服活性”（参见证据 1 说明书译文第 1 页第 0006 段，第 2 页 0021 段）。

证据 1 说明书译文第 707 页第 5758 段—5760 段公开了基于细胞的抗 HCV 活性评价试验方法和概括性试验结论，包括“使用基于 Renilla 荧光素酶（RLuc）-的 HCV 复制子报道基因试验来测定抗病毒效力（EC_{50}）。为了进行试验，将 HCV lb RLuc 细胞（带有编码 RLuc 报道基因的双顺反子基因型 lb Conl 复制子）、或 HCV la RLuC 细胞（带有编码 RLuc 报道基因的双顺反子基因型 la H77 复制子）分配到 384 孔板中。将化合物以 10nM 的浓度再悬浮在 DMSO 中并使用自动移液装置进行 DMSO 系列稀释。将经过系列稀释的化合物与细胞培养基混合并加入到接种的细胞中。使用 DMSO 作为阴性（溶剂）对照，并包括浓度>100×EC_{50}的蛋白酶抑制剂 ITMN-191 作为阳性对照。72 小时之后，将细胞溶胞并如生产商（Promega-Madison，WI）推荐的那样量化 Renilla 荧光素酶活性。进行非线性回归以计算 EC_{50} 值。典型地，……可以抑制 HCV 的多个基因型。例如……对于选自 la、lb、2a、2b、3a、4a 和 5a 的多种 HCV 基因型有活性”。

证据 1 说明书译文第 707 页 5761 段—第 762 页 5817 段公开了数百种代表性化合物及其生物学数据（使用基于 Renilla 荧光素酶（RLuC）的 HCV 复制子报道基因试验-HCV lb RLuc 测定抗病毒效力［EC_{50}］），其中第 753 页和第 729 页分别公开了化合物 0.0044 和 0.0131 及其生物学数据。

3.1.2 权利要求 1 与证据 1 化合物 0.0044 的区别特征

将证据 1 公开的化合物 0.0044 与本专利权利要求 1 的化合物相比，二者的区别特征如下表所示：

证据 1 化合物 0.0044	本专利
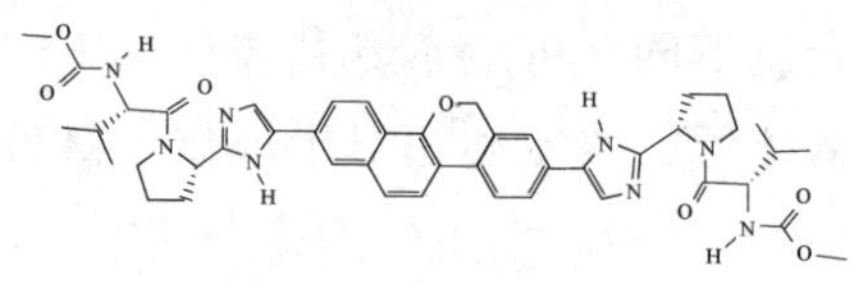	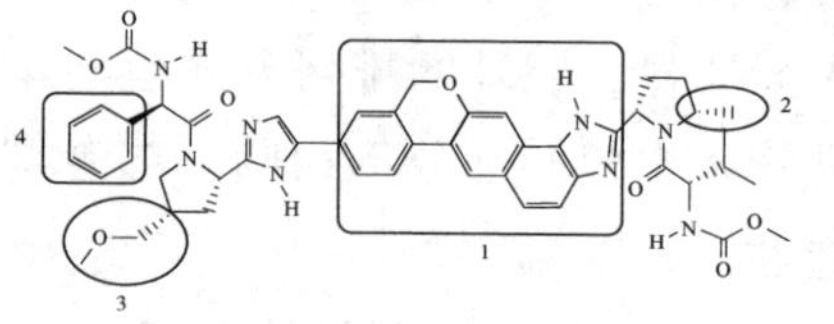

具体而言，二者结构的区别在于：（1）中心部分不同：本专利化合物中心部分是五环稠合的结构（即异色烯并萘并咪唑），证据 1 化合物相应位置是稠合四环（即异色烯并萘）与咪唑环单键连接，并且二者异色烯并萘稠合四环的稠合位置也不同；（2）右臂吡咯烷环 5 位取代基不同：本专利化合物是甲基，证据 1 是氢（即未取代）；（3）左臂吡咯烷环的 4 位取代基不同：本专利化合物是甲氧基甲基，证据 1 是氢（即未取代）；（4）左臂 N-CO-CH-N 残基上的取代基结构不同：本专利化合物是（R）-苯基，证据 1 是（S）-异丙基。就以上区别的认定，双方当事人不存在争议。

3.1.3 权利要求 1 与证据 1 化合物 0.0044 在结构上是否接近

对于化合物权利要求的创造性，除了《专利审查指南》第二部分第四章“三步法”的一般性规定外，在《专利审查指南》第二部分第十章“有关化学领域发明专利申请审查的若干规定”还进一步细化了相应的判断方法，即（1）结构上与已知化合物不接近的有新颖性的化合物，具有一定的用途或效果就可以认为它有创造性而不必要求其具有预料不到的用途或者效果；

(2) 结构上与已知化合物接近的化合物，必须要有预料不到的用途或者效果，其创造性才能被认可。

这一判断方法虽然出现在第二部分第十章，但其内在逻辑与“三步法”其实是一致的。具体而言，当发明要求保护的化合物与最接近现有技术的化合物“结构不接近”时，发明对最接近现有技术所做的贡献其实应当被认定为至少提供了一种不同于现有技术的其他结构的化合物，只要这一贡献能够得到确认，相应的技术问题就已经得到解决，此时当然无须再与现有技术进行用途或效果上的比对；相反，当二者“结构接近”时，通常意味着结构上的区别较小，此时需要依据该化合物的用途和/或效果，重新确定其对最接近现有技术的贡献。

根据以上规定，对于化合物权利要求而言，判断其是否具备创造性，首先要判断发明要求保护的化合物与最接近现有技术的化合物在结构上是否接近。根据《专利审查指南》第二部分第十章6.1节的规定，判断两种化合物在结构上是否接近，与所在的技术领域有关。一般而言，结构接近的化合物必须具有相同的基本核心部分或者基本的环结构。

本案中，请求人认为本专利化合物与证据1的化合物0.0044具有共同的异色烯并苯核心（即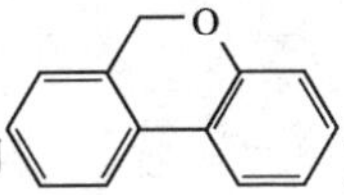），专利权人则认为，本专利化合物的基本核心部分是五环稠合体系（即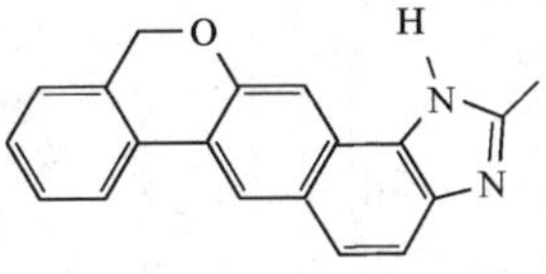），而证据1为四环稠合体系（即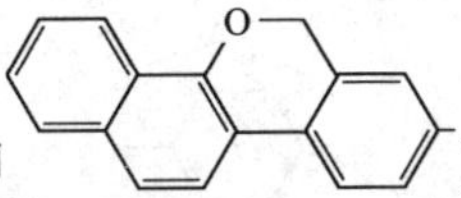），二者基本核心结构完全不同。

对此，合议组认为：首先，稠环是两个或多个环共用相邻两个碳或杂原子形成的环体系，因彼此之间相互连接而成为一个整体骨架，在没有相反证据的情况下，通常作为一个整体环单元而不能被随意切分；

其次，判断某一结构单元是否构成最接近现有技术化合物的基本核心部分还需要考虑最接近现有技术的整体教导。合议组进一步查明，除上述J-Y-J（i）之外，证据1还公开了式（i）化合物的具体方案，其包括M^0-W-M^0、M^0-W-M^9、M^9-W-M^0，或M^9-W-M^9、M^{10}-W-M^0、M^0-W-M^{10}、M^{10}-W-M^9、M^9-W-M^{10}、M^{10}-W-M^{10}。

关于中心部分W，证据1提供了多种实施方案，包括三环、四环以及五环稠合的结构，例如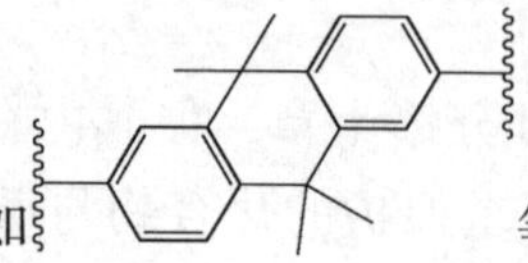等（参见证据1说明书译文第79页1132段—第84页1196段）。

在涉及四环的环系统中，W是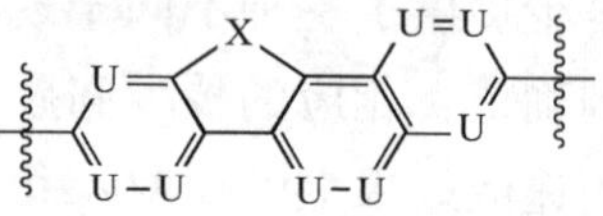或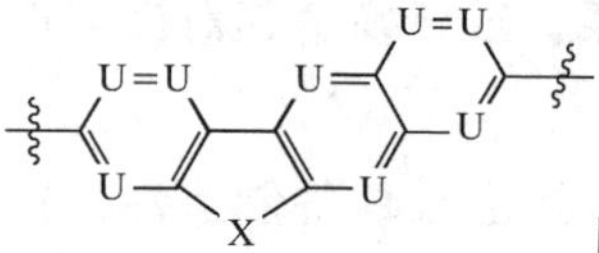的环系统，其中U为CH或N，且X为—CH_2-、-C（=O）—、-CH_2CH_2-、-$CH_2CH_2CH_2$-，或-CH=CH-，或者X为-OCH_2-、-CH_2O-、-CH_2OCH_2-，或CF_2（参见证据1说明书译文第82—83页1169—1179段）；

其中在一个具体实施方案中，W选自

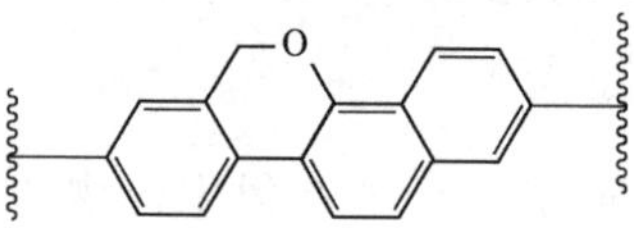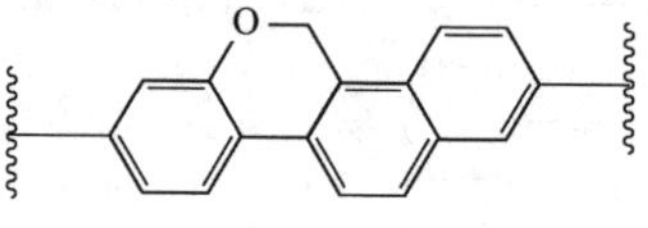

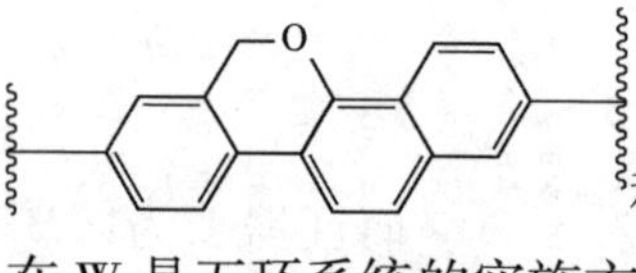和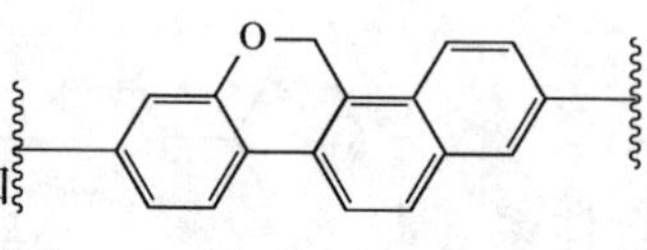；

在W是五环系统的实施方案中，W选自

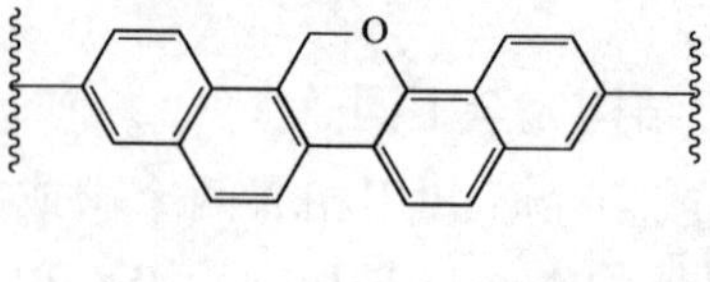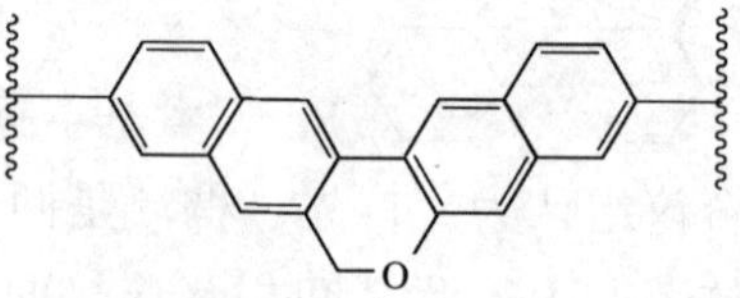和

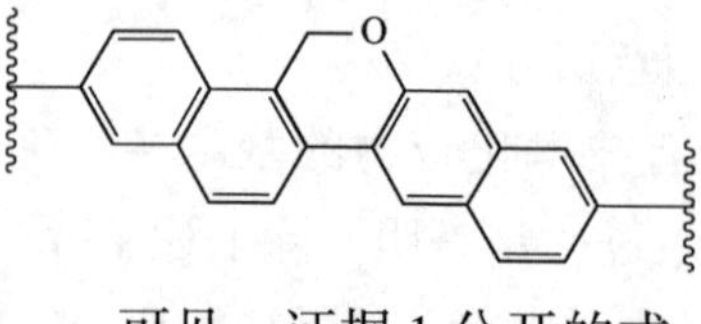（参见证据1说明书译文第83页1186—1190段）。

可见，证据1公开的式（i）化合物中心部分的结构中，无论是四环还是五环稠合体系，均未涉及在多环稠合系统中稠合有咪唑环的情形。本领域技术人员按照证据1的整体教导可以确定，证据1化合物0.0044中，四环稠

合的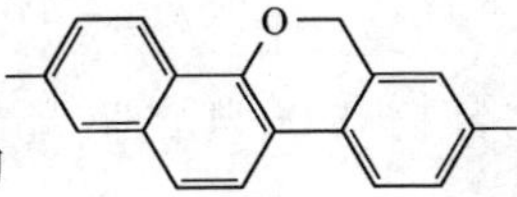应当是其结构的中心部分。

关于中心部分 W 两侧的基团 M^0 和 M^9，证据 1 的相应记载是，在一个具体实施方案中，M^0 为咪唑基且 M^9 为苯并咪唑基，式（ⅰ）化合物具有例如以下结构：

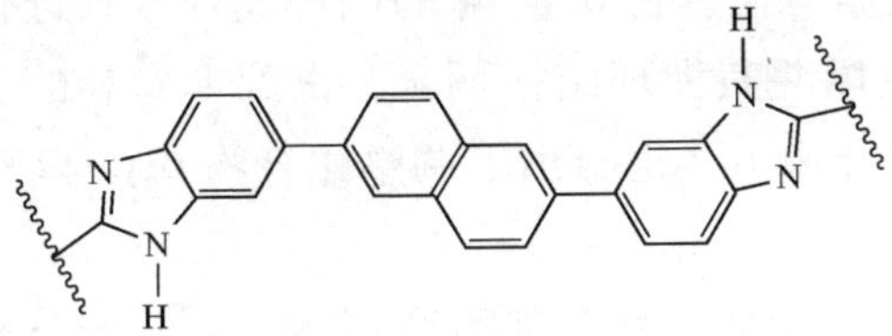

（参见证据 1 说明书译文第 85 页第 1216—1218 段）；

证据 1 还公开了上述 M^0 和 M^9 的定义同样适用于 M^0-A-A-M^0、M^0-A-A-M^9、M^9-A-A-M^0 或 M^9-A-A-M^9 等形式的式（ⅰ）化合物；以及 M 可以是 M^{11} 且为

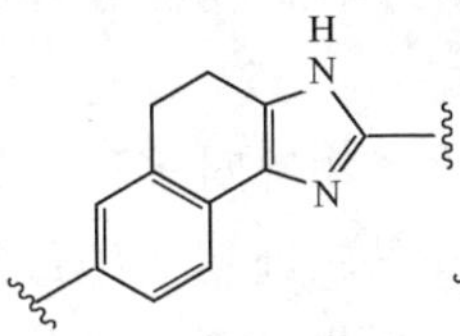 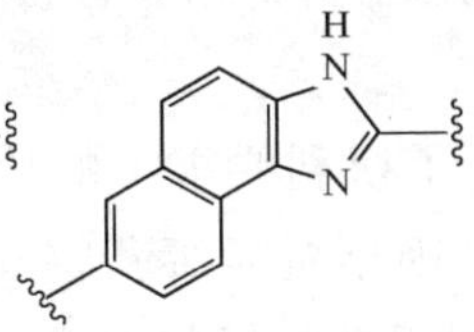 or 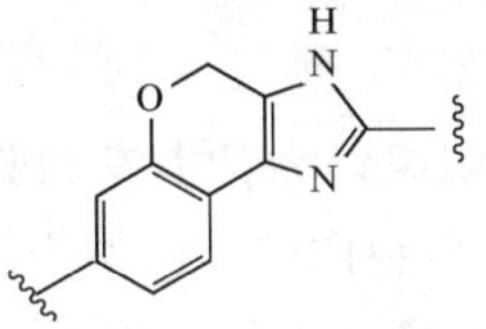

（参见证据 1 说明书译文第 79 页第 1138 段，第 85 页第 1219 段—第 87 页第 1240 段）。

证据 1 说明书译文第 112 页—119 页也公开了类似的内容。

可见，无论是咪唑、苯并咪唑以及更为复杂的含咪唑的三环稠合结构，均应属于证据 1 定义的式（ⅰ）化合物的两臂结构，其与前述中心部分是单键连接而非稠合关系。这与本专利中咪唑环构成五环稠合体系的一部分的结构是完全不同的。

再次，在化学领域，本专利这种多环稠合体系与证据 1 公开的由单键连接的“稠环-芳环”或者“稠环-稠环”体系具有不同的电子排布和空间构型，化学性质通常也不同，本领域技术人员一般不会认为二者属于接近的结构，更何况请求人也未提供其他的现有技术证据证明，就 HCV 抑制作用而言，本专利的五元稠合体系在结构上与证据 1 公开的四环稠合体系在本领域中被认为是接近的结构。

基于以上理由，合议组认为，本专利权利要求 1 化合物与证据 1 化合物 0.0044 在结构上不接近，在本专利说明书检测并验证了该化合物具有一定的泛基因 HCV 抑制活性等的情况下，以证据 1 为最接近的现有技术不足以破坏

权利要求 1 的创造性。

3.1.4 即使结合其他证据也没有动机将证据 1 化合物 0.0044 的四环稠合结构改变为本专利的五环稠合结构

请求人认为，本领域技术人员基于化合物对 HCV1b 的活性比较，基于证据 1 说明书译文第 1260 段和第 1657 段关于 W 结构的明确教导，结合本领域技术人员的常规选择，有动机将证据 1 化合物 0.0044 的四环稠合方式进行调整并将咪唑环与经调整得到的异色烯并萘稠环结构稠合，得到本专利的五环稠合结构；同时，证据 2 公开的化合物 102 也给出了调整化合物 0.0044 的中心连接单元的技术启示。

专利权人则认为，本专利的化合物是一种泛基因型药物，证据 1 公开的仅是化合物 0.0044 对于 HCV1b 的抑制活性，并没有验证对于其他基因型也具有相关活性，而且本专利的化合物还具有抗 HCV 的高效性和出人意料的生物利用度。本领域技术人员为解决这样的技术问题，无法从证据 1 和 2 中获得启示，将证据 1 化合物 0.0044 的四环稠合结构改变为本专利的五环稠合结构。

对此，合议组认为，本专利验证了权利要求 1 的化合物针对多种基因型 HCV 病毒具有抑制作用，可作为泛基因型抗病毒药物。虽然证据 1 中最终验证的是各具体化合物的抗 HCV1b 基因活性，但其说明书也提及了这类化合物可以具有泛基因抑制活性（参见证据 1 第 5760 段）。本领域技术人员在阅读证据 1 时会捕捉到这一信息。因而，需要重点考虑的问题是，即使仅就本专利与证据 1 共同验证的抗 HCV1b 活性而言，本领域技术人员能否从证据 1 和 2 中获得启示，将证据 1 化合物 0.0044 的四环稠合结构变更为本专利的五环稠合结构。

首先，如前所述，证据 1 公开的是四环稠合并与咪唑环单键连接的结构，由于单键具有在一定程度上自由旋转的可能性，因此，由单键连接的“稠环-芳环”或者“稠环-稠环”体系与本专利中通过相邻碳原子形成的多环稠合的相对刚性骨架体系，无论在电子排布和空间构型，还是在化学性质上通常都有较大差异，本领域技术人员通常不会认为二者属于接近的结构；而且，请求人主张通过如下图所示的苯环旋转等方式进行稠环结构的调整属于本领域的常规手段，但是没有对此提供任何证据加以证明。因此，本领域技术人员在证据 1 的基础上，没有动机将一侧的咪唑环与中心部分由单键连接改为稠合，并改变四个稠环的相互稠合位置，从而获得本专利权利要求 1 化合物所显示的含咪唑的五环稠合结构，即证据 1 没有就上述区别特征（1）给出教导或技术启示。

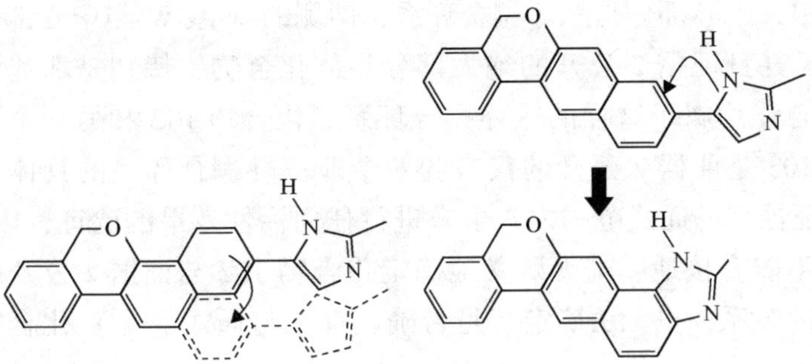

证据 2 涉及一种下式的靶向 NS5A 蛋白的化合物及其使用它们治疗人 HCV 感染的方法，其中，W 和 W′各自独立地选自 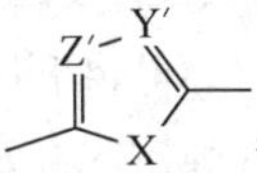 等（参见证据 2 的说明书译文第 1 页第 0009 段—第 2 页第 0028 段，以及权利要求 1）。

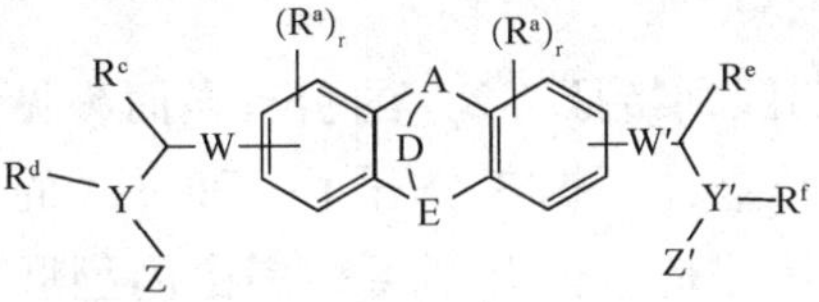

I

证据 2 在说明书译文第 87 页第 1043 段—第 88 页第 1050 段公开了“采用 HCV 复制子测定来确定……化合物的生物活性”，并在“表 1 中……展示许多实施例化合物对于 HCV 1b 的抑制活性。生物活性表示为＊、＊＊、＊＊＊或＊＊＊＊，分别对应于 EC_{50} 范围>1000nM、999nM 至 10nM、9. 9nM 至 1nM 或<1nM。表中进一步提供所合成的实例化合物的质谱分析结果”。另外，表 2 中给出了“另外的实施例化合物”，第 1088 段公开了以下化合物 102：

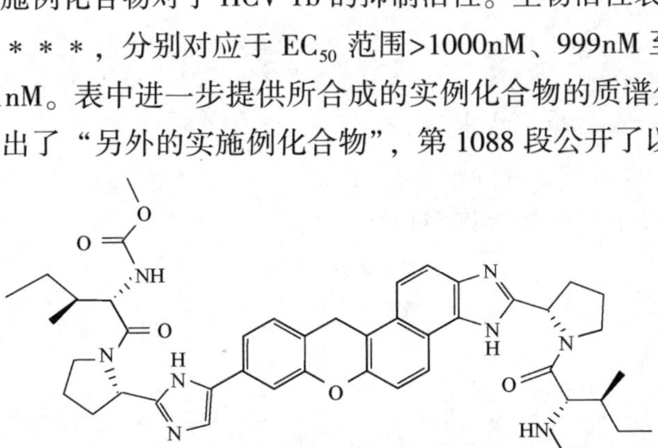

首先，该化合物 102 的中心部分尽管是含咪唑的五环稠合，但所述五环

稠合环系仍然在“氧杂原子的位置”以及“五环相互之间的稠合位置”等方面与本专利化合物中心部分的五环稠合环系不同；其次，如前所述，证据 2 研究的通式结构中，中心部分是三环稠合环系，两侧的 W 或 W′与中心部分是单键连接的关系，并且证据 2 公开的绝大部分具体化合物，特别是那些测定了活性的具体化合物均属于这样的三环稠合环系。化合物 102 和另一个五环稠合环系化合物 103 是证据 2 公开的仅有的两个非三环稠合环系的具体化合物，既没有落入证据 2 的通式范围内，也未进行任何活性效果的验证，因此，本领域技术人员不能直接地、毫无疑义地确定化合物 102 与证据 2 公开的通式（Ⅰ）化合物的关系，也无法确定其是否确实存在与通式（Ⅰ）化合物相同或类似的活性。

因此，本领域技术人员不能从证据 2 中化合物 102 的结构获得启示，将证据 1 中化合物 0.0044 的中心部分进行结构改进，以获得本专利权利要求 1 化合物所显示的含咪唑的五环稠合结构，并预期其具有抗 HCV 活性。在请求人主张的范围内，证据 1 和 2 或其结合均未就上述区别特征（1）给出教导或启示。

虽然请求人提交证据 3 只是为了说明区别特征（2）的引入显而易见，但合议组还是考察了证据 3 的整体内容。经查，证据 3 公开了一种下式的化合物或其药用盐，其具有抗病毒功能，更具体地，公开了可抑制由丙型肝炎病毒（HCV）编码的 NS5A 蛋白的功能（参见证据 3 说明书第 1 页 0001 段，第 2 页 0009 段）：

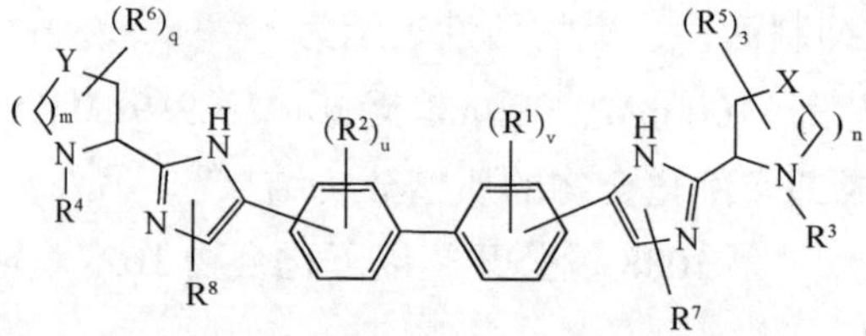

。

此外，证据 3 还公开了具体化合物 M151

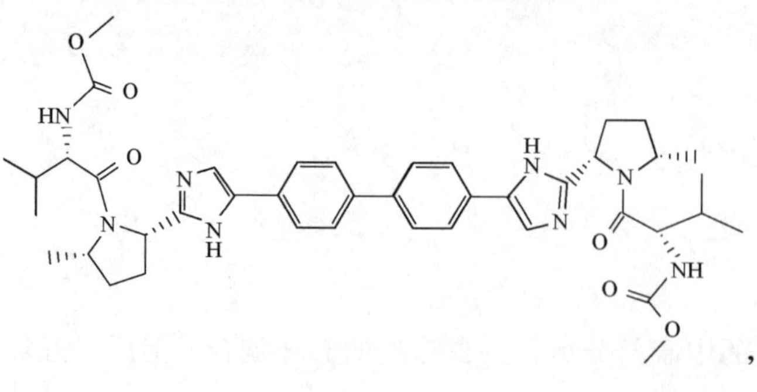

，其对抗 HCV 1b 的 EC_{50}

范围为 D（参见证据 3 说明书第 404 页 2559 段，第 449 页表 2 续表），根据证据 3 说明书第 434 页第 2709 段的记载，“D = 10—999pM”。

可见，证据 3 的通式化合物及其具体化合物的结构均显示，中心部分为单键连接的双环结构，两侧的咪唑环与中心部分也是单键连接，即，较之证据 1 和 2，证据 3 化合物与本专利化合物在中心部分的结构上存在更为明显的差异。基于前述理由，证据 3 也不可能给出获得前述区别特征（1），即本专利的五环稠合结构的技术启示。

3.1.5 本专利的整体内容表明五环稠合结构是其发明点

如前所述，本专利说明书记载，“对新的 HCV 治疗剂存在着需求。特别地，对 HCV 基因型（例如，基因型 1a、1b、2a、3a、4a）具有广泛抑制活性的 HCV 治疗剂存在着需求。对不易于产生病毒耐药性的药剂也存在特别的需求。”为此，“提供了一种……通式（I）的化合物：$E^{1a}-V^{1a}-C(=O)-P^{1a}-W^{1a}-P^{1b}-C(=O)-V^{1b}-E^{1b}$（I）”，其中：$W^{1a}$ 是

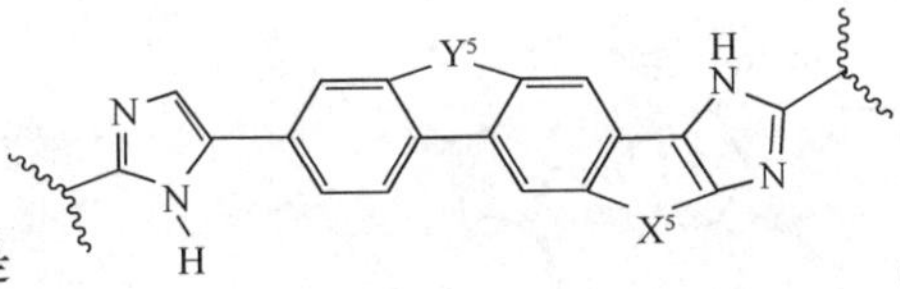

，W^{1a} 任选被一个或多个独立地选自卤素、烷基、卤代烷基或氰基的基团取代；Y^5 是 $-O-CH_2-$ 或 $-CH_2-O-$；X^5 是 $-CH_2-CH_2-$ 或 $-CH=CH-$；”（参见本专利说明书第 1 页 0003—0012 段）。

本领域技术人员从上述内容可以概括出这样的结论，尽管本专利权利要求 1 仅保护一种具体化合物，但其发明目的就是中心部分为五环稠合环体系的化合物及其用于 HCV 治疗用途的研究。本专利说明书实施例提供的具体化合物及其生物学试验结果也表明，带有上述五环稠合环体系的化合物具备说明书第 198—201 页表格所示的抗 HCV 活性。上述内容进一步表明，本专利在发明伊始即聚焦于五环稠合环系化合物。

综上所述，当以证据 1 公开的化合物 0.0044 为最接近的现有技术时，本领域技术人员基于其具有的常识和能力，结合证据 1 本身以及证据 2 和 3，不能显而易见地获得本专利化合物中心部分的五环稠合环系，无论证据 1—3 是否就区别特征（2）、（3）和（4）给出技术启示，也不足以否定由于区别特征（1）的存在而使得本专利权利要求 1 与证据 1—3 公开的化合物存在的显著结构差异，请求人主张的本专利权利要求 1 的技术方案相对于证据 1—3 的结合不具备《专利法》第 22 条第 3 款规定的创造性的理由不成立。

针对该证据组合方式，请求人强调，证据 1 说明书译文第 89 页 1260 段

和第 117 页均教导了中心部分 W 可以是 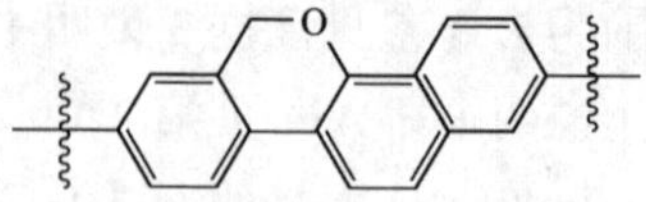 或 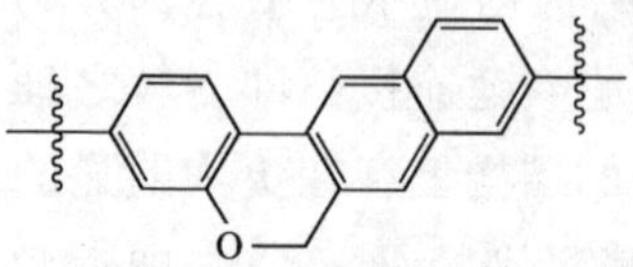，因此，本领域技术人员有动机按照下图所示的方式，将证据 1 化合物 0.0044 的中心连接单元的 W 的稠合方式进行如下两次调整，从而获得本专利的中心部分结构，

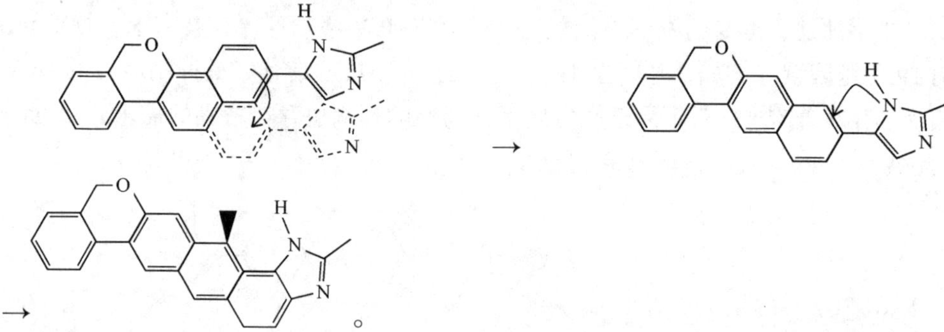

。

对此意见，合议组在 3.1.4 部分已经进行了评述。另外，如前所述，在证据 1 中，两侧部分的咪唑或含咪唑基的其他稠环，如苯并咪唑、萘并咪唑等尽管是优选的结构，但该部分与中心部分是单键连接的，根据证据 1 的教导，本领域技术人员没有动机将其由单键连接在中心部分的一侧改为与中心部分稠合的方式；请求人也没有提供证据表明这样的结构调整是本领域的常规选择以及通过常规手段可以获得；事实上，根据本专利说明书第 45 页实施例 LQ 或第 88 页实施例 MY 显示，以及本专利说明书第 108 页实施例 NL 或第 121 页实施例 OF 的记载，本专利的五环稠合结构是通过例如以下过程获得的：

例如，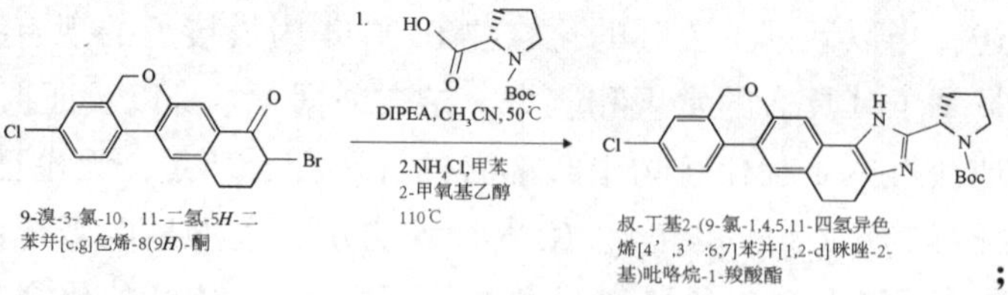

；

或者 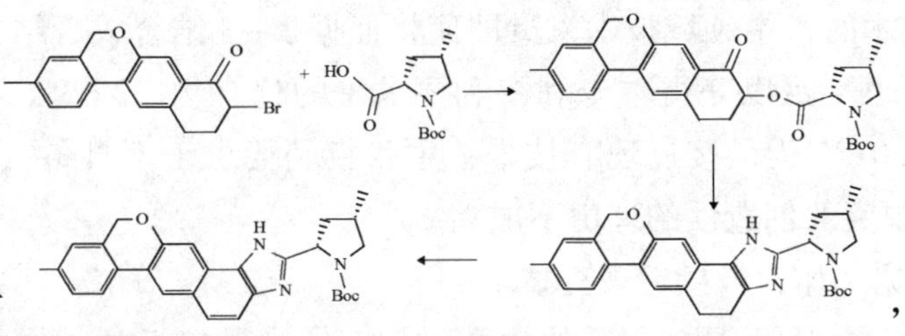 ，并非通过如请求人主张的“由单键连接直接稠合”的方式实现的。

因此，请求人的上述观点缺乏证据支持，不具有说服力，合议组不予支持。

3.2 以证据 1 化合物 0.0131 作为最接近的现有技术

请求人还将证据 1 公开的化合物 0.0131 作为最接近现有技术，认为本领域技术人员在证据 1、证据 2 和证据 3 的基础上，或者进一步结合本领域公知常识可以获得本专利权利要求 1 的化合物，具体理由基本与以证据 1 化合物 0.0044 为最接近现有技术的理由相同。

经查，将证据 1 公开的化合物 0.0131 与本专利化合物相比，区别特征如下表所示：

证据 1	本专利
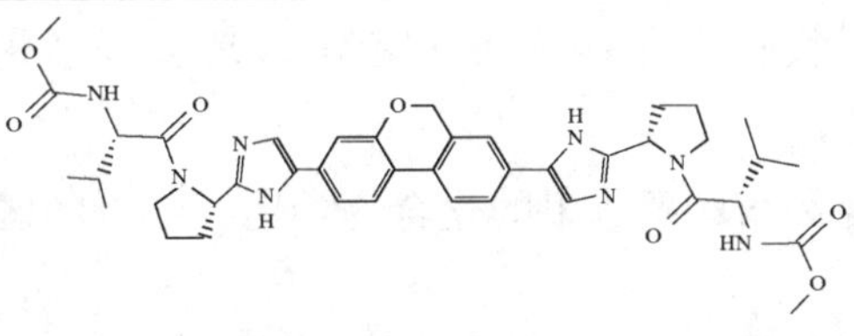	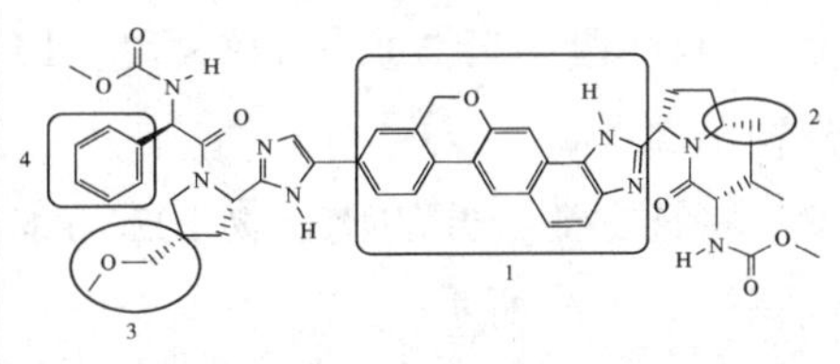

即，（1）中心部分不同：本专利化合物中心部分是五环稠合的结构，证据 1 化合物相应部分是稠合的三环与咪唑环单键连接；（2）右臂吡咯烷环 5 位取代基不同：本专利化合物是甲基，证据 1 是氢（即未取代）；（3）左臂吡咯烷环的 4 位取代基不同：本专利化合物是甲氧基甲基，证据 1 是氢（即未取代）；（4）左臂 N-C-N 残基上的取代基结构不同：本专利化合物是（R）-苯基，证据 1 是（S）-异丙基。

如前所述，证据 1、证据 2 和证据 3 中，两侧的咪唑或含咪唑的部分，如苯并咪唑、萘并咪唑等与中心部分的稠合环系均为单键连接的形式，本领域技术人员基于化学领域的常规认知，没有动机和启示将其改变为与中心部分稠合，形成本专利化合物的五环稠合环系。当使用证据 1 的化合物 0.0131 作为最接近现有技术时，本领域技术人员即使将证据 1—3 结合或者结合其具备的常识和能力，也不足以获得本专利权利要求 1 的化合物。因此，请求人以证据 1 化合物 0.0131 为最接近现有技术，主张权利要求 1 不具备《专利法》第 22 条第 3 款规定的创造性的理由不成立。

3.3 使用证据 2 作为最接近现有技术

请求人认为，使用证据 2 公开的化合物 102 作为最接近的技术方案，本领域技术人员依据其常识，结合证据 1—3 获得权利要求 1 的化合物是显而易见的，权利要求 1 不具备创造性。

如 3.1.4 部分所述，证据 2 涉及一种下式的靶向 NS5A 蛋白的化合物及其使用它们治疗人 HCV 感染的方法，

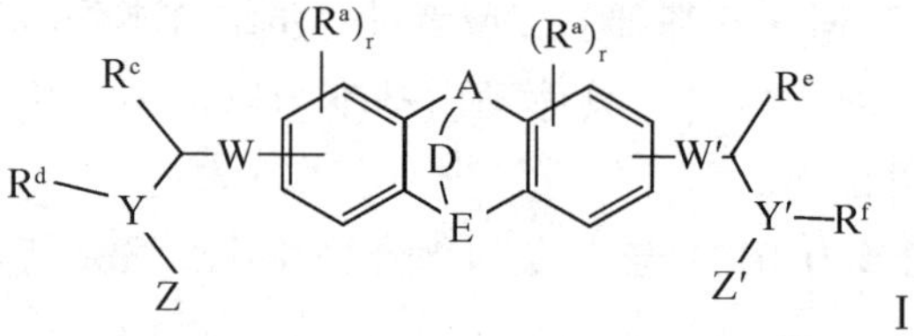

I

其中，W 和 W′各自独立地选自 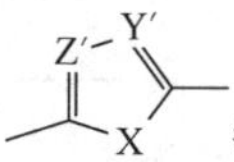 等（参见证据 2 说明书译文第 1 页第 0009 段—第 2 页第 0028 段，以及权利要求 1），表 2 第 1088 段公开了化合物 102。

将证据 2 公开的化合物 102 与本专利权利要求 1 的化合物相比，二者的区别特征如下表所示：

证据 2	本专利
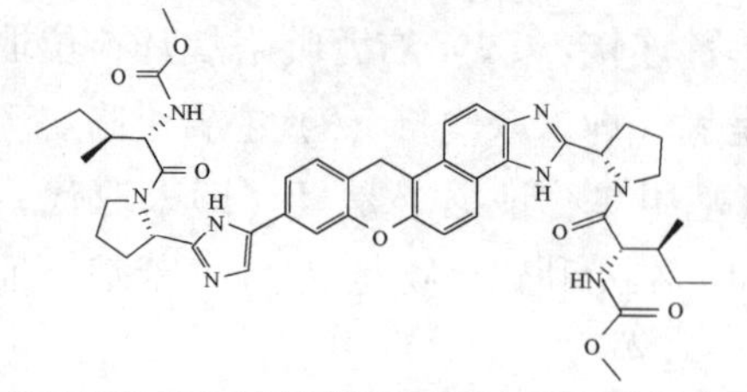	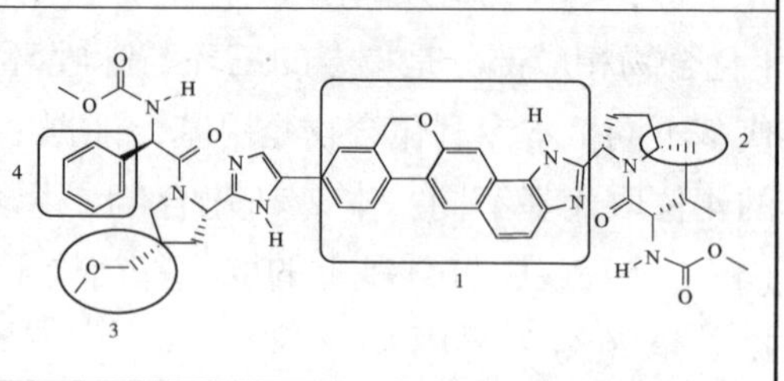

具体地，二者的区别在于：（1）中心部分的稠合五环在氧杂原子的位置以及五环相互之间的稠合位置上不同；（2）右臂吡咯烷环 5 位取代基不同：本专利化合物是甲基，证据 2 是氢（即未取代）；（3）左臂吡咯烷环的 4 位取

代基不同：本专利化合物是甲氧基甲基，证据2是氢（即未取代）；（4）左臂N-C-N残基上的取代基结构不同：本专利化合物是（R）-苯基，证据2是（R）-异丁基。

首先，如前所述，证据2研究的通式结构中，中心部分是三环稠合环系，两侧的W或W′与中心部分是单键连接的关系，并且证据2公开的绝大部分具体化合物，特别是那些测定了活性的具体化合物均属于这样的三环稠合环系。化合物102和另一个五环稠合环系化合物103是证据2公开的仅有的非三环稠合环系的具体化合物，二者既没有落入证据2的通式范围内，也没有进行活性效果的验证，本领域技术人员从证据2公开的有限信息中不能直接地、毫无疑义地确定化合物102与证据2公开的通式（Ⅰ）化合物的关系，也不能确定其是否存在同通式（Ⅰ）化合物相同或类似的活性。因此，从证据2本身出发，本领域技术人员没有动机或启示对化合物102的五环稠合体系进行氧杂原子的位置以及五环之间的稠合位置的调整。

其次，证据1公开的内容如前所述，其整体上不存在将其中公开的四环稠环体系变更为本专利的五环稠环体系的教导。同时，尽管证据1说明书译文第89页1260段和第117页1657段均教导了中心部分W可以是

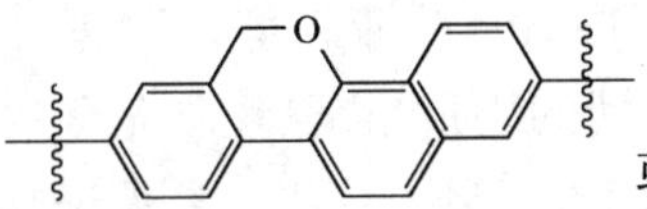
或
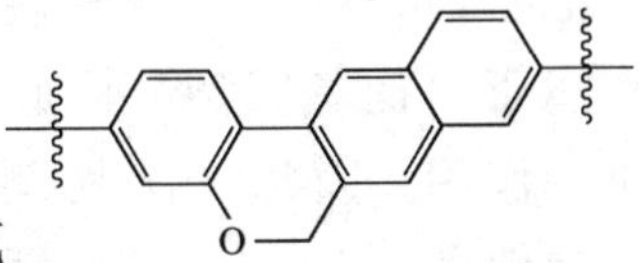

但如前所述，W与两侧的咪唑或含咪唑的稠合结构是单键连接的关系，本领域技术人员不能从证据1中有关中心部分W的定义与两侧M的各自独立的基团定义中获得启示将其稠合，并用于证据2化合物102中心部分的结构改进中。

再次，虽然请求人使用证据3证明区别特征（2）的引入显而易见，但如以上3.1.4部分所评述，考察证据3的整体内容可知，证据3整体上没有给出采用前述区别特征（1），即本专利的五环稠环体系的技术启示。

因此，当使用证据2的化合物102作为最接近现有技术时，即使如请求人所称，“证据1—3还分别就其他区别特征给出教导或技术启示”，证据1—3的结合也不足以使得本领域技术人员显而易见地获得权利要求1化合物的五环稠合体系，进而获得权利要求1的化合物。请求人依据证据2的化合物102作为最接近现有技术，主张权利要求1不具备《专利法》第22条第3款规定的创造性的理由不成立。

3.4 关于权利要求 2—9

权利要求 2—3 涉及含权利要求 1 化合物的药物组合物，权利要求 4 涉及权利要求 1 化合物在药物学上可接受的盐，权利要求 5—6 涉及含权利要求 4 所述盐的药物组合物，权利要求 7 和 8 分别涉及权利要求 1 或权利要求 4 化合物的制药用途，权利要求 9 涉及药物组合物的制药用途。

上述权利要求的创造性取决于权利要求 1 化合物的创造性，当请求人主张的权利要求 1 相对于证据 1—3 的组合或者进一步结合公知常识不具有创造性的理由不成立时，上述证据组合方式亦不足以破坏权利要求 2—9 的创造性。

3.5 关于请求人提交的证据 4 和反证 4 的补充译文

请求人提交证据 4 用于证明证据 1 的部分化合物也具有体外泛基因型抗性，体外泛基因型抗性很可能是大多数 NS5A 抑制剂的共性，体外泛基因型抗性不等同于最终能够成为泛基因型抗丙肝药物。因此，本专利的化合物的体外泛基因型抗性并不是预料不到的技术效果，也不是相对于证据 1 的化合物的优势。

经查明，证据 4 公开，“大多数 NS5A 抑制剂的抗丙肝病毒谱较广，对不同基因型的丙肝病毒都有抑制作用，被称为‘泛基因型’抗丙肝病毒药物。达拉他韦（Daclatasvir）是第一个丙肝病毒 NS5A 抑制剂，在体外试验研究中，达拉他韦属于‘泛基因型’丙肝病毒 NS5A 抑制剂，对多种基因型丙肝病毒都具有抑制作用。因此对各种基因型的丙肝病毒感染都有效。在临床试验中证实，达拉他韦可以快速抑制丙肝病毒复制……”（参见证据 4 第 101 页第 1—4 段）。

达拉他韦 Daclatasvir 结构如下：

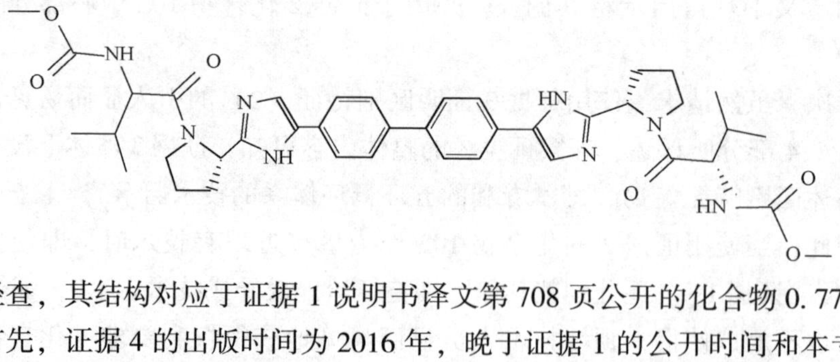

经查，其结构对应于证据 1 说明书译文第 708 页公开的化合物 0.7747。

首先，证据 4 的出版时间为 2016 年，晚于证据 1 的公开时间和本专利的优先权日，不能作为公知常识来衡量在本专利优先权日之前所属技术领域的技术水平和整体状况；其次，如前述分析可知，中心部分结构的差异足以使得本领域技术人员将本专利化合物认定为与证据 1 “结构不相近的化合物”，此时已不必要求其具有预料不到的用途或者效果。

此外，请求人提交反证 4 的补充译文用于更全面反映反证 4 的内容，而本无效宣告请求审查决定中并未涉及反证 4 的内容，因此，对于请求人补充的反证 4 的译文，亦不再予以评述。

综上所述，请求人主张的本专利权利要求 1—9 不具备《专利法》第 22 条第 3 款的理由均不成立。在此基础上，合议组作出如下决定。

三、决定

维持第 201280004097.2 号发明专利权有效。

当事人对本决定不服的，可以根据《专利法》第 46 条第 2 款的规定，自收到本决定之日起三个月内向北京知识产权法院起诉。根据该款的规定，一方当事人起诉后，另一方当事人作为第三人参加诉讼。

合议组组长：任晓兰
主　审　员：侯曜
参　审　员：胡杨　尹俊亭　刘新蕾
专利复审委员会

六

GUI外观设计的对比判断及新颖性宽限期审查

评析"带图形用户界面的电脑"无效案

该系列案涉及在对比判断中如何考虑硬件装置和GUI二者对整体视觉效果的影响权重，GUI和硬件装置组合设计如何对比判断，GUI交互方式、动态效果如何考虑，如何以GUI一般消费者的知识水平和认知能力，并结合相关GUI现有设计状况整体观察、综合判断得出结论，同时涉及GUI保护范围的认定。

此外，该系列案还涉及不丧失新颖性宽限期的审查，特别是试用软件相关情形的公开是否属于他人未经申请人同意而泄露其内容的情形的认定。同时，涉及互联网电子证据的认定，特别是涉及通过论坛下载的试用软件，如何认定其公开性及公开时间。这些方面反映了典型性或普遍性法律问题，对于准确适用法规和促进审查标准执行一致具有一定借鉴和指导意义。

一、硬件和界面的关系

按照我国现行外观设计专利保护制度，申请人必须将图形用户界面与硬件产品绑定在一起提交专利申请。相应地，无效宣告审查决定均遵循图形用户界面专利保护范围由硬件和软件界面设计共同确定的原则；同时，在现行外观设计专利保护制度框架下，尽可能地突出图形用户界面在确定保护范围时所占的权重。

第35197号无效宣告审查决定认为，涉案专利要求保护的内容涉及电脑硬件设备和图形用户界面设计，在进行外观设计对比判断时应遵循整体观察综合判断原则，考虑图形用户界面在任何电脑设备上运行使用具有通用性、相对于硬件设备在设计创作和视觉效果上具有独立性、呈现于显示屏时通常构成电脑显示设备正面的主体设计内容等特点，如果所示电脑硬件部分为常见设计或即便不能确定为常见设计但相对于现有设计并未作出独特的引人瞩目的变化，简要说明记载亦指明其设计要点主要在于图形用户界面设计的，则可以认定该外观设计专利对整体视觉效果具有显著影响的内容在于所示图形用户界面设计。

该决定基于涉案专利图形用户界面设计与对比设计差别显著的分析认定，不再对比请求人主张的用于组合对比的硬件设计，由此直接得出了该专利设计与对比设计组合相比具有明显区别的结论。在第 35196 号无效宣告决定中，基于涉案专利与对比设计图形用户界面基本相同的整体视觉效果，认定二者硬件设备虽存在一定差异但不足以对整体视觉效果产生显著影响。

二、如何对比判断组合后设计

将涉案专利与两项现有设计的组合作对比判断时，如果两项现有设计具有组合启示，并且具体组合采用该类产品常规组合方式，不需对各自作任何调整变化而直接叠加，基于此，以一般消费者通常的知识水平和认知能力，可以毫无疑义地直接确定该组合后的具体设计（第 35196 号决定中将对比设计 1 软件界面呈现于对比设计 2 电脑显示设备显示屏上的组合即属于该情形），则可以直接将涉案专利与该组合后的具体设计作对比，并通过判断其差别对整体视觉效果是否具有显著影响，得出是否具有明显区别的结论。该对比判断方式实际上是将满足前述特定条件的两项现有设计组合视作一项设计作对比判断。

涉案专利要求保护的内容涉及电脑硬件设备和图形用户界面设计的，在进行外观设计对比判断时应遵循整体观察综合判断原则，考虑图形用户界面可在任何电脑设备上运行使用具有通用性、相对于硬件设备在设计创作和视觉效果上具有独立性、呈现于显示屏时通常构成电脑显示设备正面的主体设计内容等特点，如果所示电脑硬件部分为常见设计或即便不能确定为常见设计，但相对于现有设计并未作出独特的引人瞩目的变化，简要说明记载亦指明其设计要点主要在于图形用户界面设计的，则可以认定该外观设计专利对整体视觉效果具有显著影响的内容在于所示图形用户界面设计。

图形用户界面是与实现产品功能直接相关的操作界面，其界面设计不是单纯体现视觉效果，而是同时具备一定功能和用途，因此作为判断主体的一般消费者应结合相应功能、用途的图形用户界面现有设计状况综合考虑。涉案专利变化状态图示出的图形用户界面动态效果占据了界面操作运行中的主要过程，并具有区别于相应功能、用途图形用户界面常规设计的独特视觉效果，因此，其对该图形用户界面设计整体视觉效果具有显著影响。

三、下载软件相关信息的确定

一般而言，在没有相反证据的情况下，基于网络发帖所属论坛信用度和论坛基本属性，可以确定网络发帖提供下载软件链接的时间即为公开时间。公证内容证明按照该链接地址确实能下载相关软件，由此可说明该下载地址链接属实而并非发帖人当时随意虚构；从该链接地址指向的服务器为专利权人公司的服务器，专利权人身居有利位置而无法举证链接虚假或者链接不能，也需要承担相应的不利后果。

网络下载的软件虽然设有注册安装码，但如果在涉案专利申请日前，普通公众借助通用软件的常规操作（该系列案具体为论坛中提示了以 7-zip 软件解压缩安装的方法）即能实现正常安装使用相关软件，则该软件虽有加密措施，但事实上任何人均可下载并以解压缩形式安装使用该软件，客观上已处于任何人可下载安装使用而为公众所知的事实状态，因此该软件在安装使用时呈现的设计属于涉案专利申请日之前公开的现有设计。

四、新颖性宽限期的抗辩理由是否成立

我国专利申请采取先申请制，此外还规定了发明创造在申请日之前的某些公开行为不影响该发明创造的新颖性，是为“新颖性宽限期”制度，以此为发明人、设计人利益提供一种补充性的保护。正因为先申请制度是我国专利制度的基础制度，新颖性宽限期作为其例外，适用时必然持较为审慎的态度。

在该系列案件中，专利权人以请求人提交的现有设计属于“他人未经申请人同意而泄露其内容所造成的公开”为由进行抗辩，该理由能否成立，除需符合期限、形式要求外，还需提供证据证明：一是他人公开的发明创造是直接或者间接地从申请人那里获知的；二是他人的公开行为未经申请人同意，系违背申请人意愿的行为。只要二者有其一无法证明，则专利权人的主张就无法得到支持。该系列案关键在于第二点，具体是能否证明存在明示尤其是默示保密义务。对此，无效审查决定从下载软件自身界面内容、体验码的性

质作用、下载软件获取途径及行业惯例多角度进行考量，进行了回应。

软件设置安装体验码在于防止非经开发者许可使用该软件，防止用户使用盗版软件，与保密要求并不直接相关，不能证明对软件试用具有保密要求。专利权人提交的其他证据不足以证明体验试用软件的用户负有保密义务，也不足以证明其为行业惯例。专利权人提交的证据不足以证明涉案专利申请日之前试用者对该案所述下载软件的体验试用负有保密义务，因此所述下载软件的公开不属于《专利法》第 24 条规定的“他人未经申请人同意而泄露其内容的”不丧失新颖性的宽限期情形。

五、权利人该如何开展 GUI 专利布局

通过上述分析，可以得出图形用户界面外观设计专利保护的一些启示。首先，在提交专利申请之初，应尽可能在申请文件中突出图形用户界面、弱化作为载体的硬件设计，加大图形用户界面在确定保护范围时所占的权重。具体而言，提交专利申请时需同时注重几个方面：一是硬件部分尽可能选取最常见的惯常设计，特别是对于涉及诸如手机、电脑等通用设备的图形用户界面设计，现在已将视图提交要求放宽到将硬件部分仅表示出其正面外形设计即可，而无须再提交硬件部分的其他视图；二是在简要说明中明确表明设计要点在于图形用户界面设计，甚至可以进一步说明其他硬件部分设计为惯常设计。

其次，要注重借助简要说明清楚表达图形用户界面设计的用途功能、人机交互、动态设计等内容。图形用户界面是与实现产品功能直接相关的操作界面，其界面设计不是单纯体现视觉效果，而是同时具备一定功能用途和人机交互作用，因此，对比判断时应基于图形用户界面相应的功能用途、人机交互结合视觉效果设计来综合考虑，而动态界面设计中，其动态效果往往在整体视觉效果呈现中起到举足轻重的作用。

再次，应重视对于图形用户界面的软件测试保密，避免出现不得不采用新颖性宽限期抗辩的被动局面。大多数图形用户界面依附于软件开发，软件测试往往容易造成在先公开。该系列案件均涉及专利权人自己开发的软件在用户试用过程或历史版本中被公开，专利权人提出为内部测试，主张属于他人未经申请人同意而泄露内容的应享有新颖性宽限期情形，但均未得到合议组支持。因此，软件测试的保密工作具有重要性，或者至少应以合适的方式清楚明确地体现保密要求，比如在软件安装界面明确示明，以为主张新颖性宽限期提供有力证明。当然把握好专利申请时机，尽量避免被在先公开是最

稳妥的选择。此外，应尽量减少可能依靠新颖性宽限期来主张权利的情形，因为按我国现有制度新颖性宽限期成立需要具备多方面严格的条件，其一若不成立则难以成功主张权利。

无效宣告请求审查决定（第 35196 号）

决定要点

如果在涉案专利申请日前，普通公众借助通用软件的常规操作即能实现正常安装使用相关软件，则该软件在被安装使用时呈现的设计处于能够为公众得知的状态，该设计属于涉案专利申请日之前公开的现有设计。

将涉案专利与两项现有设计的组合作对比判断时，如果两项现有设计具有组合启示，并且具体组合采用该类产品常规组合方式，不需对各自作任何调整变化而直接叠加，基于此以一般消费者通常的知识水平和认知能力，可以毫无疑义地直接确定该组合后的具体设计，则可以直接将涉案专利与该组合后的具体设计作对比，并通过判断其差别对整体视觉效果是否具有显著影响，得出是否具有明显区别的结论。

涉案专利要求保护的内容涉及电脑硬件设备和图形用户界面设计的，在进行外观设计对比判断时应遵循整体观察综合判断原则，考虑图形用户界面可在任何电脑设备上运行使用具有通用性、相对于硬件设备在设计创作和视觉效果上具有独立性、呈现于显示屏时通常构成电脑显示设备正面的主体设计内容等特点，如果所示电脑硬件部分为常见设计或即便不能确定为常见设计但相对于现有设计并未作出独特的引人瞩目的变化，简要说明记载亦指明其设计要点主要在于图形用户界面设计的，则可以认定该外观专利对整体视觉效果具有显著影响的内容在于所示图形用户界面设计。

决定文本

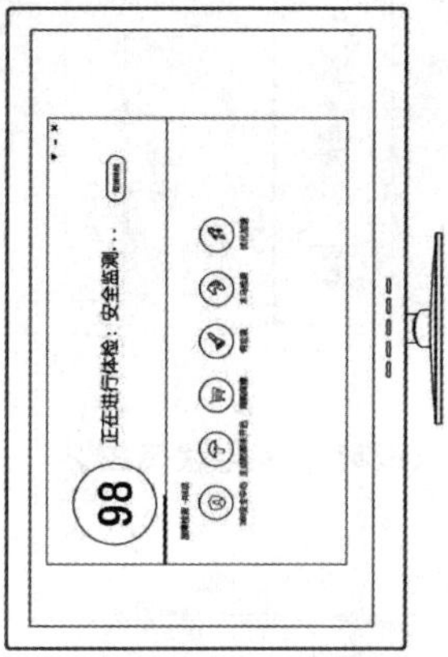

设计 1 主视图

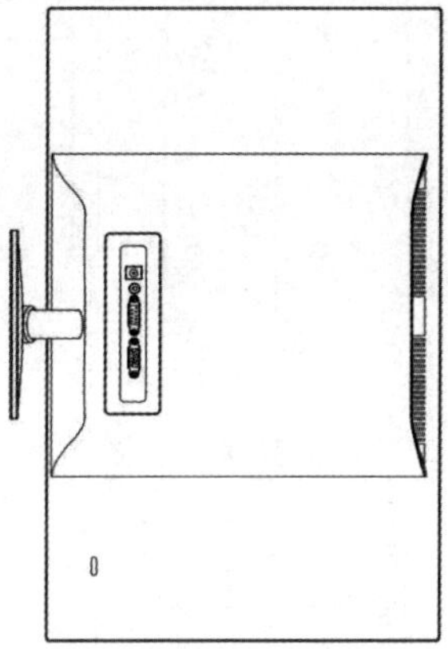

设计 1 后视图

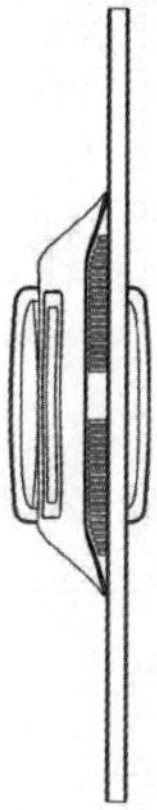

设计 1 左视图

设计 1 右视图

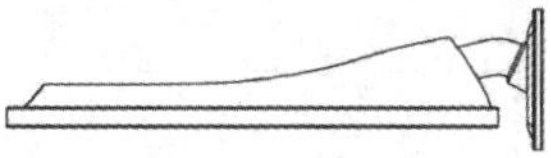

设计 1 俯视图

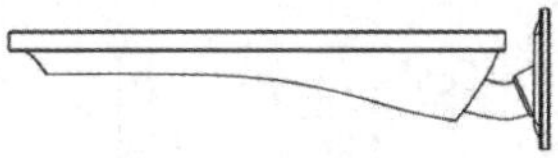

设计 1 仰视图

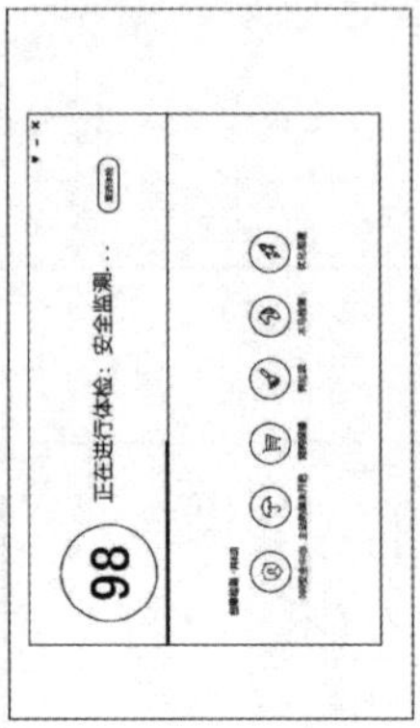

设计 1 变化状态图 1

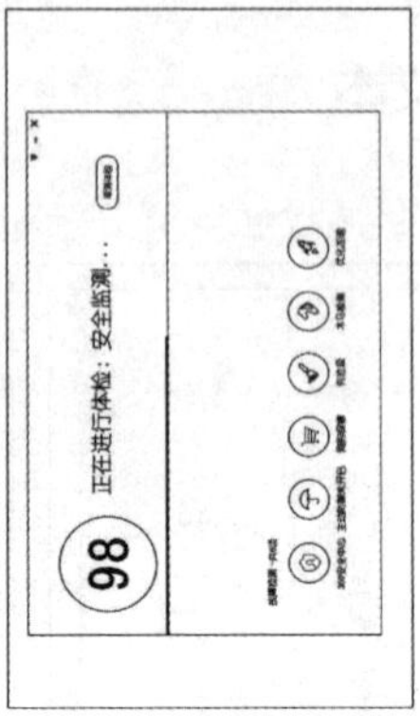

设计 1 变化状态图 2

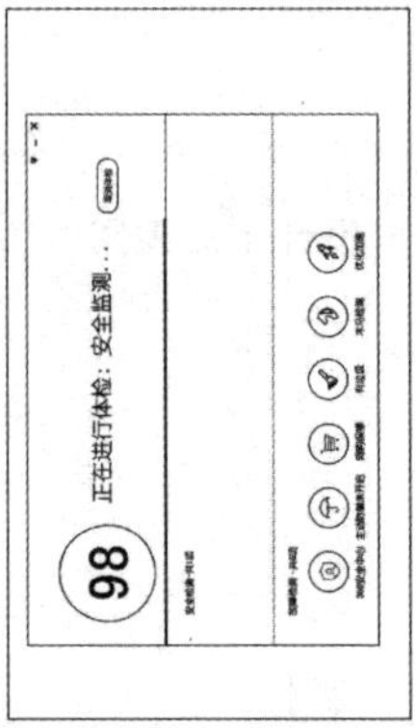

设计 1 变化状态图 3

设计 1 变化状态图 4

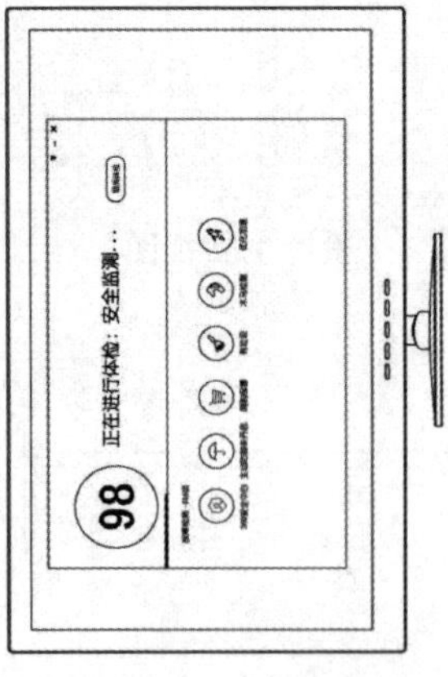

设计 2 主视图

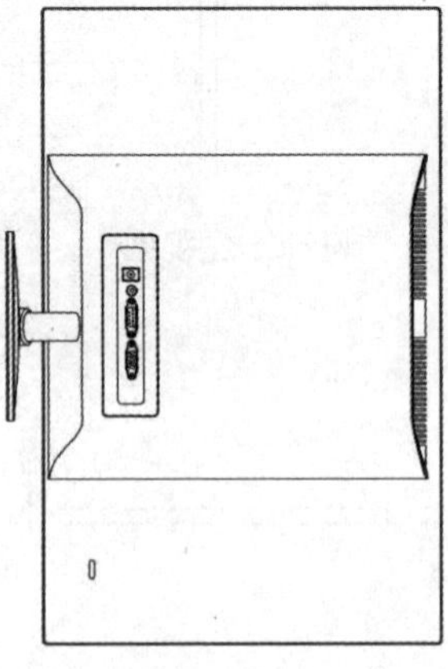

设计 2 后视图

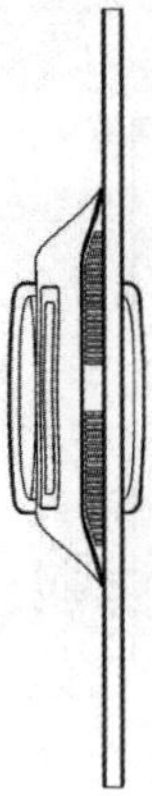

设计 2 左视图

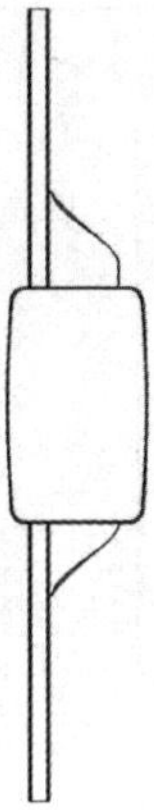

设计 2 右视图

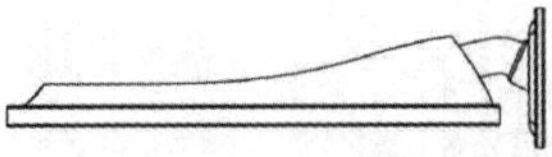

设计 2 俯视图

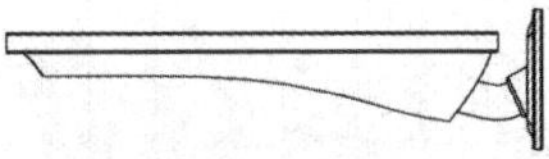

设计 2 仰视图

设计 2 变化状态图 1

设计 2 变化状态图 2

设计 2 变化状态图 3

设计 2 变化状态图 4

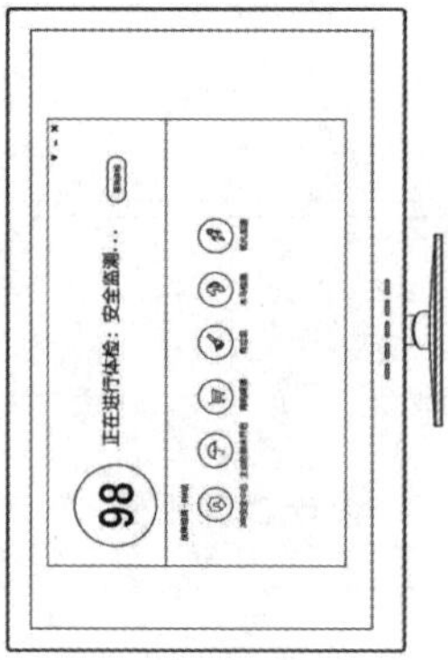

设计 3 主视图

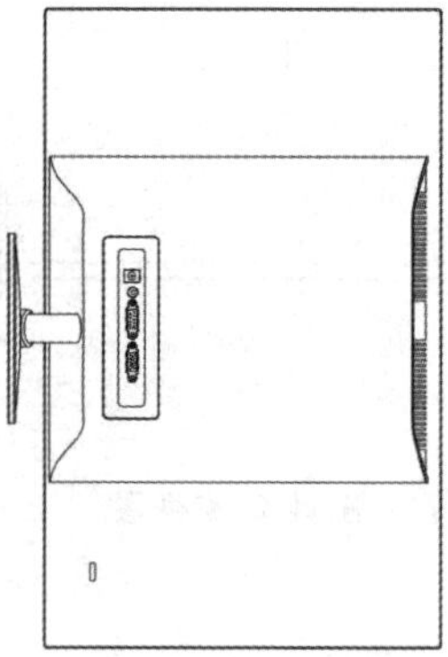

设计 3 后视图

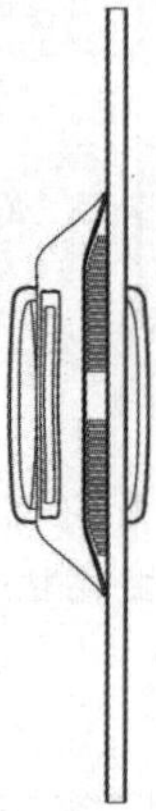

设计 3 左视图

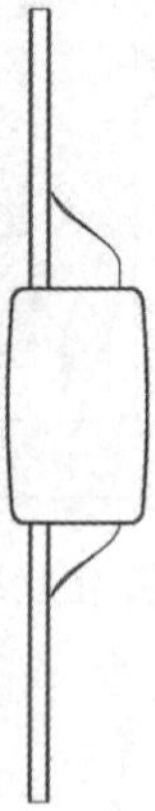

设计 3 右视图

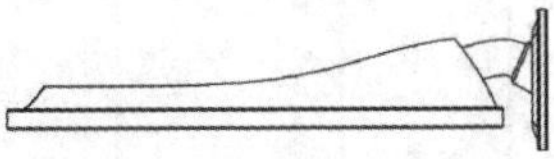

设计 3 俯视图

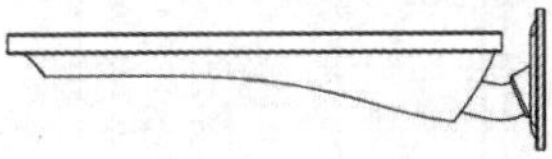

设计 3 仰视图

设计 3 变化状态图 1

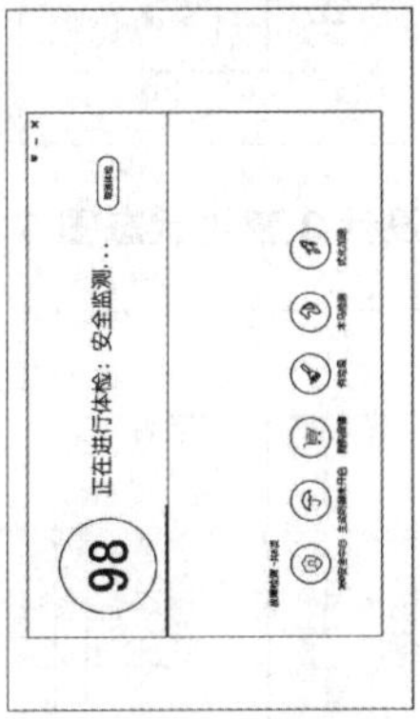

设计 3 变化状态图 2

设计 3 变化状态图 3

设计 3 变化状态图 4

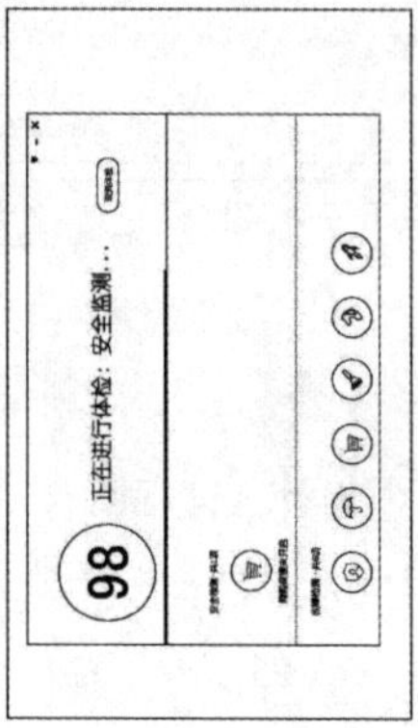

设计 3 变化状态图 5

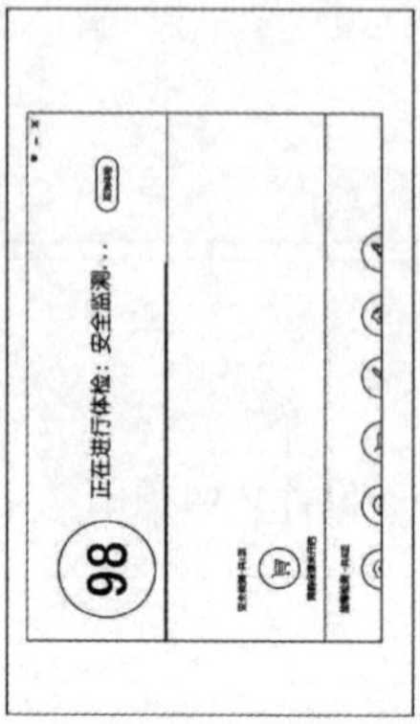

设计 3 变化状态图 6

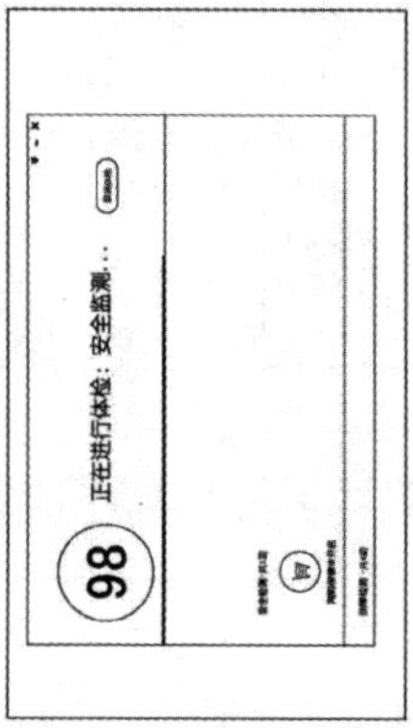

设计 3 变化状态图 7

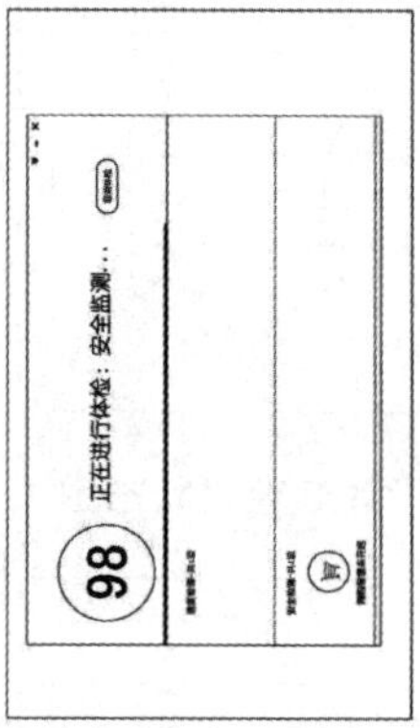

设计 3 变化状态图 8

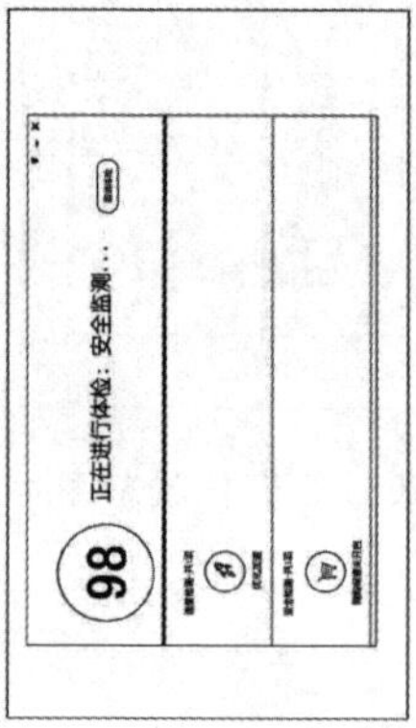

设计 3 变化状态图 9

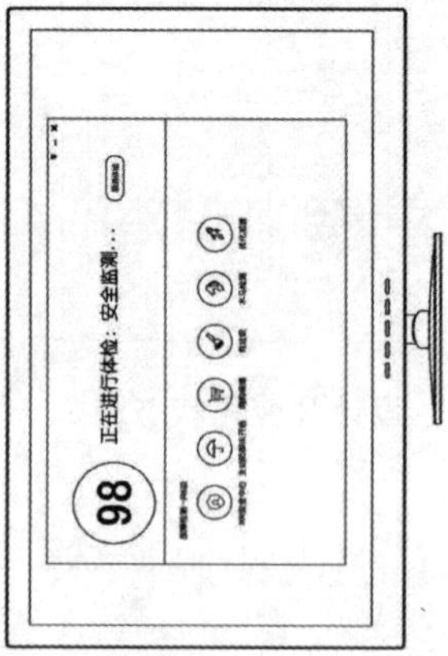

设计 4 主视图

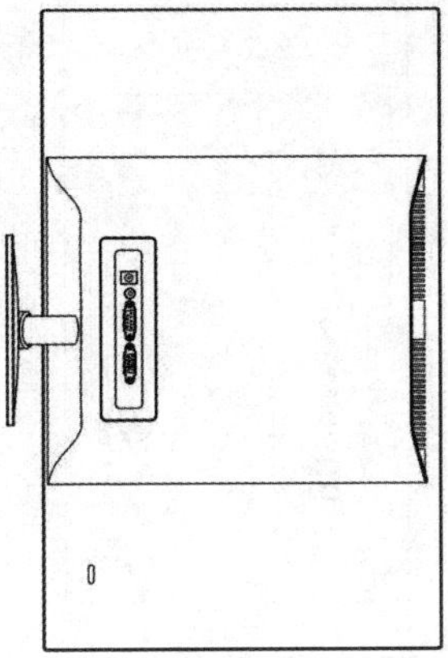

设计 4 后视图

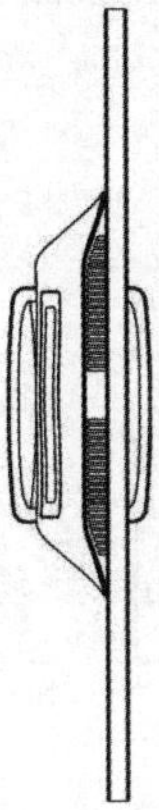

设计 4 左视图

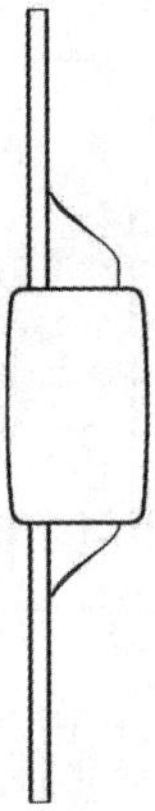

设计 4 右视图

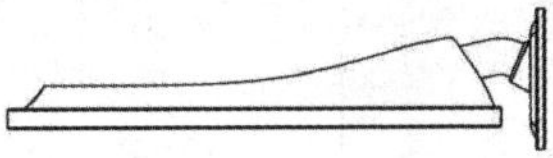

设计 4 俯视图

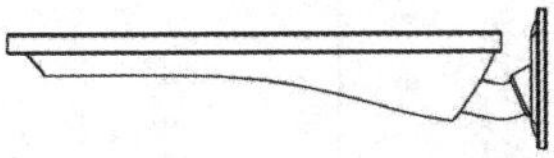

设计 4 仰视图

设计 4 变化状态图 1

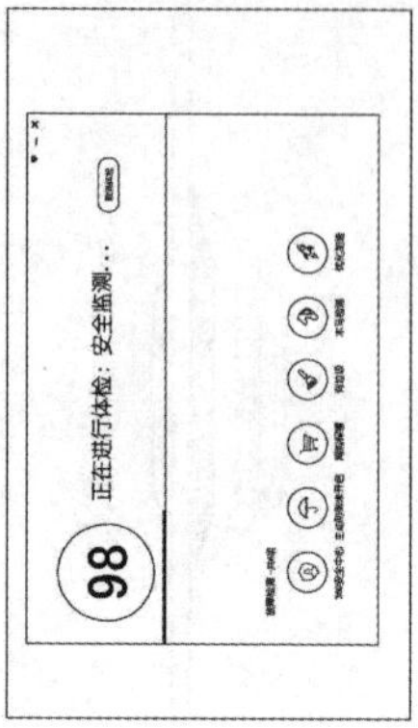

设计 4 变化状态图 2

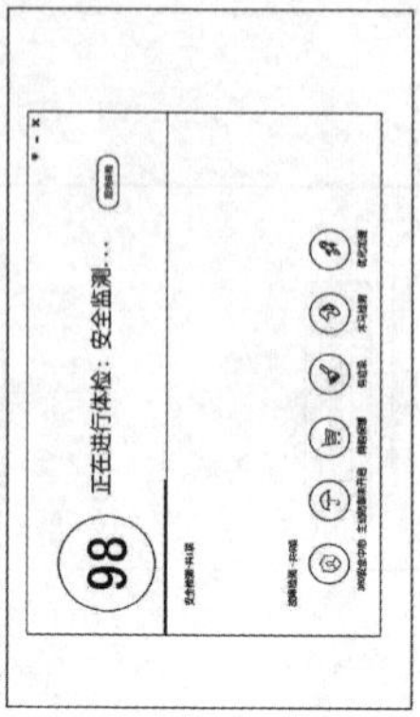

设计 4 变化状态图 3

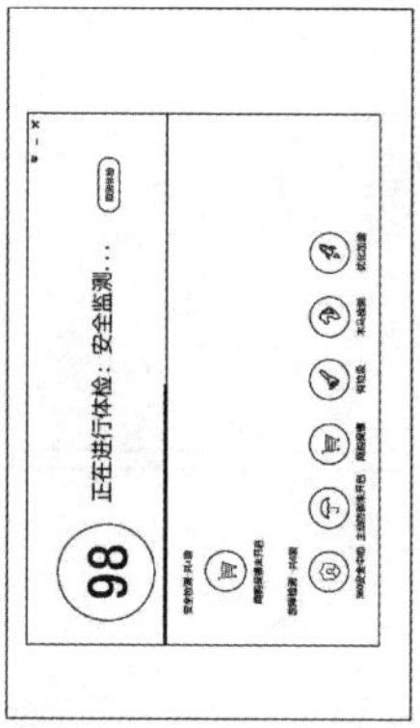

设计 4 变化状态图 4

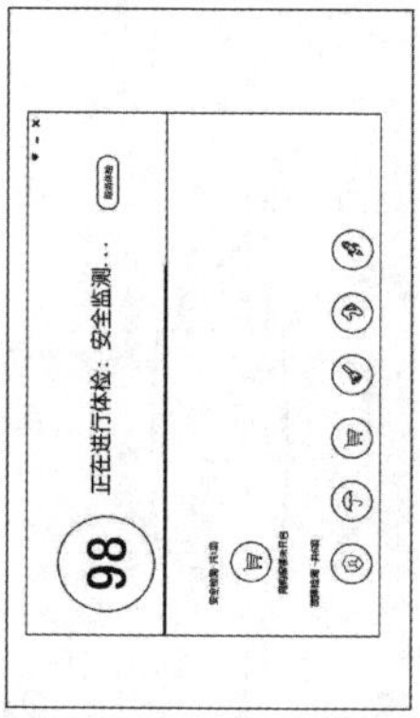

设计 4 变化状态图 5

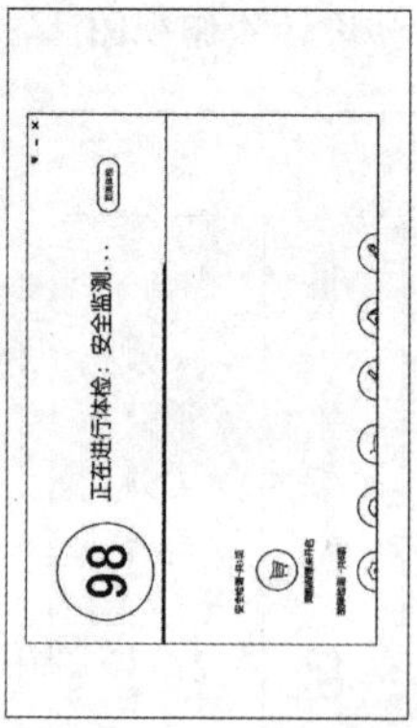

设计 4 变化状态图 6

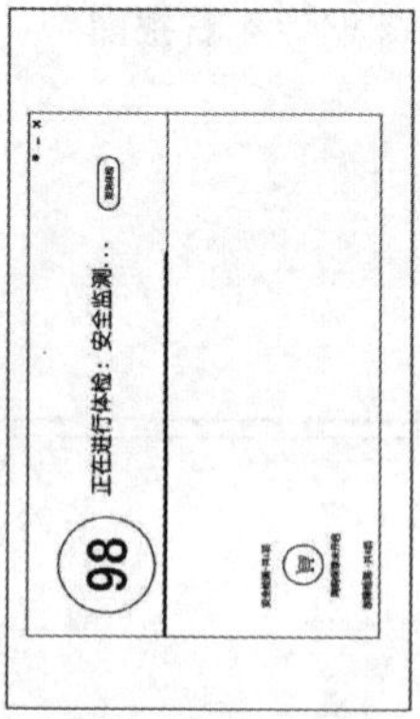

设计 4 变化状态图 7

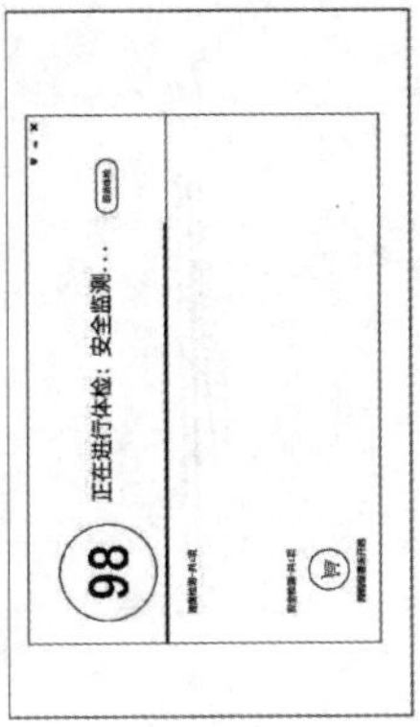

设计 4 变化状态图 8

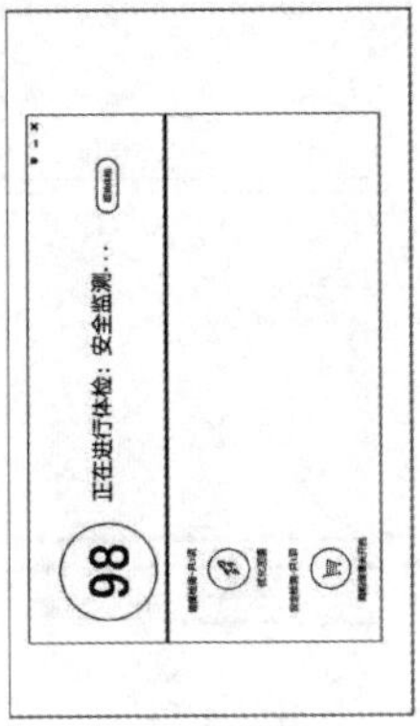

设计 4 变化状态图 9

涉案专利附图

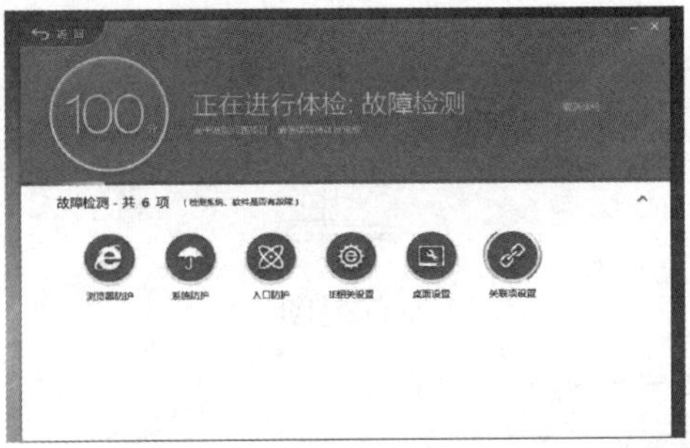

图 1

图 2

图 3

图 4

对比设计 1 附图

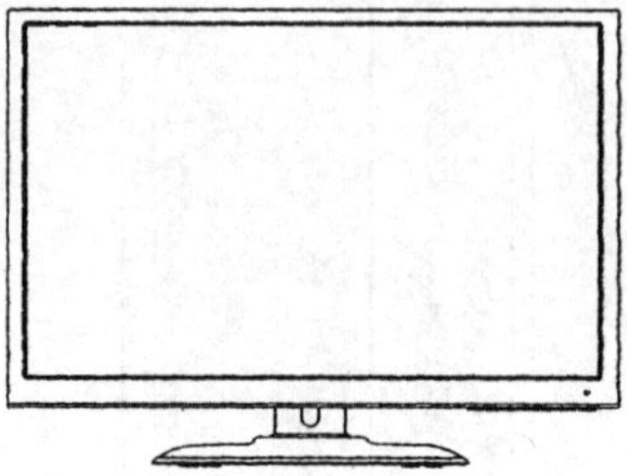

主视图

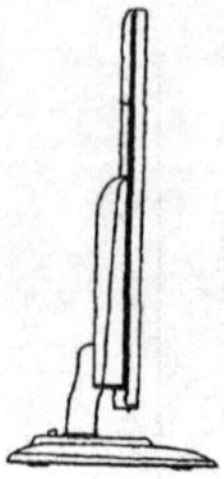

左视图

对比设计 2 附图

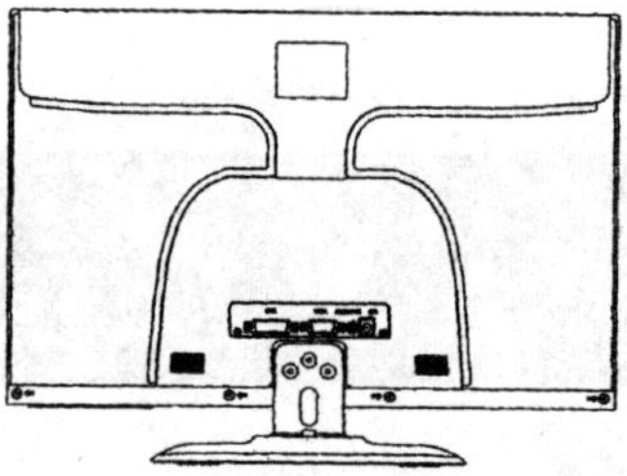

后视图

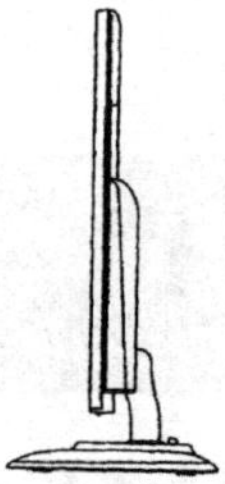

右视图

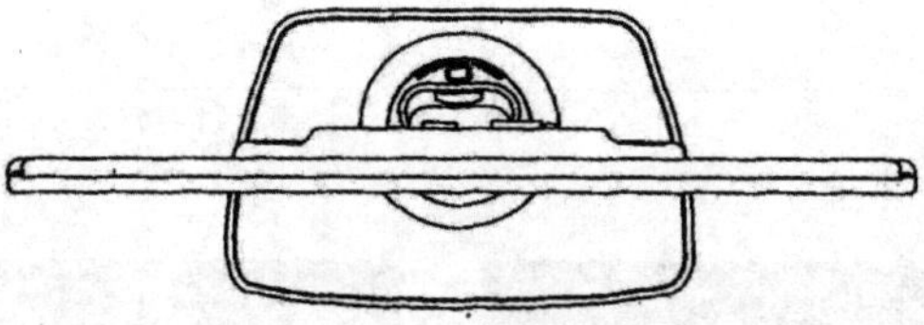

俯视图

仰视图

一、案由

本无效宣告请求涉及的是国家知识产权局于 2015 年 01 月 07 日授权公告

的 201430324283.6 号外观设计专利，使用该外观设计的产品名称为“带图形用户界面的电脑”，申请日是 2014 年 09 月 03 日，专利权人是北京奇虎科技有限公司、奇智软件（北京）有限公司。

针对上述专利权（下称涉案专利），北京江民新科技术有限公司（下称请求人）于 2016 年 08 月 08 日向专利复审委员会提出了无效宣告请求，理由是涉案专利与其提交的证据所示现有设计或现有设计特征的组合相比不具有明显区别，因此涉案专利不符合《专利法》第 23 条第 2 款的规定，应予宣告无效。请求人提交的证据如下：

证据 1：北京市长安公证处（2016）京长安内经证字第 18612 号公证书复印件；

证据 2：北京市长安公证处（2016）京长安内经证字第 18611 号公证书复印件；

证据 3：专利号为 201030265411.6 号中国外观设计专利公告文本复印件；

证据 4：专利号为 201330550172.2 号中国外观设计专利公告文本复印件。

请求人认为：

1. 关于证据的公开时间。证据 1 中显示经公证保全的“360 安全卫士 10”版本公开于 2014 年 08 月 19 日（见证据 1 第 37 页，显示发帖时间为 2014 年 08 月 19 日）；证据 2 中显示经公证保全的“360 安全卫士 10”版本的运行页面公开于 2014 年 08 月 19 日（见证据 2 第 31、49、60 页），同时证据 2 也佐证了证据 1 中的发帖时间；证据 3 所示专利公告日为 2011 年 01 月 12 日；证据 4 所示专利公告日为 2014 年 06 月 18 日；前述证据所示相关内容的公开时间均早于涉案专利申请日，构成涉案专利的现有设计。

2. 关于证据组合方式。将证据 1 公开的设计与常规设计组合，涉案专利与其相比无明显区别；将证据 1 公开的设计分别与证据 3、证据 4 公开的设计组合，涉案专利分别与其组合相比无明显区别。

3. 关于外观设计对比。涉案专利为包括图形用户界面和电脑相结合的外观设计，证据 1 所示图形用户界面设计与涉案专利界面用途相同，界面设计不同之处主要在于：与证据 1 第 67 至 68 页所对应的界面及视频相比，证据 1 在界面上部分，中间横排文字下方还有一排较小文字，圆形图标的数量不同，证据 1 圆形图标整体下移过程未在截图中体现；与证据 1 光盘第 35 分钟开始所示界面相比，证据 1 在界面上部分中间横排文字下方还有一排较小文字，证据 1 圆形图标整体下移过程未在截图中体现；与证据 1 光盘第 34 分钟开始所示界面相比，证据 1 在界面上部分中间横排文字下方还有一排较小文字，部分图标外形不同，证据 1 在界面上部分左边大圆形图标中间显示的不是数值，而是扫帚图形。这些界面设计区别不会被公众所关注，或者由系统安装的软件数量确定，或者为常规设计，除这些不同外界面其余设计相同。涉案专利的电脑设计属于惯常设计，专利权人申请的“带图形用户界面的电脑”共计 66 件都使用了相同的电脑设计，也可说明其为惯常设计；并且证据 3、证据 4 中也公开了类似的电脑设计，其不同之处仅在于没有公开电脑背面中部相关设计，但不会被一般消费者所关注；同时涉案专利简要说明记载其设计要点在于“电脑显示的图形用户界面内容”，而非电脑本身，电脑的区别不构成显著区别。对于带图形用户界面的专利来说，其核心在图形用户界面的状态，而非电脑或显示器屏幕上其他显示内容；电脑虽然可以是台式机、笔记本电脑多种形式，但其外观都大同小异，对于图形用户界面的运行过程完全不构成影响；当图形用户界面运行时，屏幕上所显示的桌面必然显示已安装的软件图标、屏保图片等。因此，对于本案带图形用户界面的专利，除图形用户界面本身所显示的内容之外，其他都不应该作为对比内容。

综上所述，请求人认为涉案专利与上述证据所公开的设计按前述组合方式作对比不具有明显区别，应予宣告全部无效。

经形式审查合格，专利复审委员会于 2016 年 08 月 22 日受理上述无效宣告请求并将无效宣告请求书及证据副本转送给专利权人，通知其在指定期限内陈述意见。

专利复审委员会成立合议组对本案进行审理，于 2016 年 09 月 19 日向双方当事人发出口头审理通知书，定于 2016 年 10 月 28 日举行口头审理。

专利权人针对上述无效宣告请求于 2016 年 10 月 08 日提交意见陈述书，同时提交如下反证证据：

反证 1：北京市方圆公证处（2016）京方圆内经证字第 21382 号公证书复印件；

反证 2：北京市方圆公证处（2016）京方圆内经证字第 21511 号公证书复印件；

反证 3：北京市方圆公证处（2016）京方圆内经证字第 19020 号公证书复印件；

反证 4：北京市方圆公证处（2016）京方圆内经证字第 20045 号公证书复印件；

反证 5：人民邮电出版社出版的《软件加密与解密》封面、出版信息、目录及相关页面复印件；

反证 6：专利权人在 2014 年 05 月 01 日申请的外观设计专利申请清单；

反证 7：请求人提交的证据 1 中的部分相关网页及其关联网页的打印件。

专利权人认为：

1. 请求人提交的证据 1、2 所示设计不是现有设计。按照《专利审查指南》规定，现有设计公开方式包括出版物公开、使用公开和以其他方式公开三种，请求人提交的证据 1 不属于上述三种公开方式的任何一种，理由是：（1）证据 1 所示公证书中记载的下载行为，不能说明在申请日之前即已存在，请求人也没有提供任何证据证明其在申请日之前存在，例如专利权人提交的反证 2 第 107—113 页也说明 2014 年 08 月 20 日无相应安装包，且界面不同；（2）软件下载后需要安装才能够演示，如果下载的软件不能够安装使用，则公众不能知晓其内容，证据 1 中所示下载的软件不能够正常安装，不能构成现有设计，专利权人提交的反证 3 多处说明该软件无验证码不能正常安装；（3）通过演示证据 1 中下载软件的安装过程以及公证书内容本身，可以清楚地看出该软件不但不对公众公开，安装者还需要承担保密义务，专利权人提交的反证 4 也证明同样的事实；（4）证据 1 公证的网页中，多处说明该软件为内测版，该证据中的帖子也说明了该软件是内测的保密软件，需要高的会员级别才能获得验证码，且不对公众公开，专利权人提交的请求人证据 1 的相关页码及关联页（反证 7）说明在证据 1 公证的主帖后面直至 2014 年 09 月 04 日依然处于保密的、需要验证码的内测状态。同时，请求人提交的证据中所公证下载的软件的安装违反了相关法律规定，其安装过程不是通过正当途径进行的安装，这种非正常途径获得的内容，违反相关法律的规定不构成现有设计；专利权人提交的公知常识证据反证 5《软件加密与解密》中详细介绍了软件的加密与解密相关内容，可以看出开发者对计算机软件设置注册码的初衷在于防止用户使用盗版软件，最为典型的就是安装型注册码，而请求人的证据中下载的软件没有输入验证码进行了安装。

专利权人提供的反证具体证明了请求人提交的证据不构成现有设计。（1）反证 1 充分说明软件在上市使用之前需要进行内测、公测，参加内测为经过筛选的人员且负有保密的义务，特别是杀毒领域测试保密为行业内通用的规则；（2）反证 2 中从 2010 年的论坛内容可以看出 360 卫士至少自 7.0 开始，内测需要保密，对督导的规定更证明了这一点；（3）反证 2 中从 2014 年

08 月开始至 10 月底或 11 月卡饭论坛上的帖子，充分说明了“360 安全卫士 10.0”从 2014 年 08 月初的预期，到内测、根据内测的改进版本进一步内测连续至 09 月下旬的保密内测过程，该内测设置了体验码以进行保密，并且参与的测试人员均需要遵守保密的义务，10 月下旬“360 安全卫士 10.0”开始公测，公众才可以获得；（4）从反证 1、反证 2 可以看出“360 安全卫士 10.0”为重大改版，具有与以往不同的界面，该界面在申请日前处于保密状态，不是公众能够得到的；（5）反证 6 为专利权人在 2014 年 05 月 01 日申请的外观设计专利的清单，可以看出在涉及图形用户界面保护的《专利审查指南》修改并实施的第一天即申请了大量与图形用户界面相关的外观设计专利，这与反证 1、2 体现出的专利权人对创新的保密意识是相符的，早在 2010 年专利权人就已经重视软件的保密，专利权人更没有任何理由将自己重大的改进和创新在没有申请专利的情况下直接公开。

2. 请求人所主张的在先公开即使成立也属于《专利法》第 24 条规定的不丧失新颖性的宽限期情形。请求人提交的证据中所示发帖人未遵守专利权人明示或者默示的保密信约而将发明创造的内容公开，采用不正当的手段得知发明创造的内容而后公开，具体证明同前陈述；请求人提交证据是在涉案专利申请日之后接近两年获得的一软件程序，且违背专利权人意愿，以不正当的方式进行安装，违反法律规定，严重损害当事人利益。因此属于《专利法》第 24 条规定的“他人未经申请人同意而泄露其内容的”不丧失新颖性的公开。

3. 基于上述理由，专利权人不再对请求人主张的外观设计对比具体陈述意见，但认为涉案专利与请求人提交的证据所示设计组合相比具有明显区别，符合《专利法》第 23 条的规定。

综上所述，专利权人认为请求人的无效宣告理由不能成立，请求专利复审委员会依法驳回请求人的无效宣告请求，维持涉案专利有效。

2016 年 10 月 09 日专利权人提交了无效宣告程序补正书，补正内容为提交反证 3 公证书的光盘。

2016 年 10 月 17 日、18 日、19 日专利权人委托的原专利申请代理人及现无效宣告代理人分别通过书面及电子系统提交不丧失新颖性宽限期的声明和相关意见陈述。专利权人声明，在本无效宣告请求案中，即使请求人提交的证据 1、2 为涉案专利申请日以前为公众所知的现有设计，也是未经专利权人许可的擅自泄露，涉案专利应享有不丧失新颖性的宽限期。具体证据见专利权人在无效宣告请求答复中已经提交的证据及在口头审理中将要提交的证据。

合议组于 2016 年 10 月 18 日将专利权人前述于 2016 年 10 月 08 日提交的意见陈述书及证据副本、2016 年 10 月 09 日提交的无效宣告程序补正书及附件副本转送请求人，通知其在指定期限内或口头审理中当庭陈述意见。

合议组于 2016 年 10 月 28 日对本案进行口头审理，双方当事人均委托代理人参加审理。口头审理主要内容如下：

1. 请求人当庭明确无效宣告理由为涉案专利不符合《专利法》第 23 条第 2 款的规定，证据所示对比设计组合方式为，将证据 1 公开的设计与常规设计组合，将证据 1 公开的设计分别与证据 3、证据 4 公开的设计组合，涉案专利分别与所述现有设计或现有设计特征的组合相比不具有明显区别。请求人明确对比设计组合方式以当庭陈述的意见为准，请求书中的其他组合方式不再坚持。关于证据 2 所示对比设计，请求人确认在无效宣告请求书中没有将其与涉案专利作对比，故认可涉及证据 2 的对比设计不予考虑。

2. 关于请求人提交的证据。请求人当庭提交证据 1、证据 2 公证书原件及所附经公证处加盖印章密封袋封存的光盘，合议组将公证书原件转给专利权人核实，同时将封存的光盘经双方确认封存完好无损后当庭拆封，并由专利权人复制一份光盘内容作核实，专利权人对证据 1、证据 2 公证书的真实性无异议，但认为均不足以证明相关内容在涉案专利申请日之前已公开。对于证据 3、证据 4，专利权人对其真实性和公开时间均无异议。

双方针对证据 1、证据 2 主要陈述意见如下：

（1）证据 1

关于公开时间：请求人认为，证据 1 公证书所公证的卡饭论坛相关帖子的发帖时间为 2014 年 08 月 19 日，该论坛为业内知名论坛，任何人登录论坛都可以下载该帖子中链接的“360 安全卫士 10.0”版本软件，公证事实已证明公证日能够完整下载该软件，通过查看该软件本身属性，也能够明确看出其数字签名时间戳为 2014 年 08 月 19 日，同时结合证据 2 公证书中有其他卡饭论坛成员下载并打开了该软件，同日将软件相关 GUI 界面拷到论坛发帖中，综上足以证明所述软件公开发布时间为 2014 年 08 月 19 日。专利权人对所述帖子予以认可，但不认可请求人说的公开时间，认为其只能说明所述帖子的发帖时间，所述软件不是以帖子附件形式上传的，软件并不保存在卡饭论坛，而是需要通过链接获得，因而帖子的发帖时间不是所述软件的上传时间，上传时间应该是软件所有者上传至服务器的时间；从公证书看，只能说明公证日可以下载该软件，但不能证明在公证日之前的涉案专利申请日之前是任何人想下载就可以下载的；同时证据 2 也不能印证证据 1 所述内容的公开时间，二者没有显示相同的界面，页面无法和证据 1 对应，证据 2 中在该发帖日后还有人求安装包。双方均认可公证书涉及的卡饭论坛网站与双方当事人均无利害关系，所述软件的数字签名时间表示软件的完成时间。

关于所下载的“360 安全卫士 10.0”软件是否被修改过：专利权人认为请求人以涉案专利申请日之后约两年时间下载的一款软件来证明涉案专利申请日之前公开的事实是不够的，没有证据证明所下载软件从上传到公证日没有修改过；本案涉及的下载软件，是不成熟的内测软件，从测试到发布会经过很多修改，所述帖子显示有清楚的链接指向 360 服务器，在公证日点击链接下载软件，会跳转到 360 服务器，公证日下载的软件并不能确定是 2014 年 08 月 19 日所在的软件，链接所指向的资源是经常改变的。请求人认为专利权人没有提交证据证明所述下载软件被修改过，关于帖子中链接的指向，软件有可能保存在第三方的服务器上，并非一定仅保存在 360 本身的服务器。

关于所下载的“360 安全卫士 10.0”软件是否能正常安装使用：专利权人认为，经测试 WinRAR 和 Winzip 并不能解压所下载软件，专利权人对该软件已采取了加密措施，只有 7-zip 能够破解，并且 7-zip 是开源软件任何人都可以修改；加密后的“360 安全卫士 10.0”正常点击安装需要输入体验码，否则无法安装，使用 7-zip 虽不违法，但用 7-zip 解压运行该软件避开专利权利人设置的加密措施是违法的；所述安装软件为自解压软件，本身是不需要其他软件解压的，而使用另外的解压软件来解压自解压软件是不正当的，正常用户不会这么做；解压缩后的软件为半成品是不能工作的，也说明不是正常安装而是破解；破解的难易程度不同不会改变破解行为的本质属性；公证过程中采用的 7-zip 版本为 16.2.0.0，查看其属性为 2016 年版本，以 2016 年的解压软件破解所述 2014 年的安装软件，其两年后破解状态是完全不一样的；因此，所述安装软件不能正常安装使用，公众不能知晓其内容而不构成现有设计。请求人认为由证据 1 公证内容可见，下载软件后用解压缩工具 7-zip 解压缩，即可正常安装运行；7-zip 是已经存在很长时间的业内公知的解压软件，对文件进行解压缩属于正常使用，不存在非法操作；解压软件不是破解软件，只是对文件内容的压缩和解压，对内容没有影响和修改；2016 年版本的 7-zip 解压软件相对两年前可能在解压效率上有更新，但不会更改软件本身内部的内容；因此所述安装软件能够正常安装使用。

（2）证据 2

请求人认为证据 2 公证内容涉及 360 安全卫士的交流发帖，其将软件运行的界面已贴在帖子里，公开时间为 2014 年 08 月 19 日，证据 2 和证据 1 可以相互印证。专利权人对请求人主张的公开时间不予认可，并对发帖时间是否编辑过提出异议，由此认为证据 2 不足以证明相关界面设计在涉案专利申请日之前已公开。

3. 关于专利权人提交的反证。专利权人当庭提交反证 1 至反证 4 公证书原件及反证 3 所附经公证处加盖印章密封袋封存的光盘，合议组将公证书原件转给请求人核实，同时将反证 3 所附封存的光盘经双方确认封存完好无损后当庭拆封，并由请求人复制一份光盘内容作核实，请求人对反证 1 至反证 4 公证书的真实性无异议，但认为与本案不具有关联性。专利权人当庭提交了盖有国家图书馆证明复印件与原件一致印章的反证 5 确认件，请求人对反证 5、反证 7 的真实性无异议，但认为与本案不具有关联性。对于反证 6，请求人对其真实性不予认可，并认为与本案不具有关联性。

双方结合反证 1 至反证 7 主要陈述意见如下：

（1）关于所下载的“360 安全卫士 10.0”软件是否处于保密状态

专利权人认为：其提交的反证可证明所述下载的“360 安全卫士 10.0”软件不但不对公众公开，安装者还需要承担保密义务，该软件处于保密状态；“360 安全卫士 10.0”测试没有公开招募，10.0 版本是大的升级，还没有到正式内测，相关职业高中教材也说明这种测试性质为软件发行前的内测，因此 2014 年 08 月 19 日完全是内部测试，反证 1、反证 2 所示论坛帖子中多处内容可以说明；反证 1 多处内容还说明软件内测有保密要求，属于行业惯例；反证 2 论坛帖子中点击相关链接进入 360 体验中心，展示了体验流程、如何领取特权、如何领取体验码，并说明在体验程序安装时需输入体验码，体验中心明示了等级要求，级别要到一定经验值，并要求承诺不泄露产品信息才可获得体验码，开始限制在极高级别，需要逐渐扩大内测范围；反证 2 中论坛帖子内容还说明直到 2014 年 09 月中旬该软件还需要体验码，作为内测软件还在保密过程中；按我国计算机保护条例规定，密码就是为保护著作权采取的技术措施，任何绕开的行为都违反法律规定；请求人主张的帖子中公开教导的方法，违反了《计算机软件保护条例》第 24 条第 1 款的规定，是避开、破坏使用运行软件方法，公众必须得违法地去解压缩。

请求人认为：反证中列举的是个例，不是行业惯例，本案中所下载的

"360 安全卫士 10.0"软件为用于公测，不是内测，通过百度搜索 360 公司自己的个人图书馆，也明确说明了 beta 版是公测不是内测；对专利权人主张的软件行业内测保密要求是通用规则不予认可，反证论坛帖子中公众讨论的内容不是行业惯例形成的基础证据，如果法律给予法定约束性的义务，法律应有明确规定，或者当事人之间要有明确的保密约定；专利权人主张用户体验中心约定了保密义务，但是反证 2 公证书体现的点击链接网址是 tiyan. i. 360. cn，而点击链接到的网址实际是 tiyan. vip. 360. cn，链接网址和显示网址不是一个网址，反证 4 是专利权人公证的现在时间的 360 体验中心的网站内容，其本身是在 360 公司的管理之下，该证据缺乏公正性，我们有理由推断 360 体验中心现在要求的保密义务不能证明当时的情况；所述软件的公开是为权利人带来价值的，而不是保密带来价值；反证 2 的第 164、166 页同一用户名的留言，也说明该软件安装虽然声称要求体验码，但是没有仍然也可以安装；专利权人提交的反证也说明自 2014 年 08 月公测后，很多论坛已经广泛传播发布所述软件，其可能存在各种服务器上；请求人证据证明帖子内容在涉案专利申请日之前很多论坛都有体现，任何人都可以登录，不需要注册，其构成了专利法意义上的公开。

（2）关于 2014 年版和 2016 年版 7-zip 解压软件对所下载的"360 安全卫士 10.0"软件解压是否一致

专利权人认为：不同版本解压结果不一样，因为压缩有失真和非失真压缩，2014 年达不到 2016 年的解压效果很正常；反证 2 的第 108、110、111 页所示解压后的界面，与请求人证明的界面不一致，界面的控件和显示状态不一样；反证 2 第 94 页 1 楼、第 96 页 8 楼也说明当时通过解压用不了软件，这样的发帖内容很多。请求人认为：2014 年已经解压测试了所述软件，请求人证据的目的不是强调软件的功能，强调的是各个设计界面已经清楚显示了。

（3）关于反证 5 至反证 7

专利权人主张：反证 5 可以说明什么是破解，是公知常识类的证据；反证 6 仅供合议组参考；反证 7 证明 2014 年 08 月 19 日所述软件还是保密状态，需要验证码，权利人在当时并无公开的意愿。请求人认为：反证 5 所示软件加密、解密，专利权人没有证据证明用户在解压过程中用到了这种措施，本案解压软件采取的措施不构成反证 5 所示加密解密措施；反证 7 中所称需要验证码、等级限制只是宣传手段，可以合理推断当时可以直接安装。

4. 关于是否属于不丧失新颖性宽限期的情形及专利权人举证期限。专利权人声称，证据 1 中发帖人未经同意泄露相关内容的行为，专利权人是在涉及涉案专利的侵权诉讼中才得知的，此前由于涉及用户隐私问题即使有人在之前非法使用内测软件也不能监控到，专利权人在得知后两个月内提交了不丧失新颖性宽限期的声明和证据。请求人认为所述软件联网使用后，专利权人通过后台可以发现没有通过验证码使用软件；专利权人关于本案属于不丧失新颖性宽限期情形的证据与本案没有关系，并且超出举证期限；《专利法实施细则》规定的文件发出之日起满 15 日推定为收到日，是在没有明确证据证明实际收文日的情况下推定的期限，如果有实际收文日，则发文满 15 日就不是法定收文日，而是以实际收文日当天计算；通过邮政官网可以查询到，22 日发文 23 日就可以收到，本案中专利复审委 2016 年 08 月 22 日寄出了转文，请求查询专利权人的收文日，专利权人举证一个月期限应该在 2016 年 09 月底之前届满。专利权人认为其举证未超过规定的期限。

5. 关于外观设计对比判断。请求人具体指明了证据 1 公证书所示对比设计所在的页码，以及证据 1 所附光盘视频中相关时间段示出的对比设计。双方结合各自制作的 PPT 演示，将涉案专利设计 1 至设计 4 所示图形用户界面的静态界面、动态效果分别与对比设计作对比，指出了相同和不同之处。

专利权人认为，涉案专利线条式进度条与对比设计螺旋式花纹进度条对视觉效果影响大，二者进度变化也不相同；涉案专利“取消体检”图标有个跑道形的框，对比设计没有；涉案专利设计 1、2 是一排检测项排满了下移，设计 3、4 是两排检测项排满了下移，设计 1、3 每排之间有虚线，设计 2、4 没有虚线，与对比设计存在差别；涉案专利一排图标移动后有停止先出现文字，再出现空白，再出现图标，与对比设计不同。请求人在坚持书面意见基础上认为，进度条本身的颜色、空白点不构成差别，因为没有保护色彩，二者仅是细微差别；对比设计也会出现空白区，不存在差别；检测项有几排是功能模块决定的，每多一个功能模块就排一排，差别不具有显著性。

关于涉案专利所示设计中对整体视觉效果具有显著影响的内容：请求人认为在于界面设计的整体比例、运动趋势和分排整体下移变化效果；专利权人认为在于进度条横线划分的上、下部整体布局，图标的位置设计和动态的变化效果，以及进度条的设计。

关于硬件装置及组合对比，请求人明确证据组合方式以当庭陈述的意见为准，即将证据 1 公开的设计与常规设计组合，将证据 1 公开的设计分别与证据 3、证据 4 公开的设计组合涉案专利分别与所述组合设计相比无明显区别。

6. 针对合议组当庭转送的有关证据所附光盘内容，合议组告知双方可在当庭收到之日起一个月内陈述意见。

2016 年 11 月 28 日专利人提交了意见陈述书，其内容与前述已陈述的意见基本一致。请求人庭后未提交意见陈述书。

经过上述审理，合议组经合议，认为本案事实已经清楚，可以作出审查决定。

二、决定的理由

1. 法律依据

《专利法》第 23 条第 2 款规定，授予专利权的外观设计与现有设计或者现有设计特征的组合相比，应当具有明显区别。

《专利法》第 24 条规定，申请专利的发明创造在申请日以前六个月内，有下列情形之一的，不丧失新颖性：……（三）他人未经申请人同意而泄露其内容的。

2. 证据及相关事实认定

2.1 关于证据 1

请求人提交的证据 1 是北京市长安公证处（2016）京长安内经证字第 18612 号公证书复印件，请求人在口头审理中当庭提交证据 1 公证书原件及所附经公证处加盖印章的密封袋封存的光盘，合议组将公证书原件转给专利权人核实，同时将封存的光盘经双方确认封存完好无损后当庭拆封，并由专利权人复制一份光盘内容作核实，专利权人对证据 1 公证书的真实性无异议，合议组经审查未发现该公证书存在明显瑕疵，据此合议组对证据 1 公证书的真实性予以确认。

证据 1 公证事项为对互联网上浏览网页的过程及内容所作保全证据公证，具体内容涉及：通过百度搜索进入“卡饭论坛”，在该论坛“国内杀毒软件”栏中找到标题为“360 安全卫士 10 下载地址”发帖，点击该帖子所列 http://down.360safe.com/setup_10_priv.exe 链接地址，下载文件“setup_10_priv.exe”（下文中所述“所述下载软件”如无特别说明的均指该文件），通过百度搜索“7-zip”软件下载并安装，将“setup_10_priv.exe”文件通过安装好的“7-zip”软件提取到文件夹，点击所提取文件中的“360safe.exe”文件运行该软件，对相关运行界面作保全。

合议组针对该证据认定如下：

（1）关于帖子真实性

卡饭论坛是国内知名的软件交流论坛，具有较高的信誉度，双方提交的证据未发现其网站管理、运行机制不规范之处，证据 1 对该论坛中的相关帖子作公证保全，专利权人认可所述帖子，双方当事人均认可卡饭论坛网站与其无利害关系，因此在无相反证据情况下，对论坛中所述帖子应认定为真实记录，即对所述帖子真实性予以确认；基于论坛的基本属性，发帖人的发言时间是由系统自动生成并在帖子中记录显示，发帖人不能更改，因此可以认定，该帖子所显示的发帖时间 2014 年 08 月 19 日即为其真实发帖日期，帖子中记载的下载软件链接、跟帖人的发言内容在相应的记录时间亦为真实存在。

（2）关于能否在涉案专利申请日之前下载相关软件

前述帖子列出了相关软件下载的链接地址，公证书显示在公证当日点击该链接可下载相关软件（即 setup_10_priv. exe），专利权人认为该帖并未直接将相关软件上传保存于论坛帖子中，而是需要通过链接所指向的服务器下载，从而能否实际下载要受制于保存该软件的服务器，故不能证明在公证日之前的涉案专利申请日之前任何人可以下载。

对此，合议组认为：前述帖子能够提供准确的下载地址链接及软件名称，公证内容证明按该链接地址确能下载相关软件，由此可说明该下载地址链接属实而并非发帖人当时随意虚构，依据常理可以确定在发帖当时 2014 年 08 月 19 日已有相关软件确保存于相应链接地址的服务器，从该链接地址指向 360 服务器，即专利权人公司的服务器，专利权人对此也予以认可，在此前提下，专利权人如认为该软件保存于其服务器相应下载地址后，当时并未立即提供下载服务，而是在过了半个月在专利申请日 2014 年 09 月 03 日之后才开通下载服务，不符合常理，应承担相应的举证责任，否则其主张不能成立；同时，前述帖子标记有 27 条回复，从请求人提交的证据 1 和专利权人提交的反证 7 显示该帖至第 23 楼的回复看，其回复时间最晚为 2014 年 09 月 01 日，均在涉案专利申请之前，而这些回复中并未见反映不能通过链接下载软件，相反从多个不同跟帖人的回复中可看出已通过链接下载了软件。因此，通过证据 1 可认定任何人通过所述帖子列出的下载地址链接，即可在涉案专利申请日之前下载链接所指向的相关软件。

专利权人主张其提交的反证 2 第 85 页第 2 楼、第 86 页第 5 楼、第 87 页第 9 及 10 楼、第 109 页第 3 楼等以及请求人提交的证据 2 第 58 页第 3 楼、第

67 页第 19 楼等相关帖子中多处网友发言说明 08 月 20 日无相应安装包。对此，合议组认为，所述这些帖子与前述证据 1 中的帖子并非同一发帖，而是其他网友在另外帖子中发言求安装包、询问下载途径或称未找到安装包，与证据 1 中的帖子通过所述链接下载软件并不直接相关，因此不能否定前述结论。

（3）公证日所下载软件与涉案专利申请日之前所下载软件是否一致

专利权人认为公证书中所下载软件为公证之日下载，时间在涉案专利申请日之后约两年，不足以证明与涉案专利申请日之前可下载的软件一致。合议组认为，如专利权人所称，在互联网行业下载地址所指向的下载软件往往可能会改变，例如下载某款软件可在不同时间通过同一地址下载到其最新版本，但另一方面，通过同一下载地址链接不同的文件名指向特定的软件，即同一下载地址结合不同文件名指向唯一对应的软件，这也是通行做法；本案中，证据 1 公证书第 40、41 页记载了通过对所述下载软件 setup_10_priv. exe 点击右键属性操作显示的内容可知，其所示该软件数字签名时间为 2014 年 08 月 19 日，双方均认可该数字签名时间表示软件的完成时间，据此可确认所下载的该软件完成时间为 2014 年 08 月 19 日；由此可见，在公证日 2016 年 07 月 07 日之前该软件下载链接从未更新过 2014 年 08 月 19 日之后修改版本的软件。而另一方面如专利权人所主张本案中涉及的软件为不成熟的内测软件会经过很多修改，在此近两年期间通常会有一定数量的修改版本，但事实上并未将这些修改版本以所述相同的下载地址和相同的文件名上传服务器供下载，由此应通常认为本案证据 1 帖子中列出的软件下载链接采用的是以同一下载地址结合不同文件名指向唯一对应的软件这一通行做法，而非专利权人所主张的情形；另外，根据专利权人提交的反证 2 第 149 页所示卡饭论坛 2014 年 9 月 05 日一条标题为“360 安全卫士 10. 0 抢先体验 P5 版【转帖】”的发帖，帖子中提示“P. S. 之前已有体验码的用户依然可以体验第二版（本版本）。之前已有体验码的用户请点击此链接下载体验这个版本吧，下载链接：http://down. 360safe. com/setup_10_priv5. exe”，其所列下载链接以文件名“setup_10_priv5. exe”与证据 1 中“setup_10_priv. exe”加以区分，由此可进一步印证 360 服务器采用的是同一下载地址结合不同文件名指向唯一对应的软件。因此，在无相反证据证明，特别是该软件下载指向的服务器为专利权人公司的服务器，专利权人未提交证据证明其主张的情况下，合议组认为应推定证据 1 帖子中列出的软件下载地址和文件名指向的软件为唯一对应的同一版本软件，证据 1 中公证日所下载的软件与涉案专利申请日之前可下载的软件是一致的。

专利权人主张，反证 2 的第 108、110、111 页所示发帖中公开的解压后的软件图形用户界面与请求人证明的界面不一致，界面的控件和显示状态不一样，界面不同说明二者不是一个版本。对此，合议组认为，所述帖子与前述证据 1 中的帖子并非同一发帖，而是其他网友在另外帖子贴出的内容，并未表明所示图形用户界面相关软件与证据 1 中所示链接下载软件来源相同，因此其界面不同可说明二者不是一个版本，但并不能证明证据 1 中下载链接所指向的软件存在不同版本。

（4）对所下载软件是否任何人都能正常安装使用

证据 1 公证事项中在运行所下载的“360 安全卫士 10.0”即“setup_10_priv.exe”软件前，先下载并安装成功“7-zip”软件，之后对“setup_10_priv.exe”点击右键弹出的菜单中出现“7-zip”及其下级菜单“提取到‘setup_10_priv\’”，点击操作后即提取若干文件到该文件夹，然后运行所提取的相关文件，从而安装成功“360 安全卫士 10.0”并正常使用。合议组认为，上述过程所使用的“7-zip”软件是一款通用的压缩解压软件，普通公众可以如证据 1 公证书所示搜索下载任意获得，并按常规方法安装成功；在安装完成“7-zip”软件后对“setup_10_priv.exe”文件提取操作也是以右键菜单形式对“7-zip”软件功能的常规操作方法；同时在证据 1 的前述发帖中第 5 楼有网友回复的形式提示了“7-zip 解压后安装”的方法。可见，普通公众通过帖子链接下载“setup_10_priv.exe”软件后，按照该帖中网友提示的方法，通过安装通用的“7-zip”压缩解压软件，并按常规操作方法对“setup_10_priv.exe”提取解压，即可安装成功并正常使用该软件，该过程并未利用特别软件或采用特殊手段，即任何非特定人对所述下载软件借助通用软件的通常操作都能实现正常安装使用。

针对双方对此争议的几方面焦点问题合议组进一步认定如下：

①证据 1 公证过程中采用的 7-zip 软件为 2016 年版本，专利权人认为该软件 2014 年版本并不一定具有 2016 年版本的功能，不能证明涉案专利申请日前以 2014 年版本可以解压并正常安装前述“360 安全卫士 10.0”安装软件。合议组认为，“7-zip”软件作为一款通用的压缩解压软件，压缩和解压是其基本功能，任何版本都应当具备，不同版本通常情况下其压缩文件的基本格式不会出现实质性改变，特别是从 2016 年版本号为 16.XX 及 2014 年版

本号为专利权人所述 9. XX 来看，应均为成熟版本，可解压缩的文件类型应基本固定，即 2016 年版本可解压的文件对于 2014 年版本通常也可解压；虽然其版本差异可能会在压缩和运行效率、附加功能、运行稳定性等方面有所不同，但本案中采用的“提取到‘setup_10_priv \ ’”实质为基本的解压功能，通常情况下所解压提取的文件不会因所述版本不同而不同。而且证据 1 所述发帖中以及专利权人提交的反证 7 所示该发帖中网友回复发言，均未见反映不能解压的情形，而专利权人列举的该帖子第 16 楼“试过了，被卡住了，有些啃爹”、第 17 楼“还有好多 BUG，新版可能有好多改动之处”，所表明的是在安装软件后运行时出现了卡顿或不完善，并非完全不能安装和使用所述软件。特别是作为本案最终所要认定的是所述软件的图形用户界面是否被公开，与软件卡顿、BUG 等涉及功能效果、运行效率方面并不直接相关，从而不会影响本案最终相关事实的认定。

②前述“360 安全卫士 10. 0”安装软件如以自解压形式直接点击安装，会提示输入体验码，专利权人认为，该软件为已采取了加密措施的内测保密软件，因而通过 7-zip 软件进行安装为破解行为，不是正常安装使用。对此，合议组认为，虽然以自解压形式直接点击安装在没有体验码情况下确不能安装使用，但本案前述帖子中提示了另一种以 7-zip 软件解压的安装方法，按照该方法，任何非特定人如前述借助通用软件的通常操作都能实现正常安装，即虽然前一种形式安装不能实现，但通过后一种形式客观上可实现任何人正常安装使用该软件；自解压文件是带有自解压功能的压缩包，虽然通常直接点击运行实现软件安装或解压，但通过解压和压缩软件进行解压提取文件，所采用的也是解压和压缩软件普通的解压缩功能的操作，而不涉及密码破解等特殊操作；虽然专利权人提及 7-zip 软件为开源软件，但从证据 1 公证过程中 7-zip 软件的下载来源及其运行看，均未见任何迹象表明已用到破解功能，故在无证据证明情况下应认为所下载的 7-zip 软件为未经过第三方改编过的 7-zip 普通解压和压缩软件，不涉及密码破解等特殊功能，因此应认为通过其解压可以实现正常安装使用所述“360 安全卫士 10. 0”安装软件。

专利权人主张其提交的反证 2 第 94 页 1 楼、第 96 页 8 楼等相关帖子中多处网友发言说明当时通过解压用不了软件。合议组认为，通过证据 1 及前述论证可证明公证日下载的所述软件可以解压并正常安装使用，而公证日下载的所述软件与所述发帖当日可下载的软件是一致的，由此已充分证明发帖当日可下载的软件亦通过解压可正常安装使用，在此情况下仅凭其他发帖的个别发言不足以否定该充分证明的事实。另外，反证 3 中公证内容仅表明所述下载软件无验证码不能正常安装，并不涉及解压形式的安装，故也不影响上述认定。

（5）关于通过 7-zip 软件解压缩安装所下载软件是否违法，由此取得的相关证据是否能够作为定案依据

专利权人认为，证据 1 中公证下载的软件其安装过程是通过非正当途径进行的安装，其避开专利权人设置的加密措施安装属于违法行为，并以反证 5 所示《软件加密与解密》作为公知常识性证据加以说明，主张这种以侵害他人合法权益或者违反法律禁止性规定的方法取得的证据不能作为认定案件事实的依据。我国《著作权法》第 48 条规定，有下列侵权行为的，应当根据情况，承担停止侵害、消除影响、赔礼道歉、赔偿损失等民事责任……（六）未经著作权人或者与著作权有关的权利人许可，故意避开或者破坏权利人为其作品、录音录像制品等采取的保护著作权或者与著作权有关的权利的技术措施的，法律、行政法规另有规定的除外；我国《计算机软件保护条例》第 24 条规定，除《中华人民共和国著作权法》、本条例或者其他法律、行政法规另有规定外，未经软件著作权人许可，有下列侵权行为的，应当根据情况，承担停止侵害、消除影响、赔礼道歉、赔偿损失等民事责任……（三）故意避开或者破坏著作权人为保护其软件著作权而采取的技术措施的；前述法规规定了对著作权人的技术措施保护。合议组认为，公众通过 7-zip 软件解压缩安装所述下载软件是否违反上述法规规定，并不影响相关软件界面设计是否构成现有设计的认定，如果所述下载软件客观上处于任何人可下载安装使用而为公众所知的事实状态，即可基于该事实状态直接认定相关设计构成现有设计，因而对于本案的焦点问题在于证据 1 中所示公证机关以所述解压缩方法安装运行所述下载软件保全证据是否属于非法取得的证据。参照 2015 年 02 月 04 日施行的《最高人民法院关于适用〈中华人民共和国民事诉讼法〉的解释》第一百零六条规定，对以严重侵害他人合法权益、违反法律禁止性规定或者严重违背公序良俗的方法形成或者获取的证据，不得作为认定案件事实的根据。前述关于著作权人技术措施保护法规规定目的在于阻止他人未经著作权人许可利用作品，比如通过设置密码等措施防止他人擅自安装软件、复制传播作品，从而阻止后续侵犯著作权行为发生。本案中公证机构通过相关解压缩方法安装所述下载软件之后，仅依法定职责对所述下载软件运行过程作保全证明，主观上不存在侵犯著作权的故意，客观上不存在解

压安装软件后后续侵犯著作权的可能，而是为了再现软件运行事实状态合理使用了借助通用软件解压缩的常规操作方法，因而不会造成严重侵害著作权人的合法权益。因此，证据1不属于严重侵害他人合法权益、违反法律禁止性规定或者严重违背公序良俗的方法形成或者获取的证据，可以作为认定案件事实的根据。

（6）专利权人主张所述下载软件是内测的保密软件、下载使用所述软件的体验用户需要高级别并承担保密义务，因而不构成向公众公开，并以指出的反证1至反证7中若干处内容证明和支持其主张。合议组认为，如《专利审查指南》所规定负有保密义务的人泄露保密内容导致技术内容公开，使公众能够得知这些技术，这些技术也就构成了现有技术的一部分，专利权人通过反证2中多处内容证明体验用户高级别的限制，如前文所述由于事实上任何人均可下载并以解压缩形式安装使用该软件，故事实上并不起到限定作用，即本案中所述下载软件客观上已处于任何人可下载安装使用而为公众所知的事实状态，因此无论所述软件是否为保密软件、所称保密义务是否成立均不影响是否构成现有设计的认定。

综上所述，证据1可证明，任何人通过2014年08月19日卡饭论坛一则发帖中列出的下载地址，可以下载所称为“360安全卫士10”的安装软件，并借助7-zip软件解压缩即可实现安装使用所述软件，该软件具体内容通过证据1公证当日下载的软件可予以证明，运行该软件时所呈现的图形用户界面设计即处于能够为公众得知的状态，该发帖之日即为能够为公众得知的时间，其早于涉案专利申请日（2014年09月03日），因此所述下载软件呈现的图形用户界面设计属于涉案专利申请日之前公开的现有设计。

2.2 关于证据2

请求人提交的证据2是北京市长安公证处（2016）京长安内经证字第18611号公证书复印件，请求人在口头审理中当庭提交证据2公证书原件及所附经公证处加盖印章的密封袋封存的光盘，合议组将公证书原件转给专利权人核实，同时将封存的光盘经双方确认封存完好无损后当庭拆封，并由专利权人复制一份光盘内容作核实，专利权人对证据2公证书的真实性无异议，合议组经审查对该公证书未发现形式上的明显瑕疵，据此对证据2公证书的真实性予以确认。

证据2公证事项为对互联网上浏览网页的过程及内容所作保全证据公证，具体内容涉及：通过百度搜索进入“金山网络”主页，经多次点击页面相关链接分别依次进入“金山毒霸”“爱毒霸”社区页面，并在交流讨论栏找到标题为“数字卫士 10 界面”以及标题为“虽然在这里传数字的图片不太好，但我还是传吧，希望官方能感受到对手的压力，振作起来”的发帖，点击所述发帖，对相关发帖内容作证据保全。合议组认为，“爱毒霸”社区为国内知名的网络软件公司针对知名软件“金山毒霸”设立的网上交流平台，基于其所属公司具有较高的信誉度，按双方提交的证据未发现其网站管理、运行机制不规范之处，证据 2 对其中的相关帖子作公证保全，在无相反证据情况下所述帖子应认定为真实记录，即对所述帖子真实性予以确认；基于交流平台的基本属性，发帖人的发言时间是由系统自动生存并在帖子中记录显示，发帖人不能更改；所述帖子在所显示的发帖时间 2014 年 8 月 19 日即真实存在，帖子中记载的发帖内容、跟帖人的发言内容在相应的记录时间亦为真实存在；其中后一帖记载楼主发帖内容于 2014 年 8 月 20 日由楼主编辑过，因此其发帖内容最晚在所显示的编辑时间真实存在。专利权人对所述发帖时间是否编辑过仅提出异议，但未提交证据充分证明，故其主张不能成立。

上述发帖中分别贴出多幅相关软件的图形用户界面设计贴图，由于所述交流平台发帖内容面向任何公众公开，因此自发帖之日起或自发帖最后编辑之日起，相关发帖内容已处于能够为公众得知的状态，所述发帖时间或最后编辑时间均早于涉案专利申请日，因此帖子中贴图所示图形用户界面设计属于涉案专利申请日之前公开的现有设计。

2.3 关于证据 3、证据 4

请求人提交的证据 3、证据 4 均为中国外观设计专利文献，专利权人对其真实性无异议，合议组经核实对其真实性予以确认，其公告时间分别为 2011 年 01 月 12 日、2014 年 06 月 18 日，均在涉案专利申请日之前，因此证据 3、证据 4 所示设计属于涉案专利申请日之前公开的现有设计。

2.4 关于专利权人提交的反证证据

（1）专利权人提交反证的期限

请求人认为，《专利法实施细则》规定的文件发出之日起满 15 日推定为收到日，是在没有明确证据证明实际收文日的情况下推定的期限，如果有实际收文日，则发文满 15 日就不是法定收文日，而是以实际收文日当天计算；通过邮政官网可以查询到，22 日发文 23 日就可以收到，本案中专利复审委 2016 年 08 月 22 日寄出了转文，专利权人举证一个月期限应该在 2016 年 09 月底之前届满，因而专利权人于 2016 年 10 月 08 日提交的反证超过举证期限。

合议组认为，本案无效宣告请求于 2016 年 08 月 22 日被受理，专利复审委员会于当日以挂号信邮寄形式向专利权人发出受理通知，通知其在收到该通知之日起一个月内答复，专利权人的举证期限亦即收到该通知之日起一个月期限。《专利法实施细则》第 4 条第 3 款规定，国务院专利行政部门邮寄的各种文件，自文件发出之日起满 15 日，推定为当事人收到文件之日。依照该规定，对于本案向专利权人邮寄的受理通知，在确定推定收到日时应予适用。综上，本案中无相关证据可充分证明专利权实际收到受理通知的时间，应依照《专利法实施细则》第 4 条第 3 款规定，自通知发出之日起满 15 日即 2016 年 09 月 07 日推定为专利权人收到之日，2016 年 10 月 07 日为国庆法定假日全国统一调休日，因此专利权人于 2016 年 10 月 08 日提交反证并未超过举证期限。

（2）反证证据认定

专利权人在口头审理中当庭提交反证 1 至反证 4 公证书原件及反证 3 所附经公证处加盖印章密封袋封存的光盘，合议组将公证书原件转给请求人核实，同时将反证 3 所附封存的光盘经双方确认封存完好无损后当庭拆封，并由请求人复制一份光盘内容作核实，请求人对反证 1 至反证 4 公证书的真实性无异议；专利权人当庭提交了盖有国家图书馆证明复印件与原件一致印章的反证 5 确认件，请求人对反证 5、反证 7 的真实性无异议；合议组经审查对上述证据未发现明显瑕疵，鉴于请求人对其真实性无异议，合议组据此对反证 1 至反证 4、反证 5、反证 7 的真实性予以确认。反证 6 为专利权人申请的相关外观设计专利申请清单，辅助说明专利权人对创新的保密意识，仅供合议组作为参考材料，合议组对其不再进一步审查认定。

关于专利权人提交反证用于证明请求人提交的证据不构成现有设计，其具体欲证明的事实及相关主张是否成立已在前述对请求人提交的证据认定中相结合作认定，不再赘述。其中关于专利权人通过反证证明和主张的前述下载软件为内测软件具有保密要求、安装使用具有保密义务，其是否成立与专利权人主张的不丧失新颖性的宽限期直接相关，故见以下认定。

3. 关于是否属于不丧失新颖性宽限期的情形

专利权人认为，请求人所主张的在先公开即使成立也属于《专利法》第 24 条规定的不丧失新颖性的宽限期情形，并提交了反证证明请求人提交的证据中所示发帖人未遵守专利权人明示或者默示的保密义务而将发明创造的内容公开。

《专利审查指南》规定，《专利法》第 24 条规定的他人未经申请人同意而泄露其内容所造成的公开，包括他人未遵守明示或者默示的保密信约而将发明创造的内容公开，也包括他人用威胁、欺诈或者间谍活动等手段从发明人或者申请人那里得知发明创造的内容而后造成的公开。合议组认为，本案中请求人提交的证据1前述卡饭论坛帖子及下载链接页面均未见任何关于保密要求的信息，专利权人提交的证据也不足以证明所述下载软件的使用具有明示或默示的保密要求，具体理由如下：

（1）所述下载软件本身并未明示保密要求，相关证据也不足以证明对体验用户具有保密约定。在对所述下载软件以自解压形式安装过程中，其安装界面仅提示“仅供获得优先体验资格的用户试用”，并提示输入体验码，可见，不存在明示的保密要求相关内容。专利权人指出反证2中多处发帖列出了进入体验中心的链接，通过链接进入体验中心页面可见领取体验码要求“保证在产品未正式发布之前不向外界泄露产品信息”，由此主张对体验用户具有明示的保密要求；合议组认为，所述发帖中列出的进入体验中心的链接地址分别有：

“http://tiyan.i.360.cn/”（见公证书第2页，反证2）；

“http://tiyan.i.360.cn/detail/showdetail?id=17”（见公证书第84页，反证2）；

“http://tiyan.i.360.cn/cms/guard.html”（见公证书第151、168、189页，反证2）。

但公证书记载的点击上述链接所进入的体验中心网页地址均实际为“http://tiyan.vip.360.cn”，即所述发帖中的链接地址与公证书中所示进入的体验中心网页地址不相符，且所述不同链接地址均指向该相同地址的网页，专利权人对此未作出合理解释或证明，因而在此情况下不足以证明所述发帖中相关链接在发帖当时所实际指向的为公证书所中所示体验中心网页；进一步结合反证4可见，所述链接地址实际均指向了约两年后反证4公证当时的360体验中心网页，该网页地址显示为专利权人自身服务器，网页内容是否修改过完全受控于专利权人，因此专利权人以该网页内容证明前述发帖当时对体验用户有相关保密要求不能成立。

（2）设置体验码不能证明对软件试用具有保密要求。所述下载软件以自解压形式直接安装时会要求输入体验码，正如专利权人提交反证5及反证2中“软件注册码破解案例教程”所述，该体验码与计算机软件设置安装注册码的目的相同，通常而言在于防止非经开发者许可使用该软件，防止用户使用盗版软件，其与保密要求并不直接相关，而事实上软件开发者往往不会反对有权用户向他人宣传展示软件，甚至乐见其成，例如常见的 Microsoft Office 办公软件及免费杀毒软件等，因此本案中对所述安装软件设置体验码不能证明对该软件试用具有保密要求。

（3）专利权人提交的证据不足以证明体验试用软件的用户负有保密义务，也不足以证明其为行业惯例。反证 4 是对地址为“http://tiyan. vip. 360. cn”的网页的保全公证，具体显示为 360 体验中心网页，专利权人同样以网页显示领取体验码要求“保证在产品未正式发布之前不向外界泄露产品信息”主张对体验用户具有明示的保密要求。合议组认为，由于该网页地址显示为专利权人自身服务器，网页内容是否修改过完全受控于专利权人，鉴于与本案的直接利害关系，其能够证明公证当时 360 体验中心网页相关内容，而不足以证明在此之前的相关内容，即不足以证明本案中涉及的在涉案专利申请日之前对体验试用软件的用户有相关保密约定。反证 1、反证 2 列举了江民、小米平板、金山毒霸、搜狗输入法等软件内测的保密要求，以此主张参加内测人员负有保密义务为行业通常观念和习惯。合议组认为，这些为对不同类型软件在内测阶段相关保密要求的分别列举，软件所处不同开发阶段、不同行业领域以及不同内容、不同商业获利模式的软件其是否有保密要求以及保密目的并不一定相同，比如对于不通过售卖软件本身营利的免费软件，出于商业需要也存在在正式发布之前默示广泛传播展示的可能，故这些列举并不足以说明软件内测人员不能展示宣传相关软件内容为通常应遵守的行业惯例保密义务；况且本案所述下载软件在安装界面显示“仅供获得优先体验资格的用户试用”，以及即便按专利权人主张的 360 体验中心网页内容看，体验用户可以对该中心提供的大量尚未对外发布的产品及功能拥有优先体验权，对产品有任何意见或建议可以反馈，这些内容按通常理解并不能直接认为体验用户就是对处于内测阶段的软件承担内测任务；专利权人列举反证 2 相关帖子及网友发言称软件在督导内测，仅凭这些网友发言也不足以证明所述下载软件确处于内测阶段；专利权人通过提交的反证 2 还列举了针对 360 杀毒软件测试对督导的内测保密要求或约定，其也不能对应于本案所述下载软件“优先体验资格的用户”以及如前述是否处于内测阶段尚不确定的情形。

综上所述，请求人提交的证据不足以证明涉案专利申请日之前试用者对本案所述下载软件的体验试用负有保密义务，因此所述下载软件的公开不属于《专利法》第 24 条规定的“他人未经申请人同意而泄露其内容的”不丧失新颖性的宽限期情形。

4. 关于《专利法》第23条第2款

4.1 涉案专利要求保护的外观设计

涉案专利要求保护的为产品名称为“带图形用户界面的电脑”的外观设计，包含设计1至设计4四项相似设计，分别以六面正投影视图和四幅或九幅变化状态图表示。简要说明记载：其产品用途为用于运行程序；设计要点在于电脑显示的图形用户界面内容；界面用途为，产品的图形用户界面为电脑安全检测的软件界面；通过顺序显示主视图，以及各个变化状态图显示电脑安全检测的过程，各个视图逐行显示每一种类型的检测项，在当前行的各个检测项检测结束后，当前行下移，当前行的上方逐个显示另一种类型的各个检测项；每个视图界面的左上角的显示控件显示检测状态的数值，点击右上角控件“取消体检”，实现停止检测的功能。

外观设计专利权的保护范围以表示在图片或者照片中的该产品的外观设计为准，简要说明可以用于解释图片或者照片所表示的该产品的外观设计。通过涉案专利视图可见，所要求保护的外观设计由所示电脑设计和软件运行的图形用户界面设计共同确定；简要说明对图形用户界面的用途、界面变化过程作出了解释说明，便于准确理解图形用户界面设计内容；简要说明中说明设计要点在于其中的图形用户界面设计，可作为判断涉案专利主要创新设计内容的参考。

涉案专利设计1至设计4电脑设计相同，包括机身和支座，机身正面为周边呈窄边框的长方形显示器，下边框中部有五个细条状按钮，机身背面中部区域凸起呈上薄下厚的曲面状，底座包括近似长方形薄底板和弯曲支柱，通过支柱与机身背面凸起区域底部相连。

涉案专利设计1至设计4图形用户界面均呈现于电脑显示屏，呈长方形居中占据大部分显示区域，主视图示出初始界面，变化状态图示出界面变化过程。设计1主视图所示初始界面以横线进度条划分为上下两部分，上下高度比约为2：3，进度条靠左一段较粗；上部分的左端为带有数字的较大圆圈图标，中间为一行文字，右端为带有较小文字的长条跑道形图标，上部分右上角还有三个细小图形；下部分靠近进度条为一行六个圆形图标，每个图标中部有不同的图形，并分别在下方附有较小文字；下部分左上角还有一行较小文字。变化状态图1示出与初始界面对应的进度条较粗段有所延长，下部分的图标及文字由靠近进度条全部整体下移至中间位置；变化状态图2示出与初始界面对应的进度条较粗段进一步延长，下部分的图标及文字由中间位置整体下移至靠近下部位置；变化状态图 3 示出与初始界面对应的进度条较粗段继续延长，下部分的图标及文字进一步下移至靠近底部位置，并在下部分左上角出现一行较小文字，中间位置出现一条虚线划分线；变化状态图 4 示出与初始界面对应的进度条较粗段延长至右端头，在变化状态图 3 中出现的左上角较小文字与虚线划分线之间出现一个圆形图标，并在其下方附有较小文字。结合简要说明及视图所示相关图标、文字可见，设计 1 为电脑安全检测的软件界面，其上部分左端较大圆形图标中的数值表示检测状态数值，点击右侧长条跑道形图标实现停止检测功能，下部分一行圆形图标表示一种类型的检测项，该检测项检测结束后，当前行下移，并在上方依次显示另一种类型的检测项文字及对应图标和文字，在检测项之间出现虚线划分，在检测过程中进度条以粗线从左至右逐渐延长示出相应检测进度。(详见涉案专利附图设计 1)

设计 2 相较设计 1 除进度条延长变化进度有所不同及没有检测项之间虚线划分之外，其余设计相同。(详见涉案专利附图设计 2)

设计 3 相较设计 1 对应的初始界面及变化状态图 1 至 4 所示界面除进度条变化进度有所不同外其余设计相同，在此基础上还增加了变化状态图 5 至 9 所示变化设计，示出已有两行检测项以前述相同的变化形式整体下移，直至最下行检测项移出界面消失，同时在上方依次出现新的检测项、检测项之间虚线划分以及图标和文字，进度条从左至右端作相应变化。(详见涉案专利附图设计 3)

设计 4 相较于设计 3 除没有检测项之间虚线划分之外，其余设计相同。(详见涉案专利附图设计 4)

4.2 证据 1、证据 3 所示现有设计

基于请求人在口头审理中指出的证据 1 光盘视频 35 分 40 秒到 36 分 40 秒以及无效宣告请求书中列出的相应视频截图，合议组将其呈现的涉及图形用户界面的现有设计作为本案对比设计（下称对比设计 1）。对比设计 1 界面设计为长方形，所示初始界面（详见对比设计 1 附图图 1）以横线进度条划分为上下两部分，上下高度比约为 2 : 3，进度条靠左一段较粗并带有类似螺旋式花纹；上部分的左端为带有数字的较大圆圈图标，中间为一行较大文字及并排一行细小文字，右端为一短行较小文字，上部分右上角还有三个细小图形，左上角有返回图标；下部分靠近进度条为一行六个圆形图标，每个图标中部有不同的图形，并分别在下方附有较小文字；下部分左上角有一行较小文字，右上角有一较小展开操作箭头符号。在软件运行过程中初始界面不断变化，分别经历呈现图 2

至图 4 所示界面（详见对比设计 1 附图图 2 至图 4）。结合视频及界面中相关图标、文字可见，对比设计 1 为电脑安全检测的软件界面，其上部分左端较大圆形图标中的数值表示检测状态数值，点击右端“取消体检”短行较小文字实现停止检测功能，下部分一行圆形图标表示一种类型的检测项，该检测项检测结束后，当前行下移，并在上方依次显示另一种类型的检测项文字及对应图标和文字，在检测项之间出现虚线划分（详见对比设计 1 附图图 2）；当前述第二行检测项结束后，则已有两行检测项以前述相同的变化形式整体下移，直至最下行检测项移出界面消失，同时在上方依次出现新的检测项、检测项之间虚线划分以及图标和文字（详见对比设计 1 附图 3、图 4）；在检测过程中进度条以螺旋式花纹粗线从左至右逐渐延长示出相应检测进度，检测项区域最右侧出现滚动条和展开操作箭头符号。

证据 3 所示为“液晶显示器背光一体机”的外观设计（下称对比设计 2），其简要说明记载该产品主要用作电脑显示设备或电视显示设备。对比设计 2 由六面正投影视图表示，包括机身和支座，机身正面为周边呈窄边框的长方形显示器，机身背面上部、中部有类似倒工字形不规则区域加厚设计，底座包括近似梯形的带圆形凸起部分的薄底板和弯曲的长椭圆形支柱，通过支柱与机身背面凸起区域底部相连（详见对比设计 2 附图）。

4.3 涉案专利与证据 1、证据 3 所示现有设计组合对比

请求人主张涉案专利与证据 1、证据 3 分别所示图形用户界面和电脑设计的组合相比不具有明显区别。

涉案专利产品为“带图形用户界面的电脑”，所述电脑实质上为电脑和电脑显示设备的一体机，证据 3 所示为“液晶显示器背光一体机”（即对比设计 2），简要说明记载也可用作电脑显示设备，即涉案专利产品包含了与证据 3 产品相同的主要用途，因此二者为相近种类产品。涉案专利中图形用户界面设计与证据 1 所示图形用户界面设计（即对比设计 1）均为电脑安全检测的软件界面，检测过程中均有显示电脑安全检测的过程、进度、检测状态数值功能，均能逐行显示每一种类型的检测项，均可操作实现停止检测的功能，因此二者图形用户界面各部分对应功能均相同，属于相同用途的图形用户界面。

对比设计 1 为电脑安全检测软件界面设计，对比设计 2 涉及电脑显示设备设计，电脑软件本身通过电脑运行使用，软件运行过程中其界面呈现于电脑显示设备显示屏即实现二者设计结合一体，可见电脑软件界面与电脑显示设备具有当然的结合关系，故将对比设计 1、2 进行组合具有当然的组合启

示。作为电脑软件其界面可在任何电脑显示设备显示，界面以众所周知的屏幕显示形式在显示屏上呈现，虽然有全屏或部分屏显示的差异，以及部分屏显示时在屏幕不同位置的差异，但这些通常均为默认的众所周知的显示形式，故将二者以这些众所周知的显示形式结合一体，其在设计上的具体组合采用的是常规的组合方式。并且，软件界面在电脑显示设备上直接呈现，二者组合为不需要对各自作任何调整变化的直接叠加。因此，基于上述，以一般消费者通常的认知能力和一般常识，将对比设计 1 软件界面呈现于对比设计 2 电脑显示设备显示屏上的组合，可以无疑义地直接确定该组合后的具体设计。

合议组认为，将涉案专利与两项现有设计的组合作对比判断时，如果两项现有设计具有组合启示，并且具体组合采用该类产品常规组合方式，同时不需对各自作任何调整变化而直接叠加，基于此以一般消费者通常的知识水平和认知能力，可以无疑义地直接确定该组合后的具体设计，则这种情况下可以将所述两项现有设计的组合视为该组合后的一项具体设计，直接将涉案专利与组合后的该具体设计作对比，并通过判断其差别对整体视觉效果是否具有显著影响，得出是否具有明显区别的结论。本案中涉案专利与对比设计 1、2 的组合对比即属于此情形，合议组由此作出如下对比判断。

将对比设计 1 所示软件界面在对比设计 2 显示屏中部以通常的非全屏形式显示，即得到一项二者组合设计。该组合设计的软件界面、显示设备设计分别与对比设计 1、对比设计 2 相同，软件界面位于显示屏中部，距离显示屏边界区域上下较窄、左右较宽。

将涉案专利设计 1 与前述组合设计（以下简称对比设计）相比较，鉴于涉案专利设计 1 软件界面设计与对比设计对应的软件界面仅涉及对比设计 1 附图图 1、图 2 所示界面及相关视频，故不考虑对比设计 1 附图图 3、图 4 所示界面及相关视频。二者相同设计主要在于：软件界面设计上初始界面整体划分布局、主要图标及文字展示排列、主要图标整体外形及比例关系均基本相同；界面动态设计均为逐行显示每一种类型的检测项，在当前行的各个检测项检测结束后，当前行图标下移，并在上方依次显示另一种类型的检测项文字及对应图标和文字，在检测项之间出现虚线划分，在检测过程中进度条以粗线从左至右逐渐延长示出相应检测进度，均设有相应变化的检测状态数值。电脑或显示设备均包括机身和支座且其位置比例关系基本相同，机身正面显示器外形及边框设计基本相同，机身背面均有凸出设计，底座均包括薄底板和弯曲支柱设计。软件界面在显示屏上的位置、比例关系基本相同。二者不同设计主要在于：软件界面设计上包括（1）进度条设计涉案专利以粗直线条、对比设计以螺旋式花纹粗线条表示进度，二者进度变化快慢也有所不同；（2）图标和图形文字设计上，涉案专利“取消体检”图标有类似跑道形外框，对比设计无，各检测项图标具体图形有所不相同，图标数量不同，对比设计在上部分左上角有返回图标、下部分检测项区域最右侧有滚动条和展开操作箭头符号，涉案专利无相应设计，对比设计在上部分中间一行较大文字下并排一行细小文字，涉案专利无该行细小文字；（3）动态设计上，涉案专利每一类型检测项图标移动后，另一类型检测项先出现文字、再出现图标设计，对比设计未示出二者先后出现，即未示出与涉案专设计 1 变化状态图 3 对应的界面下部分左上角先单独出现检测项文字的动态效果；对比设计也无与涉案专利变化状态图 2 对应的变化界面。显示设备包括（4）机身正面涉案专利有按钮设计，对比设计 2 无；（5）机身背面凸出设计区域和具体形状不同；（6）底座的薄底板和弯曲支柱具体形状不同。

合议组认为：

涉案专利要求保护的外观设计由所示电脑设计和软件运行的图形用户界面设计共同确定，在进行外观设计对比时应将二者均予以考虑作整体观察综合判断。在判断二者对整体视觉效果的影响时，同样应基于该类产品一般消费者的知识水平和认知能力，结合现有设计状况、各考虑因素等综合确定。同时应考虑电脑软件图形用户界面自身特点，其可在任何电脑上运行使用，具有通用性；通常不依附于电脑硬件设备外观设计而独立作出，在设计上不存在与电脑硬件设备特定的对应组合关系，通过在电脑设备上显示实现二者设计上的常规叠加结合，但在视觉上二者通常不存在相互协调、呼应等影响而融为浑然一体效果，可见电脑软件界面相对于硬件设备具有独立性；电脑软件界面得以显示的电脑显示屏通常占据电脑设备正面绝大部分区域，呈现于显示屏的软件界面通常为电脑显示设备正面的主体设计内容。基于电脑软件界面的这些特点，如果所示电脑硬件部分为常见设计或即便不能确定为常见设计但相对于现有设计并未作出独特的引人瞩目的变化，并结合简要说明记载亦指明其设计要点主要在于图形用户界面设计的，可以认定涉案专利要求保护的外观设计对整体视觉效果具有显著影响内容在于所示图形用户界面设计。图形用户界面是与实现产品功能直接相关的操作界面，其界面设计不是单纯体现视觉效果，而是同时具备一定功能和用途，因此作为判断主体的一般消费者应结合相应功能、用途的图形用户界面现有设计状况综合考虑。

本案中，涉案专利电脑设计在正面为常见的窄边框矩形设计，附以局部细小按钮设计，其底座近似长方形薄板和弯曲支柱设计相对于一般消费者所知晓的该类产品常规设计并未有显著变化，其机身背面的曲面凸起设计作为使用状态下不易见面也未作出独特的引人瞩目的变化，专利权人在专利申请简要说明中也声明涉案专利设计要点在于电脑显示的图形用户界面内容，在此情况下，涉案专利区别于电脑安全检测用途这类界面常规设计的软件界面设计，对于一般消费者而言会引起特别关注；双方在口头审理中也均认可涉案专利对整体视觉效果具有显著影响的设计内容在于图形用户界面设计。因此，涉案专利对整体视觉效果具有显著影响的设计内容在于其图形用户界面设计。

涉案专利图形用户界面为电脑安全检测的软件界面，从界面功能用途而言，为实现相应安全检测的控件设置及直接相关的界面、图标、动态效果等会引起一般消费者关注；从视觉效果而言，在排除常规设计的前提下，界面的整体划分布局涉及界面整体设计，主要图标及文字的展示排列涉及显著设计特征内容，变化状态图示出的动态效果在该软件操作运行中占据了主要过程，这些方面的设计会引起一般消费者重点关注。因此，涉案专利图形用户界面前述几个方面的设计对界面的整体视觉效果均具有显著影响。

涉案专利设计 1 与对比设计存在前述相同和不同设计，在二者不同设计中：关于第（1）点进度条不同，二者均是在相同位置采用粗细区分表示检测进度的线条式进度条，动态过程均是粗线从左至右逐渐延长示出进度，由此形成整体上较为接近的进度表示效果，在此基础上其粗线条螺旋式花纹设计相对而言属于细微变化，况且涉案专利对应的粗直线条设计更为常见也不易受到一般消费者关注；至于二者进度变化快慢不同通常而言与所检测的不同电脑设备涉及的检测项多少等因素相关，且其不同也是不易觉察到的细微变化。关于第（2）点不同，在涉案专利涉及安全检测的主要控件设置及直接相关的界面、图标排列、动态效果与对比设计 1 相对应整体基本一致情况下，具体图标和图形文字差异在界面整体视觉效果上通常属于细节变化；而涉案专利在“取消体检”图标上多出类似跑道形外框，对比设计多出返回图标、滚动条和展开操作箭头符号及一行细小文字等这些设计的取舍考虑是否设置及所示这些具体设计均为常规设计；各检测项图标具体图形有所不同，但其整体均为圆形图标，图标内的图形为细节设计，且图标呈现随具体检测项中检测对象不同而不同，故其差异不易受到关注；关于底行图标数量不同，由于其通常由检测项中检测对象的数量而随机确定，故其差异不予考虑，况且所示六个和七个图标的数量不同基于一般注意力也不易觉察到。关于第（3）点不同，虽然对比设计未示出与涉案专利变化状态图 2 对应的变化界面，但结合视频可见对比设计已示出与涉案专利对应的当前行的各个检测项图标及文字整体下移的动态效果，二者整体动态效果基本一致，在此情况下，对于对比设计未示出变化状态图 3 对应的界面下部分左上角先单独出现检测项文字的动态效果，在动态变化连续呈现时，仅所述检测项文字、图标是否同时出现的差异并不明显，特别是对于检测速度较快时涉案专利的分先后出现效果更不易被觉察到。关于第（4）至（6）点所示二者电脑或显示设备的差异，在二者各部分位置比例关系基本相同，机身正面显示器外形及边框设计基本相同，底座均包括薄底板和弯曲支柱设计情况下，所涉及的正面按钮设计、底座薄板类似长形和梯形及细微突起设计、弯曲支柱为圆柱或长椭圆形柱这些设计并未形成显著变化，而背面凸出设计不同也是使用状态下不易见且未作出独特的引人瞩目的变化，再将硬件设备同软件界面整体考虑，如前述涉案专利对整体视觉效果具有显著影响的设计内容主要在于其图形用户界面设计，故二者所述差异不易受到一般消费者关注，其硬件设备的不同不足以对整体视觉效果产生显著影响。综上，在二者界面设计如前述功能用途相同，界面整体划分布局、主要图标及文字展示排列、主要图标整体外形及比例关系均基本相同，界面动态效果基本相同的情况下，这些相同或相近设计形成了二者软件界面设计基本相同的整体视觉效果，前述差异一般消费者不易关注及属于细微变化或常规设计变化，同时二者所述硬件设备的差异不足以对整体视觉效果产生显著影响，因此涉案专利设计 1 与对比设计 1、2 的组合相比不具有明显区别。

将涉案专利设计 2 与对比设计相比较，基于前述设计 2 相较设计 1 的差别可见，设计 2 相较于设计 1 与对比设计的差别，主要还多出了在检测项之间没有虚线划分的差异，其余相同点和不同点同设计 1 与对比设计的对比。合议组认为，如对比设计所示，这种较细的虚线划分在界面视觉效果上并不明显，同时在动态效果上检测项之间的区域划分以图标逐行排列和整体移动表现更为明显，故所多出的该差异不易受到一般消费者关注，对整体视觉效果不具有显著影响。因此，结合前述设计 1 与对比设计的对比判断理由，涉案专利设计 2 与对比设计 1、2 的组合相比不具有明显区别。

将涉案专利设计 3 与对比设计相比较，基于前述设计 3 相较设计 1 的差别可见，设计 3 增加了变化状态图 5 至 9 所示界面设计变化，而对比设计 1 附图

图 3、图 4 所示界面及相关视频与之相对应故予以整体考虑。经对比可见，所增加的差异主要在于对比设计结束界面上部检测项区域有四个图标，而设计 3 对应仅一个图标，除此以外二者其他不同设计在设计 1 与对比设计的对比中已包括。对于检测项区域图标数量不同，如前述由于其通常由检测项中检测对象的数量而随机确定，故其差异不予考虑，况且对比设计在该检测项区域起初出现一个图标时即已公开了与设计 3 相对应的设计。因此，结合前述设计 1 与对比设计的对比判断理由，涉案专利设计 3 与对比设计 1、2 的组合相比不具有明显区别。

将涉案专利设计 4 与对比设计相比较，基于前述设计 4 相较设计 3 的差别可见，设计 4 相较于设计 3 与对比设计的差别，主要还增加了在检测项之间没有虚线划分的差异，其余相同点和不同点同设计 3 与对比设计的对比。如前述，对比设计所示这种较细的虚线划分在界面视觉效果上并不明显，同时在动态效果上检测项之间的区域划分以图标逐行排列和整体移动表现更为明显，故所多出的该差异不易受到一般消费者关注，对整体视觉效果不具有显著影响。因此，结合前述设计 3 与对比设计的对比判断理由，涉案专利设计 4 与对比设计 1、2 的组合相比不具有明显区别。

综上所述，涉案专利设计 1 至设计 4 所示全部设计与请求人提交的证据 1 和证据 3 所示现有设计组合相比不具有明显区别，不符合《专利法》第 23 条第 2 款的规定。

鉴于已得出上述结论，合议组对请求人提交的其他证据和理由不再评述。

三、决定

宣告 201430324283.6 号外观设计专利权全部无效。

当事人对本决定不服的，可以根据《专利法》第 46 条第 2 款的规定，自收到本决定之日起三个月内向北京知识产权法院起诉。根据该款的规定，一方当事人起诉后，另一方当事人作为第三人参加诉讼。

合议组组长：樊晓东

主　审　员：徐清平

参　审　员：钟华　袁婷　曹铭书

专利复审委员会

七

从电动平衡车一案看本国优先权成立的条件

评析“电动独轮自行车”无效案

电动平衡车是一种新兴代步工具，常见的电动平衡车有独轮车和两轮车。发明名称为“电动独轮自行车”（申请号为201110089122.9，下称本专利）的中国发明专利是电动独轮平衡车领域的基础性专利，针对本专利三位请求人分别于2016年10月先后提出无效宣告请求，原专利复审委员会经合并审理后作出第36591号无效宣告请求审查决定，宣告该专利权利要求1、3、5—8因不具备创造性而无效，在权利要求2、4、9的基础上继续维持该专利权有效。

本专利的申请日为2011年4月1日，其要求了申请日为2010年9月6日的中国在先申请的优先权。无效程序中请求人提交的一份用于评价本专利创造性的证据，其公开日为2011年3月5日，介于本专利的本国优先权日和申请日之间。请求人另又提交一份美国专利申请，该美国申请的申请日为2011年9月15日，其中包含的两项美国临时申请的申请日分别为2010年3月9日和2010年3月18日。请求人主张，美国专利申请的内容与本专利完全对应，两者属于相同主题的发明创造，美国专利申请包含的两项美国临时申请的申请日均早于作为本专利本国优先权基础的中国在先申请的申请日，由此可知中国在先申请不是相同主题的首次申请，本专利不能享有本国优先权。

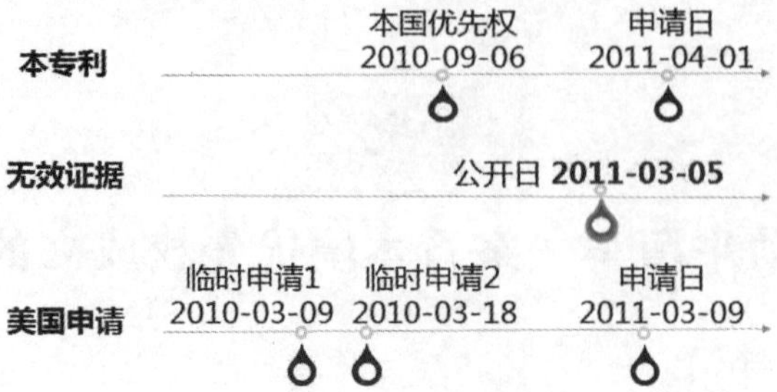

专利权人辩称，对于本国优先权，作为优先权基础的中国在先申请应该是在中国范围内的第一次申请，而非请求人主张的世界范围内的第一次申请。作为本专利优先权基础的中国在先申请是相同主题在中国范围内的第一次申请，因此本专利符合本国优先权规定，其本国优先权成立。

本案的第一个焦点问题在于，作为本国优先权基础的中国在先申请是否只要是在中国的首次申请即可，相同主题的首次申请的含义应当如何理解。

我国《专利法》第 29 条第 1 款对外国优先权有如下规定：申请人自发明或者实用新型在外国第一次提出专利申请之日起十二个月内，或者自外观设计在外国第一次提出专利申请之日起六个月内，又在中国就相同主题提出专利申请的，依照该外国同中国签订的协议或者共同参加的国际条约，或者依照相互承认优先权的原则，可以享有优先权。

《专利法》第 29 条第 2 款对本国优先权有如下规定：申请人自发明或者实用新型在中国第一次提出专利申请之日起十二个月内，又向国务院专利行政部门就相同主题提出专利申请的，可以享有优先权。

单从文义解释的角度看，本国优先权规定中的“在中国第一次提出专利申请”可以有两种不同的理解，第一种理解是，只要是“在中国”的第一次申请即可，并不考虑是否是世界范围内的第一次申请；第二种理解是，应当是世界范围内的第一次申请，并且该第一次申请在中国提出。本案中专利权人持第一种观点，而请求人持第二种观点，单纯从文义解释的角度难以作出明确的判断。

从《专利法》第 29 条的立法目的角度不难发现，《专利法》第 29 条所述的优先权原则源自《巴黎公约》第 4 条，其目的是使成员方国民就其发明创造在本国提出专利申请后，在一定期限内就同一主题在其他成员方提出的在后申请，在某些方面被视为是在首次申请的申请日提出。作为《巴黎公约》成员方，我国《专利法》第 29 条第 1 款关于外国优先权的规定即是巴黎公约优先权原则在我国的具体适用。根据《巴黎公约》的规定，作为优先权基础的在先申请必须是针对相同主题的世界范围内的首次申请，因此《专利法》第 29 条第 1 款中的“在外国第一次提出”的专利申请是指世界范围内的首次申请。

《专利法》第 29 条第 2 款有关本国优先权规定中的“在中国第一次提出专利申请”与《专利法》第 29 条第 1 款有关外国优先权规定中的“在外国第一次提出专利申请”两者表述方式一致，仅是“中”“外”之差。外国优先权规定中的“第一次”其含义是世界范围内的第一次，由此中国优先权规定中的“第一次”其含义也应当是世界范围内的第一次。

1984 年首次制定的《专利法》中只有外国优先权的规定，并无本国优先权的规定。本国优先权是在 1992 年修订《专利法》时增加的条款。设立本国优先权的目的之一在于，在优先权层面上使中国申请与外国申请处于同等地位，以弥补我国申请人在我国再次就相同主题提出的专利申请不能要求其首次申请的优先权的法律空白。据此可以推知订立本国优先权的本意在于，如果首次申请是外国申请则在后申请享有要求外国优先权的权利，如果首次申请是中国申请则在后申请享有要求本国优先权的权利。因此本国优先权中的第一次申请也应当是世界范围内的首次申请，本国优先权的设立并无意于在已经存在外国首次申请的情况下，赋予申请人以晚于外国首次申请的中国申请作为优先权基础而要求本国优先权的权利。所以本国优先权产生的历史背景更加充分地说明《专利法》第 29 条第 2 款本国优先权规定中的“第一次”即是《巴黎公约》第 4 条中世界范围内的第一次。

基于以上考虑，第 36591 号无效宣告请求审查决定认定，《专利法》第 29 条第 2 款所述的“在中国第一次提出专利申请”中的“第一次申请”应当理解为就相同主题在世界范围内首次提出的申请，只不过对于本国优先权，该世界范围内的首次申请是在中国提出的。

本案的第二个焦点问题在于《专利法》第 29 条所述的“相同主题”的判断。

根据《专利法》第 29 条的规定，无论外国优先权还是本国优先权，在核实优先权是否成立时均以是否属于“相同主题”为一般的判断标准。判断时以要求优先权的在后申请的权利要求作为判断对象，将在后申请的权利要求逐一与在先申请全文进行比对。

由于美国临时申请的存在，本案优先权核实的情形更为复杂一些。首先，如果作为本专利优先权基础的中国在先申请与本专利不属于相同的主题，则可以判定本专利的本国优先权不成立；如果两者主题相同，则需要进一步确定该中国在先申请是否为相同主题的第一次申请，即需要将本专利与美国临时申请进行比对，如果本专利与美国临时申请的主题相同，则说明作为本专利本国优先权基础的中国在先申请不是相同主题的首次申请，本专利的本国优先权不成立；如果本专利与美国临时申请的主题不同，而与中国在先申请的主题相同，则说明中国在先申请是相同主题的首次申请，本国优先权成立。

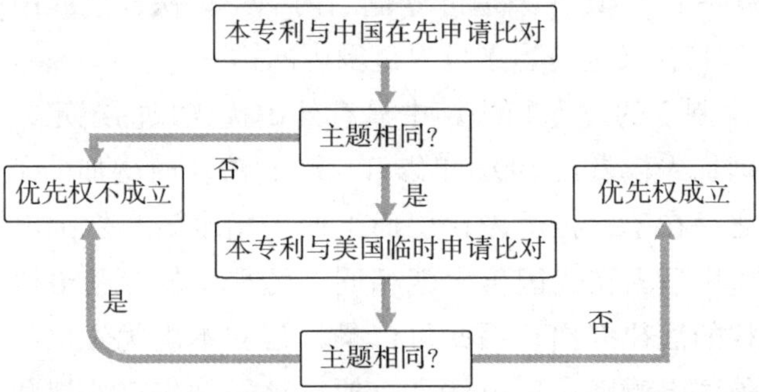

核实在后申请与在先申请是否属于相同主题的发明或实用新型时，应当把在先申请作为一个整体进行考虑，考察两者的技术领域、所解决的技术问题、技术方案和预期的效果是否相同。相同，并不意味着二者要在文字记载或者叙述方式上完全一致。如果二者的不一致之处没有改变整体的技术方案，也没有改变所解决的技术问题和实现的技术效果，则两者属于相同主题的发明或实用新型。

本专利权利要求 1 是一个装置权利要求，其中限定了下述方法技术特征“两个靠腿板使得双脚站在踏脚板上的操作者，在自然直立的姿势时，两腿与靠腿板保持接触相靠，操作者两腿内侧夹住靠腿板来操控车子的运行，而不是用支撑腿向前与向后施力的操控方法”。

美国临时申请公开的技术方案如下：车轮的每一侧具有一个脚部平台，骑乘者可以将车轮置于其脚部之间，站立于独轮车上。独轮车还在车辆的每一侧包括具有弯曲表面的腿部收容器，当骑乘者抵靠腿部收容器推动其腿部时，腿部收容器将腿部锁定到位。

美国临时申请未记载本专利权利要求 1 限定的上述方法特征，判断其是否与本专利构成相同主题，需要确定上述方法特征能否从美国临时申请记载的方案中直接地、毫无疑义地得到。美国临时申请中腿部收容器的作用与本专利靠腿板相同，均为供骑乘者腿部接触抵靠夹紧，在靠腿板作用相同的情况下，骑乘者在骑行时的操控方法自然也应当是相同的，因此上述方法技术特征不构成美国临时申请与本专利的区别。美国临时申请记载了本专利权利要求1的技术方案，其申请日早于中国在先申请的申请日，因此本专利权利要求1不能享有本国优先权。

综上所述，享有本国优先权的必要条件包括：①作为本国优先权基础的中国在先申请应当是世界范围内的首次申请；②在先申请应当清楚地记载在后申请的技术方案，或者在后申请的技术方案可以从在先申请记载的方案中直接地、毫无疑义地得到。

无效宣告请求审查决定（第36591号）

决定要点

判断一项发明在向外国申请专利前是否需要进行保密审查，关键要确定发明技术方案的实质性内容是否是在中国境内完成的。只要是在中国境内完成的发明创造，无论是由中国人完成，还是由外国人完成，也无论是由中国个人或单位还是外国个人或单位享有申请专利的权利，就该发明创造向外国申请专利前，应当向国务院专利行政部门提出保密审查请求，经过审查认为不涉及国家安全或者重大利益的，才可以向外国提出专利申请。

《专利法》第29条第2款有关本国优先权规定中的“在中国第一次提出专利申请”的“第一次”，应当理解为就相同主题在世界范围内首次提出的申请，该世界范围内的首次申请是在中国提出的。如果作为本国优先权基础的中国在先申请不是相同主题的首次申请，则在后申请的本国优先权不能成立。

决定文本

一、案由

本无效宣告请求涉及授权公告日为2013年08月21日、名称为“电动独轮自行车”的201110089122.9号发明专利（下称本专利），本专利的申请日为2011年04月01日，本国优先权日为2010年09月06日。在本无效宣告请求审理过程中，专利权人由“陈和”变更为“深圳天轮科技有限公司”。

本专利授权公告的权利要求书如下：

“1. 一种电动独轮自行车，它是由如下部件所构成：

一个车轮，可转动地与一个轮架相配接；

一个电动机，与车轮相配接，并驱动车轮转动；

一套控制电动机的电子前后平衡控制系统；

一个轮罩，部分地覆盖了车子；

至少一个踏脚板，与轮架或轮罩相配接；

两个靠腿板，凸出地设置在车子主体的两侧，分别供操作者的膝盖与/或小腿接触相靠，靠腿板上与腿相接触的表面要略具摩擦力，所述表面在车子两侧要稍加突出，使得双脚站在踏脚板上的操作者，在自然直立的姿势时，两腿与靠腿板保持接触相靠，操作者两腿内侧夹住靠腿板来操控车子的运行，而不是用支撑腿向前与向后施力的操控方法。

2. 根据权利要求1所述的电动独轮自行车，其特征在于，所述的靠腿板是可以调节其高度的。

3. 根据权利要求1所述的电动独轮自行车，其特征在于，所述的靠腿板的表面为稍凹的弯曲表面。

4. 根据权利要求1所述的电动独轮自行车，其特征在于，所述的供操作者两脚站立的踏脚板是单一的一个刚性整体，可在工作位置与储藏位置之间转换。

5. 根据权利要求1所述的电动独轮自行车，其特征在于，所述的车轮是无轮毂的车轮，车轮的轮框上，配接了至少一个以上的导轮，使车轮保持在适当的位置上转动。

6. 根据权利要求1所述的电动独轮自行车，其特征在于，所述的车轮的轮框上，配接了一个由所述电动机驱动的驱动轮，驱动轮与车轮内框之间是靠摩擦或用齿轮来传递转矩的。

7. 根据权利要求6所述的电动独轮自行车，其特征在于，所述的驱动轮位于踏脚板的下方。

8. 根据权利要求1所述的电动独轮自行车，其特征在于，加设一个减震系统，允许车轮相对于踏脚板可作上下位移运动，能恢复保持在一个确当的中间位置，以减少崎岖路面的震动影响。

9. 根据权利要求1所述的电动独轮自行车，其特征在于，在轮子的上方设置一个携拎手柄，便于车子的携拎。”

无效宣告请求1

针对本专利，廉芳芳（下称请求人1）于2016年10月14日向专利复审委员会提出了无效宣告请求，其理由是：本专利权利要求1—9不具备《专利法》第22条第3款规定的创造性，请求宣告本专利全部无效，同时提交了如下证据：

证据1.1：公开日为2009年10月29日，公开号为US2009/0266629A1的美国专利申请公开说明书的复印件及其中文译文（共17页）；

证据1.2：公开日为2007年05月09日，公开号为CN1960905A的中国发明专利申请公布说明书的复印件（共10页）；

证据1.3：公开日为2009年04月30日，公开号为WO2009/054344A1的PCT专利申请说明书的复印件及其中文译文（共69页）；

证据1.4：《世界汽车》期刊2008年09月登载的标题为“风火轮——丰田推出Segway假想敌Winglet”一文的复印件（共2页）；

证据1.5：本专利实质审查过程中专利权人答复第一次审查意见通知书的意见陈述书的复印件（共4页）；

证据1.6：专利复审委员会于2014年07月16日针对本专利作出的第23341号无效宣告请求审查决定书的复印件（共14页）；

证据1.7：本专利实质审查过程中第一次审查意见通知书的复印件（共5页）；

证据1.8：公开日为2008年05月21日，公开号为CN101181916A的中国发明专利申请公布说明书的复印件（共16页）；

证据1.9：《信息时报》2011年03月05日A15版的电子版打印件（共2页）；

证据1.10：本专利的公开文本（申请公布日为2011年12月14日，申请公布号为CN102275621A）的复印件（共14页）；

证据1.11：公开日为2011年09月15日，公开号为US2011/0220427A1的美国专利公开说明书的复印件（共11页）；

证据1.12：证据1.10中国专利申请公开文本和证据1.11美国专利申请公开文本对比表（共18页）；

证据1.13：本专利的授权文本（授权公告日为2013年08月21日，授权公告号为CN102275621B）的复印件（共15页）；

证据1.14：证据1.11的扉页的中文翻译（共1页）。

请求人主张本专利权利要求1—9不具备创造性，证据使用方式如下：

（1）本专利权利要求1相对于证据1.1与证据1.2的结合、证据1.1与证据1.3的结合、证据1.1与证据1.3和证据1.2的结合、证据1.1与证据1.4和证据1.2的结合不具备创造性。证据1.5、证据1.6和证据1.7用于佐证本专利权利要求1相对于证据1.1的区别技术特征及其解决的技术问题。从属权利要求2、3的附加技术特征是本领域的常规选择且已被证据1.3公开，从属权利要求4、5、7的附加技术特征被证据1.1公开，从属权利要求6的附加技术特征被证据1.1或证据1.8公开，从属权利要求8的附加技术特征是机械领域的常规设计，从属权利要求9的附加技术特征是本领域的常规手段且已被证据1.1公开，因此在它们引用的权利要求不具备创造性的基础上，从属权利要求2—9也不具备创造性。

（2）本专利不能享有本国优先权，证据1.12用于说明证据1.10（本专利的公开文本）与证据1.11（美国专利申请公开文本）完全对应，属于同一主题的相同申请，证据1.11包含的两项美国临时申请的申请日均早于被本专利要求本国优先权的中国在先申请（下文中简称中国在先申请）的申请日，由此可知中国在先申请不是相同主题的首次申请，因此本专利不能享有本国优先权。基于此，证据1.9的公开日早于本专利的申请日，其记载的内容构成本专利的现有技术。本专利权利要求1相对于证据1.1与证据1.9的结合不具备创造性。对从属权利要求2—9的附加技术特征的评述与前文相同，此外，从属权利要求3、4、9的附加技术特征也被证据1.9公开，因此在它们引用的权利要求不具备创造性的基础上，从属权利要求2—9也不具备创造性。

经形式审查合格，专利复审委员会于2016年10月25日受理了上述无效宣告请求并将无效宣告请求书及所附证据副本转送给专利权人。同时成立合议组对本案进行审查。

请求人1于2016年11月14日提交意见陈述书，并补充提交如下证据：

证据1.15：公开日为2006年11月24日，公开号为JP特开2006-315666A的日本专利说明书的复印件及其中部分内容的中文译文（共32页）；

证据1.16：在中国专利查询系统中查询到的本专利相关信息（包括中间文件列表、通知书列表）的截图的打印件（共2页）；

证据1.17：“《专利法》第三次修改逐条说明”中有关《专利法》第20

条第1款内容节选的打印件（共2页）；

证据1.18：证据1.11的中文译文（共11页）；

证据1.19：由国家图书馆科技查新中心出具的关于证据1.4和证据1.9的文献复制证明的复印件（共7页）。

请求人1在意见陈述书中主张：

（1）本专利的发明创造未进行保密审查即向外国申请专利，不符合《专利法》第20条第1款的规定。证据1.16用于证明本专利的申请人和发明人均为陈和，本专利是中国公民在中国完成的发明创造，且申请人未向国家知识产权局提交过向外国提交专利申请的保密审查请求；证据1.10、证据1.11和证据1.12用于证明证据1.11的美国专利申请与证据1.10的本专利的公开文本几乎完全对应，仅有少许文字变动，故认定申请人未进行请求向外国申请专利的保密审查就申请了美国专利，即本专利违反《专利法》第20条第1款的规定。证据1.17是关于《专利法》第20条的理解与适用的参考资料。

（2）本专利权利要求1相对于证据1.1与证据1.2的结合、证据1.1与证据1.3的结合、证据1.1与证据1.3和证据1.2的结合、证据1.1与证据1.4和证据1.2的结合、证据1.1与证据1.3和证据1.15的结合不具备创造性；本专利不能享有本国优先权，证据1.9构成本专利的现有技术，本专利权利要求1相对于证据1.1与证据1.9的结合不具备创造性。从属权利要求2的附加技术特征是本领域的常规选择且已被证据1.3公开，从属权利要求3的附加技术特征是本领域的常规技术手段或被证据1.1或证据1.3或证据1.9公开；从属权利要求4的附加技术特征被证据1.1或证据1.9公开，从属权利要求5的附加技术特征被证据1.1公开，从属权利要求6的附加技术特征被证据1.1或证据1.8公开，从属权利要求7的附加技术特征被证据1.1公开，从属权利要求8的附加技术特征是机械领域的常规设计，从属权利要求9的附加技术特征是本领域的常规手段且已被证据1.1或证据1.9公开，因此在它们引用的权利要求不具备创造性的基础上，从属权利要求2—9也不具备创造性。

专利复审委员会本案合议组（下称合议组）于2017年01月24日向双方当事人发出口头审理通知书，告知双方定于2017年04月13日在专利复审委员会举行口头审理，同时将请求人1于2016年11月14日提交的意见陈述书及所附证据副本转送给专利权人，并要求其在指定期限内答复。

口头审理如期举行，双方当事人均委托代理人出席了本次口头审理。在口头审理过程中调查并记录了以下事项：请求人 1 当庭出示了证据 1.19 的原件，专利权人当庭核实，并表示对请求人 1 提交的全部证据的真实性和外文证据的中文译文的准确性无异议；请求人 1 表示其无效理由和证据使用方式与请求书和意见陈述书一致；专利权人表示针对本专利不符合《专利法》第 20 条第 1 款的无效理由，口头审理结束后将提交证据证明本专利的发明创造是由美国人陈星在美国完成的。在口头审理过程中，双方当事人就各自的观点充分发表了意见。

请求人 1 于 2017 年 04 月 26 日向专利复审委员会提交了意见陈述书，其内容为在口头审理时发表的具体意见及相关视频光盘与视频截图复印件等，请求人主张上述内容供合议组参考。为了进一步查明事实，合议组于 2017 年 07 月 11 日将上述意见陈述书转送给专利权人。

2017 年 05 月 18 日专利权人提出著录项目变更申报书，要求将本专利的发明人由原来的“陈和”变更为“陈星”，2017 年 06 月 05 日国家知识产权局相关部门发出手续合格通知书，将本专利的发明人由原来的“陈和”变更为“陈星”。

专利权人于 2017 年 05 月 11 日和 2017 年 09 月 01 日向专利复审委员会提交了内容相同的意见陈述书，其中专利权人主张：

（1）本专利没有违反《专利法》第 20 条第 1 款有关保密审查的规定，具体理由如下：①本专利是由美国人 Schen Chen（陈星）在美国完成的，其将在中国申请专利的权利转让给了陈和。附件 1.1 是 Schen Chen 的签证复印页，该证据显示 Schen Chen 在 2009 年和 2010 年往来中国的具体时间，由此证明本专利的发明创造不可能是在中国完成的。附件 1.2 是 Shane Chen 于 2011 年 3 月 18 日向收件人“inventist”发送的一封邮件，明确要求在中国申请本专利。附件 1.3 是 Shane Chen 在美国于 2011 年 2 月份至 2011 年 4 月份之间的相关邮件往来，反映了 Shane Chen 在美国研发本专利的独轮车的过程，也正是有了这些过程才得到了附件 1.2 中要在中国申请专利的技术方案。此外请求人 1 提交的证据 1.9 的《信息时报》记载了：“索罗威”的设计师是 54 岁的陈谢恩，他从 20 世纪 80 年代来到美国，2003 年创办了一家总部位于美国华盛顿的设计公司，已经设计了 30 多款与运动相关的产品。其中，“陈谢恩”就是陈星的英文名“Shane Chen”的音译。由此也可以证明，本专利发明人陈星长期在美国定居。②鉴于之前本专利的发明人申报有误，现已做了发明人变更，变更后的发明人为本案的实际发明人美国人 Schen Chen，并没有证据表明该发明是在中国完成的。③本专利是由中国人陈和提出申请的，证据1.11的美国专利是由美国人Schen Chen提出申请的，没有任何证据证明中国人陈和与美国人Schen Chen是同一个人，因此陈和申请本专利并没有违反保密审查的相关规定。

（2）本专利所要求的本国优先权成立。对于本国优先权，被要求优先权的申请，应该是在中国范围内的第一次申请，而非请求人1提到的世界范围内的第一次申请，作为本专利优先权基础的中国在先申请是相同主题在中国范围内的第一次申请，因此本专利可以享有本国优先权。本专利的申请人和专利权人都是陈和，而证据1.11的美国专利的申请人是陈星，两者的申请人不同，对本专利的申请人陈和而言，其在2010年9月6日向中国专利局提交的申请才是其首次申请，本专利可以享有该申请的本国优先权。专利权人提交的附件1.4是证据1.11的美国专利申请所包含的两项美国临时专利申请，经过比对可知，本专利与附件1.4中涉及的技术方案完全不同。

（3）本专利相对于请求人1提出的各种证据组合方式均具备创造性。

专利权人的上述意见陈述书中所附的附件如下：

附件1.1：姓名为“S. CHEN”的中华人民共和国签证页的复印件（共3页）；

附件1.2：显示由“schen”于2011年03月18日发送给“inventist”的电子邮件打印件及专利权人声称的上述电子邮件所附的两份附件的复印件（共19页）；

附件1.3：存储有专利权人声称的Schen于2011年02月至04月往来电子邮件的光盘，及电子邮件的中文译文；

附件1.4：申请日为2010年03月09日、申请号为61/311933的美国临时专利申请文本的复印件（共19页）及其中部分内容的中文译文（共1页），以及申请日为2010年03月18日，申请号为61/315020的美国临时专利申请文本的复印件（共14页）。

专利权人于2017年09月01日还提交了针对合议组转送的请求人1于2017年04月26日提交的意见陈述书所作出的答复意见，其中主张本答复意见所附的附件1.5为发明人Schen Chen于2010年08月27日向本专利的专利权人陈和发送的关于中国在先申请的电子邮件，结合附件1.1、附件1.2、附件1.3和附件1.5可以证明本专利是由发明人Schen Chen在美国完成的发明创造，并委托陈和在中国进行发明专利申请这一事实。其中的附件1.5为由中华人民共和国浙江省杭州市国立公证处出具的（2017）浙杭证民字第 7975 号公证书的原件（共 45 页），公证内容是对从电脑及网络提取账号为“inventist”的 126 电子邮箱于 2010 年 08 月 27 日收到的来自“schen@ inventist.com”的一封电子邮件及其所附的附件的过程进行公证。

专利复审委员会于 2017 年 07 月 14 日和 2017 年 09 月 22 日将专利权人提交的上述意见陈述书及其所附的附件的副本转送给请求人 1。

针对上述转送文件，请求人 1 分别于 2017 年 08 月 28 日和 2017 年 11 月 03 日提交意见陈述书，请求人 1 认为：

（1）专利权人提交的附件证据均超过举证期限，没有经过质证，对于这些证据的真实性不予认可。不清楚这些证据的证明目的，无法确认与本案的关联性。

（2）本国优先权规定中的“首次申请”应当是世界范围内的第一次申请，证据 1. 11 的美国专利申请包含的临时申请才是本专利相关技术的首次申请，因此本专利不能享有本国优先权。就技术内容而言，本专利与中国在先申请不满足相同主题的条件，本专利中的“使得双脚站在踏脚板上的操作者，在自然直立的姿势时，两腿与靠腿板保持接触相靠，操作者两腿内侧夹住靠腿板来操控车子的运行，而不是用支撑腿向前与向后施力的操控方法”并没有记载在中国在先申请中，也不能从中直接和毫无疑义地得出。优先权的渊源来自《巴黎公约》，优先权规定下的申请人，包括申请人与其权利继受人，本案中，专利权人陈和明确承认与证据 1. 11 的美国专利申请的申请人 Shane Chen 之间是权利人与继受人的关系。附件 1. 4 是在境外形成的，又不能从国内的公共渠道获得，应当按照规定履行必要的手续，否则不能被采纳。

（3）专利权人提交的附件证据不足以证明本专利是在外国完成的。专利权人单方变更本专利的发明人，并不具有说服力，有规避法律之嫌疑。本专利发明专利公告上记载的发明人“陈和”应推定为真实的发明人。

（4）与请求人 1 提交的证据组合相比，本专利不具备创造性。

专利复审委员会于 2017 年 09 月 22 日和 2017 年 11 月 14 日将请求人 1 提交的上述意见陈述书转送给专利权人。

专利权人于 2017 年 12 月 15 日提交意见陈述书，并补充提交附件 1. 4 的中文译文。专利权人在本次意见陈述书中再次重申了本专利没有违反《专利法》第 20 条第 1 款有关保密审查的规定和本专利具备创造性的意见。

无效宣告请求 2

针对本专利，纳恩博（北京）科技有限公司（下称请求人 2）于 2016 年

10月18日向专利复审委员会提出了无效宣告请求，其理由是：本专利权利要求1—9不具备《专利法》第22条第3款规定的创造性，请求宣告本专利全部无效，同时提交了如下证据：

证据2.1（同证据1.1）：公开日为2009年10月29日，公开号为US2009/0266629A1的美国专利申请公开说明书的复印件及其中文译文（共17页）；

证据2.2（同证据1.9）：《信息时报》2011年03月05日A15版的电子版打印件（共2页）；

证据2.3（同证据1.10）：本专利的公开文本（申请公布日为2011年12月14日，申请公布号为CN102275621A）的复印件（共14页）；

证据2.4（同证据1.11）：公开日为2011年09月15日，公开号为US2011/0220427A1的美国专利公开说明书的复印件（共11页）；

证据2.5（同证据1.12）：证据2.3中国专利申请公开文本和证据2.4美国专利申请公开文本对比（共18页）；

证据2.6（同证据1.5）：本专利实质审查过程中专利权人答复第一次审查意见通知书的意见陈述书的复印件（共4页）；

证据2.7（同证据1.6）：专利复审委员会2014年07月16日针对本专利做出的第23341号无效宣告请求审查决定书的复印件（共14页）；

证据2.8：在中国专利查询系统中查询到的本专利相关信息（首次检索报告）的截图的打印件（共1页）；

证据2.9（同证据1.3）：公开日为2009年04月30日，公开号为WO2009/054344A1的PCT专利申请说明书的复印件及其中文译文（共69页）；

证据2.10（同证据1.15）：公开日为2006年11月24日，公开号为JP特开2006-315666A的日本专利说明书的复印件（共31页）；

证据2.11：公开日为2001年10月16日，公开号为US6302230B1的美国专利说明书的复印件（共29页）；

证据2.12：公开日为2005年04月07日，公开号为JP特开2005-94898A的日本专利申请公开特许公报的复印件（共9页）；

证据2.13：证据2.9及其引用的背景技术的两轮车与本专利及其引用的独轮车的发展历程对比（共1页）；

证据2.14（同证据1.13）：本专利的授权文本（授权公告日为2013年08月21日，授权公告号为CN102275621B）的复印件（共15页）；

证据 2.15：证据 2.4 的扉页的中文翻译（共 1 页）；

证据 2.16（同证据 1.7）：本专利实质审查过程中第一次审查意见通知书的复印件（共 5 页）；

证据 2.17：请求人 2 声称的与本专利为同样的发明创造的美国专利的侵权诉讼材料的复印件及其中部分信息的中文译文（共 7 页）；

证据 2.18：商务部网站“工作动态”栏目 2016 年 03 月 14 日发表的题为“纳恩博公司向贸易救济调查局赠送锦旗”的文章的网页打印件，及北京日报 2016 年 10 月 17 日发表的题为“小米生态链企业收购全球平衡车‘鼻祖’”的报道的打印件（共 3 页）。

请求人 2 主张本专利权利要求 1—9 不具备创造性，具体理由和证据使用方式如下：

（1）本专利不能享有本国优先权，证据 2.5 用于说明证据 2.3（本专利的公开文本）与证据 2.4（美国专利申请公开文本）完全对应，属于同一主题的相同申请，证据 2.4 包含的两项美国临时申请的申请日均早于中国在先申请的申请日，由此可知中国在先申请不是相同主题的首次申请，因此本专利不能享有本国优先权。基于此，证据 2.2 的公开日早于本专利的申请日，其记载的内容构成本专利的现有技术。

证据 2.8 是本专利在中国专利查询系统的查询截图（首次检索报告），用于证明实质审查过程中审查员检索到的对比文件的公开日均早于本专利的优先权日，因此可以认定实质审查过程中审查员未核实本专利的优先权是否成立。基于此，请求人 2 申请专利复审委员会核实本专利的优先权是否全部成立。对于本专利中不能享有优先权的技术方案，证据 2.2 可以用于评价其创造性。

本专利权利要求 1 相对于证据 2.1 与证据 2.2 的结合不具备创造性。证据 2.16、证据 2.6 和证据 2.7 用于佐证本专利权利要求 1 相对于证据 2.1 的区别技术特征及其解决的技术问题。从属权利要求 2—9 的附加技术特征被证据 2.1 或证据 2.2 公开，或为本领域常规技术手段，因此在它们引用的权利要求不具备创造性的基础上，从属权利要求 2—9 也不具备创造性。

（2）本专利权利要求 1 相对于证据 2.1 与证据 2.9 的结合、证据 2.1 与证据 2.9 和证据 2.10 的结合、证据 2.1 与证据 2.9—证据 2.12 的结合不具备创造性。证据 2.13 梳理了独轮平衡车和两轮平衡车的技术演进过程，由此证明证据 2.9 给出了解决证据 2.1 存在的技术问题的明确的技术教导。从属权利要求 2—9 的附加技术特征或被证据 2.1 或证据 2.9 公开，或为本领域常规技术手段，因此在它们引用的权利要求不具备创造性的基础上，从属权利要求 2—9 也不具备创造性。

经形式审查合格，专利复审委员会于 2016 年 11 月 07 日受理了上述无效宣告请求并将无效宣告请求书及所附证据副本转送给专利权人。同时成立合议组对本案进行审查。

请求人 2 于 2016 年 11 月 18 日提交意见陈述书，并补充提交如下证据：

证据 2.4 的说明书和权利要求书的中文译文（共 11 页）；

证据 2.10 的部分内容的中文译文（共 1 页）；

证据 2.11 的部分内容的中文译文（共 1 页）；

证据 2.12 的部分内容的中文译文（共 1 页）；

证据 2.19：公开日为 2014 年 08 月 19 日，公开号为 US8807250B2 的美国专利说明书的复印件及其扉页的中文译文（共 19 页）；

证据 2.20：在中国专利查询系统中查询到的本专利相关信息（包括申请文件列表、中间文件列表、通知书列表和检索报告）的截图的打印件（共 4 页）；

证据 2.21：由国家图书馆科技查新中心出具的关于证据 2.2 的文献复制证明的复印件（共 7 页）；

证据 2.22：由知识产权出版社出版发行、2009 年 3 月第 1 版的《〈专利法〉第三次修改导读》一书的封面、版权页、第 47—48 页的复印件（共 4 页）；

请求人 2 在意见陈述书中主张：

（1）本专利的发明创造未进行保密审查即向外国申请专利，不符合《专利法》第 20 条第 1 款的规定，权利要求 1 至 9 应予以无效。证据 2.3 的著录项目上显示本专利的申请人和发明人均为陈和，证据 2.20 证明陈和向国家知识产权局申请了本专利，提出了费用减缓请求并得到了批准，已有证据可以证明本专利是中国公民在中国完成的发明创造，证据 2.20 显示申请人未向国家知识产权局提交过向外国提交专利申请的保密审查请求；证据 2.3、证据 2.4 和证据 2.5 用于证明证据 2.4 的美国专利申请与证据 2.3 的本专利的公开文本几乎完全对应，仅有少许文字变动，故认定申请人未进行请求向外国申请专利的保密审查就申请了美国专利。证据 2.22 是关于《专利法》第 20 条的理解与适用的参考资料。

（2）权利要求1中“操作者两腿内侧夹住靠腿板来操控车子的运行，而不是用支撑腿向前与向后施力的操控方法”的描述不清楚，致使权利要求1及其从属权利要求2—9的保护范围不清楚，不符合《专利法》第26条第4款的规定。对于权利要求1中的上述技术特征，本专利的说明书中也仅有相同的表述，并未进一步说明本专利到底如何实现“两腿内侧夹住靠腿板来操控车子的运行”，如何实现前进、停止和转弯的，本专利的全部权利要求均涉及此操控方法的实现，本专利的说明书公开不充分，不符合《专利法》第26条第3款的规定，其全部权利要求应予无效。

（3）本专利不能享有本国优先权，证据2.2的公开日早于本专利的申请日，其记载的内容构成本专利的现有技术，具体理由与请求书相同。本专利权利要求1相对于证据2.1与证据2.2的结合、证据2.1与证据2.9的结合、证据2.1与证据2.9和证据2.10的结合、证据2.1与证据2.9、证据2.10、证据2.11和证据2.12的结合不具备创造性。从属权利要求2的附加技术特征被证据2.9图1公开或为本领域常规选择，从属权利要求3的附加技术特征被证据2.9图1或证据2.1图6或证据2.2的实物图公开，从属权利要求4的附加技术特征被证据2.1图3及图6、图7、图8或证据2.2的实物图公开，从属权利要求5的附加技术特征被证据2.1图7公开，从属权利要求6的附加技术特征被证据2.1图3及说明书第28至31段公开，从属权利要求7的附加技术特征被证据2.1图7和图8公开，从属权利要求8的附加技术特征为本领域常规技术手段，从属权利要求9的附加技术特征被证据2.1的提手或证据2.2的实物图公开或为本领域常规技术手段，因此在它们引用的权利要求不具备创造性的基础上，从属权利要求2—9也不具备创造性。

请求人2于2016年12月16日再次提交意见陈述书，并补充提交如下证据，用于证明本专利的发明人和申请人陈和为中国公民：

证据2.23：本专利的登记簿副本打印件（共2页）。

合议组于2017年01月24日向双方当事人发出口头审理通知书，告知双方定于2017年04月13日在专利复审委员会举行口头审理，同时将请求人2于2016年11月18日和2016年12月16日提交的意见陈述书及所附证据副本转送给专利权人。

口头审理如期举行，双方当事人均委托代理人出席了本次口头审理。在口头审理过程中调查并记录了以下事项：请求人2当庭出示了证据2.21的原件，专利权人当庭核实，并表示对请求人2提交的全部证据的真实性和外文证据的中文译文的准确性无异议；请求人 2 表示其无效理由和证据使用方式与请求书和意见陈述书一致；专利权人表示针对本专利不符合《专利法》第 20 条第 1 款的无效理由，口头审理结束后将提交证据证明本专利的发明创造是由美国人陈星在美国完成的；在口头审理过程中，双方当事人就各自的观点充分发表了意见。

请求人 2 于 2017 年 4 月 25 日向专利复审委员会提交了意见陈述书，其内容为在口头审理时发表的具体意见及相关视频光盘与视频证据的获得过程及截图复印件等，请求人 2 主张上述内容供合议组参考。为了进一步查明事实，合议组将上述意见陈述书转送给专利权人。

2017 年 05 月 18 日专利权人提出著录项目变更申报书，要求将本专利的发明人由原来的“陈和”变更为“陈星”，2017 年 06 月 05 日国家知识产权局相关部门发出手续合格通知书，将本专利的发明人由原来的“陈和”变更为“陈星”。

专利权人分别于 2017 年 05 月 11 日和 2017 年 09 月 01 日提交了内容相同的意见陈述书，专利权人主张：

（1）本专利没有违反《专利法》第 20 条第 1 款有关保密审查的规定，具体理由如下：①本专利是由美国人 Schen Chen（陈星）在美国完成的，其将在中国申请专利的权利转让给了陈和。附件 2.1 是 Schen Chen 的签证复印页，该证据显示 Schen Chen 在 2009 年和 2010 年往来中国的具体时间，由此证明本专利的发明创造不可能是在中国完成的。附件 2.2 是 Shane Chen 于 2011 年 3 月 18 日向收件人为“inventist”的邮箱发的一封电子邮件，明确要求在中国申请该专利。附件 2.3 是 Shane Chen 在美国于 2011 年 2 月份至 2011 年 4 月份之间的相关邮件往来，反映了 Shane Chen 在美国研发该案中的独轮车的过程，也正是有了这些过程才得到了附件 2.2 中要在中国申请专利的技术方案。此外请求人 2 提交的证据 2.2 的《信息时报》记载了：“索罗威”的设计师是 54 岁的陈谢恩，他从 20 世纪 80 年代来到美国，2003 年创办了一家总部位于美国华盛顿的设计公司，已经设计了 30 多款与运动相关的产品。其中，“陈谢恩”就是陈星的英文名“Shane Chen”的音译。由此也可以证明，本专利发明人陈星长期在美国定居。②鉴于之前本专利的发明人申报有误，现已做了发明人变更，变更后的发明人为本案的实际发明人美国人 Schen Chen，并没有证据表明该发明是在中国完成的。③本专利是由中国人陈和提出申请的，证据 2.11 的美国专利是由美国人 Schen Chen 提出申请的，没有任何证据证明中国人陈和与美国人 Schen Chen 是同一个人，因此陈和申请本专利并没有违反保密审查的相关规定。

（2）权利要求 1—9 的保护范围清楚，符合《专利法》第 26 条第 4 款的规定；说明书公开充分，符合《专利法》第 26 条第 3 款的规定，具体理由如下：对于“自平衡系统如何实现自平衡”属于本领域的公知技术，这一点并不作为特定技术特征来解决现有电动独轮自行车中存在的技术问题，所以本专利的申请文件中无须再详细介绍。通过说明书第［0025］、［0011］和［0028］段记载的内容，可以确定本专利由电动机为独轮车提供了前进的驱动力，操作者直立站在踏脚板上，踏脚板与轮架或轮罩相配接，两个靠腿板凸出地设置在车子主体的两侧，用腿夹紧靠腿板即可操控车子的运行（包括前进、后退以及转弯）。对于技术特征“不需要操作者用支撑在踏脚板上的腿向前后施力进行操控”，指的是本专利用靠腿板取代了在背景技术 Simeray 申请的专利中的导向托架，故本专利中的操作者是用腿夹住靠腿板，而不是用其支撑腿通过导向托架等媒介物向前与向后施力来操控的。

（3）本专利所要求的本国优先权成立。对于本国优先权，被要求优先权的申请，应该是在中国范围内的第一次申请，而非请求人 2 提到的世界范围内的第一次申请，中国在先申请是在中国范围内的第一次申请，因此本专利可以享有本国优先权。本专利的申请人和专利权人都是陈和，而证据 2.4 的美国专利的申请人是陈星，两者的申请人不同，对本专利的申请人陈和而言，其在 2010 年 9 月 6 日向中国专利局提交的申请才是其首次申请，本专利可以享有该申请的本国优先权。专利权人提交的附件 2.4 是请求人 2 提交的证据 2.4 的美国专利申请所包含的两项美国临时专利申请，经过比对可知，本专利与附件 2.4 中涉及的技术方案完全不同。经过核实本国优先权文本，专利权人认为本专利的权利要求 1—4 和 9 的优先权成立。

（4）本专利相对于请求人 2 提出的各种证据组合方式均具备创造性。

专利权人的上述意见陈述书中所附的附件如下：

附件 2.1（同附件 1.1）：姓名为“S. CHEN”的中华人民共和国签证页的复印件（共 3 页）；

附件 2.2（同附件 1.2）：显示由“schen”于 2011 年 03 月 18 日发送给“inventist”的电子邮件打印件及专利权人声称的上述电子邮件所附的两份附件的复印件（共 19 页）；

附件 2.3（同附件 1.3）：存储有专利权人声称的 Schen 于 2011 年 02 月至

04 月往来电子邮件的光盘，及电子邮件的中文译文；

附件 2. 4（同附件 1. 4）：申请日为 2010 年 03 月 09 日、申请号为 61/311933 的美国临时专利申请文本的复印件（共 19 页）及其中部分内容的中文译文（共 1 页），以及申请日为 2010 年 03 月 18 日，申请号为 61/315020 的美国临时专利申请文本的复印件（共 14 页）；

专利权人于 2017 年 09 月 01 日还提交了针对合议组转送的请求人 2 于 2017 年 04 月 25 日提交的意见陈述书所作出的答复意见，其中主张本意见陈述书所附的附件 2. 5（同附件 1. 5）为发明人 Schen Chen 于 2010 年 08 月 27 日向陈和发送的关于中国在先申请的电子邮件，结合附件 2. 1、附件 2. 2、附件 2. 3 和附件 2. 5 可以证明本专利是由发明人 Schen Chen 在美国完成的发明创造，并委托专利权人陈和在中国进行发明专利申请这一事实。其中的附件 2. 5 为由中华人民共和国浙江省杭州市国立公证处出具的（2017）浙杭证民字第 7975 号公证书的原件（共 45 页），公证内容是对从电脑及网络提取账号为“inventist”的 126 电子邮箱于 2010 年 08 月 27 日收到的来自“schen@ inventist. com”的一封电子邮件及其所附的附件的过程进行公证。

专利复审委员会将专利权人提交的上述意见陈述书及其所附的附件副本于 2017 年 07 月 14 日和 2017 年 09 月 22 日转送给请求人 2。针对专利权人的上述意见，请求人 2 分别于 2017 年 08 月 25 日和 2017 年 09 月 30 日提交意见陈述书，请求人 2 认为：

（1）本专利并不是如权利要求 1 所记载的“操作者两腿内侧夹住靠腿板来操控车子的运行”，根据本专利的专利权人在中国提交的申请号分别为 201110435720. 7、201210112847. X、201210134555. 6 和 201320128469. 4 的另外四份专利申请可知，本专利的操控方式应当是“当站在踏脚板上的操作者将重心前倾或后仰时，致使轮架板也随着操作者的行动一同前倾或后翘，轮架板前倾或后翘（即是车子的位置状态）的状态信号通过陀螺仪传给微处理，微处理驱动电机使独轮电动车前进或后退”。本专利的说明书未对独轮车如何实现前进、后退作出清楚和完整的说明，存在公开不充分的缺陷；权利要求 1—9 关于如何操控独轮车前进、后退的描述不清楚，致使全部权利要求均具有保护范围不清楚的缺陷。

（2）专利权人提交的附件证据均超过举证期限，没有经过质证，对于这些证据的真实性不予认可。不清楚这些证据的证明目的，无法确认与本案的关联性。

（3）本国优先权规定中的“首次申请”应当是世界范围内的第一次申请，证据2.4的美国专利申请包含的临时申请才是本专利相关技术的首次申请，因此本专利不能享有本国优先权。就技术内容而言，本专利与中国在先申请不满足相同主题的条件，本专利中的“使得双脚站在踏脚板上的操作者，在自然直立的姿势时，两腿与靠腿板保持接触相靠，操作者两腿内侧夹住靠腿板来操控车子的运行，而不是用支撑腿向前与向后施力的操控方法”并没有记载在中国在先申请中，也不能从中直接和毫无疑义地得出。优先权的渊源来自《巴黎公约》，优先权规定下的申请人，包括申请人与其权利继受人。本案中，专利权人陈和明确承认与证据2.4的美国专利申请的申请人Shane Chen之间是权利人与继受人的关系。附件2.4是在境外形成的，又不能从国内的公共渠道获得，应当按照规定履行必要的手续，否则不能被采纳。

（4）专利权人提交的附件证据不足以证明本专利是在外国完成的。专利权人单方变更本专利的发明人，并不具有说服力，有规避法律之嫌疑。适用《专利法》第20条时，并不要求中国与外国申请的申请人名义相同。《专利法》第20条所规制的对象是在中国完成的发明创造（发明或实用新型），至于在中国以及在外国申请专利的申请人名义在所不问。本专利发明专利公告上记载的发明人“陈和”应推定为真实的发明人。

（5）与请求人2提交的证据组合相比，本专利不具备创造性。

专利复审委员会于2017年09月22日和2017年10月19日将请求人2提交的上述意见陈述书转送给专利权人，专利权人于2017年12月15日提交意见陈述书，并补充提交附件2.4的中文译文。专利权人在本次意见陈述书中再次重申了本专利没有违反《专利法》第20条第1款有关保密审查的规定，本专利符合《专利法》第26条第3、4款的规定，以及本专利具备创造性的意见。

专利复审委员会于2018年01月16日向请求人2发出转送文件通知书，将专利权人于2017年12月15日提交的意见陈述书和所附附件副本转送给请求人2。

针对上述转送文件，请求人2于2018年02月27日提交了意见陈述书，并对其此前在本案审理过程中陈述的意见进行重申和总结。

无效宣告请求3

针对本专利，安秋锦（下称请求人3）于2016年10月21日向专利复审委员会提出了无效宣告请求，其理由是：本专利的说明书未对技术方案作出清楚、完整的说明，不符合《专利法》第26条第3款的规定；权利要求1—4、6—9得不到说明书的支持，权利要求1—9的保护范围不清楚，不符合《专利法》第26条第4款的规定；权利要求1、3、9不具备《专利法》第22条第2款规定的新颖性；权利要求1—9不具备《专利法》第22条第3款规定的创造性，请求宣告本专利全部无效，同时提交了如下证据：

证据3.1：公开日为2009年04月29日、公开号为CN101417682A的中国发明专利申请公布说明书的复印件（共8页）；

证据3.2（同证据1.2）：公开日为2007年05月09日，公开号为CN1960905A的中国发明专利申请公布说明书的复印件（共11页）；

证据3.3（同证据2.9和证据1.3）：公开日为2009年04月30日，公开号为WO2009/054344A1的PCT专利申请说明书的复印件及其中文译文（共74页）；

证据3.4（同证据2.1和证据1.1）：公开日为2009年10月29日，公开号为US2009/0266629A1的美国专利申请公开说明书的复印件及其中文译文（共17页）；

证据3.5（同证据1.8）：公开日为2008年05月21日、公开号为CN101181916A的中国发明专利申请公布说明书的复印件（共17页）；

证据3.6（同证据2.2和证据1.9）：《信息时报》2011年03月05日A15版的电子版打印件（共2页）；

证据3.7（同证据2.3和证据1.10）：本专利的公开文本（申请公布日为2011年12月14日，申请公布号为CN102275621A）的复印件（共15页）；

证据3.8（同证据2.4和证据1.11）：公开日为2011年09月15日，公开号为US2011/0220427A1的美国专利公开说明书的复印件，及其扉页的中文译文（共12页）；

证据3.9（同证据2.5和证据1.12）：证据3.7中国专利申请公开文本和证据3.8美国专利申请公开文本对比表（共21页）；

证据3.10（同证据2.14和证据1.13）：本专利的授权文本（授权公告日为2013年08月21日，授权公告号为CN102275621B）的复印件（共15页）；

请求人3主张：

（1）本专利的说明书没有对发明作出清楚、完整的说明，不符合《专利法》第26条第3款的规定，具体理由如下：①说明书对增加“靠腿板”后的操控方法，没有作出清楚、完整的说明；②说明书关于轮毂电机驱动的实施例（即图6和图7的实施例），没有作出清楚、完整的说明；③说明书中关于不设轮罩的实施方案，没有作出清楚、完整的说明；④说明书未对“在自然直立的姿势时，两腿与靠腿板保持接触相靠”作出清楚、完整的说明。

（2）权利要求1—4、6—9得不到说明书支持，不符合专利法第26条第4款的规定，具体理由如下：权利要求1中的技术特征“一个车轮，可转动地与一个轮架相配接”，其中“轮架”并非公知的机械术语，而说明书中仅给出了无轮毂的车轮通过导向轮和棱条与轮架相配接的特定实施方式，依据本专利申请文件所记载的内容，所属技术领域的技术人员难于预见上位概念“一个车轮，可转动地与一个轮架相配接”所概括的除上述特定实施方式之外的所有方式均能解决其技术问题。因此权利要求1及其从属权利要求2—4、6—9得不到说明书的支持，不符合《专利法》第26条第4款的规定。

（3）权利要求1—9的保护范围不清楚，不符合《专利法》第26条第4款的规定，具体理由如下：①权利要求1中的技术特征“一个轮罩，部分的覆盖了车子”仅用功能性限定笼统地记载轮罩部分地覆盖了车子，却没有描述轮罩与车子其他结构部件之间的位置关系和连接关系，本领域技术人员不能清楚地理解权利要求1中轮罩如何具体设置到车子上，如何实现部分地覆盖了车子；②权利要求1中技术特征“两个靠腿板，凸出地设置在车子主体的两侧”，本领域技术人员不清楚“车子主体”包含哪些部件，导致靠腿板设置的位置也不清楚，它们之间的关系也不确定；③“操作者两腿内侧夹住靠腿板来操控车子的运行，而不是用支撑腿向前与向后施力的操控方法”所描述的操控方法不清楚；④权利要求1限定了“在自然直立的姿势时，两腿与靠腿板保持接触相靠”，根据该描述，请求人3认为只有满足在使用过程中，自然直立的姿势时两腿与靠腿板保持接触相靠的“电动独轮自行车”才属于权利要求1的保护范围，而并不保持接触相靠，时而接触、时而不接触的方式（例如，只有在启动或停止过程中，以及颠簸时才接触相靠）操控的独轮车应该不属于权利要求1的保护范围。

（4）本专利不能享有本国优先权，证据3.9用于说明证据3.7（本专利的公开文本）与证据3.8（美国专利申请公开文本）完全对应，属于同一主题的相同申请，证据3.8包含的两项美国临时申请的申请日均早于中国在先申请的申请日，由此可知中国在先申请不是相同主题的首次申请，因此本专利不能享有本国优先权。基于此，证据3.6的公开日早于本专利的申请日，其记载的内容构成本专利的现有技术。

（5）本专利权利要求1、3、9所要求保护的技术方案已经被证据3.6公开，因此不具备新颖性；在不具备新颖性的情况下，也不具备创造性。

（6）本专利权利要求1相对于证据3.6与证据3.4的结合、证据3.1与证据3.2和公知常识的结合、证据3.1与证据3.3和公知常识的结合、证据3.1与证据3.2和证据3.3和公知常识的结合、证据3.4与证据3.2和证据3.3和公知常识的结合不具备创造性。从属权利要求2的附加技术特征被证据3.3公开，从属权利要求3的附加技术特征被证据3.3或证据3.6公开，从属权利要求4的附加技术特征被证据3.4结合公知常识公开，从属权利要求5的附加技术特征被证据3.4公开，从属权利要求6的附加技术特征被证据3.4结合公知常识或证据3.5结合公知常识公开，从属权利要求7的附加技术特征被证据3.4或证据3.5公开，从属权利要求8的附加技术特征属于本领域公知常识，从属权利要求9的附加技术特征被证据3.6或证据3.4公开，因此在它们引用的权利要求不具备创造性的基础上，从属权利要求2—9也不具备创造性。

经形式审查合格，专利复审委员会于2016年11月08日受理了上述无效宣告请求并将无效宣告请求书及所附证据副本转送给专利权人。同时成立合议组对本案进行审查。

请求人3于2016年11月18日提交意见陈述书，并补充提交如下证据：

证据3.8的说明书和权利要求书的中文译文（共6页）；

证据3.11：由国家图书馆科技查新中心出具的关于证据3.6的文献复制证明的复印件（共5页）；

合议组于2017年01月24日向双方当事人发出口头审理通知书，告知双方定于2017年04月13日在专利复审委员会举行口头审理，同时将请求人3于2016年11月18日提交的意见陈述书及所附证据副本转送给专利权人。

口头审理如期举行，双方当事人均委托代理人出席了本次口头审理。在口头审理过程中调查并记录了以下事项：请求人3当庭出示了证据3.11的原件，专利权人当庭核实，并表示对请求人3提交的全部证据的真实性和外文证据的中文译文的准确性无异议；请求人3表示其无效理由和证据使用方式与请求书和意见陈述书一致；在口头审理过程中，双方当事人就各自的观点充分发表了意见。

请求人3于2017年04月27日向专利复审委员会提交了意见陈述书，其内容为在口头审理时发表的具体意见及相关视频截图复印件，请求人主张上述内容供合议组参考。为了进一步查明事实，合议组于 2017 年 07 月 14 日将上述意见陈述书转送给专利权人。

2017 年 05 月 18 日专利权人提出著录项目变更申报书，要求将本专利的发明人由原来的“陈和”变更为“陈星”，2017 年 06 月 05 日国家知识产权局相关部门发出手续合格通知书，将本专利的发明人由原来的“陈和”变更为“陈星”。

专利权人于 2017 年 05 月 11 日和 2017 年 09 月 01 日提交了内容相同的意见陈述书，专利权人主张：

（1）本专利的说明书对技术方案作出清楚、完整的说明，符合《专利法》第 26 条第 3 款的规定，具体理由如下：①通过说明书［0025］、［0011］和［0028］段记载的内容，可以确定本专利电动机为独轮车提供了前进的驱动力，操作者直立站在踏脚板上，用腿夹紧靠腿板即可操控车子，而不需要操作者用支撑在踏脚板上的腿向前后施力进行操控，本专利用靠腿板取代了在背景技术 Simeray 申请的专利中的导向托架，故本专利中的操作者是用腿夹住靠腿板，而不是用其支撑腿通过导向托架等媒介物向前与向后施力来操控的。②众所周知，轮毂电机最常见的应用就是将动力装置、传动装置和制动装置都整合到轮毂内，从而使得将电动车辆的机械部分大为简化，该技术完全为现有的公知技术，所以申请文件中无须再详细介绍。③本专利说明书中通过有轮罩（可以设置靠腿板）和无轮罩（只能用腿夹住车子）两个实施例的对比，体现出“有轮罩并在其上设置靠腿板”这一实施例的优点，认为说明书未公开无轮罩的技术方案是请求人 3 的一种误解。④说明书［0028］段记载了靠腿板的作用，至于骑车过程中腿部是否一直与靠腿板接触则与骑车人的技术水平有关，本专利的技术极大地提高了安全性和舒适性，并且使新手更容易上手。

（2）权利要求 1—9 的保护范围清楚，符合《专利法》第 26 条第 4 款的规定，具体理由如下：①权利要求 1 中的技术特征“一个车轮，可转动地与一个轮架相配接”“一个轮罩，部分覆盖了车子”，以及“两个靠腿板，凸出的设置在车子主体两侧”等技术特征，对于本发明而言，并不作为特定技术特征来解决现有电动独轮自行车中存在的技术问题。上述技术特征在独轮车，甚至是电动独轮自行车这一技术领域中属于常规技术，本发明的实施方式中已经以其中一种或几种上述技术特征的具体实现方式为例进行了说明，对于本领域技术人员而言，在电动独轮自行车能够正常运行的基础上，上述结构或装置可以使用现有技术中的任一种。②技术特征“在自然直立的姿势时，两腿与靠腿板保持接触相靠”只是对靠腿板的位置作了进一步限定，其并没有限定只有在自然直立的姿势时，两腿与靠腿板才能保持接触相靠，只要靠腿板设置在权利要求 1 限定的位置处，整个行驶过程中，驾驶人的腿都可以实现与靠腿板保持接触相靠。

（3）本专利所要求的本国优先权成立。对于本国优先权，被要求优先权的申请，应该是在中国范围内的第一次申请，而非请求人 3 提到的世界范围内的第一次申请，中国在先申请是在中国范围内的第一次申请，因此本专利可以享有本国优先权。本专利的申请人和专利权人都是陈和，而证据 3.8 的美国专利的申请人是陈星，两者的申请人不同，对本专利的申请人陈和而言，其在 2010 年 09 月 06 日向中国专利局提交的申请才是其首次申请，本专利可以享有该申请的本国优先权。专利权人提交的附件 3.4 是请求人 3 提交的证据 3.8 的美国专利申请所包含的两项美国临时专利申请，经过比对可知，本专利与附件 3.4 中涉及的技术方案完全不同。

（4）经过核实本国优先权文本，专利权人认为本专利的权利要求 1—4 和 9 的优先权成立。在此基础上，证据 3.6 由于其公开日在本专利的优先权日之后，因此不能用来评价本专利的新颖性和创造性。由于评价新颖性的证据 3.6 不成立，因此权利要求 1、3、9 均具备新颖性。

（5）本专利相对于请求人 3 提出的各种证据组合方式均具备创造性。

专利权人的上述意见陈述书中所附的附件如下：

附件 3.1（同附件 1.1 和附件 2.1）：姓名为“S. CHEN”的中华人民共和国签证页的复印件（共 3 页）；

附件 3.2（同附件 1.2 和附件 2.2）：显示由“schen”于 2011 年 03 月 18 日发送给“inventist”的电子邮件打印件及专利权人声称的上述电子邮件所附的两份附件的复印件（共 19 页）；

附件 3.3（同附件 1.3 和附件 2.3）：存储有专利权人声称的 Schen 于 2011 年 02 月至 04 月往来电子邮件的光盘，及电子邮件的中文译文；

附件 3.4（同附件 1.4 和附件 2.4）：申请日为 2010 年 03 月 09 日、申请号为 61/311933 的美国临时专利申请文本的复印件（共 19 页）及其中部分内容的中文译文（共 1 页），以及申请日为 2010 年 03 月 18 日，申请号为 61/315020 的美国临时专利申请文本的复印件（共 14 页）。

专利权人于 2017 年 09 月 01 日还提交了针对合议组转送的请求人 3 于

2017 年 04 月 27 日提交的意见陈述书所作出的答复的意见陈述书，其中专利权人坚持认为：被要求国内优先权的申请应该是在中国境内的首次申请，涉案专利符合《专利法》第 22 条和第 26 条的规定，请求人 3 补充的证据已经超出举证期限。专利权人同时提交了如下附件：

附件 3.5（同附件 1.5 和附件 2.5）：由中华人民共和国浙江省杭州市国立公证处出具的（2017）浙杭证民字第 7975 号公证书的原件（共 45 页），公证内容是对从电脑及网络提取账号为“inventist”的 126 电子邮箱于 2010 年 08 月 27 日收到的来自“schen@ inventist. com”的一封电子邮件及其所附的附件的过程进行公证。

专利复审委员会于 2017 年 07 月 14 日和 2017 年 09 月 22 日将专利权人提交的上述意见陈述书及其所附的证据副本转送给请求人 3，针对专利权人的上述意见，请求人 3 分别于 2017 年 08 月 28 日和 2017 年 10 月 18 日提交意见陈述书，请求人 3 认为：

（1）本专利不能享有优先权，具体理由如下：①在先申请与在后申请非相同的主题。首先，在先申请文件中记载的“车架”与本申请中的“轮架”并不相同，本专利权利要求 1 中的技术特征“车轮可转动地与轮架相配接”“踏脚板与轮架或者轮罩相配接”并未记载在在先申请文件中，因此，包含上述技术特征的权利要求 1 的技术方案不能享有优先权。其次，本专利权利要求 1 的技术特征“两个靠腿板，凸出地设置在车子主体的两侧”，“靠腿板上与腿相接触的表面要略具摩擦力”，“使得双脚站立在脚踏板上的操控者，在自然直立的姿势时，两腿与靠腿板保持接触相靠，操作者两腿内侧夹住靠腿板来操控车子的运行，而不是用支撑腿向前与向后施力的操控方法”等也并未记载在先申请的文件中，因此，包含上述技术特征的权利要求 1 的技术方案不能享有优先权。②在先申请非首次申请。首先，中国在先申请并不是同一主题的首次申请。关于申请人名义不同的问题，美国申请与中国专利的申请人为权利人和权利继受人的关系，对于同一主题的发明创造，虽然不同名义，其专利申请人应该视为同一申请人，适用优先权规定下的申请人的规定。

（2）证据 3.6 可以用来评价本专利的新颖性和创造性。

（3）专利权人的解释不足以克服本专利说明书公开不充分、权利要求不清楚并且得不到说明书支持的缺陷。

（4）专利权人提交的附件均超过举证期限，没有经过质证，对于这些附件的真实性不予认可。不清楚这些反证的证明目的，无法确认与本案的关联性。

专利复审委员会于2017年09月22日和2017年10月27日将请求人3提交的上述意见陈述书转送给专利权人。专利权人于2017年12月15日提交意见陈述书，并补充提交附件3.4的中文译文。专利权人在本次意见陈述书中再次重申了本专利没有违反《专利法》第20条第1款有关保密审查的规定、本专利符合《专利法》第26条第3、4款的规定，以及本专利具备新颖性、创造性的意见。

在上述程序的基础上，专利复审委员会依法做出本无效宣告请求审查决定。

二、决定的理由

1. 审查基础

鉴于在本案的审理过程中，专利权人未对本专利授权公告的权利要求书作出修改，故本无效宣告请求审查决定以本专利授权公告的权利要求书作为审查基础。

2. 关于本专利是否违反保密审查的规定

《专利法》第20条第1款规定，任何单位或者个人将在中国完成的发明或者实用新型向外国申请专利的，应当事先报经国务院专利行政部门进行保密审查。

《专利法》第20条第4款规定，对违反本条第一款规定向外国申请专利的发明或者实用新型，在中国申请专利的，不授予专利权。

《专利法实施细则》第8条规定，《专利法》第20条所称的在中国完成的发明或者实用新型，是指技术方案的实质性内容在中国境内完成的发明或者实用新型。

《专利法实施细则》第13条规定，专利法所称发明人或者设计人，是指对发明创造的实质性特点作出创造性贡献的人。

2.1 无效宣告请求1

请求人1主张：证据1.16用于证明本专利的申请人和发明人均为陈和，本专利是中国公民在中国完成的发明创造，且申请人未向国家知识产权局提交过向外国提交专利申请的保密审查请求；证据1.10、证据1.11和证据1.12用于证明证据1.11的美国专利申请与证据1.10的本专利的公开文本几乎完全对应，仅有少许文字变动，故认定申请人未进行请求向外国申请专利的保密审查就申请了美国专利。

对此，专利权人认为：①本专利是由美国人 Schen Chen（陈星）在美国完成的，其将在中国申请专利的权利转让给了陈和。附件 1.1 显示 Schen Chen 在 2009 年和 2010 年往来中国的具体时间，由此证明本专利的发明创造不可能是在中国完成的。附件 1.2 表明 Shane Chen 明确要求在中国申请该专利。附件 1.3 反映了 Shane Chen 在美国研发该案中的独轮车的过程。附件 1.5 为发明人 Schen Chen 于 2010 年 08 月 27 日向本专利的专利权人陈和发送的关于中国在先申请的电子邮件。结合附件 1.1、附件 1.2、附件 1.3 和附件 1.5 可以证明本专利是由发明人 Schen Chen 在美国完成的发明创造，并委托专利权人陈和在中国进行发明专利申请这一事实。此外请求人 1 提交的证据 1.9 的《信息时报》记载的内容也证明本专利发明人陈星长期在美国定居。②本专利的发明人已做了变更，变更后的发明人为本案的实际发明人美国人 Schen Chen，并没有证据表明该发明是在中国完成的。③本专利是由中国人陈和提出申请的，证据 1.11 的美国专利是由美国人 Schen Chen 提出申请的，没有任何证据证明中国人陈和与美国人 Schen Chen 是同一个人，因此陈和申请本专利并没有违反保密审查的相关规定。

合议组认为，判断一项发明在向外国申请专利前是否需要进行保密审查，关键要确定发明技术方案的实质性内容是否是在中国境内完成的。只要是在中国境内完成的发明创造，无论是由中国人完成，还是由外国人完成，也无论是由中国个人或单位还是外国个人或单位享有申请专利的权利，就该发明创造向外国申请专利前，应当向国务院专利行政部门提出保密审查请求，经过审查认为不涉及国家安全或者重大利益的，才可以向外国提出专利申请。

专利权人主张本专利的发明人是“陈星”，并在本案的审理过程中将本专利的发明人由“陈和”变更为“陈星”。按照《专利审查指南》第一部分第一章第 4.1.2 节有关发明人的规定，在专利局的审查程序中，审查员对请求书中填写的发明人是否符合《专利法实施细则》第 13 条的规定不作审查。换言之，专利局对专利申请人填报的发明人是否确实是对发明创造的实质性特点作出创造性贡献的人不作审查，推定专利申请人基于诚实信用原则如实填报发明人。根据《专利审查指南》第一部分第一章第 6.7.2.3 节有关发明人变更的规定，因漏填或者错填发明人提出变更请求的，应当提交由全体申请人（专利权人）和变更前全体发明人签字或者盖章的证明文件。由此可知，在对发明人变更请求进行审查时，也不对变更后的发明人是否符合《专利法实施细则》第 13 条的规定进行审查。

专利权人提出发明人变更请求时，仅提交了由专利权人和变更前全体发明人签字的证明文件，其在无效程序进行期间，主动提出的于己方有利的发明人变更请求以及审批结果，不足以证明对本专利发明创造的实质性特点作出创造性贡献的人是变更后的发明人陈星。

专利权人提交的附件 1. 1、附件 1. 2 和附件 1. 3 均不是原件，请求人 1 对上述证据的真实性有异议，专利权人未提交其他用于佐证真实性的证据，故合议组对附件 1. 1、附件 1. 2 和附件 1. 3 不予采信。专利权人提交的附件 1. 5 仅可以证明地址为 schen@ inventist. com 的电子邮箱于 2010 年 08 月 27 日向地址为 inventist@ 126. com 的电子邮箱发送了一封邮件，要求就该邮件所附文件于 9 月 10 日前在中国提出专利申请。但从该证据无法得出邮件是由陈星发送给陈和的，也无法证明本专利是由陈星在美国完成的。

请求人 1 提交的证据 1. 10 是本专利的公开文本的复印件，证据 1. 11 是公开号为 US2011/0220427A1 的美国专利公开说明书的复印件，证据 1. 12 是请求人 1 制作的证据 1. 10 中国专利申请公开文本和证据 1. 11 美国专利申请公开文本对比表，证据 1. 16 是在中国专利查询系统中查询到的本专利相关信息(包括中间文件列表、通知书列表) 的截图的打印件。专利权人在口头审理过程中对上述证据的真实性表示认可，合议组对上述证据予以采信。

由请求人 1 提交的证据 1. 10—证据 1. 12 可以确认，本专利的公开文本和证据 1. 11 的美国专利公开说明书的文字表述基本一致，两份专利文献的附图及其上的附图标记完全一致，结合专利权人将本专利的发明人修改为与证据 1. 11 的美国专利相同的发明人的行为，可以推断本专利的技术与证据 1. 11 的美国专利的技术具有相同的来源，即，两份专利申请的技术方案是由同一个发明人/发明团队做出的。

请求人 1 提交证据 1. 16 用于证明本专利的申请人和发明人均为中国人陈和，本专利是中国公民在中国完成的发明创造。对此合议组认为，证据 1. 16 可以证明在提出专利申请时本专利的申请人和发明人均为中国公民陈和，但仅根据发明人的国籍为中国并不足以证明其所作出的技术方案的实质性内容是在中国境内完成的，发明人的国籍与发明的实际完成地并不必然相同。针对请求人 1 所主张的本专利权利要求 1—9 不符合《专利法》第 20 条第 1 款的无效理由，请求人 1 所提交的证据均未涉及本专利权利要求 1—9 的技术方案的实质性内容是否是在中国境内完成的事实。故合议组对请求人 1 有关本专利违反《专利法》第20条第1款的无效理由不予支持。

2.2 无效宣告请求2

请求人2主张：证据2.3和证据2.20可以证明本专利是中国公民在中国完成的发明创造。证据2.20显示申请人未向国家知识产权局提交过向外国提交专利申请的保密审查请求。证据2.3、证据2.4和证据2.5用于证明证据2.4的美国专利申请与证据2.3的本专利的公开文本几乎完全对应，仅有少许文字变动，故认定申请人未进行请求向外国申请专利的保密审查就申请了美国专利。

对此，专利权人认为：①本专利是由美国人Schen Chen（陈星）在美国完成的，其将在中国申请专利的权利转让给了陈和。附件2.1是Schen Chen的签证复印页，该证据显示Schen Chen在2009年和2010年往来中国的具体时间，由此证明本专利的发明创造不可能是在中国完成的。附件2.2是Shane Chen于2011年3月18日发的一封邮件，明确要求在中国申请该专利。附件2.3是Shane Chen在美国2011年2月份至2011年4月份之间的相关邮件往来，反映了Shane Chen在美国研发该案中的独轮车的过程，也正是有了这些过程才得到了附件2.2中要在中国申请专利的技术方案。附件2.5为发明人Schen Chen于2010年08月27日向本专利的专利权人陈和发送的关于中国在先申请的电子邮件，结合附件2.1、附件2.2、附件2.3和附件2.5可以证明本专利是由发明人Schen Chen在美国完成的发明创造，并委托专利权人陈和在中国进行发明专利申请这一事实。此外请求人2提交的证据2.2的内容也可以证明，本专利发明人陈星长期在美国定居。②鉴于之前本专利的发明人申报有误，现已做了发明人变更，变更后的发明人为本案的实际发明人美国人Schen Chen，并没有证据表明该发明是在中国完成的。③本专利是由中国人陈和提出申请的，证据2.4的美国专利是由美国人Schen Chen提出申请的，没有任何证据证明中国人陈和与美国人Schen Chen是同一个人，因此陈和申请本专利并没有违反保密审查的相关规定。

合议组认为，判断一项发明在向外国申请专利前是否需要进行保密审查，关键要确定发明技术方案的实质性内容是否是在中国境内完成的。只要是在中国境内完成的发明创造，无论是由中国人完成，还是由外国人完成，也无论是由中国个人或单位还是外国个人或单位享有申请专利的权利，就该发明创造向外国申请专利前，应当向国务院专利行政部门提出保密审查请求，经过审查认为不涉及国家安全或者重大利益的，才可以向外国提出专利申请。

专利权人主张本专利的发明人是“陈星”，并在本案的审理过程中将本专利的发明人由“陈和”变更为“陈星”。按照《专利审查指南》第一部分第一章第 4. 1. 2 节有关发明人的规定，在专利局的审查程序中，审查员对请求书中填写的发明人是否符合《专利法实施细则》第 13 条的规定不作审查。换言之，专利局对专利申请人填报的发明人是否确实是对发明创造的实质性特点作出创造性贡献的人不作审查，推定专利申请人基于诚实信用原则如实填报发明人。根据《专利审查指南》第一部分第一章第 6. 7. 2. 3 节有关发明人变更的规定，因漏填或者错填发明人提出变更请求的，应当提交由全体申请人（专利权人）和变更前全体发明人签字或者盖章的证明文件。由此可知，在对发明人变更请求进行审查时，也不对变更后的发明人是否符合《专利法实施细则》第 13 条的规定进行审查。

专利权人提出发明人变更请求时，仅提交了由专利权人和变更前全体发明人签字的证明文件，其在无效程序进行期间，主动提出的于己方有利的发明人变更请求以及审批结果，不足以证明对本专利发明创造的实质性特点作出创造性贡献的人是变更后的发明人陈星。

专利权人提交的附件 2. 1、附件 2. 2 和附件 2. 3 均不是原件，请求人 2 对上述证据的真实性有异议，专利权人未提交其他用于佐证真实性的证据，故合议组对附件 2. 1、附件 2. 2 和附件 2. 3 不予采信。专利权人提交的附件 2. 5 仅可以证明地址为 schen@ inventist. com 的电子邮箱于 2010 年 08 月 27 日向地址为 inventist@ 126. com 的电子邮箱发送了一封邮件，要求就该邮件所附文件于 9 月 10 日前在中国提出专利申请。但从该证据无法得出邮件是由陈星发送给陈和的，也无法证明本专利是由陈星在美国完成的。

请求人 2 提交的证据 2. 3 是本专利的公开文本的复印件，证据 2. 4 是公开号为 US2011/0220427A1 的美国专利公开说明书的复印件，证据 2. 5 是请求人 2 制作的证据 2. 3 中国专利申请公开文本和证据 2. 4 美国专利申请公开文本对比表，证据 2. 20 是在中国专利查询系统中查询到的本专利相关信息的截图的打印件。专利权人在口头审理过程中对上述证据的真实性表示认可，合议组对上述证据予以采信。

由请求人 2 提交的证据 2. 3—证据 2. 5 可以确认，本专利的公开文本和证据 2. 4 的美国专利公开说明书的文字表述基本一致，两份专利文献的附图及其上的附图标记完全一致，结合专利权人将本专利的发明人修改为与证据 2. 4 的美国专利相同的发明人的行为，可以推断本专利的技术与证据 2. 4 的美国专利的技术具有相同的来源，即，两份专利申请的技术方案是由同一个发明人/发明团队做出的。

请求人 2 主张证据 2.3 和证据 2.20 用于证明本专利的申请人和发明人均为中国人陈和，本专利是中国公民在中国完成的发明创造。对此合议组认为，证据 2.3 和证据 2.20 可以证明在提出专利申请时本专利的申请人和发明人均为中国公民陈和，但仅根据发明人的国籍为中国并不足以证明其所作出的技术方案的实质性内容是在中国境内完成的，发明人的国籍与发明的实际完成地并不必然相同。针对请求人 2 所主张的本专利权利要求 1—9 不符合《专利法》第 20 条第 1 款的无效理由，请求人 2 所提交的证据均未涉及本专利权利要求 1—9 的技术方案的实质性内容是否是在中国境内完成的事实。故合议组对请求人 2 有关本专利违反《专利法》第 20 条第 1 款的无效理由不予支持。

3. 关于说明书是否对权利要求所要求保护的技术方案作出清楚完整的说明

《专利法》第 26 条第 3 款规定：说明书应当对发明或者实用新型作出清楚、完整的说明，以所属技术领域的技术人员能够实现为准。

3.1 无效宣告请求 2

请求人 2 主张：权利要求 1 限定了“操作者两腿内侧夹住靠腿板来操控车子的运行，而不是用支撑腿向前与向后施力的操控方法”，说明书中也仅有与权利要求 1 相同的表述。根据本专利的说明书，本领域的技术人员只能制造出如本专利的说明书附图所示出的外形的独轮车，但此独轮车的平衡系统是如何实现平衡的并不清楚。原因是，一方面本专利的背景技术记载现有技术中使用“支撑腿向前与向后施力的操控方法”，其内部采用的是陀螺仪与微处理器来实现的，另一方面，而后又说本专利不使用此方法（而不是……这一句），本领域技术人员不清楚仅靠夹住靠腿板是如何实现车子前进、减速直至停车以及转弯的，本专利说明书存在公开不充分的缺陷。

专利权人认为：对于“自平衡系统如何实现自平衡”属于本领域的公知技术，这一点并不作为特定技术特征来解决现有电动独轮自行车中存在的技术问题，所以本专利的申请文件中无须再详细介绍。通过说明书［0025］、［0011］和［0028］段记载的内容，可以确定本专利电动机为独轮车提供了前进的驱动力，操作者直立站在踏脚板上，踏脚板与轮架或轮罩相配接，两个靠腿板凸出地设置在车子主体的两侧，用腿夹紧靠腿板即可操控车子的运行（包括前进、后退以及转弯）。对于技术特征“不需要操作者用支撑在踏脚板上的腿向前后施力进行操控”，指的是本专利用靠腿板取代了在背景技术

Simeray 申请的专利中的导向托架，故本专利中的操作者是用腿夹住靠腿板，而不是用其支撑腿通过导向托架等媒介物向前与向后施力来操控的。

对此合议组认为：

对于现有技术存在的问题，本专利说明书“背景技术”部分记载了（参见说明书［0009］段）“Simeray 申请的专利提出了一种在车架上轮子的两侧各设有一个踏脚板的电动独轮车，其技术特征之一是每个踏脚板上方装有一个导向托架，杆状或箍状的托架紧紧夹住操作者腿的膝盖或小腿肚子，用来限制腿相对于车轮，向前或向后的倾斜范围，因此给操作者提供了较大的稳定性。操作者将腿对导向托架施压，除了可使电动独轮车稳定以外，还可操控车子转向与倾侧。然而，紧夹腿的导向托架对腿施加的运动限制，也带来某些不方便，有些场合可能会带来危险，因为当操作者需要快速下车时，导向托架会阻碍操作者的动作。”

对于本专利的主要技术改进点，说明书“发明内容”部分记载了（参见说明书第［0011］段）“本发明提出的站立式电动独轮自行车主要是改变了以前业内提出的独轮自行车的结构，在踏脚板的上方设置了一个与车体相连的靠腿板，它的作用是使操作者的腿能够靠住车体，除了踏脚板上的蹬足处以外，增加了一个基本固定的连接点，使操作者的每条腿与车体之间有了两个连接点后，操作者就可站稳在踏脚板上，稳定地操控车子了。本发明用靠腿板来代替 Simeray 申请专利中的导向托架，可克服其缺点，使电动独轮自行车具有全部必要的实用功能。”

对于本专利电动独轮自行车的自平衡原理，说明书“具体实施方式”部分记载了（参见说明书［0026］段）“有一个电子导航系统（带微处理器的传感式陀螺仪）与电动机 130 相配接，它通过传感器可感测到轮架 120 相对于地面的状态，根据轮架 120 向前与向后的倾斜信息，来调节与控制电动机 130 的转动，使轮架 120 保持直立的状态。电子导航系统使轮子朝合适的方向加速或减速来达到动态稳定，从而获得车子在前后直立平面内的自平衡。”

对于本专利靠腿板的作用，说明书“具体实施方式”部分记载了（参见说明书［0028］段）“靠腿板 150 突出在轮罩 160 的两侧，其位置的高度大约与操作者的膝盖与/或小腿上部的高度相当。以便于操作者可以将其膝盖与/或小腿的上部靠住靠腿板 150。实际上，靠腿板 150 的靠腿表面，即与操作者腿的接触面是从轮罩 160 的主体上凸出来的，当操作者的双脚站在踏脚板 140 上，保持自然直立的姿势时，靠腿板 150 的表面刚好与操作者的两腿接触靠紧。靠腿板 150 的这些特征是由于对操作者的腿提供了摩擦阻力而形成的，因此使得操作者能在使用时，容易地用腿适当地夹住车子。这个特点对于安全舒适地使用独轮自行车是十分重要的，对于上下车、转弯、崎岖的路面、上下坡要求车子保持直立位置等特别要求较精确地来操控车子的场合，则更加显得重要了。当然，对于学骑的新手也极有用处。”

由本专利说明书记载的上述内容可知，在本专利的优先权日之前，带有自平衡功能的电动独轮车就已经出现，实现电动独轮车在前后方向上自动平衡的自平衡系统属于本领域的已知技术。本专利对现有技术的改进主要体现在靠腿板的设置上，利用靠腿板来实现人体与电动独轮车之间的连接，使操作者在骑行过程中更易于掌控电动独轮车，从而平稳安全地行驶。本专利权利要求 1 以及说明书中记载的技术特征“操作者两腿内侧夹住靠腿板来操控车子的运行，而不是用支撑腿向前与向后施力的操控方法”，其中“用支撑腿向前与向后施力的操控方法”是指背景技术中记载的 Simeray 专利的技术方案，通过与 Simeray 专利进行比对，本专利强调其采用靠腿板代替 Simeray 专利中的导向托架，骑行时操作者通过用腿内侧夹紧靠腿板来建立与独轮车的连接并操控车辆。对于自平衡的具体实现方式，本专利说明书中记载了电子导航系统通过传感器可获得轮架 120 向前与向后的倾斜信息，并据此来调节与控制电动机 130 的转动。独轮车作为一种骑行工具，其行驶状态必然由骑行者来操控，因此轮架 120 前后方向的倾斜必然也是由骑行者来控制，至于具体的控制方式，本领域技术人员可以参考现有技术确定。本专利靠腿板的作用是使操作者与独轮车之间建立除踏脚板外的另一处连接，以便更稳定地操控车子的运行，至于在具体操作过程中操作者的两腿是否一直保持夹紧靠腿板的状态，则与路面状况、操作者的熟练程度、是否要转弯等外在条件相关。

判断说明书是否对发明创造作出清楚、完整的说明，应当综合考虑本领域技术人员的能力、现有技术状况、说明书整体给出的技术信息，而不应当局限于说明书中的个别表述。由前文对本专利说明书的分析可知，本专利说明书对本专利所要解决的技术问题、采用的技术方案作出了清楚、完整的说明，本领域技术人员在本专利说明书公开内容的基础上，能够实现本专利的技术方案并取得相应的技术效果，本专利说明书符合《专利法》第 26 条第 3 款的规定。合议组对请求人 2 的上述主张不予支持。

3.2 无效宣告请求 3

请求人 3 主张：①说明书对增加“靠腿板”后的操控方法，没有作出清楚、完整的说明；②说明书关于轮毂电机驱动的实施例（即图6和图7的实施例），没有作出清楚、完整的说明；③说明书中关于不设轮罩的实施方案，没有作出清楚、完整的说明；④说明书未对“在自然直立的姿势时，两腿与靠腿板保持接触相靠”作出清楚、完整的说明。

专利权人认为：①本专利电动机为独轮车提供了前进的驱动力，本专利用靠腿板取代了在背景技术Simeray申请的专利中的导向托架，故本专利中的操作者是用腿夹住靠腿板，而不是用其支撑腿通过导向托架等媒介物向前与向后施力来操控的。②众所周知，轮毂电机最常见的应用就是将动力装置、传动装置和制动装置都整合到轮毂内，从而使得将电动车辆的机械部分大为简化，该技术完全为现有的公知技术，所以申请文件中无须再详细介绍。③本专利说明书中通过有轮罩（可以设置靠腿板）和无轮罩（只能用腿夹住车子）两个实施例的对比，体现出“有轮罩并在其上设置靠腿板”这一实施例的优点，认为说明书未公开无轮罩的技术方案是请求人3的一种误解。④说明书［0028］段记载了靠腿板的作用，至于骑车过程中腿部是否一直与靠腿板接触则与骑车人的技术水平有关，本专利的技术极大地提高了安全性和舒适性，并且使新手更容易上手。

对此合议组认为：关于第①点，参见上文3.1部分的评述。

关于第②点，在无效程序中，判断说明书是否对发明创造作出清楚、完整的说明，实际上是要判断说明书是否对权利要求所要求保护的发明创造作出清楚、完整的说明。本专利权利要求1中限定了“一个电动机，与车轮相配接，并驱动车轮转动”，并没有限定该电动机是轮毂电机，其全部从属权利要求2—9也均未限定驱动车轮的电动机为轮毂电机。本专利说明书对无轮毂车轮的技术方案作出了清楚、完整的说明，本领域技术人员根据本专利说明书记载的技术内容，能够实现无轮毂车轮的技术方案，而无轮毂车轮的技术方案属于权利要求1—9所要求保护的电动独轮车，因此说明书对权利要求1—9所要求保护的技术方案作出了清楚、完整的说明。

关于第③点，对于明确排除在权利要求保护范围外的技术方案，并不要求说明书必须作出清楚、完整的说明。本专利权利要求1明确限定了电动独轮自行车包括一个轮罩，因此不设置轮罩的技术方案不在本专利权利要求1及其从属权利要求2—9的保护范围之内，说明书没有充分公开该方案并不影响权利要求1及其从属权利要求2—9的有效性。

关于第④点，说明书第［0028］段中记载了“靠腿板150突出在轮罩

160 的两侧，其位置的高度大约与操作者的膝盖与/或小腿上部的高度相当。以便于操作者可以将其膝盖与/或小腿的上部靠住靠腿板 150。实际上，靠腿板 150 的靠腿表面，即与操作者腿的接触面是从轮罩 160 的主体上凸出来的，当操作者的双脚站在踏脚板 140 上，保持自然直立的姿势时，靠腿板 150 的表面刚好与操作者的两腿接触靠紧”。该部分内容已经清楚地记载了靠腿板的设置位置和设置方式，只要靠腿板在车子主体两侧凸出的位置、厚度和形状符合一般的人体工程学，就可以实现操作者自然直立时，两腿与靠腿板 150 保持接触相靠。

综上所述，本专利说明书对本专利所要解决的技术问题、采用的技术方案作出了清楚、完整的说明，本领域技术人员在本专利说明书公开内容的基础上，能够实现本专利的技术方案并取得相应的技术效果，本专利说明书符合《专利法》第 26 条第 3 款的规定。合议组对请求人 3 的上述主张不予支持。

4. 关于权利要求的保护范围是否清楚、是否能够得到说明书的支持

《专利法》第 26 条第 4 款规定：权利要求书应当以说明书为依据，清楚、简要地限定要求专利保护的范围。

4.1 无效宣告请求 2

请求人 2 主张：权利要求 1 中“操作者两腿内侧夹住靠腿板来操控车子的运行，而不是用支撑腿向前与向后施力的操控方法”的描述不清楚，致使权利要求 1 及其从属权利要求 2—9 的保护范围不清楚，不符合《专利法》第 26 条第 4 款的规定。

专利权人认为：对于技术特征“不需要操作者用支撑在踏脚板上的腿向前后施力进行操控”，指的是本专利用靠腿板取代了在背景技术 Simeray 申请的专利中的导向托架，故本专利中的操作者是用腿夹住靠腿板，而不是用其支撑腿通过导向托架等媒介物向前与向后施力来操控的。

对此合议组认为：对权利要求中技术特征的具体含义的理解，不应脱离说明书进行孤立的解释。说明书中记载了与权利要求 1 相同的技术特征“操作者两腿内侧夹住靠腿板来操控车子的运行，而不是用支撑腿向前与向后施力的操控方法”，前文第 3.1 部分已经对该技术特征的含义作了详细分析，并得出了该技术特征清楚、说明书公开充分的结论，具体评述参见第 3.1 部分。在此基础上，本领域技术人员能够明了，权利要求 1 中的上述技术特征是从操控方法的角度进一步说明，本专利的靠腿板的作用是供操作者的两腿接触

相靠和夹紧，并且从说明书记载的内容可知，操作者两腿与靠腿板接触相靠和夹紧是为了与独轮车建立更稳固的连接，以便更加平稳安全地操纵车辆。综上所述，该技术特征在权利要求 1 中并不会导致权利要求 1 的保护范围不清楚，合议组对请求人 2 的主张不予支持。

4.2 无效宣告请求 3

4.2.1 有关权利要求不清楚的主张

请求人 3 主张：①权利要求 1 中的技术特征“一个轮罩，部分的覆盖了车子”仅用功能性限定笼统的记载轮罩部分地覆盖了车子，却没有描述轮罩与车子其他结构部件之间的位置关系和连接关系，本领域技术人员不能清楚地理解权利要求 1 中轮罩如何具体设置到车子上，如何实现部分地覆盖了车子；②权利要求 1 中技术特征“两个靠腿板，凸出地设置在车子主体的两侧”，本领域技术人员不清楚“车子主体”包含哪些部件，导致靠腿板设置的位置也不清楚，它们之间的关系也不确定；③“操作者两腿内侧夹住靠腿板来操控车子的运行，而不是用支撑腿向前与向后施力的操控方法”所描述的操控方法不清楚；④权利要求 1 限定了“在自然直立的姿势时，两腿与靠腿板保持接触相靠”，根据该描述，请求人 3 认为只有满足在使用过程中，自然直立的姿势时两腿与靠腿板保持接触相靠的“电动独轮自行车”才属于权利要求 1 的保护范围，而并不保持接触相靠，时而接触、时而不接触的方式（例如，只有在启动或停止过程中，以及颠簸时才接触相靠）操控的独轮车应该不属于权利要求 1 的保护范围。

专利权人认为：①权利要求 1 中的技术特征“一个轮罩，部分覆盖了车子”，以及“两个靠腿板，凸出的设置在车子主体两侧”等技术特征对于本发明而言，并不作为特定技术特征来解决现有电动独轮自行车中存在的技术问题。上述技术特征在独轮车，甚至是电动独轮自行车这一技术领域中属于常规技术，本发明的实施方式中已经以其中一种或几种上述技术特征的具体实现方式为例进行了说明，对于本领域技术人员而言，在电动独轮自行车能够正常运行的基础上，上述结构或装置可以使用现有技术中的任一种。②技术特征“在自然直立的姿势时，两腿与靠腿板保持接触相靠”只是对靠腿板的位置作了进一步限定，其并没有限定只有在自然直立的姿势时，两腿与靠腿板才能保持接触相靠，只要靠腿板设置在权利要求 1 限定的位置处，整个行驶过程中，驾驶人的腿都可以实现与靠腿板保持接触相靠。

对此合议组认为：①判断一项权利要求是否清楚，主要是判断该权利要求能否界定出一个清楚的保护范围。权利要求 1 限定了“一个轮罩，部分的覆盖了车子”，根据说明书文字部分记载和附图所示，本领域技术人员可以清楚地理解“轮罩”的含义，“部分覆盖车子”表达的是覆盖了一部分，但未完全覆盖的意思，其含义也是清楚的，因此该技术特征并不会导致权利要求 1 的保护范围不清楚。请求人 3 认为权利要求 1 没有描述轮罩与车子其他结构部件之间的位置关系和连接关系，然而这些技术特征是否限定在权利要求 1 中，影响的是权利要求 1 的保护范围的大小，权利要求 1 中不记载这些技术特征，则权利要求的保护范围更大，但权利要求 1 中不记载这些技术特征，并不会使得权利要求的保护范围不清楚。

②权利要求 1 中限定了“两个靠腿板，凸出地设置在车子主体的两侧，分别供操作者的膝盖与/或小腿接触相靠……使得双脚站在踏脚板上的操作者，在自然直立的姿势时，两腿与靠腿板保持接触相靠，操作者两腿内侧夹住靠腿板来操控车子的运动”，上述技术特征清楚地限定了靠腿板的设置位置和作用，本领域技术人员在说明书公开内容的基础上，能够明了权利要求 1 中“车子主体”的含义。

③“操作者两腿内侧夹住靠腿板来操控车子的运行，而不是用支撑腿向前与向后施力的操控方法”并不会导致权利要求 1 的保护范围不清楚，具体评述参见前文第 3.1 部分和第 4.1 部分。

④技术特征“在自然直立的姿势时，两腿与靠腿板保持接触相靠”对靠腿板的位置作了进一步限定，但实际骑行过程中操作者双腿是否一直与靠腿板接触相靠，一方面与靠腿板自身相关，另一方面也与骑行者的姿态、骑行技术和骑行习惯相关，靠腿板的设计只需要保证骑行者在自然直立姿势下两腿可以抵靠在靠腿板上即可，并不意味着骑行过程中骑行者的双腿必须一直与靠腿板接触相靠。

综上所述，合议组对请求人 3 提出的权利要求不清楚的无效理由不予支持。

4.2.2 有关权利要求得不到说明书支持的主张

请求人 3 主张：权利要求 1 中的技术特征“一个车轮，可转动地与一个轮架相配接”，其中“轮架”并非公知的机械术语，而说明书中仅给出了无轮毂的车轮通过导向轮和棱条与轮架相配接的特定实施方式，对附图 6-8 示出的由轮毂电机驱动的实施例的结构未进行详细说明，所属技术领域的技术人员难于预见上位概念“一个车轮，可转动地与一个轮架相配接”所概括的除上述特定实施方式之外的所有方式均能解决其技术问题。因此权利要求1及其从属权利要求2—4、6—9得不到说明书的支持，不符合《专利法》第26条第4款的规定。

专利权人认为：权利要求1中的技术特征"一个车轮，可转动地与一个轮架相配接"并不作为特定技术特征来解决现有电动独轮自行车中存在的技术问题，该技术特征在独轮车，甚至是电动独轮自行车这一技术领域中属于常规技术，对于本领域技术人员而言，在电动独轮自行车能够正常运行的基础上，上述结构或装置可以使用现有技术中的任意一种。

对此合议组认为：现有技术中的电动独轮自行车均包括轮架和可转动地与轮架配接的车轮，在电动独轮自行车能够正常运行的基础上，本专利的车轮与车架的连接方式可以采用现有技术中的任意一种，请求人3主张所属技术领域的技术人员难于预见上位概念"一个车轮，可转动地与一个轮架相配接"所概括的所有方式均能解决其技术问题，但未具体说明为何难于预见，也未给出具体实例。故合议组对请求人3有关本专利权利要求得不到说明书支持的主张不予支持。

5. 关于本专利是否享有本国优先权

请求人1提交的用于评价创造性的证据1.9、请求人2提交的用于评价创造性的证据2.2、请求人3提交的用于评价新颖性和创造性的证据3.6的公开日介于本专利的国内优先权日和申请日之间，请求人1、请求人2和请求人3均主张本专利不能享有本国优先权。

请求人1主张：①在先申请非首次申请。证据1.12用于说明证据1.10（本专利的公开文本）与证据1.11（美国专利申请公开文本）完全对应，属于同一主题的相同申请，证据1.11包含的两项美国临时申请的申请日均早于中国在先申请的申请日，由此可知中国在先申请不是相同主题的首次申请。关于申请人名义不同的问题，美国申请与中国专利的申请人为权利人和权利继受人的关系，应该视为同一申请人。②在先申请与在后申请非相同的主题。在先申请中，对"靠腿板"只作了笼统阐述，只能看出其设有此板。本专利中所补充的"使得双脚站在踏脚板上的操作者，在自然直立的姿势时，两腿与靠腿板保持接触相靠，操作者两腿内侧夹住靠腿板来操控车子的运行，而不是用支撑腿向前与向后施力的操控方法"，并不能由原文直接和毫无疑义地得出，故该在先申请不能作为在后申请要求优先权的基础。

请求人2主张：①在先申请非首次申请。证据2.5用于说明证据2.3（本专利的公开文本）与证据2.4（美国专利申请公开文本）完全对应，属于同一主题的相同申请，证据2.4包含的两项美国临时申请的申请日均早于中国在先申请的申请日，由此可知中国在先申请不是相同主题的首次申请。关于申请人名义不同的问题，美国申请与中国专利的申请人为权利人和权利继受人的关系，应该视为同一申请人。②在先申请与在后申请非相同的主题。本专利中的“使得双脚站在踏脚板上的操作者，在自然直立的姿势时，两腿与靠腿板保持接触相靠，操作者两腿内侧夹住靠腿板来操控车子的运行，而不是用支撑腿向前与向后施力的操控方法”并没有记载在中国在先申请中，也不能从中直接和毫无疑义地得出，故该在先申请不能作为在后申请要求优先权的基础。

请求人3主张：①在先申请与在后申请非相同的主题。在先申请文件中记载的“车架”与本专利中的“轮架”并不相同，本专利权利要求1中的技术特征“车轮可转动地与轮架相配接”“踏脚板与轮架或者轮罩相配接”“两个靠腿板，凸出地设置在车子主体的两侧”“靠腿板上与腿相接触的表面要略具摩擦力”“使得双脚站立在踏脚板上的操控者，在自然直立的姿势时，两腿与靠腿板保持接触相靠，操作者两腿内侧夹住靠腿板来操控车子的运行，而不是用支撑腿向前与向后施力的操控方法”等均未记载在先申请的文件中，因此，包含上述技术特征的权利要求1的技术方案不能享有优先权。②在先申请非首次申请。证据3.9用于说明证据3.7（本专利的公开文本）与证据3.8（美国专利申请公开文本）完全对应，属于同一主题的相同申请，证据3.8包含的两项美国临时申请的申请日均早于中国在先申请的申请日，由此可知中国在先申请不是相同主题的首次申请。关于申请人名义不同的问题，美国申请与中国专利的申请人为权利人和权利继受人的关系，对于同一主题的发明创造，虽然不同名义，其专利申请人应该视为同一申请人，适用优先权规定下的申请人的规定。

专利权人认为：本专利所要求的本国优先权成立。对于本国优先权，被要求优先权的申请，应该是在中国范围内的第一次申请，而非请求人1、请求人2、请求人3提到的世界范围内的第一次申请，中国在先申请是在中国范围内的第一次申请，因此本专利可以享有本国优先权。本专利的申请人和专利权人都是陈和，而证据1.11、证据2.4、证据3.8的美国专利的申请人是陈星，两者的申请人不同，对本专利的申请人陈和而言，其在2010年9月6日向中国专利局提交的申请才是其首次申请，本专利可以享有该申请的本国优先权。专利权人提交的附件1.4、附件2.4、附件3.4是请求人1、请求人2、请求人3提交的美国专利申请所包含的两项美国临时专利申请，经过比对可知，本专利与附件1.4、附件2.4、附件3.4中涉及的技术方案完全不同。经过核实本国优先权文本，专利权人认为本专利的权利要求1—4和9的优先权成立。

对此合议组认为：

《专利法》第29条规定，申请人自发明或者实用新型在外国第一次提出专利申请之日起十二个月内，或者自外观设计在外国第一次提出专利申请之日起六个月内，又在中国就相同主题提出专利申请的，依照该外国同中国签订的协议或者共同参加的国际条约，或者依照相互承认优先权的原则，可以享有优先权。申请人自发明或者实用新型在中国第一次提出专利申请之日起十二个月内，又向国务院专利行政部门就相同主题提出专利申请的，可以享有优先权。

优先权原则源自《巴黎公约》，其目的是使成员方国民就其发明创造在本国提出专利申请后，在一定期限内就同一主题在其他成员方提出的在后申请，在某些方面被视为是在首次申请的申请日提出。根据《巴黎公约》的规定，作为优先权基础的在先申请必须是针对相同主题的世界范围内的首次申请。

《专利法》第29条第2款规定的“本国优先权”，是在1992年修订专利法时增加的条款。设立本国优先权的目的之一在于，在优先权层面上使中国申请与外国申请处于同等地位，以弥补我国申请人在我国再次就相同主题提出的专利申请不能要求其首次申请优先权的法律空白。本国优先权的成立条件应当与外国优先权的成立条件同样适用《巴黎公约》的规定。《专利法》第29条第2款所述的“在中国第一次提出专利申请”中的“第一次申请”应当理解为就相同主题在世界范围内首次提出的申请，只不过对于本国优先权，该世界范围内的首次申请是在中国提出的。故合议组对专利权人“中国在先申请是在中国范围内的第一次申请”的主张不予支持。

请求人1提交的证据1.11、请求人2提交的证据2.4、请求人3提交的证据3.8是同一份美国专利申请（下文统称为美国专利申请），专利权人对该证据的真实性无异议，合议组对该证据予以采信。

专利权人提交的附件1.4、附件2.4、附件3.4是请求人1、请求人2、请求人3提交的美国专利申请所包含的两项美国临时专利申请，申请号分别为61/311933（下文称为美国临时申请1）和61/315020（下文称为美国临时申请2）。

经比对，本专利的公开文本和美国专利申请的文字表述基本一致，两份专利文献的附图及其上的附图标记完全一致，结合专利权人的自述以及将本专利的发明人修改为与美国专利申请相同的发明人的行为，可以推断本专利的技术与美国专利申请的技术具有相同的来源，即，两份专利申请的技术方案是由同一个发明人/发明团队做出的，本专利的申请人陈和与美国专利申请的申请人 Shane Chen 之间具有权利继受关系。合议组进一步查明，美国临时申请 1 和美国临时申请 2 的申请人均为 Shane Chen，因此认定两份美国临时申请、美国专利申请和本专利具有相同的技术来源。对于具有相同技术来源的多份专利申请，即使申请人不同，也只有该多份专利申请中具有相同主题的首次申请，可以作为优先权基础。故合议组对专利权人有关本专利的申请人与美国专利申请的申请人不同，因此两份美国临时申请不构成首次申请的主张不予支持。

美国临时申请 1 的申请日为 2010 年 03 月 09 日，美国临时申请 2 的申请日为 2010 年 03 月 18 日，被本专利要求本国优先权的中国在先申请的申请日为 2010 年 09 月 06 日。美国临时申请 1 和美国临时申请 2 的申请日早于中国在先申请的申请日。以下将本专利权利要求 1—9 的技术方案逐一与两份美国临时申请和中国在先申请进行比对，判断本国优先权是否成立。

5.1 权利要求 1

美国临时申请 1 记载了电动平衡车的几种实施方式，并具体记载了以下技术内容（参见全文）：

“图 1 和图 2 使用两个独立驱动的单轮车（独轮车）为骑乘者提供支撑。使用刚性脚踝支撑部，将每个独轮车绑定到骑乘者的每只脚。因此骑乘者的腿部之后会向前倾或向后倾。骑乘者可以通过每个独轮车中的电子陀螺仪进行平衡。当使用者向前倾时，独轮车将会向前移动，而当使用者向后倾时，独轮车将会向后移动。通过使一条腿比另一条腿倾斜（翘起）更多，可以实现转向。

参照图 1，显示了电动独轮车的透视图。独轮车可以包括通过辐条或其他构件联接到轮毂的车轮。轮毂具有通过支撑架联接到单个靴子的轴。轮毂包含电机，电池和电子件。

图 3 是电动平衡独轮车的另一个实施例。其在车轮的每一侧具有一个脚部平台。因此，骑乘者可以将车轮置于其脚部之间，站立于独轮车上。独轮车还在车辆的每一侧包括具有弯曲表面的腿部收容器。当骑乘者抵靠腿部收

容器推动其腿部时，腿部收容器将腿部锁定到位。该独轮车包含电机，电池和平衡电子件。”

美国临时申请1中，图1、图2和图3示出三种不同的实施方式，文字部分对图3实施例的描述，可以理解为是在图1、图2实施例的基础上，对图3区别于图1、图2之处的记载，图3对应的文字部分没有记载的独轮车的基本结构与图1、图2对应的文字部分记载的基本结构相同。

美国临时申请1的图3公开一种电动独轮自行车，将其与本专利权利要求1相比，美国临时申请1的车轮对应于本专利的车轮；图3中位于脚部平台和腿部收容器之间的长条形结构对应于本专利的轮架，为了使独轮车能够正常行驶，车轮必然是可转动地与轮架相配接；图3实施例的电机对应于本专利的电动机，电机包含于轮毂，对应于本专利的电动机与车轮相配接，图3实施例的车轮必然是由电机驱动转动；图3实施例的平衡电子件对应于本专利的电子前后平衡控制系统；从图3可以看出，独轮车包括部分覆盖车子的轮罩；图3实施例的脚部平台对应于本专利的踏脚板，从图3中可以看出脚部平台与轮架或轮罩相配接；图3实施例的腿部收容器对应于本专利的靠腿板，图3对应的文字部分记载了“腿部收容器将腿部锁定到位”，因此腿部收容器上与腿相接触的表面必然略具摩擦力；从图3中可以看出两个腿部收容器凸出地设置在车子主体的两侧，且其作用为供操作者的腿部接触相靠，为了便于操作者在正常骑行状态下双腿能够接触腿部收容器，两个腿部收容器的设置必然要使得双脚站在脚部平台上的操作者，在自然直立的姿势时，两腿与腿部收容器保持接触相靠。

对于本专利权利要求1限定的技术特征“操作者两腿内侧夹住靠腿板来操控车子的运行，而不是用支撑腿向前与向后施力的操控方法”，上文第3.1部分和第4.1部分已经对其含义做了详细分析，该技术特征主要是通过与现有技术对比来突出本专利的靠腿板的特点和作用，美国临时申请1中腿部收容器的作用与本专利相同，操作者在骑行时的操控方法自然也应当是相同的，因此技术特征“操作者两腿内侧夹住靠腿板来操控车子的运行，而不是用支撑腿向前与向后施力的操控方法”不构成本专利与美国临时申请1的区别。

美国临时申请1中图3的实施例与本专利权利要求1的技术领域、所解决的技术问题、技术方案和预期的效果均相同，故两者属于相同主题的发明创造。美国临时申请1的申请日早于中国在先申请的申请日，构成与本专利相同主题的首次申请。由于被本专利要求优先权的中国在先申请不是相同主题的首次申请，因此本专利权利要求 1 不能享有本国优先权。

5.2 权利要求 2

本专利权利要求 2 在权利要求 1 的基础上进一步限定了：所述的靠腿板是可以调节其高度的。

美国临时申请 1 未公开腿部收容器可以调节高度的技术内容，因此与本专利权利要求 2 的技术方案不同，两者不构成相同主题的发明创造。

美国临时申请 2 未公开本专利权利要求 2 的技术方案中的“轮罩”，因此与本专利权利要求 2 的技术方案不同，两者不构成相同主题的发明创造。

中国在先申请记载了一种站立式的独轮自行车，并具体记载了以下技术内容（参见说明书“具体实施方式”部分，附图 1 和 2）：

“独轮自行车 10 是由车轮 11 与车体所组成。车轮 11 可转动地与一个车架 121 相配接。踏脚板 123 设置在车轮 11 的两侧。该独轮自行车 10 还在车轮 11 的两侧，设置了靠腿板 124。靠腿板 124 是车体一部分，位于踏脚板 123 的上方，并与车架 121、轮罩 122 相连。靠腿板 124 有一个弯曲的表面，与人腿的轮廓相配。当操作者的腿部靠到靠腿板 124 上时，靠腿板 124 恰好容纳操作者的腿部就位。靠腿板 124 上的曲面可用柔软的材料制成，使操作者的腿部比较舒服。

该独轮自行车 10 还包括有电动机、电池与包括电子导航仪在内的电子自平衡控制系统。电动机是用的轮毂电机，置于车轮的中心，与车轮相配接，并驱动车轮转动。电池除了用作电机的动力外，还用作电子系统的电源。电子导航仪（带微处理器的传感式陀螺仪）与电动机相配接的，使轮子朝合适的方向加速或减速来达到动态稳定，从而获得车子前后的自平衡。该独轮自行车 10 还有一个提手 125，它安装在车体的顶部，以便于携带或搬运。

图 3 是根据本发明所提出的站立式电动独轮自行车，另一种实施方案的透视图。该实施方案的特点就是加设了一个可调节高度的组件 226，它可以调节靠腿板 224 离踏脚板 223 的高度，不仅可适应不同身高操作者的需要，还可适应不同操作者喜好用不同腿部工作的需要。”

与本专利权利要求 2 相比，中国在先申请也公开了一种电动独轮自行车，其车架对应于本专利的轮架，电子自平衡控制系统对应于本专利的电子前后平衡控制系统。中国在先申请公开了本专利的车轮、与车轮可转动地配接的轮架、与车轮配接并驱动车轮转动的电动机、控制电动机的电子前后平衡控制系统、部分覆盖车子的轮罩、至少一个与轮架或轮罩相配接的踏脚板，以及凸出于车子主体两侧的、高度可调节的两个靠腿板。

中国在先申请中的靠腿板作用是容纳操作者的腿部就位，其上的曲面可用柔软的材料制成，使操作者的腿部比较舒服，因此靠腿板上与腿相接触的表面必然略具摩擦力。中国在先申请记载的是一种站立式电动独轮自行车，靠腿板的作用为供操作者的腿部接触相靠，为了便于操作者在正常骑行状态下双腿能够接触靠腿板，两个靠腿板的设置必然要使得双脚站在踏脚板上的操作者，在自然直立的姿势时，两腿与靠腿板保持接触相靠。

对于本专利权利要求 2 限定的技术特征“操作者两腿内侧夹住靠腿板来操控车子的运行，而不是用支撑腿向前与向后施力的操控方法”，上文第 3.1 部分和第 4.1 部分已经对其含义做了详细分析，该技术特征主要是通过与现有技术对比来突出本专利的靠腿板的特点和作用，中国在先申请中靠腿板的作用与本专利相同，操作者在骑行时的操控方法自然也应当是相同的，因此技术特征“操作者两腿内侧夹住靠腿板来操控车子的运行，而不是用支撑腿向前与向后施力的操控方法”不构成本专利与中国在先申请的区别。

中国在先申请与本专利权利要求 2 的技术领域、所解决的技术问题、技术方案和预期的效果均相同，故两者属于相同主题的发明创造，中国在先申请是相同主题的首次申请，因此本专利权利要求 2 可以享有本国优先权。

5.3 权利要求 3

本专利权利要求 3 在权利要求 1 的基础上进一步限定了：所述的靠腿板的表面为稍凹的弯曲表面。

美国临时申请 1 记载了腿部收容器具有弯曲表面，从图 3 中可以看出该弯曲表面为稍凹的弯曲表面。

美国临时申请 1 中图 3 的实施例与本专利权利要求 3 的技术领域、所解决的技术问题、技术方案和预期的效果均相同，故两者属于相同主题的发明创造。美国临时申请 1 的申请日早于中国在先申请的申请日，构成与本专利相同主题的首次申请。由于被本专利要求优先权的中国在先申请不是相同主题的首次申请，因此本专利权利要求 3 不能享有本国优先权。

5.4 权利要求 4

本专利权利要求 4 在权利要求 1 的基础上进一步限定了：所述的供操作者两脚站立的踏脚板是单一的一个刚性整体，可在工作位置与储藏位置之间转换。

本专利说明书第［0031］段记载了“图 4 是根据本发明所提出的又一种

电动独轮车的实施方案。电动独轮自行车 200 与图 1~3 的独轮车稍有不同，它不像前一实施方案中是车轮两侧，一边一个的双踏脚板，它只设有单一的一个踏脚板 240 伸展到轮子 210 的两侧。”说明书具有解释权利要求的作用，因此权利要求 4 中的技术特征“踏脚板是单一的一个刚性整体”应当理解为只设有单一的一个踏脚板，而不是分布在车轮两侧的两个踏脚板。

基于这样的理解，中国在先申请未公开本专利从属权利要求 4 的附加技术特征，本专利权利要求 4 与中国在先申请不属于相同主题的发明创造，因此本专利权利要求 4 不能享有本国优先权。

5.5 权利要求 5—8

中国在先申请未公开本专利从属权利要求 5—8 的附加技术特征，本专利权利要求 5—8 与中国在先申请不属于相同主题的发明创造，因此本专利权利要求 5—8 不能享有本国优先权。

5.6 权利要求 9

本专利权利要求 9 在权利要求 1 的基础上进一步限定了：在轮子的上方设置一个携拎手柄，便于车子的携拎。

美国临时申请 1、2 均未公开携拎手柄。中国在先申请的提手 125 相当于本专利的携拎手柄。中国在先申请与本专利权利要求 9 的技术领域、所解决的技术问题、技术方案和预期的效果均相同，故两者属于相同主题的发明创造，中国在先申请是相同主题的首次申请，因此本专利权利要求 9 可以享有本国优先权。

综上所述，本专利权利要求 2 和 9 可以享有本国优先权，其余权利要求均不能享有本国优先权。

6. 关于本专利是否具备新颖性

《专利法》第 22 条第 2 款规定：新颖性，是指该发明或者实用新型不属于现有技术；也没有任何单位或者个人就同样的发明或者实用新型在申请日以前向国务院专利行政部门提出过申请，并记载在申请日以后公布的专利申请文件或者公告的专利文件中。

请求人 3 主张：本专利不能享有本国优先权，证据 3.6 的公开日早于本专利的申请日，其记载的内容构成本专利的现有技术。本专利权利要求 1、3、9 所要求保护的技术方案已经被证据 3.6 公开，因此不具备新颖性。

6.1 证据认定

证据 3.6 是一份国内出版发行的报纸复印件，请求人 3 当庭出示了加盖有“国家图书馆科技查新中心”印章的证据 3.6 的文献复制证明的原件，专利权人经核实表示对证据 3.6 的真实性予以认可。合议组经核实，对该证据予以采信。

证据 3.6 属于公开出版物，其公开时间为 2011 年 03 月 05 日，介于本专利的优先权日 2010 年 09 月 06 日和本专利的申请日 2011 年 04 月 01 日之间，对于本专利中能够享有优先权的技术方案，证据 3.6 不构成现有技术，不能用于评价新颖性；对于本专利中不能享有优先权的技术方案，证据 3.6 构成本专利的现有技术，其公开的技术内容可以用于评价本专利的新颖性。

6.2 关于权利要求 1、3 的新颖性

权利要求 1、3 不能享有本国优先权，证据 3.6 构成本专利的现有技术。

经查，证据 3.6 是《信息时报》上发表的一篇题为“独轮赛格威”的报道，其中记载了“英国媒体 3 月 4 日报道，这款被称为‘新一代赛格威’的独轮脚踏车‘索罗威’预计下个月在英国上市，它具备了诸多优点：1000 瓦锂电子电池提供动力，时速高达约 19 公里。虽然和赛格威一样，都使用了类似的自身动态平衡技术，但是‘索罗威’最大的突破是它抛开了以往那种笨重的机体。‘独轮赛格威’号称不会摔，只使用一个轮子就可以让人依靠自身的平衡控制它的行驶。上坡爬山也不是问题，但要保持前倾。锂离子电池可重复充电，还能在脚踏车下山或减速时补充电力。乘坐‘索罗威’，不需要手或脚来操作。‘索罗威’左右各有一个脚踏板，踏上去之后，稍微向前倾就会前进，向后就停车，向左向右则是改变方向。前倾得越多，跑得越快，内置装置能保证它的平衡。”

证据 3.6 是一篇新闻报道，文字部分仅简略描述了独轮脚踏车“索罗威”的平衡原理和操作方法，图片仅示出了独轮脚踏车的外形结构，证据 3.6 未完全公开本专利权利要求 1 限定的独轮车的各组成部分和连接关系。因此本专利权利要求 1 及其从属权利要求 3 相对于证据 3.6 具备《专利法》第 22 条第 2 款规定的新颖性。

6.3 关于权利要求 9 的新颖性

权利要求 9 能够享有本国优先权，证据 3.6 不构成权利要求 9 的现有技术，不能用于评价该权利要求的新颖性。

7. 关于本专利是否具备创造性

《专利法》第 22 条第 3 款规定：创造性，是指与现有技术相比，该发明具有突出的实质性特点和显著的进步，该实用新型具有实质性特点和进步。

7.1 无效宣告请求 1

请求人 1 主张：本专利权利要求 1 相对于证据 1.1 与证据 1.2 的结合、证据 1.1 与证据 1.3 的结合、证据 1.1 与证据 1.3 和证据 1.2 的结合、证据 1.1 与证据 1.4 和证据 1.2 的结合、证据 1.1 与证据 1.3 和证据 1.15 的结合、证据 1.1 与证据 1.9 的结合不具备创造性。证据 1.5、证据 1.6 和证据 1.7 用于佐证本专利权利要求 1 相对于证据 1.1 的区别技术特征及其解决的技术问题。从属权利要求 2 的附加技术特征是本领域的常规选择且已被证据 1.3 公开，从属权利要求 3 的附加技术特征被证据 1.1 或证据 1.3 或证据 1.9 公开；从属权利要求 4 的附加技术特征被证据 1.1 或证据 1.9 公开，从属权利要求 5 的附加技术特征被证据 1.1 公开，从属权利要求 6 的附加技术特征被证据 1.1 或证据 1.8 公开，从属权利要求 7 的附加技术特征被证据 1.1 公开，从属权利要求 8 的附加技术特征是机械领域的常规设计，从属权利要求 9 的附加技术特征是本领域的常规手段且已被证据 1.1 或证据 1.9 公开，因此在它们引用的权利要求不具备创造性的基础上，从属权利要求 2—9 也不具备创造性。

7.1.1 证据认定

证据 1.1、证据 1.2、证据 1.3、证据 1.8、证据 1.15 是专利文献的复印件，证据 1.4 和证据 1.9 分别是国内期刊和报纸的复印件，口头审理过程中请求人 1 当庭出示了加盖有“国家图书馆科技查新中心”印章的证据 1.4 和证据 1.9 的文献复制证明的原件，专利权人经核实表示对请求人 1 提交的上述用于评价创造性的证据的真实性和外文证据的中文译文的准确性予以认可。合议组经核实，对上述证据予以采信，其中外文证据公开的内容以其中文译文为准。

证据 1.1—证据 1.4、证据 1.8、证据 1.15 的公开日均在本专利的优先权日之前，其公开的技术内容可以作为现有技术，用于评价本专利的创造性。证据 1.9 的公开时间为 2011 年 03 月 05 日，介于本专利的优先权日 2010 年 09 月 06 日和本专利的申请日 2011 年 04 月 01 日之间，对于本专利中能够享有优先权的权利要求 2、9，证据 1.9 不构成现有技术，不能用于评价上述权利要求的创造性；对于本专利中不能享有优先权的权利要求 1、3—8，证据 1.9 构成本专利的现有技术，其公开的技术内容可以用于评价上述权利要求的创造性。

7.1.2 证据 1.1 与证据 1.2 相结合的证据组合方式

经查，证据 1.1 公开一种供行人使用的机动车辆，并具体公开了以下技术内容（参见证据 1.1 中文译文的“最优实施方式的具体描述”部分，附图 1—8）：

“与图 1 描述的发明一致，使用者 11 通过站立于踏脚板 14 上前进。踏脚板 14 位于驱动轮 12 的车轴下方，车轴与叉形部件 15 组装在一起，叉形部件 15 还包含 2 个向导支撑装置，能紧密固定腿肚和大腿。踏脚板 14 和向导支撑装置的组合使响应腿部动作传递压力和扭矩成为可能，类似于杠杆。

与本发明一致，轮子依靠加速设计送出的信号调整速度。加速度计与叉形部件 15 组装在一起，15 的水平与垂直轴线由 16 确定。如果加速度计读取到一个部件正在向前进的信号，这表明使用者正在前倾身体，加速度信号指导轮子马达的电子控制器前进并恢复平衡。当加速度计读数为 0 时，设备取得平衡。向后倾斜 10°会使轮子向后转动，或者产生刹车效果。

图 2 展示了本发明的不同部位视图。在 21 中，本发明带动由踏脚板获得平衡的使用者前进。使用者通过电子伺服控制系统保持纵向的平衡。但使用者无法通过其他辅助装置获得横向平衡，这一点与骑自行车相同。如果使用者身体向一侧倾斜，或者通过肩膀转动进行转弯时，设备就会开始转向，行驶路线改变的方式与骑自行车时转动把手时一致。

图 3 描述了本发明的另一种普通形式。它由在轮圈 302 内部的轮胎 301 组成。轮胎可以由合成橡胶制成。可重复充电的电池组 303，无论采用镍镉、镍金属混合、锂离子、锂离子聚合物、乙醇或甲醇燃料技术制成，都被安装在轮子内部。电源开关可控制电子控制器 307 的开关，电子控制器 307 又用以控制马达 310 的运转。踏脚板 304 与叉形部件 305 组合在一起，并通过杆 306 与支撑部件 315 连接。弹簧 316 将踏脚板 304 复位，并且在转轴 314 的帮助下，引导 315 在没有脚踩上的情况下回到向上的位置。轮子通过球形支撑结构 308 与 313 跟后方的叉形部件 305 相连。位于轮轴上的马达 310 与减速机 311 相连。

本发明另一种设计的描述如下。设计目的是解决之前的应用问题，载重产生的阻力和中轴的冲击力，以及由伺服系统控制的轮子的固有惯性问题。与之前的设计类似，图 6 中的本设计由可伸缩的踏脚板 61 和踏面 62，引导装置 63 和引导夹 64 组成。

图 7 分别具体展示了踏脚板 701，踏面 702 和保护装置 703；705 中集成了轮圈 712 的磁铁；滚轮 706 由之前所说的轮圈 712 支撑；线圈 707 和由电子控制器驱动的 705 一起实现扭矩的传送；另外还有一组电池 708。另两个滚轮

709 和 711 一起引导较低的轮子，提手位置见 710。

图 8 展示了可伸缩踏脚板 81，滚轮 86 和安装在球形支撑结构上的轮毂。在本设计中，使用者的体重直接作用在踏脚板上，并被传递到轮毂 87 和轮圈 712 及踏面 702。这种无需额外负载或扭矩直接传递的方式能弥补材料重量的不足。踏面不会因载重压力而变形。另两个滚轮 709 和 711 在无持续压力的情况下引导轮子前进。”

将证据 1.1 公开的技术内容与本专利权利要求 1 所要求保护的技术方案进行比对，可以看出：证据 1.1 所公开的“供行人使用的机动车辆”与本专利所要求保护的“电动独轮自行车”属于相同的技术领域，而且证据 1.1 中由“轮胎 301”和“轮圈 302”组成的组件对应于本专利的“车轮”，证据 1.1 中安装有“电池组 708”“踏脚板”及“滚轮 706、709、711”的部件对应于本专利的“轮架”，证据 1.1 中的“马达 310”对应于本专利的“电动机”，证据 1.1 中的“引导装置 63”对应于本专利的“轮罩”，证据 1.1 中的“电子伺服控制系统”对应于本专利的“电子前后平衡控制系统”，证据 1.1 中的“脚踏板”对应于本专利的“踏脚板”。

本专利权利要求 1 所要求保护的技术方案与证据 1.1 公开的技术内容相比，二者的区别在于：①与使用者的腿部发生作用的部件不同：本专利的电动独轮自行车设有两个靠腿板，这两个靠腿板凸出地设置在车子主体的两侧，分别供操作者的膝盖与/或小腿接触相靠，靠腿板上与腿相接触的表面要略具摩擦力，而且所述表面在车子两侧要稍加突出；而在证据 1.1 所公开的独轮自行车中，与使用者的腿部相接触和配合的部件则是两个能够紧密固定腿肚和大腿的向导支撑装置或引导夹。②操控方法不同：对于本专利而言，操作者双脚站在踏脚板上，在自然直立的姿势时，两腿与靠腿板保持接触相靠，操作者两腿内侧夹住靠腿板来操控车子的运行，使操作者的每条腿与车体之间形成两个连接点；而对于证据 1.1 所公开的独轮自行车而言，操作者首先要将双腿置于引导夹内并使引导夹紧密固定在操作者的腿上，然后操作者通过脚踏板、叉形部件和引导夹的组合来响应其腿部动作，由此以类似于杠杆的形式传递压力和扭矩。

本专利权利要求 1 相对于证据 1.1 所要解决的技术问题在于：紧夹腿的导向托架对腿施加的运动限制会阻碍操作者的动作，当操作者需要快速下车时带来危险（参见本专利说明书第［0009］段）。

又查，证据 1.2 公开一种脚推进的轮式业余爱好和/或运动装置，并具体公开了如下技术内容（参见证据1.2的具体实施方式部分，附图1—5）：

“在图1和2中由附图标记I表示的整体的业余爱好和/或运动装置具有轮子1。在轮子1的轴X（图中只由点划线或点表示）上，侧板2悬挂在两侧，并在顶部超过轮子1的最高点凸出，且终止于轮子1的最低点上方的确定距离h处。应确定侧板2越过轮子1凸出的长度使其为用户12的膝盖内表面提供合适支承位置，该位置在图1中由充满小点的虚线环绕，且用参考字母a标记。如图2中所示，脚踏板5定位在轮子1平面的外部，实际上垂直于该平面。侧板2位于离轮子1的侧表面尽可能小的距离处。除了保证支承表面a，侧板2的功能是作为侧部盖而覆盖轮子1，从而部分防止轮子1与腿接触，这可能引起伤害，部分也提供腿的支承表面，以便保证它能够施加一些横向压力。

在推进阶段（图3）和在自由运行阶段（图4），装置Ⅰ位于用户12的腿之间。当开始时，用户12使装置Ⅰ处于他/她的腿之间，并在使用过程中使它在该处保持站立位置。在第一步骤中，用户12用一只脚站立在一个脚踏板5上，因此，支承表面a（图1）推靠在该腿的膝盖的内表面上，因为用户在轮子1上施加偏心负载（在轮子1平面的外部轮子的旁边），因此，产生通过支承表面a而作用在膝盖上的水平力，于是它推动膝盖的内表面。这样，用户12在两个点与装置Ⅰ稳定连接，即他/她的脚底与一个脚踏板5连接，而他/她的膝盖内侧与位于上述脚踏板5相同侧的一个侧板2连接。这两个连接足以安全地控制该装置。在图3的阶段中，用户12像单脚滑行车一样用他/她的不支靠在任何物体上的自由腿推进装置Ⅰ，同时用他/她的另一条腿站立于一个脚踏板5上时前进（图1，箭头c），该另一条腿通过他/她的膝盖内侧而支承他/她自身。当装置Ⅰ足够快时，用户12使他/她的推进腿也站立在脚踏板5上，因此偏心负载结束，这是在轮子平面外部的两条腿的负载，因而当支承表面a不再推动膝盖的内侧时，水平力消失。这样，在图4所示的自由滚转阶段中，在膝盖和装置Ⅰ之间的连接脱开（通过它的侧板），但是因为用户用两条腿站在装置Ⅰ上，因此用户再次保证于两点在两个脚踏板5上的充分连接，以便安全控制该装置Ⅰ。

根据图5的业余爱好和/或运动装置Ⅱ与图1和2中所示的装置Ⅰ在两个方面不同。一个区别是侧板3比侧板2更高，它们越过轮子1的最高点凸出确定距离m，这样，除了分配给用户12膝盖的支承表面a外，它们还有用于支承大腿的支承表面b，这使得转向和前进甚至更稳定，且消除了膝盖的过大横向负载，因为它提供了与支承表面 a 相同原理的支承，而且还提供了在大腿内侧中心区域附近的支承。”

证据 1.2 公开的是一种脚推进的轮式运动装置，用户的一只脚踩在踏脚板上，另一只脚蹬地推动轮式运动装置前进，证据 1.2 的轮式运动装置的骑行原理决定了，在用户用脚推动车辆前进的过程中，轮式运动装置的一个侧板 2 必然会与踩在踏脚板上的腿的内侧接触，侧板 2 上与腿部接触的部分就构成了支承表面 a，换言之，支承表面 a 是侧板 2 上的一个区域，而不是在轮式运动装置上单独设置的一个部件。证据 1.2 的附图 5 所示的实施例中除了支承表面 a 外，还包括一个用于支承用户大腿的支承表面 b，但该支承表面 b 的性质和作用与支承表面 a 类似，该实施例的不同之处仅在于增加了腿部与轮式运动装置的接触点和接触面积。而在本专利中，靠腿板是凸出于车子主体两侧单独设置的一个部件，靠腿板的作用是增加骑行者与电动独轮自行车的连接点，从而提高车辆操控的稳定性。从骑行原理上来说，证据 1.2 中如果没有支承表面，则轮式运动装置将无法实现骑行功能，而本专利中不设置靠腿板并不影响电动独轮自行车的基本行驶功能，仅影响其操控稳定性。尽管证据 1.2 中记载了“用户 12 在两个点与装置Ⅰ稳定连接，即他/她的脚底与一个脚踏板 5 连接，而他/她的膝盖内侧与位于上述脚踏板 5 相同侧的一个侧板 2 连接。这两个连接足以安全地控制该装置”。然而证据 1.2 中所述的两点连接与本专利中为了增加稳定性而采取的两点连接的含义不同。证据 1.2 在描述图 4 所示的自由滚转阶段中，记载了“膝盖和装置Ⅰ之间的连接脱开(通过它的侧板)，但是因为用户用两条腿站在装置Ⅰ上，因此用户再次保证于两点在两个脚踏板 5 上的充分连接，以便安全控制该装置Ⅰ”。由此可知，证据 1.2 中的两点连接指的是用户的身体与轮式运动装置有两个连接点，而本专利的方案则是在操作者双脚站立在踏脚板上，操作者的身体与独轮车已经具备了证据 1.2 所述的“两点连接”的情况下，进一步设置靠腿板来增加操作者的腿部与独轮车的连接点。

综上所述，证据 1.2 的脚推进运动装置与本专利和证据 1.1 的电动独轮车的行驶原理不同，证据 1.2 中的支承表面的结构和所起的作用与本专利的靠腿板并不相同，证据 1.2 没有公开本专利与证据 1.1 的区别技术特征，也未给出在证据 1.1 中设置靠腿板以替代导向托架的技术启示。本领域技术人员在证据 1.1 和证据 1.2 公开内容的基础上不能显而易见地获得本专利权利要求 1 的技术方案。本专利的技术方案能够使操作者安全、容易、稳定地操控独轮自行车，具有有益的技术效果。因此，权利要求1具有突出的实质性特点和显著的进步，因而具备《专利法》第22条第3款规定的创造性。

在独立权利要求1具备创造性的前提下，其从属权利要求2—9也相应地具备创造性。

7.1.3 证据1.1与证据1.3相结合的证据组合方式

本专利权利要求1相对于证据1.1的区别技术特征和所要解决的技术问题参见上文第7.1.2部分。

又查，证据1.3公开一种同轴两轮车，并具体公开以下技术内容（参见证据1.3的中文译文第4页最后一段—第9页第3段，附图1—10）：

“该同轴两轮车10包括：车辆主体12；车轮13L、13R；车轮驱动单元14L、14R；转弯操作部15。转弯操作部15是通过使其向侧倾方向倾斜来进行转弯操作的操作单元。转弯操作部15包括：基座部件150；膝盖抵接部151L、151R；操作杆154；操作杆高度调整部155。基座部件150是将折曲成U字形的长板状部件的两端再通过另外的板状部件来连结的具有环形形状的部件。该基座部件150固定在操作杆154的上端。膝盖抵接部151L、151R分别设置在基座部件150的相对的两个侧面。该膝盖抵接部151在俯视时具有长边在行驶方向上延伸的长方形的环形形状，在其前侧形成有上车下车用把手152。操作杆154的下端安装成能够相对于车辆主体12向侧倾方向自由地旋转。车辆主体12以转弯操作部15能够向侧倾方向自由地进行旋转的方式来支撑转弯操作部15。

一对车轮13L、13R同轴地配置在与车辆主体12的行驶方向垂直的方向的两侧，并且能够自由旋转地由该车辆主体12支撑。车轮驱动单元14L、14R是独立地旋转驱动一对车轮13L、13R的车轮驱动单元。在车辆主体12的上表面，在转弯操作部15的左右两侧设置有两个脚踏板部11L、11R。脚踏板部11L、11R是供搭乘者分别乘放单脚而搭乘用的。

车辆主体12构成为以下的平行联杆机构，该平行联杆机构具有彼此平行地上下配置的车身上部件16和车身下部件17，以及彼此平行地左右配置并与车身上部件16和车身下部件17可转动地连结的一对侧面部件18L、18R。

在图4中表示了搭乘者乘在该第一实施方式的同轴两轮车上的状态。如该图所示，可知搭乘者的腿部，尤其是膝盖前后的空间是敞开的，处于非约束状态。例如在相对于车辆前行方向要向左进行转弯的情况下，搭乘者将右腿膝盖的内侧按压在膝盖抵接部151上并施加负荷，由此使转弯操作部15向左方倾倒。该转弯操作部 15 的倾斜度通过角度检测传感器 31 来检测。角度检测传感器 31 将检测信号输出给控制装置 46。控制装置 46 基于从检测信号获得的转弯操作部 15 的角度信息来决定左右车轮的旋转速度，向驱动电路 44L、44R 的每一个输出速度要求信号。驱动电路 44L、44R 响应于速度要求信号来驱动车轮驱动单元 14L、14R。这样，按照转弯操作部 15 的倾斜度来使左右车轮的旋转速度产生差异，由此来实现转弯。在进行转弯动作时，脚踏板部 11L、11R 和左右车轮 13L、13R 向与转弯操作部 15 相同的方向倾斜。因此，能够使包括搭乘者在内的车轮整体成为能够容易地抵抗离心力的状态。此时，转弯半径内侧的腿不需要与膝盖抵接部 151 接触。因此，如图 5 所示，能够将上身置于比转弯操作部 15 靠内侧的位置。

如上所述，根据该第一实施方式的同轴两轮车，形成了使具有侧倾转动方向的自由度的转弯操作部 15 偏斜来实现转弯的车辆构造。因此，搭乘者使身体向转弯车辆的内侧，即转弯中心方向倾斜，能够在消除了离心力的影响的同时行驶。另外，当车辆转弯时，由于离心力的影响，在欲使搭乘者身体的倾斜复原的方向上作用有力，但是能够通过将转弯外侧的腿部用力蹬在脚踏板部 11L、11R 上来防止身体的倾斜的复原，能够维持转弯操作部 15 的倾斜。因此，容易维持和调整转弯速度，能够稳定地实现直观、敏捷的转弯动作。另外，在会由于路面的凹凸等外部干扰而在行驶过程中产生非意图的转弯操作部 15 的倾斜这样的状况下，使左、右的腿部按压抵接内侧，将转弯操作部 15 用两膝夹住而在侧倾方向上固定，由此能够维持直行前进。”

请求人 1 主张：证据 1.3 的转弯操作部 15 相当于本专利的靠腿板，证据 1.3 给出了使用靠腿板来解决操作者在无把手的情况下，保持稳定性的问题的技术启示。

对此合议组认为：证据 1.3 公开的是一种两轮车，两轮车在车身的左右方向上具有两个着地点，其左右方向的平衡是易于控制的，证据 1.3 的转弯操作部 15 的主要作用在于，通过操作者腿部给转弯操作部 15 施以左右方向的力，使转弯操作部倾斜来对车辆进行转弯操作。而本专利的独轮车在骑行时需要对左右方向的平衡进行控制，本专利的靠腿板凸出地设置在车子主体两侧，作用是增加操作者与独轮车的连接点，使操作者能够站稳在踏脚板上。尽管证据 1.3 中记载了在路面凹凸不平时，操作者左右腿部按压抵接在转弯操作部 15 上，与本专利所述的“操作者两腿内侧夹住靠腿板来操控车子的运行”有类似之处，但证据 1.3 中两腿抵接转弯操作部 15 是由于转弯操作部 15

能够发生倾斜，两腿抵接转弯操作部来防止凹凸不平的地面使转弯操作部 15 发生非操作者本意的倾斜，而本专利的靠腿板固定设置在车体上，操作者夹紧靠腿板是为了建立与车辆的连接。因此，证据 1.3 的车辆类型与本专利不同，导致两者的平衡操作要求不同，证据 1.3 中的转弯操作部与车体的连接关系和作用与本专利的靠腿板也不同，证据 1.3 没有公开本专利权利要求 1 与证据 1.1 的区别技术特征。证据 1.3 中的转弯操作部设置在操作者两腿中间，确实便于操作者在紧急情况下下车，但由于转弯操作部的基本功能是实现两轮车转向，因此本领域技术人员没有动机将其应用于证据 1.1 的独轮车中，代替其中用于固定操作者腿部的导向托架。

综上所述，本领域技术人员在证据 1.1 和证据 1.3 公开内容的基础上不能显而易见地获得本专利权利要求 1 的技术方案。本专利的技术方案能够使操作者安全、容易、稳定地操控独轮自行车，具有有益的技术效果。因此，权利要求 1 具有突出的实质性特点和显著的进步，因而具备《专利法》第 22 条第 3 款规定的创造性。

在独立权利要求 1 具备创造性的前提下，其从属权利要求 2—9 也相应地具备创造性。

7.1.4 证据 1.1 与证据 1.3 和证据 1.2 相结合的证据组合方式

请求人 1 主张：证据 1.1 的独轮车由于设置导向夹而对膝盖约束，影响其上下车，证据 1.3 给出了设置膝盖或腿肚抵接部来代替导向夹，解决稳定性的技术教导；证据 1.2 给出了在侧板上设置支承表面，为腿部提供除脚之外的支撑，形成两点支撑，便于上下车的技术教导。本领域技术人员在证据 1.1 的基础上结合证据 1.3 和证据 1.2 得到本专利权利要求 1 的技术方案是不需要付出创造性劳动的。

对此合议组认为：如上文 7.1.2 部分所述，证据 1.2 的脚推进运动装置与本专利和证据 1.1 的电动独轮车的行驶原理不同，证据 1.2 中的支承表面的结构和所起的作用与本专利的靠腿板并不相同，证据 1.2 没有公开本专利权利要求 1 与证据 1.1 的区别技术特征，也未给出在证据 1.1 中设置靠腿板以替代导向托架的技术启示。如上文 7.1.3 部分所述，证据 1.3 的车辆类型与本专利不同，导致两者的平衡操作要求不同，证据 1.3 中的转弯操作部与车体的连接关系和作用与本专利的靠腿板也不同，证据 1.3 没有公开本专利权利要求 1 与证据 1.1 的区别技术特征，本领域技术人员也没有动机将其应用于证据 1.1 的独轮车中，代替其中用于固定操作者腿部的导向托架。此外，证据 1.1 涉及电动独轮自行车、证据 1.2 涉及人力驱动独轮车，证据 1.3 涉及电动两轮车，这三份证据分别涉及三种不同类型的车辆，相互之间也不存在结合的技术启示。

本领域技术人员在证据 1.1、证据 1.2 和证据 1.3 公开内容的基础上不能显而易见地获得本专利权利要求 1 的技术方案。本专利的技术方案能够使操作者安全、容易、稳定地操控独轮自行车，具有有益的技术效果。因此，权利要求 1 具有突出的实质性特点和显著的进步，因而具备《专利法》第 22 条第 3 款规定的创造性。

在独立权利要求 1 具备创造性的前提下，其从属权利要求 2—9 也相应地具备创造性。

7.1.5 证据 1.1 与证据 1.4 和证据 1.2 相结合的证据组合方式

请求人 1 主张：证据 1.4 明确公开设置靠腿板供腿部抵靠而解决稳定性问题的方案。证据 1.2 明确公开了支承表面（作用相当于靠腿板）设置于侧板（本专利的轮罩）上。故证据 1.2 和证据 1.4 给出了使用靠腿板解决证据 1 中的独轮车的导向夹对膝盖的约束而造成操作者上、下车不便问题的技术启示。对本领域的技术人员来说，在证据 1.1 的基础上，结合证据 1.2 和证据 1.4 得出本专利的权利要求 1 是显而易见的，本专利权利要求 1 不具备创造性。

本专利权利要求 1 相对于证据 1.1 的区别技术特征和所要解决的技术问题以及证据 1.2 公开的技术内容参见上文第 7.1.2 部分。

又查，证据 1.4 是一篇刊载在期刊上的文章，其中公开了："Winglet 是丰田的一款思维车。它可以依靠使用者的身体重心做前进、后退与回转等动作，当然也借由两手位置来切换速度。其在使用上与 Segway 基本相同。丰田为这个系列的产品提供了 3 个型号 S、M、L。显而易见是为那些不同身高的人准备的。3 种不同的工作模式每一个都有自己独到的操控特色，可以让使用者选择最适合自己的模式——从'实用'到'免提运动模式'。Winglet 的工作原理与 Segway 也很相似，不过外观更加讨巧。而且 S 和 M 型甚至不用手，只用腿部力且就可以控制，非常便捷。3 个型号的 Winglet 主体部分结构相同。有一个投影面积仅为一张 A3 纸大小的车身，其中放置了一个电动机，并配有 2 个车轮，内部设置了很多传感器。内置的传感器可以监测使用者的位置并即时调整确保稳定。与 Segway 颇为相近的是，Winglet 采用了一种独特的平行杆机械结构，可以帮助使用者前进、倒退，通过改变车身重心而转弯，这使得这款车即使是行驶在极为狭小的空间或是拥挤的环境中也同样灵活。”

证据 1.4 是一篇关于两轮电动思维车 Winlet 的报道，报道的图片公开了三款车型，文中记载了“S 和 M 型甚至不要用手，只用腿部力且就可以控制”，从报道的图片中可以看到，左边两款两轮车在车辆中部两个轮子之间设置有向上伸出的伸出部，第二款车型上站有操作者，其两腿内侧与中间的伸出部接触。但是证据 1.4 公开的技术信息很少，没有记载中间伸出部的结构、作用和操作方式，本领域技术人员从证据 1.4 的公开报道中并不能如请求人 1 主张的那样，得到有关设置靠腿板供腿部抵靠从而解决稳定性问题的技术启示。并且证据 1.4 公开的是一种两轮车，两轮车在车身的左右方向上具有两个着地点，其左右方向的平衡是易于控制的，而本专利的独轮车在骑行时需要对左右方向的平衡进行控制，两者具有显著差异。证据 1.4 没有公开本专利权利要求 1 与证据 1.1 的区别技术特征，也未给出在证据 1.1 中设置靠腿板以替代导向托架的技术启示。

如上文 7.1.2 部分所述，证据 1.2 的脚推进运动装置与本专利和证据 1.1 的电动独轮车的行驶原理不同，证据 1.2 中的支承表面的结构和所起的作用与本专利的靠腿板并不相同，证据 1.2 没有公开本专利权利要求 1 与证据 1.1 的区别技术特征，也未给出在证据 1.1 中设置靠腿板以替代导向托架的技术启示。

此外，证据 1.1 涉及电动独轮自行车，证据 1.2 涉及人力驱动独轮车，证据 1.4 涉及电动两轮车，这三份证据分别涉及三种不同类型的车辆，相互之间也不存在结合的技术启示。

本领域技术人员在证据 1.1、证据 1.2 和证据 1.4 公开内容的基础上不能显而易见地获得本专利权利要求 1 的技术方案。本专利的技术方案能够使操作者安全、容易、稳定地操控独轮自行车，具有有益的技术效果。因此，权利要求 1 具有突出的实质性特点和显著的进步，因而具备《专利法》第 22 条第 3 款规定的创造性。

在独立权利要求 1 具备创造性的前提下，其从属权利要求 2—9 也相应地具备创造性。

7.1.6 证据 1.1 与证据 1.3 和证据 1.15 相结合的证据组合方式

请求人 1 主张：证据 1.15 是证据 1.3（带靠腿的两轮车）的背景技术所引用的专利文献 1，从技术演进角度看，证据 1.15 中的两轮车设置膝接纳部件为膝盖提供约束，是为了解决不设把手时的稳定性问题，但是由于对膝盖进行约束而产生不便下车、容易发生危险的问题；证据 1.3 为解决由于对使用者的膝盖约束，而造成使用者不易下车而发生的危险性问题，采用设置板状的供膝盖或腿肚抵接的抵接部，其作用相当于本专利的靠腿板。独轮车遇到与两轮车同样的问题，证据 1.1 中的独轮车为解决无把手时的稳定性问题，采用导向托架对腿部施加限制，但同样带来上下车不便和危险，本专利采用了与证据 1.3 类似的方案，通过设置靠腿板供使用者的膝盖或小腿依靠来解决。也就是说，证据 1.3 和证据 1.15 明确给出了使用靠腿板来解决证据 1.1 中的独轮车因设置导向托架（同证据 1.15 的膝接纳部）造成不易下车而可能翻车危险的问题的明确的技术教导。本领域技术人员面对证据 1.1 所遇到的技术问题时，将证据 1.3 解决两轮车问题时所采用技术手段应用到证据 1.1 的独轮车上，不必付出创造性劳动。故本专利的权利要求 1 不具备创造性。

本专利权利要求 1 相对于证据 1.1 的区别技术特征和所要解决的技术问题以及证据 1.3 公开的技术内容参见上文第 7.1.2 和第 7.1.3 部分。

又查，证据 1.15 公开一种同轴二轮车，并具体公开如下技术内容（参见证据 1.15 的中文译文，说明书附图 1—24）：

“如图 22 至 24，示出了根据本发明的第七实施方式的同轴二轮车。第七实施例的同轴二轮车 160 被构造成使得转动可以通过使用一个骑车人的脚的动作来执行。此同轴二轮车 160 包括通过在图中所示的同轴二轮车 10 的手柄支柱 35 而获得的手柄支柱 162。图 4 和其他附图和在顶端其中，提供了一种脚控制部分 163。在该第七实施例中，与根据第一实施方式的同轴二轮车 10 的差别仅是手柄支柱 162 和脚控制部 163 的结构。

如图 22 和 23，手柄 161 包括通过在高度方向上适当的低位置切割所述同轴二轮车 10 的手柄 15 形成脚控部分 163 在顶部设置形成在手柄支柱 162 的端部。脚控制部分 163 包括一对膝的保持部件 164L 和 164R 接收和保持一个膝盖，杠杆构件 165 向所述一对膝保持部件 164L 和 164R 的是固定的，其具有容纳膝关节的把持部 165a。

一对膝保持部件 164L 和 164R，接收和保持乘员的膝部，在膝盖部到手柄支柱 62 的侧倾方向输送移动。膝盖保持部件 164L 和 164R 形成为沟状的半圆筒状体，使得一个适当长度的圆筒切成一半。护膝 167 与膝部和吸收冲击软化触点通过使用粘合剂或类似物的紧固机构被分别连接到一对膝盖保持部件 164L 和 164R 的内表面上。这样一对膝保持部件 164L 和 164R 的一体地固定到在水平方向上延伸的杆件 165 的两端。”

请求人 1 仅提供了证据 1. 15 的部分内容的中文译文，从中文译文公开的内容无法确认证据 1. 15 中的两轮车设置膝接纳部件目的是为膝盖提供约束，解决不设把手时的稳定性问题。从中文译文公开的内容看，证据 1. 15 中的膝盖接纳部是该证据中其他实施例的手柄的一种变型，其作用是容纳操作者的膝盖，以方便操作者通过膝盖动作使手柄支柱左右转动，从而控制两轮车转向。证据 1. 1 中记载了“两个向导支撑装置能紧密固定腿肚和大腿，踏脚板 14 和向导支撑装置的组合使响应腿部动作传递压力和扭矩成为可能，类似于杠杆。”证据 1. 1 也未明确公开向导支撑装置的作用是为解决独轮车无把手时的稳定性问题。

证据 1. 3 和证据 1. 15 公开的都是两轮电动车，两轮车在车身的左右方向上具有两个着地点，其左右方向的平衡是易于控制的。证据 1. 3 中的转弯操作部 15 和证据 1. 15 中的膝保持部的主要作用均在于，通过操作者腿部施以左右方向的力来对车辆进行转弯操作。而本专利的独轮车在骑行时需要对左右方向的平衡进行控制，本专利的靠腿板凸出地设置在车子主体两侧，作用是增加操作者与独轮车的连接点，使操作者能够站稳在踏脚板上。因此证据 1. 3 中的转弯操作部 15 和证据 1. 15 中的膝保持部不能相当于本专利的靠腿板。尽管与证据 1. 15 相比，证据 1. 3 将转弯操作部设置在操作者腿部中间确实可以解决证据 1. 15 中膝盖保持部影响操作者下车的技术问题，但由于证据 1. 3 的车辆类型与证据 1. 1 不同，导致它们的平衡操作要求不同，证据 1. 3 中的转弯操作部 15 的作用与证据 1. 1 中的导向托架的作用不同，证据 1. 3 中的转弯操作部与车体的连接关系与证据 1. 1 中的导向托架也不同，因此本领域技术人员并不容易想到将证据 1. 3 中的转弯操作部应用于证据 1. 1 的独轮车中，代替其中用于固定操作者腿部的导向托架。

综上所述，本领域技术人员在证据 1. 1、证据 1. 3 和证据 1. 15 公开内容的基础上不能显而易见地获得本专利权利要求 1 的技术方案。本专利的技术方案能够使操作者安全、容易、稳定地操控独轮自行车，具有有益的技术效果。因此，权利要求 1 具有突出的实质性特点和显著的进步，因而具备《专利法》第 22 条第 3 款规定的创造性。

在独立权利要求 1 具备创造性的前提下，其从属权利要求 2—9 也相应地具备创造性。

7.1.7 证据 1.1 与证据 1.9 相结合的证据组合方式

7.1.7.1 关于权利要求 1 的创造性

权利要求 1 不能享有本国优先权，证据 1.9 构成现有技术，可以用于评价权利要求 1 的创造性。

本专利权利要求 1 相对于证据 1.1 的区别技术特征和所要解决的技术问题参见上文第 7.1.2 部分。

又查，证据 1.9 是《信息时报》上发表的一篇题为“独轮赛格威”的报道，其中记载了“英国媒体 3 月 4 日报道，这款被称为‘新一代赛格威’的独轮脚踏车‘索罗威’预计下个月在英国上市，它具备了诸多优点：1000 瓦锂电子电池提供动力，时速高达约 19 公里。虽然和赛格威一样，都使用了类似的自身动态平衡技术，但是‘索罗威’最大的突破是它抛开了以往那种笨重的机体。‘独轮赛格威’号称不会摔，只使用一个轮子就可以让人依靠自身的平衡控制它的行驶。上坡爬山也不是问题，但要保持前倾。锂离子电池可重复充电，还能在脚踏车下山或减速时补充电力。乘坐‘索罗威’，不需要手或脚来操作。‘索罗威’左右各有一个脚踏板，踏上去之后，稍微向前倾就会前进，向后就停车，向左向右则是改变方向。前倾得越多，跑得越快，内置装置能保证它的平衡。”

对于区别技术特征①，从证据 1.9 文字部分公开的内容可知，索罗威是一种在前后方向上具有自平衡功能的电动独轮车。证据 1.9 的新闻报道还附有索罗威的照片和用户试骑索罗威的照片，从照片中可以看出，索罗威具有车轮、轮罩、踏脚板等结构，并且在车子主体两侧的中上部具有凸出设置的部分，该凸出部分表面略呈弧形，高度与用户的小腿匹配。从索罗威照片示出的结构可以得出，当用户以自然直立的姿态站在踏脚板上时，用户的双腿可以与凸出部分接触相靠，也可以用两腿内侧夹紧凸出部分，证据 1.9 的凸出部分可以起到本专利靠腿板的作用。证据 1.1 和证据 1.9 均涉及电动独轮自行车，两者在外观上的主要差异体现在证据 1.1 具有固定腿部的引导夹 64，而证据 1.9 具有凸出部分，由于证据 1.1 和证据 1.9 的电动独轮车的行驶原理和平衡方式均类似，因此将证据 1.1 中的轮罩和引导夹替换为证据 1.9 中的轮罩和凸出部分，对本领域技术人员而言并不存在技术上的障碍。换言之，将证据 1.1 的内部结构与证据 1.9 的外部造型相结合是容易想到的。

本专利权利要求 1 还限定了靠腿板上与腿相接触的表面要略具摩擦力，靠腿板供操作者的膝盖与/或小腿接触相靠。然而“略具摩擦力”本身是一种模糊的表述，采用常规材料和工艺制造的靠腿板/凸出部分必然都会略具摩擦力。靠腿板/凸出部分与操作者腿部的哪个部分接触，与操作者的身高体型相关，因此“靠腿板供操作者的膝盖与/或小腿接触相靠”应当理解为是对靠腿板位置的一种定性的指引，而非精确限定，证据 1.9 已经示出凸出部分与操作者小腿接触，已经公开了该技术特征。

对于区别技术特征②限定的操控方法的理解，参考上文第 3.1 部分的评述。本专利靠腿板的作用是使操作者与独轮车之间建立除踏脚板外的另一处连接，以便更稳定地操控车子的运行，至于在具体操作过程中操作者的两腿是否与靠腿板接触、是否一直保持夹紧靠腿板的状态，则与路面状况、操作者的熟练程度、是否要转弯等外在条件相关。对于这一点，专利权人也持与合议组相同的观点。证据 1.9 的凸出部分能起到与本专利靠腿板相同的作用，因此也公开了区别技术特征②。

综上所述，在证据 1.1 和证据 1.9 公开内容的基础上，本领域技术人员将两者结合从而得到本专利权利要求 1 的技术方案是显而易见的，无须付出创造性劳动，权利要求 1 的技术方案不具有突出的实质性特点，因而不具备《专利法》第 22 条第 3 款规定的创造性。

7.1.7.2 关于权利要求 2 的创造性

权利要求 2 可以享有本国优先权，证据 1.9 不构成现有技术，证据 1.1 结合证据 1.9 的证据组合方式不能用于评价权利要求 2 的创造性。

7.1.7.3 关于权利要求 3 的创造性

权利要求 3 不能享有本国优先权，证据 1.9 构成现有技术，可以用于评价权利要求 3 的创造性。

从属权利要求 3 在其引用的权利要求 1 的基础上，进一步限定了：所述的靠腿板的表面为稍凹的弯曲表面。

请求人 1 主张：从属权利要求 3 的附加技术特征被证据 1.1 或证据 1.3 或证据 1.9 公开。

合议组进一步查明：从证据 1.9 的照片中可以看出，凸出部分具有稍凹的弯曲表面。因此证据 1.9 公开了从属权利要求 3 的附加技术特征。在其引用的权利要求 1 不具备创造性的情况下，该从属权利要求也不具备《专利法》第 22 条第 3 款规定的创造性。

7.1.7.4 关于权利要求 4 的创造性

权利要求 4 不能享有本国优先权，证据 1.9 构成现有技术，可以用于评价权利要求 4 的创造性。

从属权利要求 4 在其引用的权利要求 1 的基础上，进一步限定了：所述的供操作者两脚站立的踏脚板是单一的一个刚性整体，可在工作位置与储藏位置之间转换。

请求人 1 主张：从属权利要求 4 的附加技术特征被证据 1.1 或证据 1.9 公开。

权利要求 4 中的技术特征“供操作者两脚站立的踏脚板是单一的一个刚性整体”应当理解为只设有单一的一个踏脚板，而不是分布在车轮两侧的两个踏脚板，具体论述参见上文第 5.4 部分。证据 1.1 和证据 1.9 的独轮车都具有分布在车轮两侧的两个踏脚板，因此均未公开从属权利要求 4 的附加技术特征。故合议组对请求人 1 提出的权利要求 4 不具备创造性的主张不予支持。

7.1.7.5 关于权利要求 5 的创造性

权利要求 5 不能享有本国优先权，证据 1.9 构成现有技术，可以用于评价权利要求 5 的创造性。

从属权利要求 5 在其引用的权利要求 1 的基础上，进一步限定了：所述的车轮是无轮毂的车轮，车轮的轮框上，配接了至少一个以上的导轮，使车轮保持在适当的位置上转动。

请求人 1 主张：从属权利要求 5 的附加技术特征被证据 1.1 公开。

证据 1.1 公开了如下内容：“图 7 分别具体展示了踏脚板 701，踏面 702 和保护装置 703；705 中集成了轮圈 712 的磁铁；滚轮 706 由之前所说的轮圈 712 支撑；线圈 707 和由电子控制器驱动的 705 一起实现扭矩的传送；另外还有一组电池 708。另两个滚轮 709 和 711 一起引导较低的轮子，提手位置见 710。”（参见证据 1.1 的中文译文 0044 段，附图 7）由此可知，证据 1.1 也公开了一种无轮毂车轮，两个滚轮 709 和 711 对应于本专利的导轮，证据 1.1 公开了从属权利要求 5 的附加技术特征。在其引用的权利要求 1 不具备创造性的情况下，该从属权利要求也不具备《专利法》第 22 条第 3 款规定的创造性。

7.1.7.6 关于权利要求 6 的创造性

权利要求 6 不能享有本国优先权，证据 1.9 构成现有技术，可以用于评价权利要求 6 的创造性。

从属权利要求 6 在其引用的权利要求 1 的基础上，进一步限定了：所述的车轮的轮框上，配接了一个由所述电动机驱动的驱动轮，驱动轮与车轮内框之间是靠摩擦或用齿轮来传递转矩的。

请求人1主张：从属权利要求6的附加技术特征被证据1.1或证据1.8公开。

合议组进一步查明：证据1.8公开了一种动力式的单轮车，并具体公开了如下技术内容："请参阅图4，为本发明驱动装置15示意图。驱动装置15包括一驱动马达151、一皮带轮组152及一驱动轮153。驱动马达151用以带动皮带轮组152，并通过皮带轮组152的转动，进而带动驱动轮153。于本实施例中，驱动轮153可穿透环状框13上的一贯穿部18，而接触于车轮11，藉此，驱动轮153便可驱动车轮11，使得车轮11可进行转动。"（参见证据1.8的说明书第6页第3段，附图4）证据1.8也公开了一种电动独轮车，并具体公开了车辆的驱动和传动结构，驱动轮153对应于本专利配接在轮框上的由电动机驱动的驱动轮，证据1.8中的车轮11必然包含起到支撑作用的轮框。本领域技术人员能够想到将证据1.8的驱动和传动机构应用于证据1.1的电动独轮车中。证据1.8公开了驱动轮153与车轮11接触传递动力，而依靠摩擦传递转矩和依靠齿轮传递转矩都是常规的转矩传递方式。

综上所述，在证据1.1、证据1.9和证据1.8公开内容的基础上，本领域技术人员将三者结合并进行简单的常规设计从而得到本专利权利要求6的技术方案是显而易见的，无须付出创造性劳动，权利要求6不具有突出的实质性特点，因而不具备《专利法》第22条第3款规定的创造性。

7.1.7.7 关于权利要求7的创造性

权利要求7不能享有本国优先权，证据1.9构成现有技术，可以用于评价权利要求7的创造性。

从属权利要求7在其引用的权利要求6的基础上，进一步限定了：所述的驱动轮位于踏脚板的下方。

请求人1主张：从属权利要求7的附加技术特征被证据1.1公开。

合议组进一步查明：从证据1.1的附图7和附图8可以看出，滚轮706/86（对应于本专利的驱动轮）位于踏脚板701/81的下方。由此可知，证据1.1已经公开了从属权利要求7的附加技术特征。因此，在其引用的权利要求6不具备创造性的情况下，从属权利要求7也不具备《专利法》第22条第3款规定的创造性。

7.1.7.8 关于权利要求8的创造性

权利要求8不能享有本国优先权，证据1.9构成现有技术，可以用于评价权利要求8的创造性。

从属权利要求 8 在其引用的权利要求 1 的基础上，进一步限定了：加设一个减震系统，允许车轮相对于踏脚板可作上下位移运动，能恢复保持在一个确当的中间位置，以减少崎岖路面的震动影响。

请求人 1 主张：从属权利要求 8 的附加技术特征是机械领域的常规设计。

对于权利要求 8 的附加技术特征，合议组认为：该附加技术特征仅从功能上对减震系统进行了限定，未记载减震系统的具体结构。然而从属权利要求 8 限定的减震功能是现有各种类型车辆的一种共同需求，并且已经广泛应用于各类车辆中。因此，从属权利要求 8 的附加技术特征属于本领域常规设计。在其引用的权利要求 1 不具备创造性的情况下，从属权利要求 8 也不具备《专利法》第 22 条第 3 款规定的创造性。

7.1.7.9 关于权利要求 9 的创造性

权利要求 9 可以享有本国优先权，证据 1.9 不构成现有技术，证据 1.1 结合证据 1.9 的证据组合方式不能用于评价权利要求 9 的创造性。

综上所述，合议组对请求人 1 提出的权利要求 1、3、5—8 不具备创造性的无效理由予以支持，对请求人 1 提出的权利要求 2、4、9 不具备创造性的无效理由不予支持。

7.2 无效宣告请求 2

请求人 2 主张：本专利权利要求 1 相对于证据 2.1 与证据 2.2 的结合、证据 2.1 与证据 2.9 的结合、证据 2.1 与证据 2.9 和证据 2.10 的结合、证据 2.1 与证据 2.9—证据 2.12 的结合不具备创造性。从属权利要求 2 的附加技术特征被证据 2.9 公开或为本领域常规选择，从属权利要求 3 的附加技术特征被证据 2.9 或证据 2.1 或证据 2.2 公开，从属权利要求 4 的附加技术特征被证据 2.1 或证据 2.2 公开，从属权利要求 5 的附加技术特征被证据 2.1 公开，从属权利要求 6 的附加技术特征被证据 2.1 公开，从属权利要求 7 的附加技术特征被证据 2.1 公开，从属权利要求 8 的附加技术特征属于本领域常规技术手段，从属权利要求 9 的附加技术特征被证据 2.1 或证据 2.2 公开或为本领域常规技术手段，因此在它们引用的权利要求不具备创造性的基础上，从属权利要求 2—9 也不具备创造性。

7.2.1 证据认定

证据 2.1、证据 2.9—证据 2.12 都是专利文献的复印件，证据 2.2 是国内报纸的复印件，口头审理过程中请求人 2 当庭出示了加盖有“国家图书馆科技查新中心”印章的证据 2.2 的文献复制证明的原件，专利权人经核实表示对请求人2提交的上述用于评价创造性的证据的真实性和外文证据的中文译文的准确性予以认可。合议组经核实，对上述证据予以采信，其中外文证据公开的内容以其中文译文为准。

证据2.1、证据2.9—证据2.12的公开日均在本专利的优先权日之前，其公开的技术内容可以作为现有技术，用于评价本专利的创造性。证据2.2的公开时间为2011年03月05日，介于本专利的优先权日2010年09月06日和本专利的申请日2011年04月01日之间，对于本专利中能够享有优先权的权利要求2、9，证据2.2不构成现有技术，不能用于评价上述权利要求的创造性；对于本专利中不能享有优先权的权利要求1、3—8，证据2.2构成本专利的现有技术，其公开的技术内容可以用于评价上述权利要求的创造性。

7.2.2 证据2.1与证据2.9相结合的证据组合方式

经查，证据2.1公开一种供行人使用的机动车辆，并具体公开了以下技术内容（参见证据2.1中文译文的“最优实施方式的具体描述”部分，附图1—8）：

“与图1描述的发明一致，使用者11通过站立于踏脚板14上前进。踏脚板14位于驱动轮12的车轴下方，车轴与叉形部件15组装在一起，叉形部件15还包含2个向导支撑装置，能紧密固定腿肚和大腿。踏脚板14和向导支撑装置的组合使响应腿部动作传递压力和扭矩成为可能，类似于杠杆。

与本发明一致，轮子依靠加速设计送出的信号调整速度。加速度计与叉形部件15组装在一起，15的水平与垂直轴线由16确定。如果加速度计读取到一个部件正在向前进的信号，这表明使用者正在前倾身体，加速度信号指导轮子马达的电子控制器前进并恢复平衡。当加速度计读数为0时，设备取得平衡。向后倾斜10°会使轮子向后转动，或者产生刹车效果。

图2展示了本发明的不同部位视图。在21中，本发明带动由踏脚板获得平衡的使用者前进。使用者通过电子伺服控制系统保持纵向的平衡。但使用者无法通过其他辅助装置获得横向平衡，这一点与骑自行车相同。如果使用者身体向一侧倾斜，或者通过肩膀转动进行转弯时，设备就会开始转向，行驶路线改变的方式与骑自行车时转动把手时一致。

图3描述了本发明的另一种普通形式。它由在轮圈302内部的轮胎301组成。轮胎可以由合成橡胶制成。可重复充电的电池组303，无论采用镍镉、镍金属混合、锂离子、锂离子聚合物、乙醇或甲醇燃料技术制成，都被安装在轮子内部。电源开关可控制电子控制器307的开关，电子控制器307又用以

控制马达310的运转。踏脚板304与叉形部件305组合在一起，并通过杆306与支撑部件315连接。弹簧316将踏脚板304复位，并且在转轴314的帮助下，引导315在没有脚踩上的情况下回到向上的位置。轮子通过球形支撑结构308与313跟后方的叉形部件305相连。位于轮轴上的马达310与减速机311相连。

本发明另一种设计的描述如下。设计目的是解决之前的应用问题，载重产生的阻力和中轴的冲击力，以及由伺服系统控制的轮子的固有惯性问题。与之前的设计类似，图6中的本设计由可伸缩的踏脚板61和踏面62，引导装置63和引导夹64组成。

图7分别具体展示了踏脚板701，踏面702和保护装置703；705中集成了轮圈712的磁铁；滚轮706由之前所说的轮圈712支撑；线圈707和由电子控制器驱动的705一起实现扭矩的传送；另外还有一组电池708。另两个滚轮709和711一起引导较低的轮子，提手位置见710。

图8展示了可伸缩踏脚板81，滚轮86和安装在球形支撑结构上的轮毂。在本设计中，伸用者的体重直接作用在踏脚板上，并被传递到轮毂87和轮圈712及踏面702。这种无需额外负载或扭矩直接传递的方式能弥补材料重量的不足。踏面不会因载重压力而变形。另两个滚轮709和711在无持续压力的情况下引导轮子前进。”

将证据2.1公开的技术内容与本专利权利要求1所要求保护的技术方案进行比对，可以看出：证据2.1所公开的“供行人使用的机动车辆”与本专利所要求保护的“电动独轮自行车”属于相同的技术领域，而且证据2.1中由“轮胎301”和“轮圈302”组成的组件对应于本专利的“车轮”，证据2.1中安装有“电池组708”“踏脚板”及“滚轮706、709、711”的部件对应于本专利的“轮架”，证据2.1中的“马达310”对应于本专利的“电动机”，证据2.1中的“引导装置63”对应于本专利的“轮罩”，证据2.1中的“电子伺服控制系统”对应于本专利的“电子前后平衡控制系统”，证据2.1中的“脚踏板”对应于本专利的“踏脚板”。

本专利权利要求1所要求保护的技术方案与证据2.1公开的技术内容相比，二者的区别在于：①与使用者的腿部发生作用的部件不同：本专利的电动独轮自行车设有两个靠腿板，这两个靠腿板凸出地设置在车子主体的两侧，分别供操作者的膝盖与/或小腿接触相靠，靠腿板上与腿相接触的表面要略具摩擦力，而且所述表面在车子两侧要稍加突出；而在证据2.1所公开的独轮自行车中，与使用者的腿部相接触和配合的部件则是两个能够紧密固定腿肚和大腿的向导支撑装置或引导夹。②操控方法不同：对于本专利而言，操作者双脚站在踏脚板上，在自然直立的姿势时，两腿与靠腿板保持接触相靠，操作者两腿内侧夹住靠腿板来操控车子的运行，使操作者的每条腿与车体之间形成两个连接点；而对于证据 2.1 所公开的独轮自行车而言，操作者首先要将双腿置于引导夹内并使引导夹紧密固定在操作者的腿上，然后操作者通过脚踏板、叉形部件和引导夹的组合来响应其腿部动作，由此以类似于杠杆的形式传递压力和扭矩。

本专利权利要求 1 相对于证据 2.1 所要解决的技术问题在于：紧夹腿的导向托架对腿施加的运动限制会阻碍操作者的动作，当操作者需要快速下车时带来危险（参见本专利说明书第［0009］段）。

又查，证据 2.9 公开一种同轴两轮车，并具体公开以下技术内容（参见证据 2.9 的中文译文第 4 页最后一段—第 9 页第 3 段，附图 1—10）：

"该同轴两轮车 10 包括：车辆主体 12；车轮 13L、13R；车轮驱动单元 14L、14R；转弯操作部 15。转弯操作部 15 是通过使其向侧倾方向倾斜来进行转弯操作的操作单元。转弯操作部 15 包括：基座部件 150；膝盖抵接部 151L、151R；操作杆 154；操作杆高度调整部 155。基座部件 150 是将折曲成 U 字形的长板状部件的两端再通过另外的板状部件来连结的具有环形形状的部件。该基座部件 150 固定在操作杆 154 的上端。膝盖抵接部 151L、151R 分别设置在基座部件 150 的相对的两个侧面。该膝盖抵接部 151 在俯视时具有长边在行驶方向上延伸的长方形的环形形状，在其前侧形成有上车下车用把手 152。操作杆 154 的下端安装成能够相对于车辆主体 12 向侧倾方向自由地旋转。车辆主体 12 以转弯操作部 15 能够向侧倾方向自由地进行旋转的方式来支撑转弯操作部 15。

一对车轮 13L、13R 同轴地配置在与车辆主体 12 的行驶方向垂直的方向的两侧，并且能够自由旋转地由该车辆主体 12 支撑。车轮驱动单元 14L、14R 是独立地旋转驱动一对车轮 13L、13R 的车轮驱动单元。在车辆主体 12 的上表面，在转弯操作部 15 的左右两侧设置有两个脚踏板部 11L、11R。脚踏板部 11L、11R 是供搭乘者分别乘放单脚而搭乘用的。

车辆主体 12 构成为以下的平行联杆机构，该平行联杆机构具有彼此平行地上下配置的车身上部件 16 和车身下部件 17，以及彼此平行地左右配置并与车身上部件 16 和车身下部件 17 可转动地连结的一对侧面部件 18L、18R。

在图4中表示了搭乘者乘在该第一实施方式的同轴两轮车上的状态。如该图所示，可知搭乘者的腿部，尤其是膝盖前后的空间是敞开的，处于非约束状态。例如在相对于车辆前行方向要向左进行转弯的情况下，搭乘者将右腿膝盖的内侧按压在膝盖抵接部151上并施加负荷，由此使转弯操作部15向左方倾倒。该转弯操作部15的倾斜度通过角度检测传感器31来检测。角度检测传感器31将检测信号输出给控制装置46。控制装置46基于从检测信号获得的转弯操作部15的角度信息来决定左右车轮的旋转速度，向驱动电路44L、44R的每一个输出速度要求信号。驱动电路44L、44R响应于速度要求信号来驱动车轮驱动单元14L、14R。这样，按照转弯操作部15的倾斜度来使左右车轮的旋转速度产生差异，由此来实现转弯。在进行转弯动作时，脚踏板部11L、11R和左右车轮13L、13R向与转弯操作部15相同的方向倾斜。因此，能够使包括搭乘者在内的车轮整体成为能够容易地抵抗离心力的状态。此时，转弯半径内侧的腿不需要与膝盖抵接部151接触。因此，如图5所示，能够将上身置于比转弯操作部15靠内侧的位置。

如上所述，根据该第一实施方式的同轴两轮车，形成了使具有侧倾转动方向的自由度的转弯操作部15偏斜来实现转弯的车辆构造。因此，搭乘者使身体向转弯车辆的内侧，即转弯中心方向倾斜，能够在消除了离心力的影响的同时行驶。另外，当车辆转弯时，由于离心力的影响，在欲使搭乘者身体的倾斜复原的方向上作用有力，但是能够通过将转弯外侧的腿部用力蹬在脚踏板部11L、11R上来防止身体的倾斜的复原，能够维持转弯操作部15的倾斜。因此，容易维持和调整转弯速度，能够稳定地实现直观、敏捷的转弯动作。另外，在会由于路面的凹凸等外部干扰而在行驶过程中产生非意图的转弯操作部15的倾斜这样的状况下，使左、右的腿部按压抵接内侧，将转弯操作部15用两膝夹住而在侧倾方向上固定，由此能够维持直行前进。”

请求人2主张：证据2.9的转弯操作部15相当于本专利的靠腿板，证据2.9给出了使用靠腿板来解决操作者在无把手的情况下，保持稳定性的问题的技术启示。

对此合议组认为：证据2.9公开的是一种两轮车，两轮车在车身的左右方向上具有两个着地点，其左右方向的平衡是易于控制的，证据2.9的转弯操作部15的主要作用在于，通过操作者腿部给转弯操作部15施以左右方向的力，使转弯操作部倾斜来对车辆进行转弯操作。而本专利的独轮车在骑行时需要对左右方向的平衡进行控制，本专利的靠腿板凸出地设置在车子主体两侧，作用是增加操作者与独轮车的连接点，使操作者能够站稳在踏脚板上。尽管证据 2.9 中记载了在路面凹凸不平时，操作者左右腿部按压抵接在转弯操作部 15 上，与本专利所述的“操作者两腿内侧夹住靠腿板来操控车子的运行”有类似之处，但证据 2.9 中两腿抵接转弯操作部 15 是由于转弯操作部 15 能够发生倾斜，两腿抵接转弯操作部来防止凹凸不平的地面使转弯操作部 15 发生非操作者本意的倾斜，而本专利的靠腿板固定设置在车体上，操作者夹紧靠腿板是为了建立与车辆的连接。因此，证据 2.9 的车辆类型与本专利不同，导致两者的平衡操作要求不同，证据 2.9 中的转弯操作部与车体的连接关系和作用与本专利的靠腿板也不同，证据 2.9 没有公开本专利权利要求 1 与证据 2.1 的区别技术特征。证据 2.9 中的转弯操作部设置在操作者两腿中间，确实便于操作者在紧急情况下下车，但由于转弯操作部的基本功能是实现两轮车转向，因此本领域技术人员没有动机将其应用于证据 2.1 的独轮车中，代替其中用于固定操作者腿部的导向托架。

综上所述，本领域技术人员在证据 2.1 和证据 2.9 公开内容的基础上不能显而易见地获得本专利权利要求 1 的技术方案。本专利的技术方案能够使操作者安全、容易、稳定地操控独轮自行车，具有有益的技术效果。因此，权利要求 1 具有突出的实质性特点和显著的进步，因而具备《专利法》第 22 条第 3 款规定的创造性。

在独立权利要求 1 具备创造性的前提下，其从属权利要求 2—9 也相应地具备创造性。

7.2.3 证据 2.1 与证据 2.9 和证据 2.10 相结合的证据组合方式

请求人 2 主张：证据 2.10 是证据 2.9（带靠腿的两轮车）的背景技术所引用的专利文献 1，从技术演进角度看，证据 2.10 中的两轮车设置膝接纳部件为膝盖提供约束，是为了解决不设把手时的稳定性问题，但是由于对膝盖进行约束而产生不便下车、容易发生危险的问题；证据 2.9 为解决由于对使用者的膝盖约束，而造成使用者不易下车而发生的危险性问题，采用设置板状的供膝盖或腿肚抵接的抵接部，其作用相当于本专利的靠腿板。独轮车遇到与两轮车同样的问题，证据 2.1 中的独轮车为解决无把手时的稳定性问题，采用导向托架对腿部施加限制，但同样带来上下车不便和危险，本专利采用了与证据 2.9 类似的方案，通过设置靠腿板供使用者的膝盖或小腿依靠来解决。也就是说，证据 2.9 和证据 2.10 明确给出了使用靠腿板来解决证据 2.1 中的独轮车因设置导向托架（同证据 2.10 的膝接纳部）造成不易下车而可能翻车危险的问题的明确的技术教导。本领域技术人员面对证据 2.1 所遇到的技术问题时，将证据 2.9 解决两轮车问题时所采用技术手段应用到证据 2.1 的独轮车上，不必付出创造性劳动。故本专利的权利要求 1 不具备创造性。

本专利权利要求 1 相对于证据 2.1 的区别技术特征和所要解决的技术问题以及证据 2.9 公开的技术内容参见上文第 7.2.2 部分。

又查，证据 2.10 公开一种同轴二轮车，并具体公开如下技术内容（参见证据 2.10 的中文译文，说明书附图 1—24）：

"如图 22 至 24，示出了根据本发明的第七实施方式的同轴二轮车。第七实施例的同轴二轮车 160 被构造成使得转动可以通过使用一个骑车人的脚的动作来执行。此同轴二轮车 160 包括通过在图中所示的同轴二轮车 10 的手柄支柱 35 而获得的手柄支柱 162。图 4 和其他附图和在顶端其中，提供了一种脚控制部分 163。在该第七实施例中，与根据第一实施方式的同轴二轮车 10 的差别仅是手柄支柱 162 和脚控制部 163 的结构。

如图 22 和 23，手柄 161 包括通过在高度方向上适当的低位置切割所述同轴二轮车 10 的手柄 15 形成脚控部分 163 在顶部设置形成在手柄支柱 162 的端部。脚控制部分 163 包括一对膝的保持部件 164L 和 164R 接收和保持一个膝盖，杠杆构件 165 向所述一对膝保持部件 164L 和 164R 的是固定的，其具有容纳膝关节的把持部 165a。

一对膝保持部件 164L 和 164R，接收和保持乘员的膝部，在膝盖部到手柄支柱 62 的侧倾方向输送移动。膝盖保持部件 164L 和 164R 形成为沟状的半圆筒状体，使得一个适当长度的圆筒切成一半。护膝 167 与膝部和吸收冲击软化触点通过使用粘合剂或类似物的紧固机构被分别连接到一对膝盖保持部件 164L 和 164R 的内表面上。这样一对膝保持部件 164L 和 164R 的一体地固定到在水平方向上延伸的杆件 165 的两端。"

请求人 2 仅提供了证据 2.10 的部分内容的中文译文，从中文译文公开的内容无法确认证据 2.10 中的两轮车设置膝接纳部件目的是为膝盖提供约束，解决不设把手时的稳定性问题。从中文译文公开的内容看，证据 2.10 中的膝盖接纳部是该证据中其他实施例的手柄的一种变形，其作用是容纳操作者的膝盖，以方便操作者通过膝盖动作使手柄支柱左右转动，从而控制两轮车转向。证据 2.1 中记载了"两个向导支撑装置能紧密固定腿肚和大腿，踏脚板 14 和向导支撑装置的组合使响应腿部动作传递压力和扭矩成为可能，类似于杠杆"。证据 2.1 也未明确公开向导支撑装置的作用是为解决独轮车无把手时的稳定性问题。

证据 2. 9 和证据 2. 10 公开的都是两轮电动车，两轮车在车身的左右方向上具有两个着地点，其左右方向的平衡是易于控制的。证据 2. 9 中的转弯操作部 15 和证据 2. 10 中的膝保持部的主要作用均在于，通过操作者腿部施以左右方向的力来对车辆进行转弯操作。而本专利的独轮车在骑行时需要对左右方向的平衡进行控制，本专利的靠腿板凸出地设置在车子主体两侧，作用是增加操作者与独轮车的连接点，使操作者能够站稳在踏脚板上。因此证据 2. 9 中的转弯操作部 15 和证据 2. 10 中的膝保持部不能相当于本专利的靠腿板。尽管与证据 2. 10 相比，证据 2. 9 将转弯操作部设置在操作者腿部中间确实可以解决证据 2. 10 中膝盖保持部影响操作者下车的技术问题，但由于证据 2. 9 的车辆类型与证据 2. 1 不同，导致它们的平衡操作要求不同，证据 2. 9 中的转弯操作部 15 的作用与证据 2. 1 中的导向托架的作用不同，证据 2. 9 中的转弯操作部与车体的连接关系与证据 2. 1 中的导向托架也不同，因此本领域技术人员并不容易想到将证据 2. 9 中的转弯操作部应用于证据 2. 1 的独轮车中，代替其中用于固定操作者腿部的导向托架。

综上所述，本领域技术人员在证据 2. 1、证据 2. 9 和证据 2. 10 公开内容的基础上不能显而易见地获得本专利权利要求 1 的技术方案。本专利的技术方案能够使操作者安全、容易、稳定地操控独轮自行车，具有有益的技术效果。因此，权利要求 1 具有突出的实质性特点和显著的进步，因而具备《专利法》第 22 条第 3 款规定的创造性。

在独立权利要求 1 具备创造性的前提下，其从属权利要求 2—9 也相应地具备创造性。

7. 2. 4 证据 2. 1 与证据 2. 9—证据 2. 12 相结合的证据组合方式

请求人 2 主张：参考证据 2. 13 中的两张关于独轮车与两轮车的演进的对比图。证据 2. 13 第 1 页显示了两轮车发展历程，“证据 2. 12→证据 2. 10→证据 2. 9”，从其演进过程可以看出，证据 2. 12 中无把手的两轮车，与有把手时相比，因为缺少一个接触点而不稳定；为解决稳定性问题，证据 2. 10 增加了膝盖容纳部，从而实现了脚与膝（腿）两点与车接触，解决了稳定性问题，但是其缺陷是，由于约束了腿部，遇到危险时不易下车，进而证据 2. 9 采用膝盖抵接部或腿肚抵接部来代替膝盖容纳部，其膝盖前后不受约束，可通过抵靠解决稳定性问题，同时由于前后不约束腿部，可方便快速地下车。

证据 2. 13 第 2 页显示了独轮车发展历程，“证据 2. 11→证据 2. 1→本专利”是其演进过程。与第 1 页的两轮车的发展历程图进行比较可以看出，无把手的独轮车与有把手的结构相比，同样存在因为缺少一个接触点而不稳定的问题；为解决稳定性问题，证据 2. 1 增加了导向托架，用于容纳使用者的膝盖或者小腿，从而人的脚与膝（腿）两点与车接触，解决了稳定性问题，但由于约束膝盖（腿部），带来遇到危险时不易下车的问题；进而本专利采用与证据 2. 9 类似的手段，采用供使用者的膝盖或腿肚与之抵靠的靠腿板来代替导向托架，使其前后不受约束，通过抵靠实现解决稳定性问题，由于前后方向不约束腿部，可方便快速地下车。可见证据 2. 9 给出了解决证据 2. 1 遇到的技术问题的明确的技术教导，本领域的技术人员结合证据 2. 1 和证据 2. 9 就能得到本专利的技术方案，本专利的权利要求 1 是显而易见的，不具备创造性。

对此合议组认为：证据 2. 9 中引用了证据 2. 12 作为其“背景技术”部分的专利文献 2，证据 2. 9 记载了（参见证据 2. 9 的中文译文第 2 页最后 1 段—第 3 页第 1 段）“专利文献 2 所公开的同轴两轮车……除了生成转弯指令的搭乘台以外，车身不具有承受搭乘者的体重和力的部位。因此，在直线行驶时会由于路面的凹凸、倾斜等外部干扰而发生非意图的转弯，可操作性很可能下降。另外，转弯行驶时作用在搭乘者身上的离心力的影响被直接反映在车辆的转弯指令中。因此，可以认为难以实现符合搭乘者意图的敏捷的转弯动作。”从证据 2. 12 的附图可以看到，证据 2. 12 的两轮车具有两个车轮 3、4 和位于两个车轮之间供搭乘者站立的踏台 9。根据证据 2. 9 中对证据 2. 12 的描述可知，证据 2. 12 存在的技术问题并非如请求人 2 所称无把手的两轮车，与有把手时相比，因为缺少一个接触点而不稳定。证据 2. 12 存在的主要的技术问题是该两轮车中承受搭乘者体重和力的部位是踏台 9，生成转弯指令的部位也是踏台 9，当地面凹凸不平或倾斜时，搭乘者施加给踏台 9 的力在左右方向上不平衡，这种不平衡会导致车辆发生转弯。因此证据 2. 12 存在的问题不是缺少与搭乘者的接触点，而是承受搭乘者重量和力的部位与转弯操作部重合。在此基础上，证据 2. 9 的技术方案中设置了独立于踏脚板的、位于车辆中部的转弯操作部 15。由此可知，请求人 2 对于两轮车技术演进的说明缺少客观依据。

证据 2. 1 也未明确公开向导支撑装置的作用是为解决独轮车无把手时的稳定性问题。因此，请求人 2 对于独轮车技术演进的说明也缺少客观依据。

如上文 7. 2. 2 部分和 7. 2. 3 部分所述，证据 2. 9 中的转弯操作部 15 不能相当于本专利的靠腿板。尽管证据 2. 9 将转弯操作部设置在操作者腿部中间确实便于操作者下车，但由于证据 2. 9 的车辆类型与证据 2. 1 不同，导致它们的平衡操作要求不同，证据 2. 9 中的转弯操作部 15 的作用与证据 2. 1 中的导向托架的作用不同，证据 2. 9 中的转弯操作部与车体的连接关系与证据 2. 1 中的导向托架也不同，因此本领域技术人员并不容易想到将证据 2. 9 中的转弯操作部应用于证据 2. 1 的独轮车中，代替其中用于固定操作者腿部的导向托架。

综上所述，本领域技术人员在证据 2. 1 和证据 2. 9—证据 2. 12 公开内容的基础上不能显而易见地获得本专利权利要求 1 的技术方案。本专利的技术方案能够使操作者安全、容易、稳定地操控独轮自行车，具有有益的技术效果。因此，权利要求 1 具有突出的实质性特点和显著的进步，因而具备《专利法》第 22 条第 3 款规定的创造性。

在独立权利要求 1 具备创造性的前提下，其从属权利要求 2—9 也相应地具备创造性。

7. 2. 5 证据 2. 1 与证据 2. 2 相结合的证据组合方式

7. 2. 5. 1 关于权利要求 1 的创造性

权利要求 1 不能享有本国优先权，证据 2. 2 构成现有技术，可以用于评价权利要求 1 的创造性。

本专利权利要求 1 相对于证据 2. 1 所要解决的技术问题参见上文第 7. 2. 2 部分。

又查，证据 2. 2 是《信息时报》上发表的一篇题为“独轮赛格威”的报道，其中记载了“英国媒体 3 月 4 日报道，这款被称为‘新一代赛格威’的独轮脚踏车‘索罗威’预计下个月在英国上市，它具备了诸多优点：1000 瓦锂电子电池提供动力，时速高达约 19 公里。虽然和赛格威一样，都使用了类似的自身动态平衡技术，但是‘索罗威’最大的突破是它抛开了以往那种笨重的机体。‘独轮赛格威’号称不会摔，只使用一个轮子就可以让人依靠自身的平衡控制它的行驶。上坡爬山也不是问题，但要保持前倾。锂离子电池可重复充电，还能在脚踏车下山或减速时补充电力。乘坐‘索罗威’，不需要手或脚来操作。‘索罗威’左右各有一个脚踏板，踏上去之后，稍微向前倾就会前进，向后就停车，向左向右则是改变方向。前倾得越多，跑得越快，内置装置能保证它的平衡。”

对于区别技术特征①，从证据 2. 2 文字部分公开的内容可知，索罗威是一种在前后方向上具有自平衡功能的电动独轮车。证据 2. 2 的新闻报道还附有索罗威的照片和用户试骑索罗威的照片，从照片中可以看出，索罗威具有车轮、轮罩、踏脚板等结构，并且在车子主体两侧的中上部具有凸出设置的部分，该凸出部分表面略呈弧形，高度与用户的小腿匹配。从索罗威照片示出的结构可以得出，当用户以自然直立的姿态站在踏脚板上时，用户的双腿可以与凸出部分接触相靠，也可以用两腿内侧夹紧凸出部分，证据 2. 2 的凸出部分可以起到本专利靠腿板的作用。证据 2. 1 和证据 2. 2 均涉及电动独轮自行车，两者在外观上的主要差异体现在证据 2. 1 具有固定腿部的引导夹 64，而证据 2. 2 具有凸出部分，由于证据 2. 1 和证据 2. 2 的电动独轮车的行驶原理和平衡方式均类似，因此将证据 2. 1 中的轮罩和引导夹替换为证据 2. 2 中的轮罩和凸出部分，对本领域技术人员而言并不存在技术上的障碍。换言之，将证据 2. 1 的内部结构与证据 2. 2 的外部造型相结合是容易想到的。

本专利权利要求 1 还限定了靠腿板上与腿相接触的表面要略具摩擦力，靠腿板供操作者的膝盖与/或小腿接触相靠。然而“略具摩擦力”本身是一种模糊的表述，采用常规材料和工艺制造的靠腿板/凸出部分必然都会略具摩擦力。靠腿板/凸出部分与操作者腿部的哪个部分接触，与操作者的身高体型相关，因此“靠腿板供操作者的膝盖与/或小腿接触相靠”应当理解为是对靠腿板位置的一种定性的指引，而非精确限定，证据 2. 2 已经示出凸出部分与操作者小腿接触，已经公开了该技术特征。

对于区别技术特征②限定的操控方法的理解，参考上文第 3. 2 部分的评述。本专利靠腿板的作用是使操作者与独轮车之间建立除踏脚板外的另一处连接，以便更稳定地操控车子的运行，至于在具体操作过程中操作者的两腿是否与靠腿板接触、是否一直保持夹紧靠腿板的状态，则与路面状况、操作者的熟练程度、是否要转弯等外在条件相关。对于这一点，专利权人也持与合议组相同的观点。证据 2. 2 的凸出部分能起到与本专利靠腿板相同的作用，因此也公开了区别技术特征②。

综上所述，在证据 2. 1 和证据 2. 2 公开内容的基础上，本领域技术人员将两者结合从而得到本专利权利要求 1 的技术方案是显而易见的，无须付出创造性劳动，权利要求 1 的技术方案不具有突出的实质性特点，因而不具备《专利法》第 22 条第 3 款规定的创造性。

7. 2. 5. 2 关于权利要求 2 的创造性

权利要求 2 可以享有本国优先权，证据 2. 2 不构成现有技术，证据 2. 1 结合证据 2. 2 的证据组合方式不能用于评价权利要求 2 的创造性。

7. 2. 5. 3 关于权利要求 3 的创造性

权利要求 3 不能享有本国优先权，证据 2. 2 构成现有技术，可以用于评价权利要求 3 的创造性。

从属权利要求 3 在其引用的权利要求 1 的基础上，进一步限定了：所述的靠腿板的表面为稍凹的弯曲表面。

请求人 2 主张：从属权利要求 3 的附加技术特征被证据 2. 9 或证据 2. 1 或证据 2. 2 公开。

合议组进一步查明：从证据 2. 2 的照片中可以看出，凸出部分具有稍凹的弯曲表面。因此证据 2. 2 公开了从属权利要求 3 的附加技术特征。在其引用的权利要求 1 不具备创造性的情况下，该从属权利要求也不具备《专利法》第 22 条第 3 款规定的创造性。

7. 2. 5. 4 关于权利要求 4 的创造性

权利要求 4 不能享有本国优先权，证据 2. 2 构成现有技术，可以用于评价权利要求 4 的创造性。

从属权利要求 4 在其引用的权利要求 1 的基础上，进一步限定了：所述的供操作者两脚站立的踏脚板是单一的一个刚性整体，可在工作位置与储藏位置之间转换。

请求人 2 主张：从属权利要求 4 的附加技术特征被证据 2. 1 或证据 2. 2 公开。

权利要求 4 中的技术特征"供操作者两脚站立的踏脚板是单一的一个刚性整体"应当理解为只设有单一的一个踏脚板，而不是分布在车轮两侧的两个踏脚板，具体论述参见上文第 5. 4 部分。证据 2. 1 和证据 2. 2 的独轮车都具有分布在车轮两侧的两个踏脚板，因此均未公开从属权利要求 4 的附加技术特征。故合议组对请求人 2 提出的权利要求 4 不具备创造性的主张不予支持。

7. 2. 5. 5 关于权利要求 5 的创造性

权利要求 5 不能享有本国优先权，证据 2. 2 构成现有技术，可以用于评价权利要求 5 的创造性。

从属权利要求 5 在其引用的权利要求 1 的基础上，进一步限定了：所述的车轮是无轮毂的车轮，车轮的轮框上，配接了至少一个以上的导轮，使车轮保持在适当的位置上转动。

请求人 2 主张：从属权利要求 5 的附加技术特征被证据 2. 1 公开。

证据 2.1 公开了如下内容："图 7 分别具体展示了踏脚板 701，踏面 702 和保护装置 703；705 中集成了轮圈 712 的磁铁；滚轮 706 由之前所说的轮圈 712 支撑；线圈 707 和由电子控制器驱动的 705 一起实现扭矩的传送；另外还有一组电池 708。另两个滚轮 709 和 711 一起引导较低的轮子，提手位置见 710。"（参见证据 2.1 的中文译文 0044 段，附图 7）由此可知，证据 2.1 也公开了一种无轮毂车轮，两个滚轮 709 和 711 对应于本专利的导轮，证据 2.1 公开了从属权利要求 5 的附加技术特征。在其引用的权利要求 1 不具备创造性的情况下，该从属权利要求也不具备《专利法》第 22 条第 3 款规定的创造性。

7.2.5.6 关于权利要求 6 的创造性

权利要求 6 不能享有本国优先权，证据 2.2 构成现有技术，可以用于评价权利要求 6 的创造性。

从属权利要求 6 在其引用的权利要求 1 的基础上，进一步限定了：所述的车轮的轮框上，配接了一个由所述电动机驱动的驱动轮，驱动轮与车轮内框之间是靠摩擦或用齿轮来传递转矩的。

请求人 2 主张：从属权利要求 6 的附加技术特征被证据 2.1 公开。

证据 2.1 公开了如下技术内容："图 3 描述了本发明的另一种普通形式。它由在轮圈 320 内部的轮胎 301 组成。在本发明中，减速装置也可以通过齿轮链实现，但是更普遍的是通过齿轮链驱动在轮圈 302 内部的轮子实现。"（参见证据 2.1 的中文译文 0028—0031 段，附图 3）该实施例中轮圈 302 内部的轮子对应于本专利的驱动轮，轮圈 302 对应于本专利的轮框。证据 2.1 还公开了如下技术内容："图 8 展示了可伸缩踏脚板 81，滚轮 86 和安装在球形支撑结构上的轮毂。在本设计中，使用者的体重直接落在踏脚板上，并被传递到轮毂 87 和轮圈 712 以及踏面 702。这种无需额外负载或扭矩直接传递的方式能弥补材料的不足。"（参见证据 2.1 的中文译文 0045 段，附图 7 和 8）该实施例中滚轮 86 对应于本专利的驱动轮，轮圈 712 对应于本专利的轮框，该实施例公开了驱动轮与车轮内框之间靠摩擦来传递转矩。而依靠齿轮传递转矩也是一种常规的转矩传递方式。

在证据 2.1 和证据 2.2 公开内容的基础上，本领域技术人员将两者结合并进行简单的变换从而得到本专利权利要求 6 的技术方案是显而易见的，无须付出创造性劳动，权利要求 6 不具有突出的实质性特点，因而不具备《专利法》第 22 条第 3 款规定的创造性。

7.2.5.7 关于权利要求 7 的创造性

权利要求 7 不能享有本国优先权，证据 2.2 构成现有技术，可以用于评价权利要求 7 的创造性。

从属权利要求 7 在其引用的权利要求 6 的基础上，进一步限定了：所述的驱动轮位于踏脚板的下方。

请求人 2 主张：从属权利要求 7 的附加技术特征被证据 2.1 公开。

从证据 2.1 的附图 7 和附图 8 可以看出，滚轮 706/86（对应于本专利的驱动轮）位于踏脚板 701/81 的下方。由此可知，证据 2.1 已经公开了从属权利要求 7 的附加技术特征。因此，在其引用的权利要求 6 不具备创造性的情况下，从属权利要求 7 也不具备《专利法》第 22 条第 3 款规定的创造性。

7.2.5.8 关于权利要求 8 的创造性

权利要求 8 不能享有本国优先权，证据 2.2 构成现有技术，可以用于评价权利要求 8 的创造性。

从属权利要求 8 在其引用的权利要求 1 的基础上，进一步限定了：加设一个减震系统，允许车轮相对于踏脚板可作上下位移运动，能恢复保持在一个确当的中间位置，以减少崎岖路面的震动影响。

请求人 2 主张：从属权利要求 8 的附加技术特征是本领域的常规技术手段。

对于权利要求 8 的附加技术特征，合议组认为：该附加技术特征仅从功能上对减震系统进行了限定，未记载减震系统的具体结构。然而从属权利要求 8 限定的减震功能是现有各种类型车辆的一种共同需求，并且已经广泛应用于各类车辆中。因此，从属权利要求 8 的附加技术特征属于本领域常规设计。在其引用的权利要求 1 不具备创造性的情况下，从属权利要求 8 也不具备《专利法》第 22 条第 3 款规定的创造性。

7.2.5.9 关于权利要求 9 的创造性

权利要求 9 可以享有本国优先权，证据 2.2 不构成现有技术，证据 2.1 结合证据 2.2 的证据组合方式不能用于评价权利要求 9 的创造性。

综上所述，合议组对请求人 2 提出的权利要求 1、3、5—8 不具备创造性的无效理由予以支持，对请求人 2 提出的权利要求 2、4、9 不具备创造性的无效理由不予支持。

7.3 无效宣告请求 3

请求人 3 主张：本专利权利要求 1 相对于证据 3.6 与证据 3.4 的结合、证据3.1与证据3.2和公知常识的结合、证据3.1与证据3.3和公知常识的结合、证据3.1与证据3.2和证据3.3和公知常识的结合、证据3.4与证据3.2和证据3.3和公知常识的结合不具备创造性。从属权利要求2的附加技术特征被证据3.3公开，从属权利要求3的附加技术特征被证据3.3或证据3.6公开，从属权利要求4的附加技术特征被证据3.4结合公知常识公开，从属权利要求5的附加技术特征被证据3.4公开，从属权利要求6的附加技术特征被证据3.4结合公知常识或证据3.5结合公知常识公开，从属权利要求7的附加技术特征被证据3.4或证据3.5公开，从属权利要求8的附加技术特征属于本领域公知常识，从属权利要求9的附加技术特征被证据3.6或证据3.4公开，因此在它们引用的权利要求不具备创造性的基础上，从属权利要求2—9也不具备创造性。

7.3.1 证据认定

证据3.1—证据3.5都是专利文献的复印件，证据3.6是国内报纸的复印件，口头审理过程中请求人3当庭出示了加盖有“国家图书馆科技查新中心”印章的证据3.6的文献复制证明的原件，专利权人经核实表示对请求人3提交的上述用于评价创造性的证据的真实性和外文证据的中文译文的准确性予以认可。合议组经核实，对上述证据予以采信，其中外文证据公开的内容以其中文译文为准。

证据3.1—证据3.5的公开日均在本专利的优先权日之前，其公开的技术内容可以作为现有技术，用于评价本专利的创造性。证据3.6的公开时间为2011年03月05日，介于本专利的优先权日2010年09月06日和本专利的申请日2011年04月01日之间，对于本专利中能够享有优先权的权利要求2、9，证据3.6不构成现有技术，不能用于评价上述权利要求的创造性；对于本专利中不能享有优先权的权利要求1、3—8，证据3.6构成本专利的现有技术，其公开的技术内容可以用于评价上述权利要求的创造性。

7.3.2 证据3.1与证据3.2和公知常识相结合的证据组合方式

经查，证据3.1公开一种前后向自平衡式电动独轮车，并具体公开了如下技术内容（参见证据3.1的说明书“具体实施方式”部分，附图1）：

“本发明的实施的独轮车主要由以下部件组成：车架1、电动车轮2、手把3、车座4、脚蹬5、电池组6、控制器7、驱动器8、惯性传感器9。车架1与电动车轮2通过轮轴及螺母连接在一起，且轮轴与车架1无相对转动，脚蹬5安装在轮轴上。

车架1两侧安装电池组6，车架1上部安装车座4及手把3，固定控制器7、驱动器8、惯性传感器9，控制器7与驱动器8由导线连接，驱动器8与电动车轮2由导线连接，控制器7与惯性传感器9由导线连接，控制器7、驱动器8与惯性传感器9所消耗的电能全部来自于电池组6。

控制器7未通电时，车体处于自由状态，前后左右四个方向都有倾倒的趋势，处于不稳定状态。控制器7上电后，立即检测惯性传感器9输出的前后倾斜角度及倾斜角速率的数据，根据特定的算法，通过运算后得到控制参数，传递给驱动器8，由驱动器8来驱动电动车轮2按照参数确定的速率向前或向后运转，以补偿前后倾斜导致的倾角，从而使车体达到前后向平衡。

当骑行人欲使车前行时，通过向前推手把3，使车架1向前倾斜，控制器7检测到惯性传感器9输出数据变化后，立即将控制参数传递给驱动器8，由驱动器8来驱动电动车轮2向前运转，实现车前行。骑行人向前推手把3致使车体倾角更大时，控制器7将会通过驱动器8控制电动车轮2以更快的速度向前运转，从而实现加速。减速和停车时，骑行人的动作与前行控制正好相反。”

将证据3.1公开的技术内容与本专利权利要求1所要求保护的技术方案进行比对，可以看出：证据3.1所公开的“前后向自平衡式电动独轮车”与本专利所要求保护的“电动独轮自行车”属于相同的技术领域，证据3.1中的“电动车轮2”对应于本专利的“车轮”，证据3.1中的“车架1”对应于本专利的“轮架”，证据3.1中的“驱动器8”对应于本专利的“电动机”，证据3.1中的“控制器7”对应于本专利的“电子前后平衡控制系统”，证据3.1中的“脚蹬5”对应于本专利的“踏脚板”。

本专利权利要求1所要求保护的技术方案与证据3.1公开的技术内容相比，二者的区别主要在于：本专利的独轮车包括两个靠腿板，凸出地设置在车子主体的两侧，分别供操作者的膝盖与/或小腿接触相靠，靠腿板上与腿相接触的表面要略具摩擦力，所述表面在车子两侧要稍加突出，使得双脚站在踏脚板上的操作者，在自然直立的姿势时，两腿与靠腿板保持接触相靠，操作者两腿内侧夹住靠腿板来操控车子的运行，而不是用支撑腿向前与向后施力的操控方法；而证据3.1的独轮车具有车座4和手把3，骑行人坐在车座上手扶手把操控车辆的运行。

本专利权利要求1相对于证据3.1所要解决的技术问题主要在于：提供一种便携的、结构简单的、操纵方式不同的独轮车。

又查，证据3.2公开一种脚推进的轮式业余爱好和/或运动装置，并具体公开了如下技术内容（参见证据3.2的具体实施方式部分，附图1—5）：

“在图1和2中由附图标记Ⅰ表示的整体的业余爱好和/或运动装置具有轮子1。在轮子1的轴X（图中只由点划线或点表示）上，侧板2悬挂在两侧，并在顶部超过轮子1的最高点凸出，且终止于轮子1的最低点上方的确定距离h处。应确定侧板2越过轮子1凸出的长度使其为用户12的膝盖内表面提供合适支承位置，该位置在图1中由充满小点的虚线环绕，且用参考字母a标记。如图2中所示，脚踏板5定位在轮子1平面的外部，实际上垂直于该平面。侧板2位于离轮子1的侧表面尽可能小的距离处。除了保证支承表面a，侧板2的功能是作为侧部盖而覆盖轮子1，从而部分防止轮子1与腿接触，这可能引起伤害，部分也提供腿的支承表面，以便保证它能够施加一些横向压力。

在推进阶段（图3）和在自由运行阶段（图4），装置Ⅰ位于用户12的腿之间。当开始时，用户12使装置Ⅰ处于他/她的腿之间，并在使用过程中使它在该处保持站立位置。在第一步骤中，用户12用一只脚站立在一个脚踏板5上，因此，支承表面a（图1）推靠在该腿的膝盖的内表面上，因为用户在轮子1上施加偏心负载（在轮子1平面的外部轮子的旁边），因此，产生通过支承表面a而作用在膝盖上的水平力，于是它推动膝盖的内表面。这样，用户12在两个点与装置Ⅰ稳定连接，即他/她的脚底与一个脚踏板5连接，而他/她的膝盖内侧与位于上述脚踏板5相同侧的一个侧板2连接。这两个连接足以安全地控制该装置。在图3的阶段中，用户12像单脚滑行车一样用他/她的不支靠在任何物体上的自由腿推进装置Ⅰ，同时用他/她的另一条腿站立于一个脚踏板5上时前进（图1，箭头c），该另一条腿通过他/她的膝盖内侧而支承他/她自身。当装置Ⅰ足够快时，用户12使他/她的推进腿也站立在脚踏板5上，因此偏心负载结束，这是在轮子平面外部的两条腿的负载，因而当支承表面a不再推动膝盖的内侧时，水平力消失。这样，在图4所示的自由滚转阶段中，在膝盖和装置Ⅰ之间的连接脱开（通过它的侧板），但是因为用户用两条腿站在装置Ⅰ上，因此用户再次保证于两点在两个脚踏板5上的充分连接，以便安全控制该装置Ⅰ。

根据图5的业余爱好和/或运动装置Ⅱ与图1和2中所示的装置Ⅰ在两个方面不同。一个区别是侧板3比侧板2更高，它们越过轮子1的最高点凸出确定距离m，这样，除了分配给用户12膝盖的支承表面a外，它们还有用于支承大腿的支承表面 b，这使得转向和前进甚至更稳定，且消除了膝盖的过大横向负载，因为它提供了与支承表面 a 相同原理的支承，而且还提供了在大腿内侧中心区域附近的支承。”

请求人 3 主张：证据 3.2 的支撑表面与本专利的靠腿板作用相同，均为使得操作者在使用或操作独轮车时更加安全和稳定，证据 3.1 结合证据 3.2 和公知常识很容易得到权利要求 1 的技术方案。

对此，合议组认为：证据 3.2 公开的是一种脚推进的轮式运动装置，用户的一只脚踩在踏脚板上，另一只脚蹬地推动轮式运动装置前进，证据 3.2 的轮式运动装置的骑行原理决定了，在用户用脚推动车辆前进的过程中，轮式运动装置的一个侧板 2 必然会与踩在踏脚板上的腿的内侧接触，侧板 2 上与腿部接触的部分就构成了支承表面 a，换言之，支承表面 a 是侧板 2 上的一个区域，而不是在轮式运动装置上单独设置的一个部件。而在本专利中，靠腿板是凸出于车子主体两侧单独设置的一个部件，靠腿板的作用是增加骑行者与电动独轮自行车的连接点，从而提高车辆操控的稳定性。从骑行原理上来说，证据 3.2 中如果没有支承表面，则轮式运动装置将无法实现骑行功能，而本专利中不设置靠腿板并不影响电动独轮自行车的基本行驶功能，仅影响其操控稳定性。尽管证据 3.2 中记载了“用户 12 在两个点与装置 I 稳定连接，即他/她的脚底与一个脚踏板 5 连接，而他/她的膝盖内侧与位于上述脚踏板 5 相同侧的一个侧板 2 连接。这两个连接足以安全地控制该装置。”然而证据 3.2 中所述的两点连接与本专利中为了增加稳定性而采取的两点连接的含义不同。证据 3.2 在描述图 4 所示的自由滚转阶段中，记载了“膝盖和装置 I 之间的连接脱开（通过它的侧板），但是因为用户用两条腿站在装置 I 上，因此用户再次保证于两点在两个脚踏板 5 上的充分连接，以便安全控制该装置 I”。由此可知，证据 3.2 中的两点连接指的是用户的身体与轮式运动装置有两个连接点，而本专利的方案则是在操作者双脚站立在踏脚板上，操作者的身体与独轮车已经具备了证据 3.2 所述的“两点连接”的情况下，进一步设置靠腿板来增加操作者的腿部与独轮车的连接点。

综上所述，证据 3.2 的脚推进运动装置与本专利的电动独轮车的行驶原理不同，证据 3.2 中的支承表面的结构和所起的作用与本专利的靠腿板并不相同，证据 3.2 没有公开本专利中与靠腿板有关的技术特征（即本专利与证据 3.1 的区别技术特征）。

此外，证据 3.1 公开的是一种具有车座 4 和手把 3、骑行人坐在车座上手扶手把操控车辆运行的电动独轮车，骑行人与独轮车之间在手把、车座和两个脚蹬处接触，骑行人与独轮车之间已经建立起足够的连接，能保证骑行人稳定地操控车辆。在此基础上，本领域技术人员没有动机将证据 3. 2 公开的脚推进独轮车中的支撑表面应用到证据 3. 1 中，证据 3. 1 与证据 3. 2 之间不存在结合的技术启示。

综上所述，本领域技术人员在证据 3. 1 和证据 3. 2 公开内容的基础上不能显而易见地获得本专利权利要求 1 的技术方案。本专利的技术方案结构简单、便于携带、操控稳定安全，具有有益的技术效果。因此，权利要求 1 具有突出的实质性特点和显著的进步，因而具备《专利法》第 22 条第 3 款规定的创造性。

在独立权利要求 1 具备创造性的前提下，其从属权利要求 2—9 也相应地具备创造性。

7. 3. 3 证据 3. 1 与证据 3. 3 和公知常识相结合的证据组合方式

证据 3. 1 公开的技术内容以及本专利权利要求 1 相对于证据 3. 1 的区别技术特征和所要解决的技术问题如上文第 7. 3. 2 部分所述。

又查，证据 3. 3 公开一种同轴两轮车，并具体公开以下技术内容（参见证据 3. 3 的中文译文第 4 页最后一段—第 9 页第 3 段，附图 1—10）：

"该同轴两轮车 10 包括：车辆主体 12；车轮 13L、13R；车轮驱动单元 14L、14R；转弯操作部 15。转弯操作部 15 是通过使其向侧倾方向倾斜来进行转弯操作的操作单元。转弯操作部 15 包括：基座部件 150；膝盖抵接部 151L、151R；操作杆 154；操作杆高度调整部 155。基座部件 150 是将折曲成 U 字形的长板状部件的两端再通过另外的板状部件来连结的具有环形形状的部件。该基座部件 150 固定在操作杆 154 的上端。膝盖抵接部 151L、151R 分别设置在基座部件 150 的相对的两个侧面。该膝盖抵接部 151 在俯视时具有长边在行驶方向上延伸的长方形的环形形状，在其前侧形成有上车下车用把手 152。操作杆 154 的下端安装成能够相对于车辆主体 12 向侧倾方向自由地旋转。车辆主体 12 以转弯操作部 15 能够向侧倾方向自由地进行旋转的方式来支撑转弯操作部 15。

一对车轮 13L、13R 同轴地配置在与车辆主体 12 的行驶方向垂直的方向的两侧，并且能够自由旋转地由该车辆主体 12 支撑。车轮驱动单元 14L、14R 是独立地旋转驱动一对车轮 13L、13R 的车轮驱动单元。在车辆主体 12 的上表面，在转弯操作部 15 的左右两侧设置有两个脚踏板部 11L、11R。脚踏板部 11L、11R 是供搭乘者分别乘放单脚而搭乘用的。

车辆主体 12 构成为以下的平行联杆机构，该平行联杆机构具有彼此平行地上下配置的车身上部件 16 和车身下部件 17，以及彼此平行地左右配置并与车身上部件 16 和车身下部件 17 可转动地连结的一对侧面部件 18L、18R。

在图 4 中表示了搭乘者乘在该第一实施方式的同轴两轮车上的状态。如该图所示，可知搭乘者的腿部，尤其是膝盖前后的空间是敞开的，处于非约束状态。例如在相对于车辆前行方向要向左进行转弯的情况下，搭乘者将右腿膝盖的内侧按压在膝盖抵接部 151 上并施加负荷，由此使转弯操作部 15 向左方倾倒。该转弯操作部 15 的倾斜度通过角度检测传感器 31 来检测。角度检测传感器 31 将检测信号输出给控制装置 46。控制装置 46 基于从检测信号获得的转弯操作部 15 的角度信息来决定左右车轮的旋转速度，向驱动电路 44L、44R 的每一个输出速度要求信号。驱动电路 44L、44R 响应于速度要求信号来驱动车轮驱动单元 14L、14R。这样，按照转弯操作部 15 的倾斜度来使左右车轮的旋转速度产生差异，由此来实现转弯。在进行转弯动作时，脚踏板部 11L、11R 和左右车轮 13L、13R 向与转弯操作部 15 相同的方向倾斜。因此，能够使包括搭乘者在内的车轮整体成为能够容易地抵抗离心力的状态。此时，转弯半径内侧的腿不需要与膝盖抵接部 151 接触。因此，如图 5 所示，能够将上身置于比转弯操作部 15 靠内侧的位置。

如上所述，根据该第一实施方式的同轴两轮车，形成了使具有侧倾转动方向的自由度的转弯操作部 15 偏斜来实现转弯的车辆构造。因此，搭乘者使身体向转弯车辆的内侧，即转弯中心方向倾斜，能够在消除了离心力的影响的同时行驶。另外，当车辆转弯时，由于离心力的影响，在欲使搭乘者身体的倾斜复原的方向上作用有力，但是能够通过将转弯外侧的腿部用力蹬在脚踏板部 11L、11R 上来防止身体的倾斜的复原，能够维持转弯操作部 15 的倾斜。因此，容易维持和调整转弯速度，能够稳定地实现直观、敏捷的转弯动作。另外，在会由于路面的凹凸等外部干扰而在行驶过程中产生非意图的转弯操作部 15 的倾斜这样的状况下，使左、右的腿部按压抵接内侧，将转弯操作部 15 用两膝夹住而在侧倾方向上固定，由此能够维持直行前进。”

请求人 3 主张：证据 3.3 的膝盖抵接部或者腿肚抵接部，是通过腿部抵靠来达到操控车子的作用，而本专利中“两腿与靠腿板相靠”“夹住靠腿板来操控车子运行”，靠腿板也是通过腿抵靠、夹住来达到操控车子，二者作用相同，证据 3.3 给出了将靠腿板设置在车轮主体上的技术启示，证据 3.1 结合证据 3.3 和公知常识很容易得到权利要求 1 的技术方案。

对此合议组认为：证据 3.3 公开的是一种两轮车，两轮车在车身的左右方向上具有两个着地点，其左右方向的平衡是易于控制的，转弯操作部 15 的主要作用在于，通过操作者腿部给转弯操作部 15 施以左右方向的力，使转弯操作部倾斜来对车辆进行转弯操作。而本专利的独轮车在骑行时需要对左右方向的平衡进行控制，本专利的靠腿板凸出地设置在车子主体两侧，作用是增加操作者与独轮车的连接点，使操作者能够站稳在踏脚板上。尽管证据 3.3 中记载了在路面凹凸不平时，操作者左右腿部按压抵接在转弯操作部 15 上，与本专利所述的“操作者两腿内侧夹住靠腿板来操控车子的运行”有类似之处，但证据 3.3 中两腿抵接转弯操作部 15 是由于转弯操作部 15 能够发生倾斜，两腿抵接转弯操作部来防止凹凸不平的地面使转弯操作部 15 发生非操作者本意的倾斜，而本专利的靠腿板固定设置在车体上，操作者夹紧靠腿板是为了建立与车辆的连接。因此，证据 3.3 的车辆类型与本专利不同，导致两者的平衡操作要求不同，证据 3.3 中的转弯操作部与车体的连接关系和作用与本专利的靠腿板也不同，证据 3.3 没有公开本专利中与靠腿板有关的技术特征（即本专利相对于证据 3.1 的区别技术特征）。

此外，证据 3.1 公开的是一种具有车座 4 和手把 3、骑行人坐在车座上手扶手把操控车辆运行的电动独轮车。而证据 3.3 公开的是一种两轮车，转弯操作部 15 的作用在于发出转弯信号，控制装置根据检测到的转弯操作部的倾斜信号，控制两轮车左右两个轮子具有不同转速，从而实现转弯。证据 3.1 的独轮车只有一个车轮，依靠骑行人身体的左右倾斜或转动实现转弯，本领域技术人员没有动机将证据 3.3 公开的用于两轮车的转弯操作部应用到证据 3.1 的独轮车中，证据 3.1 与证据 3.3 之间不存在结合的技术启示。

综上所述，本领域技术人员在证据 3.1 和证据 3.3 公开内容的基础上不能显而易见地获得本专利权利要求 1 的技术方案。本专利的技术方案结构简单、便于携带、操控稳定安全，具有有益的技术效果。因此，权利要求 1 具有突出的实质性特点和显著的进步，因而具备《专利法》第 22 条第 3 款规定的创造性。

在独立权利要求 1 具备创造性的前提下，其从属权利要求 2—9 也相应地具备创造性。

7.3.4 证据 3.1 与证据 3.2 和证据 3.3 和公知常识相结合的证据组合方式

请求人 3 主张：本专利与证据 3.1 相比区别在于与靠腿板有关的技术特

征，证据 3.3 给出了将导向支架设置成靠腿板来解决稳定性和安全性的启示。同时结合证据 3.2 所给出的将靠腿板设置在车轮主体上的技术教导，本领域技术人员很容易得到权利要求 1 的技术方案。

对此合议组认为：如上文 7.3.2 部分所述，证据 3.2 的脚推进运动装置与本专利的电动独轮车的行驶原理不同，证据 3.2 中的支承表面的结构和所起的作用与本专利的靠腿板并不相同，证据 3.2 没有公开本专利中与靠腿板有关的技术特征（即本专利与证据 3.1 的区别技术特征）。如上文 7.3.3 部分所述，证据 3.3 的车辆类型与本专利不同，证据 3.3 中的转弯操作部与车体的连接关系和作用与本专利的靠腿板也不同，证据 3.3 没有公开本专利中与靠腿板有关的技术特征（即本专利与证据 3.1 的区别技术特征）。此外，证据 3.1 涉及电动独轮自行车，证据 3.2 涉及人力驱动独轮车，证据 3.3 涉及电动两轮车，这三份证据分别涉及三种不同类型的车辆，相互之间也不存在结合的技术启示。

本领域技术人员在证据 3.1、证据 3.2 和证据 3.3 公开内容的基础上不能显而易见地获得本专利权利要求 1 的技术方案。本专利的技术方案结构简单、便于携带、操控稳定安全，具有有益的技术效果。因此，权利要求 1 具有突出的实质性特点和显著的进步，因而具备《专利法》第 22 条第 3 款规定的创造性。

在独立权利要求 1 具备创造性的前提下，其从属权利要求 2—9 也相应地具备创造性。

7.3.5 证据 3.4 与证据 3.2 和证据 3.3 和公知常识相结合的证据组合方式

经查，证据 3.4 公开一种供行人使用的机动车辆，并具体公开了以下技术内容（参见证据 3.4 中文译文的“最优实施方式的具体描述”部分，附图 1—8）：

“与图 1 描述的发明一致，使用者 11 通过站立于踏脚板 14 上前进。踏脚板 14 位于驱动轮 12 的车轴下方，车轴与叉形部件 15 组装在一起，叉形部件 15 还包含 2 个向导支撑装置，能紧密固定腿肚和大腿。踏脚板 14 和向导支撑装置的组合使响应腿部动作传递压力和扭矩成为可能，类似于杠杆。

与本发明一致，轮子依靠加速设计送出的信号调整速度。加速度计与叉形部件 15 组装在一起，15 的水平与垂直轴线由 16 确定。如果加速度计读取到一个部件正在向前进的信号，这表明使用者正在前倾身体，加速度信号指导轮子马达的电子控制器前进并恢复平衡。当加速度计读数为 0 时，设备取得平衡。向后倾斜 10°会使轮子向后转动，或者产生刹车效果。

图2展示了本发明的不同部位视图。在21中，本发明带动由踏脚板获得平衡的使用者前进。使用者通过电子伺服控制系统保持纵向的平衡。但使用者无法通过其他辅助装置获得横向平衡，这一点与骑自行车相同。如果使用者身体向一侧倾斜，或者通过肩膀转动进行转弯时，设备就会开始转向，行驶路线改变的方式与骑自行车时转动把手时一致。

图3描述了本发明的另一种普通形式。它由在轮圈302内部的轮胎301组成。轮胎可以由合成橡胶制成。可重复充电的电池组303，无论采用镍镉、镍金属混合、锂离子、锂离子聚合物、乙醇或甲醇燃料技术制成，都被安装在轮子内部。电源开关可控制电子控制器307的开关，电子控制器307又用以控制马达310的运转。踏脚板304与叉形部件305组合在一起，并通过杆306与支撑部件315连接。弹簧316将踏脚板304复位，并且在转轴314的帮助下，引导315在没有脚踩上的情况下回到向上的位置。轮子通过球形支撑结构308与313跟后方的叉形部件305相连。位于轮轴上的马达310与减速机311相连。

本发明另一种设计的描述如下。设计目的是解决之前的应用问题，载重产生的阻力和中轴的冲击力，以及由伺服系统控制的轮子的固有惯性问题。与之前的设计类似，图6中的本设计由可伸缩的踏脚板61和踏面62，引导装置63和引导夹64组成。

图7分别具体展示了踏脚板701，踏面702和保护装置703；705中集成了轮圈712的磁铁；滚轮706由之前所说的轮圈712支撑：线圈707和由电子控制器驱动的705一起实现扭矩的传送；另外还有一组电池708。另两个滚轮709和711一起引导较低的轮子，提手位置见710。

图8展示了可伸缩踏脚板81，滚轮86和安装在球形支撑结构上的轮毂。在本设计中，伸用者的体重直接作用在踏脚板上，并被传递到轮毂87和轮圈712及踏面702。这种无需额外负载或扭矩直接传递的方式能弥补材料重量的不足。踏面不会因载重压力而变形。另两个滚轮709和711在无持续压力的情况下引导轮子前进。”

将证据3.4公开的技术内容与本专利权利要求1所要求保护的技术方案进行比对，可以看出：证据3.4所公开的“供行人使用的机动车辆”与本专利所要求保护的“电动独轮自行车”属于相同的技术领域，而且证据3.4中由“轮胎301”和“轮圈302”组成的组件对应于本专利的“车轮”，证据3.4中安装有“电池组708”“踏脚板”及“滚轮706、709、711”的部件对应于本专利的"轮架"，证据 3.4 中的"马达 310"对应于本专利的"电动机"，证据 3.4 中的"引导装置 63"对应于本专利的"轮罩"，证据 3.4 中的"电子伺服控制系统"对应于本专利的"电子前后平衡控制系统"，证据 3.4 中的"脚踏板"对应于本专利的"踏脚板"。

本专利权利要求 1 所要求保护的技术方案与证据 3.4 公开的技术内容相比，二者的区别在于：①与使用者的腿部发生作用的部件不同：本专利的电动独轮自行车设有两个靠腿板，这两个靠腿板凸出地设置在车子主体的两侧，分别供操作者的膝盖与/或小腿接触相靠，靠腿板上与腿相接触的表面要略具摩擦力，而且所述表面在车子两侧要稍加突出；而在证据 3.4 所公开的独轮自行车中，与使用者的腿部相接触和配合的部件则是两个能够紧密固定腿肚和大腿的向导支撑装置或引导夹。②操控方法不同：对于本专利而言，操作者双脚站在踏脚板上，在自然直立的姿势时，两腿与靠腿板保持接触相靠，操作者两腿内侧夹住靠腿板来操控车子的运行，使操作者的每条腿与车体之间形成两个连接点；而对于证据 3.4 所公开的独轮自行车而言，操作者首先要将双腿置于引导夹内并使引导夹紧密固定在操作者的腿上，然后操作者通过脚踏板、叉形部件和引导夹的组合来响应其腿部动作，由此以类似于杠杆的形式传递压力和扭矩。

本专利权利要求 1 相对于证据 3.4 所要解决的技术问题主要在于：紧夹腿的导向托架对腿施加的运动限制会阻碍操作者的动作，当操作者需要快速下车时带来危险（参见本专利说明书第［0009］段）。

证据 3.2 和证据 3.3 公开的技术内容分别参见上文第 7.3.2 部分和第 7.3.3 部分。

请求人 3 主张：本专利与证据 3.4 相比区别在于与靠腿板有关的技术特征，证据 3.3 给出了将证据 3.4 的导向支架设置成靠腿板来解决稳定性和安全性的启示。同时结合证据 3.2，将靠腿板设置在车轮主体上，本领域技术人员很容易得到权利要求 1 的技术方案。

对此合议组认为：如上文 7.3.2 部分所述，证据 3.2 的脚推进运动装置与本专利的电动独轮车的行驶原理不同，证据 3.2 中的支承表面的结构和所起的作用与本专利的靠腿板并不相同，证据 3.2 没有公开本专利中与靠腿板有关的技术特征（即本专利与证据 3.4 的区别技术特征）。如上文 7.3.3 部分所述，证据 3.3 的车辆类型与本专利不同，证据 3.3 中的转弯操作部与车体的连接关系和作用与本专利的靠腿板也不同，证据 3.3 没有公开本专利中与靠腿板有关的技术特征（即本专利与证据 3.4 的区别技术特征）。此外，证据 3.4 涉及电动独轮自行车，证据 3.2 涉及人力驱动独轮车，证据 3.3 涉及电动两轮车，这三份证据分别涉及三种不同类型的车辆，相互之间也不存在结合的技术启示。

本领域技术人员在证据 3.4、证据 3.2 和证据 3.3 公开内容的基础上不能显而易见地获得本专利权利要求 1 的技术方案。本专利的技术方案能够使操作者安全、容易、稳定地操控独轮自行车，具有有益的技术效果。因此，权利要求 1 具有突出的实质性特点和显著的进步，因而具备《专利法》第 22 条第 3 款规定的创造性。

在独立权利要求 1 具备创造性的前提下，其从属权利要求 2—9 也相应地具备创造性。

7.3.6 证据 3.6 与证据 3.4 相结合的证据组合方式

7.3.6.1 关于权利要求 1 的创造性

权利要求 1 不能享有本国优先权，证据 3.6 构成现有技术，可以用于评价权利要求 1 的创造性。

经查，证据 3.6 是《信息时报》上发表的一篇题为“独轮赛格威”的报道，其中记载了如下内容：“英国媒体 3 月 4 日报道，这款被称为‘新一代赛格威’的独轮脚踏车‘索罗威’预计下个月在英国上市，它具备了诸多优点：1000 瓦锂电子电池提供动力，时速高达约 19 公里。虽然和赛格威一样，都使用了类似的自身动态平衡技术，但是‘索罗威’最大的突破是它抛开了以往那种笨重的机体。‘独轮赛格威’号称不会摔，只使用一个轮子就可以让人依靠自身的平衡控制它的行驶。上坡爬山也不是问题，但要保持前倾。锂离子电池可重复充电，还能在脚踏车下山或减速时补充电力。乘坐‘索罗威’，不需要手或脚来操作。‘索罗威’左右各有一个脚踏板，踏上去之后，稍微向前倾就会前进，向后就停车，向左向右则是改变方向。前倾得越多，跑得越快，内置装置能保证它的平衡。”

从证据 3.6 文字部分公开的内容可知，索罗威是一种在前后方向上具有自平衡功能的电动独轮车。证据 3.6 的新闻报道还附有索罗威的照片和用户试骑索罗威的照片，从照片中可以看出，索罗威具有车轮、轮罩、踏脚板等结构，并且在车子主体两侧的中上部具有凸出设置的部分，该凸出部分表面略呈弧形，高度与用户的小腿匹配。从索罗威照片示出的结构可以得出，当用户以自然直立的姿态站在踏脚板上时，用户的双腿可以与凸出部分接触相靠，也可以用两腿内侧夹紧凸出部分，证据 3.6 的凸出部分可以起到本专利靠腿板的作用，对应于本专利的靠腿板。

本专利权利要求 1 还限定了靠腿板上与腿相接触的表面要略具摩擦力，靠腿板供操作者的膝盖与/或小腿接触相靠。然而“略具摩擦力”本身是一种模糊的表述，采用常规材料和工艺制造的靠腿板/凸出部分必然都会略具摩擦力。靠腿板/凸出部分与操作者腿部的哪个部分接触，与操作者的身高体型相关，因此“靠腿板供操作者的膝盖与/或小腿接触相靠”应当理解为是对靠腿板位置的一种定性的指引，而非精确限定，证据 3.6 已经示出凸出部分与操作者小腿接触，已经公开了该技术特征。

对于权利要求 1 限定的操控方法的理解，参考上文第 3.2 部分的评述。本专利靠腿板的作用是使操作者与独轮车之间建立除踏脚板外的另一处连接，以便更稳定地操控车子的运行。至于在具体操作过程中操作者的两腿是否与靠腿板接触、是否一直保持夹紧靠腿板的状态，则与路面状况、操作者的熟练程度、是否要转弯等外在条件相关。对于这一点，专利权人也持与合议组相同的观点。证据 3.6 的凸出部分能起到与本专利靠腿板相同的作用，因此也公开了相应的操控方法。

综上所述，证据 3.6 公开了本专利权利要求 1 限定的“两个靠腿板，凸出地设置在车子主体的两侧，分别供操作者的膝盖与/或小腿接触相靠，靠腿板上与腿相接触的表面要略具摩擦力，所述表面在车子两侧要稍加突出，使得双脚站在踏脚板上的操作者，在自然直立的姿势时，两腿与靠腿板保持接触相靠，操作者两腿内侧夹住靠腿板来操控车子的运行，而不是用支撑腿向前与向后施力的操控方法。”

本专利权利要求 1 所要求保护的技术方案与证据 3.6 公开的技术内容相比，二者的区别在于，证据 3.6 未公开独轮车内部结构，即车轮可转动地与一个轮架相配接；一个电动机，与车轮相配接，并驱动车轮转动；一套控制电动机的电子前后平衡控制系统；至少一个踏脚板，与轮架或轮罩相配接。

证据 3.4 公开的技术内容参见上文第 7.3.5 部分。证据 3.4 所公开的“供行人使用的机动车辆”与本专利所要求保护的“电动独轮自行车”属于相同的技术领域，而且证据 3.4 中由“轮胎 301”和“轮圈 302”组成的组件对应于本专利的“车轮”，证据 3.4 中安装有“电池组 708”“踏脚板”及“滚轮 706、709、711”的部件对应于本专利的“轮架”，证据 3.4 中的“马达 310”对应于本专利的“电动机”，证据 3.4 中的“引导装置 63”对应于本专利的“轮罩”，证据 3.4 中的“电子伺服控制系统”对应于本专利的“电子前后平衡控制系统”，证据 3.4 中的“脚踏板”对应于本专利的“踏脚板”。证据 3.4 公开了本专利权利要求 1 与证据 3.6 的区别技术特征。

综上所述，证据 3.6 公开了独轮车的行驶原理和外观结构，证据 3.4 公开了独轮车的内部结构和连接关系，本领域技术人员面对证据 3.6 公开的独轮车，有动机将证据 3.4 公开的内部结构和连接关系应用到证据 3.6 中，从而实现证据 3.6 的独轮车的行驶功能。在证据 3.6 和证据 3.4 公开内容的基础上，本领域技术人员将两者结合从而得到本专利权利要求 1 的技术方案是显而易见的，无须付出创造性劳动，权利要求 1 不具有突出的实质性特点，因而不具备《专利法》第 22 条第 3 款规定的创造性。

7.3.6.2 关于权利要求 2 的创造性

权利要求 2 可以享有本国优先权，证据 3.6 不构成现有技术，证据 3.6 结合证据 3.4 的证据组合方式不能用于评价权利要求 2 的创造性。

7.3.6.3 关于权利要求 3 的创造性

权利要求 3 不能享有本国优先权，证据 3.6 构成现有技术，可以用于评价权利要求 3 的创造性。

从属权利要求 3 在其引用的权利要求 1 的基础上，进一步限定了：所述的靠腿板的表面为稍凹的弯曲表面。

请求人 3 主张：从属权利要求 3 的附加技术特征被证据 3.3 或证据 3.6 公开。

从证据 3.6 的照片中可以看出，凸出部分具有稍凹的弯曲表面。因此证据 3.6 公开了从属权利要求 3 的附加技术特征。在其引用的权利要求 1 不具备创造性的情况下，该从属权利要求也不具备《专利法》第 22 条第 3 款规定的创造性。

7.3.6.4 关于权利要求 4 的创造性

权利要求 4 不能享有本国优先权，证据 3.6 构成现有技术，可以用于评价权利要求 4 的创造性。

从属权利要求 4 在其引用的权利要求 1 的基础上，进一步限定了：所述的供操作者两脚站立的踏脚板是单一的一个刚性整体，可在工作位置与储藏位置之间转换。

请求人 3 主张：从属权利要求 4 的附加技术特征被证据 3.4 结合公知常识公开。

权利要求 4 中的技术特征“供操作者两脚站立的踏脚板是单一的一个刚性整体”应当理解为只设有单一的一个踏脚板，而不是分布在车轮两侧的两个踏脚板，具体论述参见上文第 5.4 部分。证据 3.4 的独轮车具有分布在车轮两侧的两个踏脚板，因此未公开从属权利要求 4 的附加技术特征，请求人也未提交相关证据或进行充分论述以证明设置单一踏脚板是本领域公知常识。故合议组对请求人 3 提出的权利要求 4 不具备创造性的主张不予支持。

7.3.6.5 关于权利要求 5 的创造性

权利要求 5 不能享有本国优先权，证据 3.6 构成现有技术，可以用于评价权利要求 5 的创造性。

从属权利要求 5 在其引用的权利要求 1 的基础上，进一步限定了：所述的车轮是无轮毂的车轮，车轮的轮框上，配接了至少一个以上的导轮，使车轮保持在适当的位置上转动。

请求人 3 主张：从属权利要求 5 的附加技术特征被证据 3.4 公开。

证据 3.4 公开了“图 7 分别具体展示了踏脚板 701，踏面 702 和保护装置 703；705 中集成了轮圈 712 的磁铁；滚轮 706 由之前所说的轮圈 712 支撑；线圈 707 和由电子控制器驱动的 705 一起实现扭矩的传送；另外还有一组电池 708。另两个滚轮 709 和 711 一起引导较低的轮子，提手位置见 710。”（参见证据 3.4 的中文译文 0044 段，附图 7）由此可知，证据 3.4 也公开了一种无轮毂车轮，两个滚轮 709 和 711 对应于本专利的导轮，证据 3.4 公开了从属权利要求 5 的附加技术特征。在其引用的权利要求 1 不具备创造性的情况下，该从属权利要求也不具备《专利法》第 22 条第 3 款规定的创造性。

7.3.6.6 关于权利要求 6 的创造性

权利要求 6 不能享有本国优先权，证据 3.6 构成现有技术，可以用于评价权利要求 6 的创造性。

从属权利要求 6 在其引用的权利要求 1 的基础上，进一步限定了：所述的车轮的轮框上，配接了一个由所述电动机驱动的驱动轮，驱动轮与车轮内框之间是靠摩擦或用齿轮来传递转矩的。

请求人 3 主张：从属权利要求 6 的附加技术特征被证据 3.4 结合公知常识或证据 3.5 结合公知常识公开。

合议组进一步查明：证据 3.5 公开了一种动力式的单轮车，并具体公开了如下技术内容：“请参阅图 4，为本发明驱动装置 15 示意图。驱动装置 15 包括一驱动马达 151、一皮带轮组 152 及一驱动轮 153。驱动马达 151 用以带动皮带轮组 152，并通过皮带轮组 152 的转动，进而带动驱动轮 153。于本实施例中，驱动轮 153 可穿透环状框 13 上的一贯穿部 18，而接触于车轮 11，藉此，驱动轮 153 便可驱动车轮 11，使得车轮 11 可进行转动”（参见证据 3.5 的说明书第 6 页第 3 段，附图 4）证据 3.5 也公开了一种电动独轮车，并具体公开了车辆的驱动和传动结构，驱动轮 153 对应于本专利配接在轮框上的由电动机驱动的驱动轮，证据 3.5 中的车轮 11 必然包含起到支撑作用的轮框。本领域技术人员能够想到将证据 3.5 的驱动和传动机构应用于证据 3.4 的电动独轮车中。证据 3.5 公开了驱动轮 153 与车轮 11 接触传递动力，而依靠摩擦传递转矩和依靠齿轮传递转矩都是常规的转矩传递方式。

综上所述，在证据 3.6、证据 3.4 和证据 3.5 公开内容的基础上，本领域技术人员将三者结合并进行简单的常规设计从而得到本专利权利要求 6 的技术方案是显而易见的，无须付出创造性劳动，权利要求 6 不具有突出的实质性特点，因而不具备《专利法》第 22 条第 3 款规定的创造性。

7.3.6.7 关于权利要求 7 的创造性

权利要求 7 不能享有本国优先权，证据 3.6 构成现有技术，可以用于评价权利要求 7 的创造性。

从属权利要求 7 在其引用的权利要求 6 的基础上，进一步限定了：所述的驱动轮位于踏脚板的下方。

请求人 3 主张：从属权利要求 7 的附加技术特征被证据 3.4 或证据 3.5 公开。

从证据 3.4 的附图 7 和附图 8 可以看出，滚轮 706/86（对应于本专利的驱动轮）位于踏脚板 701/81 的下方。由此可知，证据 3.4 已经公开了从属权利要求 7 的附加技术特征。因此，在其引用的权利要求 6 不具备创造性的情况下，从属权利要求 7 也不具备《专利法》第 22 条第 3 款规定的创造性。

7.3.6.8 关于权利要求 8 的创造性

权利要求 8 不能享有本国优先权，证据 3.6 构成现有技术，可以用于评价权利要求 8 的创造性。

从属权利要求 8 在其引用的权利要求 1 的基础上，进一步限定了：加设一个减震系统，允许车轮相对于踏脚板可作上下位移运动，能恢复保持在一个确当的中间位置，以减少崎岖路面的震动影响。

请求人 3 主张：从属权利要求 8 的附加技术特征属于本领域公知常识。

对于权利要求 8 的附加技术特征，合议组认为：该附加技术特征仅从功能上对减震系统进行了限定，未记载减震系统的具体结构。然而从属权利要求8限定的减震功能是现有各种类型车辆的一种共同需求，并且已经广泛应用于各类车辆中。因此，从属权利要求8的附加技术特征属于本领域常规设计。在其引用的权利要求1不具备创造性的情况下，从属权利要求8也不具备《专利法》第22条第3款规定的创造性。

7.3.6.9 关于权利要求9的创造性

权利要求9可以享有本国优先权，证据3.6不构成现有技术，证据3.6结合证据3.4的证据组合方式不能用于评价权利要求9的创造性。

综上所述，合议组对请求人3提出的权利要求1、3、5—8不具备创造性的无效理由予以支持，对请求人3提出的权利要求2、4、9不具备创造性的无效理由不予支持。

三、决定

宣告201110089122.9号发明专利的权利要求1、3、5—8无效，在权利要求2、4、9的基础上继续维持该专利权有效。

当事人对本决定不服的，可以根据《专利法》第46条第2款的规定，自收到本决定之日起三个月内向北京市第一中级人民法院起诉。根据该款的规定，一方当事人起诉后，另一方当事人作为第三人参加诉讼。

合议组组长：杨克非
主　审　员：郭晓立
参　审　员：谢杨　王丽颖　胡建英

八

功能、用途特征对权利要求新颖性、创造性判断的影响

评析“滴眼液”无效案

针对无效宣告请求人江苏恒瑞医药股份有限公司对日本参天制药株式会社、旭硝子株式会社的发明专利（专利号：ZL01815617.7）提出的无效宣告请求，国家知识产权局经审理后作出无效宣告请求审查决定，宣告专利权全部无效。随后，一审法院撤销审查决定，二审法院撤销一审判决，维持审查决定。

在无效审查阶段以及司法审判阶段，案件的争议焦点始终围绕在表示功能、用途的技术特征对权利要求保护范围是否具有限定作用，以及具有怎样的限定作用，其能否为权利要求带来创造性的问题。本文将以此案为契机，探讨医药化学领域中，在判断权利要求是否具有新颖性、创造性时，功能、用途这类特征如何考量。

一、权利要求中的功能、用途特征

权利要求按照性质划分，可分为产品权利要求和方法权利要求，为了使权利要求的保护范围进行清楚界定，《专利审查指南》第二部分第二章对于权利要求作出如下规定：权利要求的主题名称应当与权利要求的技术内容相适应。产品权利要求通常应当用产品的结构特征来描述，而方法权利要求则通常应当用工艺过程、操作条件、步骤或者流程等技术特征来描述。但是，在审查实践中，仍然会出现以功能、效果或用途表述技术特征的撰写方式。

该案权利要求保护“一种抑制滴眼液中他氟前列素含有率降低的方法”，并在特征部分限定了在滴眼液中加入聚山梨酯 80 能够“抑制活性成分他氟前列素在树脂容器上吸附”（以下简称“抑制吸附”），加入乙二胺四乙酸或其

盐能够“抑制活性成分他氟前列素的分解”（以下简称“抑制分解”）。在该方法权利要求中，“抑制滴眼液中他氟前列素含有率降低”“抑制吸附”“抑制分解”均属于对功能、用途进行描述的功能、用途特征，那么这些特征会对权利要求的保护范围有何影响呢？

一般而言，在确定权利要求的保护范围时，该特征的限定作用应最终体现在权利要求所要求保护的主题上，即基于主题是产品还是方法，而区别判断。

二、产品权利要求中的功能、用途限定

如果权利要求的主题为产品权利要求，在判断权利要求的保护范围时需要考虑功能、用途的特征对产品的结构和/或组成有何实质性影响，从而进一步考量其是否会为权利要求带来新颖性和创造性。例如，在《专利审查指南》第二部分第三章关于新颖性判断中指出，如果用途隐含了产品具有特定的结构和/或组成，则该用途作为产品的结构和/或组成的限定特征必须予以考虑，例如起重机的吊钩与钓鱼用的吊钩，二者在结构上不同，为不同的产品。类似地，在医药化学领域，如果是一种用于注射的药物组合物和一种用于口服的药物组合物，其中“用于注射”和“用于口服”这样的不同用途限定同样可以隐含二者药物组合物组成的不同，从而对产品加以区分。但如果是基于发现同一化合物的新性质或效果而进行功能、用途特征限定的化合物权利要求，这样的限定通常并不会使得化合物的结构发生变化，从而不能使化合物这一产品本身具备新颖性、创造性。

三、方法权利要求中的功能、用途限定

（一）功能、用途特征限定的方法权利要求并不一定为用途权利要求

如果权利要求的主题为方法权利要求，并在其中出现功能、用途特征，在确定权利要求的保护范围时，仍需要判断其中功能、用途的特征是否对方法产生了实质性影响，具体产生了何种实质性影响，但由于方法权利要求本身存在多种类型，基于方法权利要求的类型不同，这些特征对最终权利要求主题的限定作用也不相同。但需明确的是，功能、用途特征限定的方法权利要求并非直接对应于用途权利要求。

通常方法专利所涉方法大致可分为三种类型，第一种是制造加工方法，它作用于一定的物品上，其目的在于使之在结构、形状或者物理化学特性上产生变化。第二种是作业方法，这种方法不以改变所涉及物品本身的结构、

特性或功能为目的，而是寻求产生某种技术上的效果，例如测量、检验、分析等。第三种方法是使用方法，即用途发明，它是对某种已知物品的一种新的应用方式，其目的是产生某种技术效果或者社会效果，而不是改变被使用的产品本身（参见《北京市高级人民法院〈专利侵权判定指南〉理解与适用》，第423页）。而《专利审查指南》中指出：用途发明是一种方法发明，其权利要求属于方法类型。由此不难看出，用途权利要求仅为众多方法权利要求中的一种，仅仅将权利要求的主题限定为“方法”，即使在权利要求中出现功能、用途的特征，该权利要求也并不直接等同于用途权利要求。

本案权利要求的前序部分为“一种抑制滴眼液中他氟前列素含有率降低的方法”，并在特征部分限定了在滴眼液中加入聚山梨酯80能够“抑制吸附”，加入乙二胺四乙酸或其盐能够“抑制分解”。而最接近的现有技术分别在两部分内容中公开在他氟前列素眼用溶液中可以加入聚山梨酯80，并根据制剂需要加入稳定剂乙二胺四乙酸钠（乙二胺四乙酸盐的一种），但并未公开这两种物质具有“抑制吸附”和“抑制分解”的作用。专利权人始终强调，本专利的实质改进在于发现了这两种物质在特定前列素滴眼液制造中的新用途，而一审法院也认为本专利属于“方法权利要求中基于新性质而提出的新手段、新用途”，但本专利所述方法权利要求是否确实属于用途权利要求呢？

权利要求的前序部分并未出现“用于……”或类似用途权利要求的常见表达方式，同时本专利说明书记载“因为一些前列腺素衍生物溶于水时易于分解，所以将这些前列腺素衍生物配制在滴眼液中还需要解决稳定性的问题。因为药物在滴眼器上的吸附和药物在滴眼液中的分解导致滴眼液中药物浓度的降低，所以解决这些问题是制备滴眼液的一个重要课题”，纵观说明书记载内容，本专利始终致力于解决制备滴眼液过程中遇到的产品稳定性问题，其所采用的技术手段是在制备滴眼液过程中加入聚山梨酯80和乙二胺四乙酸或其盐，从而得到一种稳定的他氟前列素滴眼液产品。因此从本专利的发明目的、所要解决的技术问题以及技术手段判断，权利要求所述方法即是作用于一定物品（即滴眼液）上，目的在于使其物理化学特性（即稳定性）产生变化，属于方法权利要求中“制造加工方法”类型，其并不属于用途发明，显然不是基于新性质而提出的新手段和新用途。

（二）用途权利要求中功能、效果特征的限定作用

即使在用途权利要求中出现了新的功能、效果特征的限定，但这样的限

定并不必然会为权利要求带来新颖性和创造性。

医药化学领域中较为常见的，如采用效果限定的制药用途，如果其中效果的限定并未导致最终用途或者应用领域等实质不同时，则这样的限定仍难以为权利要求带来新颖性、创造性。

举例而言，如果该案权利要求的主题修改为用途权利要求，即保护“一种用于抑制滴眼液中他氟前列素含有率降低的用途”，并在特征部分仍然限定吐温 80 和乙二胺四乙酸或其盐分别具有“抑制吸附”“抑制分解”的作用，其创造性该如何判断呢？由于抑制滴眼液中活性成分含有率降低的本质是解决产品的稳定性问题，其中“抑制吸附”和“抑制分解”仅仅是为了实现产品稳定效果的机理或原因的阐释，而无论最接近的现有技术是否解释在滴眼液中加入各物质的原因或机理与否，客观上都已经公开了权利要求所述抑制他氟前列素含有率降低的技术手段，并带来了相应的技术效果。权利要求所述用途与现有技术相比，在应用领域、应用方式、应用效果或发明目的等方面非常类似，未产生任何实质性差异，因此该权利要求仍将不具备创造性。

综上，在进行新颖性、创造性判断时，方法权利要求中的功能、用途特征均应予以考虑，而每个特征的实际限定作用应最终体现在权利要求保护的整体技术方案上，并且应当区分该特征是属于基于发现产品新的性能而做出的特定用途发明的技术特征，还是仅为已知产品或组分某种固有性质或使用效果的描述。如果方法权利要求中的功能、用途特征仅是机理的分析阐释或者技术效果的描述，则无法使发明具备创造性。

无效宣告请求审查决定（第 31135 号）

决定要点

在进行新颖性、创造性判断时，方法权利要求中的用途特征均应予以考虑，但每个特征的实际限定作用应最终体现在权利要求保护的整体技术方案上，并且应当区分该用途特征属于基于发现产品新的性能而做出的特定用途发明的技术特征，还是仅为已知产品或组分某种固有性质或使用效果的描述。如果方法权利要求中的用途特征仅是机理的分析阐释或者技术效果的描述，则无法使发明具备突出的实质性特点。

决定文本

一、案由

本专利的专利号为01815617.7，优先权日为2000年09月13日，申请日为2001年09月13日，授权公告日为2006年03月01日。本专利授权公告时的权利要求书如下：

“1. 一种抑制滴眼液中16-苯氧基-15-脱氧-15,15-二氟-17,18,19,20-四去甲前列腺素F2α异丙酯含有率降低的方法，在含有16-苯氧基-15-脱氧-15,15-二氟-17,18,19,20-四去甲前列腺素F2α异丙酯作为活性成分的滴眼液中，通过加入非离子性表面活性剂抑制了16-苯氧基-15-脱氧-15,15-二氟-17,18,19,20-四去甲前列腺素F2α异丙酯在树脂类容器上的吸附，且通过配合抗氧化剂，抑制了16-苯氧基-15-脱氧-15,15-二氟-17,18,19,20-四去甲前列腺素F2α异丙酯的分解，从而抑制该滴眼液中16-苯氧基-15-脱氧-15,15-二氟-17,18,19,20-四去甲前列腺素F2α异丙酯含有率的下降。

2. 根据权利要求1的抑制滴眼液中16-苯氧基-15-脱氧-15,15-二氟-17,18,19,20-四去甲前列腺素F2α异丙酯含有率降低的方法，其特征在于，16-苯氧基-15-脱氧-15,15-二氟-17,18,19,20-四去甲前列腺素F2α异丙酯的浓度为0.00005%~0.05%。

3. 根据权利要求1的抑制滴眼液中16-苯氧基-15-脱氧-15,15-二氟-17,18,19,20-四去甲前列腺素F2α异丙酯含有率降低的方法，其特征在于，非离子性表面活性剂是聚山梨酯80或聚氧乙烯氢化蓖麻油60。

4. 根据权利要求1的抑制滴眼液中16-苯氧基-15-脱氧-15,15-二氟-17,18,19,20-四去甲前列腺素F2α异丙酯含有率降低的方法，其中，16-苯氧基-15-脱氧-15,15-二氟-17,18,19,20-四去甲前列腺素F2α异丙酯的浓度为0.00005%~0.05%，非离子性表面活性剂是浓度为16-苯氧基-15-脱氧-15,15-二氟-17,18,19,20-四去甲前列腺素F2α异丙酯浓度的至少5倍的聚山梨酯80或浓度为16-苯氧基-15-脱氧-15,15-二氟-17,18,19,20-四去甲前列腺素F2α异丙酯浓度的至少5倍的聚氧乙烯氢化蓖麻油60。

5. 根据权利要求1的抑制滴眼液中16-苯氧基-15-脱氧-15,15-二氟-17,18,19,20-四去甲前列腺素F2α异丙酯含有率降低的方法，其中抗氧化剂是乙二胺四乙酸、乙二胺四乙酸盐或二丁基甲酚。

6. 根据权利要求1的抑制滴眼液中16-苯氧基-15-脱氧-15,15-二氟-17,18,19,20-四去甲前列腺素F2α异丙酯含有率降低的方法，其中，16-苯氧基-15-脱氧-15,15-二氟-17,18,19,20-四去甲前列腺素F2α异丙酯的浓度为0.00005%~0.05%，抗氧化剂是浓度为0.005%~0.5%的乙二胺四乙酸或乙二胺四乙酸盐、或浓度为0.00001%~0.001%的二丁基甲酚。

7. 根据权利要求1的抑制滴眼液中16-苯氧基-15-脱氧-15,15-二氟-17,18,19,20-四去甲前列腺素F2α异丙酯含有率降低的方法，其中，16-苯氧基-15-脱氧-15,15-二氟-17,18,19,20-四去甲前列腺素F2α异丙酯的浓度为0.00005%~0.05%，抗氧化剂是浓度为0.01%~0.1%的乙二胺四乙酸或乙二胺四乙酸盐、或浓度为0.00005%~0.0005%的二丁基甲酚。

8. 根据权利要求1的抑制滴眼液中16-苯氧基-15-脱氧-15,15-二氟-17,18,19,20-四去甲前列腺素F2α异丙酯含有率降低的方法，其中，树脂类容器是聚乙烯、聚丙烯、聚对苯二甲酸乙二醇酯或聚萘二甲酸乙二醇酯。

9. 根据权利要求1的抑制滴眼液中16-苯氧基-15-脱氧-15,15-二氟-17,18,19,20-四去甲前列腺素F2α异丙酯含有率降低的方法，其中，非离子性表面活性剂是聚山梨酯80或聚氧乙烯氢化蓖麻油60，抗氧化剂是乙二胺四乙酸、乙二胺四乙酸盐或二丁基甲酚。

10. 根据权利要求1的抑制滴眼液中16-苯氧基-15-脱氧-15,15-二氟-17,18,19,20-四去甲前列腺素F2α异丙酯含有率降低的方法，其中，16-苯氧基-15-脱氧-15,15-二氟-17,18,19,20-四去甲前列腺素F2α异丙酯的浓度为0.00005%~0.05%，非离子性表面活性剂是浓度为16-苯氧基-15-脱氧-15,15-二氟-17,18,19,20-四去甲前列腺素F2α异丙酯浓度的至少5倍的聚山梨酯80或浓度为16-苯氧基-15-脱氧-15,15-二氟-17,18,19,20-四去甲前列腺素F2α异丙酯浓度的至少5倍的聚氧乙烯氢化蓖麻油60，抗氧化剂是浓度为0.005%~0.5%的乙二胺四乙酸或乙二胺四乙酸盐或浓度为0.00001%~0.001%的二丁基甲酚。

11. 根据权利要求1的抑制滴眼液中16-苯氧基-15-脱氧-15,15-二氟-17,18,19,20-四去甲前列腺素F2α异丙酯含有率降低的方法，其中，16-苯氧基-15-脱氧-15,15-二氟-17,18,19,20-四去甲前列腺素F2α异丙酯的浓度为0.00005%~0.05%，非离子性表面活性剂是浓度为16-苯氧基-15-脱氧-15,15-二氟-17,18,19,20-四去甲前列腺素F2α异丙酯浓度的至少5倍的聚山梨酯80或浓度为16-苯氧基-15-脱氧-15,15-二氟-17,18,19,20-四去甲前列腺素F2α

异丙酯浓度的至少5倍的聚氧乙烯氢化蓖麻油60，抗氧化剂是浓度为0.01%～0.1%的乙二胺四乙酸或乙二胺四乙酸盐或浓度为0.00005%～0.0005%的二丁基甲酚。

12. 根据权利要求1的抑制滴眼液中16-苯氧基-15-脱氧-15,15-二氟-17,18,19,20-四去甲前列腺素F2α异丙酯含有率降低的方法，其中，非离子性表面活性剂是聚山梨酯80或聚氧乙烯氢化蓖麻油60，树脂类容器是聚乙烯、聚丙烯、聚对苯二甲酸乙二醇酯或聚萘二甲酸乙二醇酯。

13. 根据权利要求1的抑制滴眼液中16-苯氧基-15-脱氧-15,15-二氟-17,18,19,20-四去甲前列腺素F2α异丙酯含有率降低的方法，其中，16-苯氧基-15-脱氧-15,15-二氟-17,18,19,20-四去甲前列腺素F2α异丙酯的浓度为0.00005%～0.05%，非离子性表面活性剂是浓度为16-苯氧基-15-脱氧-15,15-二氟-17,18,19,20-四去甲前列腺素F2α异丙酯浓度的至少5倍的聚山梨酯80或浓度为16-苯氧基-15-脱氧-15,15-二氟-17,18,19,20-四去甲前列腺素F2α异丙酯浓度的至少5倍的聚氧乙烯氢化蓖麻油60，树脂类容器是聚乙烯、聚丙烯、聚对苯二甲酸乙二醇酯或聚萘二甲酸乙二醇酯。

14. 根据权利要求1的抑制滴眼液中16-苯氧基-15-脱氧-15,15-二氟-17,18,19,20-四去甲前列腺素F2α异丙酯含有率降低的方法，其中，抗氧化剂是乙二胺四乙酸、乙二胺四乙酸盐或二丁基甲酚，树脂类容器是聚乙烯、聚丙烯、聚对苯二甲酸乙二醇酯或聚萘二甲酸乙二醇酯。

15. 根据权利要求1的抑制滴眼液中16-苯氧基-15-脱氧-15,15-二氟-17,18,19,20-四去甲前列腺素F2α异丙酯含有率降低的方法，其中，16-苯氧基-15-脱氧-15,15-二氟-17,18,19,20-四去甲前列腺素F2α异丙酯的浓度为0.00005%～0.05%，抗氧化剂是浓度为0.005%～0.5%的乙二胺四乙酸或乙二胺四乙酸盐或浓度为0.00001%～0.001%的二丁基甲酚，树脂类容器是聚乙烯、聚丙烯、聚对苯二甲酸乙二醇酯或聚萘二甲酸乙二醇酯。

16. 根据权利要求1的抑制滴眼液中16-苯氧基-15-脱氧-15,15-二氟-17,18,19,20-四去甲前列腺素F2α异丙酯含有率降低的方法，其中，16-苯氧基-15-脱氧-15,15-二氟-17,18,19,20-四去甲前列腺素F2α异丙酯的浓度为0.00005%～0.05%，抗氧化剂是浓度为0.01%～0.1%的乙二胺四乙酸或乙二胺四乙酸盐或浓度为0.00005%～0.0005%的二丁基甲酚，树脂类容器是聚乙烯、聚丙烯、聚对苯二甲酸乙二醇酯或聚萘二甲酸乙二醇酯。

17. 根据权利要求1的抑制滴眼液中16-苯氧基-15-脱氧-15,15-二氟-

17,18,19,20-四去甲前列腺素F2α异丙酯含有率降低的方法，其中，非离子性表面活性剂是聚山梨酯80或聚氧乙烯氢化蓖麻油60，抗氧化剂是乙二胺四乙酸、乙二胺四乙酸盐或二丁基甲酚，树脂类容器是聚乙烯、聚丙烯、聚对苯二甲酸乙二醇酯或聚萘二甲酸乙二醇酯。

18. 根据权利要求1的抑制滴眼液中16-苯氧基-15-脱氧-15,15-二氟-17,18,19,20-四去甲前列腺素F2α异丙酯含有率降低的方法，其中，16-苯氧基-15-脱氧-15,15-二氟-17,18,19,20-四去甲前列腺素F2α异丙酯的浓度为0.00005%~0.05%，非离子性表面活性剂是浓度为16-苯氧基-15-脱氧-15,15-二氟-17,18,19,20-四去甲前列腺素F2α异丙酯浓度的至少5倍的聚山梨酯80或浓度为16-苯氧基-15-脱氧-15,15-二氟-17,18,19,20-四去甲前列腺素F2α异丙酯浓度的至少5倍的聚氧乙烯氢化蓖麻油60，抗氧化剂是浓度为0.005%~0.5%的乙二胺四乙酸或乙二胺四乙酸盐或浓度为0.00001%~0.001%的二丁基甲酚，树脂类容器是聚乙烯、聚丙烯、聚对苯二甲酸乙二醇酯或聚萘二甲酸乙二醇酯。

19. 根据权利要求1的抑制滴眼液中16-苯氧基-15-脱氧-15,15-二氟-17,18,19,20-四去甲前列腺素F2α异丙酯含有率降低的方法，其中，16-苯氧基-15-脱氧-15,15-二氟-17,18,19,20-四去甲前列腺素F2α异丙酯的浓度为0.00005%~0.05%，非离子性表面活性剂是浓度为16-苯氧基-15-脱氧-15,15-二氟-17,18,19,20-四去甲前列腺素F2α异丙酯浓度的至少5倍的聚山梨酯80或浓度为16-苯氧基-15-脱氧-15,15-二氟-17,18,19,20-四去甲前列腺素F2α异丙酯浓度的至少5倍的聚氧乙烯氢化蓖麻油60，抗氧化剂是浓度为0.01%~0.1%的乙二胺四乙酸或乙二胺四乙酸盐或浓度为0.00005%~0.0005%的二丁基甲酚，树脂类容器是聚乙烯、聚丙烯、聚对苯二甲酸乙二醇酯或聚萘二甲酸乙二醇酯。

20. 根据权利要求1的抑制滴眼液中16-苯氧基-15-脱氧-15,15-二氟-17,18,19,20-四去甲前列腺素F2α异丙酯含有率降低的方法，其中，16-苯氧基-15-脱氧-15,15-二氟-17,18,19,20-四去甲前列腺素F2α异丙酯的浓度为0.00005%~0.05%，非离子性表面活性剂是浓度为16-苯氧基-15-脱氧-15,15-二氟-17,18,19,20-四去甲前列腺素F2α异丙酯浓度的至少5倍的聚山梨酯80，抗氧化剂是浓度为0.01%~0.1%的乙二胺四乙酸或乙二胺四乙酸盐，树脂类容器是聚乙烯、聚丙烯、聚对苯二甲酸乙二醇酯或聚萘二甲酸乙二醇酯。”

请求人于2016年06月24日向专利复审委员会提出了无效宣告请求，请求宣告本专利权利要求1—20全部无效，同时提交了如下证据：

证据1：公开号为CN1187486A的发明专利申请公开文本，公开日1998年07月15日；

证据2：公开号为WO0003736A1的发明专利申请公开文本，公开日2000年01月27日，及其中文译文；

证据3：公开号为CN1249687A的发明专利申请公开文本，公开日2000年04月05日；

证据4：公开号为CN1457256A的发明专利申请公开文本（即本专利公开文本），公开日2003年11月19日。

请求人认为：（1）权利要求6、7、10、11、15、16、18—20中乙二胺四乙酸或乙二胺四乙酸盐的浓度范围未记载在原申请文件（证据4）中，其超出了原申请文件记载的范围，不符合《专利法》第33条的规定；（2）依据说明书的记载无法确定非离子表面活性剂抑制了树脂类容器对他氟前列素的吸附，也无法确定抗氧化剂能够抑制他氟前列素的分解，说明书未对权利要求1—20的技术方案做出清楚、完整的说明，不符合《专利法》第26条第3款的规定；（3）权利要求1—20的技术方案未被说明书充分公开，且其上位概念的概括以及缺省浓度限定包含了专利权人推测的内容，权利要求1—20的技术方案得不到说明书的支持，不符合《专利法》第26条第4款的规定；（4）权利要求1—3、5、9相对于证据1不符合《专利法》第22条第2款有关新颖性的规定；（5）权利要求1—20相对于证据1至证据3不符合《专利法》第22条第3款有关创造性的规定。

经形式审查合格，专利复审委员会于2016年07月01日受理了上述无效宣告请求并将无效宣告请求书及证据副本转给了专利权人，同时成立合议组对本案进行审查。

专利权人针对上述无效宣告请求于2016年08月16日提交了意见陈述书、证据2的译文订正，以及权利要求书修改替换页，所作修改为删除权利要求1—8、12、15—16，保留原有的权利要求9—11、17—20从而形成新的权利要求1—3、5—8，将权利要求13和14合并形成新的权利要求4。同时提交了如下反证：

反证1：公开号为US5631287A的美国发明专利申请公开文本，公开日为1997年05月20日，及部分中文译文。

专利权人认为：修改后的权利要求符合专利法的相关规定，其中反证1

用于说明在创造性评价中，证据2、3缺乏与证据1结合的动机。

专利复审委员会本案合议组于2016年08月19日向双方当事人发出了口头审理通知书，定于2016年11月09日举行口头审理，并于同日将专利权人的上述意见陈述及所附文件副本转送给请求人。

口头审理如期举行，双方当事人均委托代理人出席了本次口头审理。

在口头审理过程中，调查并记录如下重要事项：

（1）专利权人提交了修改的权利要求书（共1页1项），仅保留了授权公告文本中权利要求20中树脂类容器为聚丙烯的技术方案。请求人对该修改无异议，合议组当庭明确口头审理以如下修改后的权利要求1为基础进行调查：

"1. 一种抑制滴眼液中16-苯氧基-15-脱氧-15,15-二氟-17,18,19,20-四去甲前列腺素F2α异丙酯含有率降低的方法，在含有16-苯氧基-15-脱氧-15,15-二氟-17,18,19,20-四去甲前列腺素F2α异丙酯作为活性成分的滴眼液中，通过加入非离子性表面活性剂抑制了16-苯氧基-15-脱氧-15,15-二氟-17,18,19,20-四去甲前列腺素F2α异丙酯在树脂类容器上的吸附，且通过配合抗氧化剂，抑制了16-苯氧基-15-脱氧-15,15-二氟-17,18,19,20-四去甲前列腺素F2α异丙酯的分解，从而抑制该滴眼液中16-苯氧基-15-脱氧-15,15-二氟-17,18,19,20-四去甲前列腺素F2α异丙酯含有率的下降，其中，16-苯氧基-15-脱氧-15,15-二氟-17,18,19,20-四去甲前列腺素F2α异丙酯的浓度为0.00005%~0.05%，非离子性表面活性剂是浓度为16-苯氧基-15-脱氧-15,15-二氟-17,18,19,20-四去甲前列腺素F2α异丙酯浓度的至少5倍的聚山梨酯80，抗氧化剂是浓度为0.01%~0.1%的乙二胺四乙酸或乙二胺四乙酸盐，树脂类容器是聚丙烯。"

（2）请求人放弃《专利法》第22条第2款新颖性的无效理由，进一步明确其无效宣告请求理由为：权利要求1的修改超范围，不符合《专利法》第33条的规定；权利要求1的技术方案在说明书中公开不充分，不符合《专利法》第26条第3款的规定；权利要求1得不到说明书的支持，不符合《专利法》第26条第4款的规定；权利要求1不具备创造性，不符合《专利法》第22条第3款的规定。创造性评价中证据组合方式为：以证据1为最接近的现有技术，结合公知常识和/或证据2和/或证据3；以证据2为最接近的现有技术，结合证据1，或进一步结合公知常识或证据3和公知常识的组合；以证据3为最接近的现有技术，结合证据1，或进一步结合公知常识。

（3）专利权人对证据1—4的真实性及公开时间均无异议，对证据2部分译文进行了订正，请求人对专利权人提交的译文订正内容无异议，合议组明确证据 2 以专利权人订正内容结合请求人提交的其他部分译文为准。请求人对反证 1 的真实性、公开时间及译文准确性均无异议。

（4）对于修改后的权利要求书，请求人重新整理创造性评价方式。强调若如以证据 1 为最接近的现有技术，权利要求 1 与其相比，区别在于：①权利要求 1 要求保护抑制滴眼液中他氟前列素含有率降低的方法，而证据 1 未明确其滴眼液能够抑制他氟前列素含有率降低；②权利要求 1 限定所加入的吐温 80 抑制了他氟前列素在树脂类容器上的吸附，而证据 1 滴眼液中虽然有聚山梨酯 80，但未明确其效果；③权利要求 1 制备滴眼液时还加入了抗氧化剂乙二胺四乙酸或乙二胺四乙酸盐，并且抗氧化剂抑制了他氟前列素的分解，而证据 1 的滴眼液中没有抗氧化剂；④权利要求 1 的树脂类容器为聚丙烯，而证据 1 没有公开容器。然而证据 1 公开的制剂隐含公开了制剂的制备方法，且其中含有吐温 80，只是没有明确提及效果，区别特征①和②是吐温 80 的固有性质，其客观产生的效果相同，因此已被证据 1 所公开，证据 2 中公开了非离子表面活性剂能够抑制或阻止容器对前列腺素的吸附，对于区别技术特征③而言，由证据 1 说明书第 20 页第 14—18 行记载可知配制滴眼液中可加入乙二胺四乙酸钠等稳定剂，尽管其被称为稳定剂，但客观效果也相同，本领域技术人员容易据此教导在实施例 22 滴眼液中加入乙二胺四乙酸钠，且其浓度为常规的，并可进一步结合证据 3，区别技术特征④的聚丙烯容器为常规容器，且被证据 2 所公开，并且证据 2 明确给出聚丙烯容器包装的产品更稳定的教导。以其他证据组合方式评价创造性则坚持以相关书面意见结合与上述评述类似的具体理由。

专利权人重点强调：①对于方法权利要求，方法所实现的目的、所包含的步骤、步骤中使用的物质及其用途是在创造性判断中必须考虑到的技术特征，本专利的方法是有目的地加入吐温 80 及乙二胺四乙酸或其盐，现有技术没有公开这样的目的；②乙二胺四乙酸或其盐抑制他氟前列素的分解并不是公知的，证据 2 和证据 3 的活性成分与本专利不同，本专利选择特定的组合和特定的浓度范围本身就具备创造性，常用辅料针对特定物质的配合是很困难的，反证 1 中使用证据 2 的化合物 2，加入了吐温 80 和 EDTA 无法抑制残余率的降低，可见加入表面活性剂后其效果并不是必然的；③依据本专利说明书实施例稳定性试验 1，本专利制剂使用聚丙烯能达到更好的效果。

至此，合议组认为本案事实已经清楚，可以作出审查决定。

二、决定的理由

1. 审查基础

专利权人在口头审理过程中提交了权利要求书的修改替换页（共1页1项），请求人对该修改无异议，所作修改属于《专利审查指南》中所规定的权利要求以及并列技术方案的删除式修改，因此本决定以2016年11月09日专利权人提交的权利要求第1项以及本专利授权公告文本的说明书、说明书附图、说明书摘要以及摘要附图为基础作出。

2. 证据认定

证据1和证据2为专利文献，专利权人对其真实性及公开时间均无异议，合议组对此予以确认。证据1和证据2的公开日期均在本专利的优先权日之前，可以作为评价本专利创造性的现有技术。

反证1为专利文献，请求人对其真实性、公开时间及译文准确性均无异议，合议组亦对此予以确认。

3. 关于《专利法》第22条第3款

《专利法》第22条第3款规定，创造性，是指同申请日以前已有的技术相比，该发明有突出的实质性特点和显著的进步，该实用新型有实质性特点和进步。

在进行新颖性、创造性判断时，方法权利要求中的用途特征均应予以考虑，但每个特征的实际限定作用应最终体现在权利要求保护的整体技术方案上，并且应当区分该用途特征属于基于发现产品新的性能而做出的特定用途发明的技术特征，还是仅为已知产品或组分某种固有性质或使用效果的描述。如果方法权利要求中的用途特征仅是机理的分析阐释或者技术效果的描述，则无法使发明具备突出的实质性特点。

权利要求1请求保护一种抑制滴眼液中16-苯氧基-15-脱氧-15,15-二氟-17,18,19,20-四去甲前列腺素F2α异丙酯含有率降低的方法，内容如前所述。

证据1实施例22公开了一种眼用溶液，100mL眼用溶液中化合物D（16-苯氧基-15-去氧-15,15-二氟-17,18,19,20-四去甲前列腺素F2α异丙酯，以下简称为他氟前列素）为10mg（重量体积比为0.01%）、浓甘油为2500mg、聚山梨酯80为2000mg、磷酸二氢钠二水合物为200mg、灭菌纯水适量、1N[1]盐酸或1N氢氧化钠适量、pH为6.0。证据1进一步公开配制滴眼剂时，可根据需要使用氯化钠和浓甘油等渗液、磷酸钠和乙酸钠等缓冲剂、聚氧乙烯山梨糖醇酐单油酸酯（以下称吐温80）、硬脂酸-40-聚烃氧基酯和聚氧乙烯氢化蓖麻油等表面活性剂、柠檬酸钠和乙二胺四乙酸钠等稳定剂以及苯扎氯铵和对羟基苯甲酸酯类等防腐消毒剂来制备本发明的药物（参见证据1说明书第20页第12—20行）。

本专利权利要求1的主题为一种抑制他氟前列素含有率降低的方法，采用的技术手段是通过加入非离子表面活性剂抑制该成分在树脂类容器上的吸附，且通过配合抗氧化剂抑制其分解，从而达到上述抑制他氟前列素含有率降低的技术效果。与之相对应，本专利说明书实施例共记载了四个稳定性试验和一个溶解实验：稳定性试验1表明加入非离子表面活性剂聚山梨酯或HC060[2]的制剂1或制剂2中他氟前列素的存余率高于没有加入非离子性表面活性剂的对照1中的存余率；稳定性试验2表明加入EDTA盐的制剂3较未加入EDTA盐的对照2在玻璃容器中的存余率更高；稳定性试验3中表明联合使用两种抗氧化剂EDTA和二丁基甲酚的他氟前列素制剂4较未加入抗氧化剂的对照3在玻璃容器中的存余率更高；稳定性试验4中验证他氟前列素0.005%、聚山梨酯80-0.05%和EDTA盐0.05%的滴眼液中，化合物存余率较高，为95.6%；溶解性实验旨在对非离子表面活性剂聚山梨酯80的浓度范围进行确定，结论是化合物溶解度随聚山梨酯80量的增加而提高。以上稳定性实验均是在他氟前列素滴眼液中加入非离子表面活性剂和/或抗氧剂并将产品存储一段时间后，测定容器中化合物的存余率，即抑制含有率降低体现为存储稳定性提高，“抑制活性成分在树脂类容器上的吸附”“抑制活性成分的分解”并未得到直接验证，仅是对产生上述效果的原因的阐释。

证据1实施例22中公开了他氟前列素滴眼液中含有非离子表面活性剂聚山梨酯80，基于所加入物质本身的特性，其同样会产生本专利权利要求所述滴眼液中聚山梨酯80的效果，即不论证据1是否测定了活性成分的存余率，或者揭示其原因或机理与否，在客观上都已经公开了这种抑制他氟前列素含有率降低的技术手段，并带来相应的技术效果。因此，权利要求1与证据1实施例22所公开的技术方案相比，区别在于：(1）权利要求1中加入了抗氧化剂乙二胺四乙酸或乙二胺四乙酸盐，而证据1的滴眼液中没有加入抗氧化

[1] 1N = 1mol/L。

[2] 聚氧乙烯氢化蓖麻油60。

剂；(2) 权利要求1的树脂类容器为聚丙烯，而证据1未公开容器。基于上述区别技术特征所能实现的效果确定本专利实际解决的技术问题是提供一种适宜存储的他氟前列素滴眼液的配制方法。

证据1除具体示例实施例22的眼用溶液处方外，还普遍教导了二氟前列腺素衍生物滴眼液配制的通用方法，其中包括，加入乙二胺四乙酸钠等稳定剂。为了获得适宜存储需要的滴眼液产品，本领域技术人员据此教导，有动机在证据1实施例22的滴眼液中再添加乙二胺四乙酸等，浓度宜选择其在滴眼液中的常规使用浓度。稳定剂的作用本身即在于稳定活性成分以避免存余率降低，因此由该物质本身的性质可知其被证据1所指示或教导的效果与其在本专利权利要求1中的效果相同。

证据2公开了用聚丙烯容器包装的含水性前列腺素组合物的局部眼用药品，且用聚丙烯包装的水性前列腺素组合物较用聚乙烯包装的水性前列腺组合物更稳定（参见证据2译文第3页第9—11行），并公开可用于该发明的前列腺素包括所有药用前列腺素，它们的衍生物及类似物，以及它们的药用酯和盐（参见证据2译文第4页第9—10行）。证据2明确记载了前列腺素具有水溶性低、通常不稳定的特性，为了适应眼部局部给药制剂中前列腺素的稳定及在组合物中的分散，水性组合物中还包含表面活性剂，表面活性剂还能抑制或阻止容器壁对前列腺素的吸附，此外，水性组合物还任选包含其他配方成分，如多剂量眼部局部给药配方中抗菌防腐剂可以是乙二胺四乙酸二钠，含量在0.001%~1.0%之间，也包括等渗调节剂、缓冲剂等等（参见证据2译文第2页第8行，第7页第11行—第8页第9行）。以上内容一方面印证本领域技术人员既能意识到前列腺素制备滴眼液时存在稳定性问题，也知晓解决该问题的思路和手段，如采取表面活性剂、抗菌防腐剂等，另一方面也说明，证据1与证据2尽管具体组分有所不同，但是滴眼液的主要成分种类大致是相同的，由此，为了制备证据1实施例22的眼用溶液的成品，可以从证据2中获得启示，将其灌装于聚丙烯容器中。

专利权人认为：(1) 本发明的实质改进在于发现了聚山梨酯80和EDTA在特定前列腺素滴眼液制造中的新用途，进而得到了抑制他氟前列素含有率降低的方法，其中用途特征体现出对现有技术的创造性贡献，在新颖性、创造性判断中应予考虑。(2) 聚山梨酯80和乙二胺四乙酸二钠的组合针对反证1的前列腺素化合物起不到抑制前列腺素含有率降低的作用，说明不同的前列腺素由于结构不同在制剂化方面存在显著的不同，针对特定的前列腺素化合物，如何得到能够长期稳定保存的制剂配方是特定的技术问题，证据2和证据3均缺乏与证据1结合解决该技术问题的动机；（3）本专利说明书实施例的稳定性试验1表明，使用聚丙烯能达到更好的效果。

对此，合议组认为：（1）本专利为了提供一种适宜存储的他氟前列素滴眼液的配制方法，将聚山梨酯80和乙二胺四乙酸或其盐组合用于制备滴眼液，以抑制活性成分含有率降低，改善产品的稳定性。而证据1中同样也是将聚山梨酯80和乙二胺四乙酸等用于他氟前列素滴眼液的制备，以改善产品的稳定性，就二者的性能而言并无差别，其不属于利用产品的新性能而作出的用途发明。进一步地，权利要求1的主题是抑制滴眼液中他氟前列素含有率降低的方法，该方法的本质是抑制储存过程中有效成分含量的降低，从而获得一种较为稳定的产品，而抑制活性成分被容器吸附、抑制活性成分分解是对各组分如何实现预期效果的机理阐释。证据1具体处方中含有聚山梨酯80，也教导可以包含本领域常用的乙二胺四乙酸实现进一步的稳定，聚山梨酯80和乙二胺四乙酸在证据1滴眼液中所实现的效果与其在本专利滴眼液中所实现的效果是一样的，权利要求1并不会因为“含有率降低”这样效果的描述，以及“抑制……被容器吸附”“抑制……分解”这样对效果实现方式的阐述而具备创造性。（2）反证1的实施例中均包含EDTA，变量为非离子表面活性剂，最终实验结果证明聚氧乙烯蓖麻油稳定化合物2的效果优于聚山梨酯80。而本专利验证对于他氟前列素而言，聚山梨酯80略优于聚氧乙烯蓖麻油HC060。但上述实验并不足以说明本专利权利要求1具备创造性。首先，尽管存在反证1的教导，然而证据1是与本专利最接近的现有技术，他氟前列素与聚山梨酯80的组合已经是证据1所公开的内容，本领域技术人员以证据1作为改进的起点时，无须重新去考虑选用哪种非离子表面活性剂稳定特定的前列腺素。其二，至于EDTA，其与非离子表面活性剂共同解决前列腺素稳定性问题，二者作用方式不同，存在加合的关系。就现有技术整体而言，证据1教导了制剂中可添加EDTA这类常规成分，只是限于篇幅，无法以实施例形式一一枚举；证据2和反证1大量实施例中均包含EDTA，印证了EDTA确实是滴眼液中常规成分之一，并且由于过于常规，甚至无须将其列为变量来考察其作用。因此，本专利中聚山梨酯80与EDTA仅是技术特征的集合，即并未因二者组合在一起而起到某些超出本领域技术人员认识范围的效果。（3）关于聚丙烯树脂包装容器的区别特征，在上文已进行详细论述。综上，没有证据表明本专利是基于现有技术而进行的选择性发明，所述区别技术特征也并未为该方法带来预料不到的技术效果，专利权人陈述的意见均不成立。

因此，本领域技术人员在证据1实施例22的基础上进一步结合证据1其他部分公开的内容以及证据2可以显而易见地得到权利要求1的技术方案，权利要求1不符合《专利法》第22条第3款有关创造性的规定。

鉴于权利要求1不具备创造性应予以无效，故对于其他无效理由和证据不再予以评述。

基于以上事实和理由，本案合议组作出如下审查决定。

三、决定

宣告01815617.7号发明专利权全部无效。

当事人对本决定不服的，可以根据《专利法》第46条第2款的规定，自收到本决定之日起三个月内向北京知识产权法院起诉。根据该款的规定，一方当事人起诉后，另一方当事人作为第三人参加诉讼。

合议组组长：李瑛琦
主　审　员：许钧钧
参　审　员：潘珂

九

技术领域对实用新型专利创造性判断的影响

评析“充电器租售机”无效案

深圳来电科技有限公司、深圳街电科技有限公司分别就专利权人深圳市拓特电子有限公司的“充电器租售机”（专利号为 ZL201320826793.3）的实用新型专利提出无效宣告请求。国家知识产权局经合案审理后作出第 36684 号无效宣告请求审查决定，宣告该专利权利要求全部无效。该案涉及技术领域对实用新型专利创造性判断的影响这一业内广泛关注的问题。笔者将围绕这一问题，以相同、相近技术领域的认定以及技术启示的来源为视角，对创造性判断的具体过程进行分析，以期对读者有所启发和裨益。

涉案专利的充电器租售机用于解决市面上缺乏为手机等数码设备进行灵活充电的设备这一问题，在机柜中存放移动充电模块，使用户可以随时取走移动充电模块以便为手机等数码设备充电。请求人提供了两份现有技术，其中，现有技术 1 作为最接近的现有技术，公开了一种电池充电机柜，用于实现电动自行车或电动三轮车（下称电动车）的电池充换服务及收费，其整体架构和涉案专利中租售机的整体架构基本相同，均包括机柜、一个以上的充电模块保管仓、支付管理模块、主控电路模块、电子阀门模块及电源模块，且各模块的功能及连接关系也被该现有技术 1 公开。涉案专利与其相比，区别主要在于主题名称及应用场景不同，本专利涉及的是移动充电模块租售机，移动充电模块用于便携式电子设备，电池容量和体积较小；现有技术 1 涉及的是电动车电池充换电机构，该电池容量及体积较大。现有技术 2 公开了一种移动充电模块的付费租借系统，移动充电模块放置在充电站的充电槽中，用户可以租借并取走移动充电模块为便携电子设备供电或充电，使用后可归还，从而能够灵活、方便地对便携电子设备供电或充电，也就是说，现有技术 2 公开了上述区别并且其所要解决的技术问题也与涉案专利相同。该案的焦点在于实用新型专利创造性判断过程中，现有技术 1 和现有技术 2 是否存在结合的技术启示。具体而言，涉及涉案专利所属的技术领域与现有技术 1、现有技术 2 所属的技术领域是否相同、是否相近。

《专利审查指南》第四部分第六章第 4 节关于实用新型专利创造性的审查中规定："实用新型专利创造性的标准应当低于发明创造性的标准。两者在创造性标准上的不同，主要体现在现有技术中是否存在'技术启示'。"结合创造性判断的"三步法"，这里的技术启示对应于已经在确定了区别技术特征和实际解决的技术问题之后，"判断要求保护的发明对本领域的技术人员来说是否显而易见"的判断过程。

《专利审查指南》该部分进一步规定："对于实用新型专利而言，一般着重于考虑该实用新型专利所属的技术领域。但是现有技术中给出明确的启示，例如现有技术中有明确的记载，促使本领域的技术人员到相近或者相关的技术领域寻找有关技术手段的，可以考虑其相近或者相关的技术领域。"

一、相同、相近、相关技术领域的认定

技术领域是在申请人撰写申请文件时必须写明的内容之一，贯穿整个审查过程，对于理解并实现发明创造的内容，以及判断一项要求保护的主题的新颖性和创造性，都是至关重要的。《专利审查指南》第二部分第二章第 2.2.2 节对技术领域有如下规定："发明或者实用新型的技术领域应当是要求保护的发明或者实用新型技术方案所属或者直接应用的具体技术领域，而不是上位的或者相邻的技术领域，也不是发明或者实用新型本身。"该具体的技术领域往往与发明或者实用新型在国际专利分类表（IPC）中可能分入的最低位置有关。但 IPC 分类号由于其划分过程中涉及的主观因素等方面，可以作为重要参考，具体的技术领域的认定应具体案情具体分析，从要求保护的技术方案的整体出发来判断其主要技术领域。

两个技术方案的技术领域之间的关系，不是简单的相同和不同，而是分为相同技术领域、相近技术领域、相关技术领域以及其他技术领域四个层级。两个技术方案的主题名称如果实质相同则技术领域通常也是相同的。具体到该案，涉案专利和现有技术 2 所属的或应用的技术领域显然是相同的，都是移动充电模块的租借设备；而现有技术 1 虽然其机柜的整体结构和本质功能

与涉案专利是相同的，能够租借可充电电源，但如前所述，二者的主题名称以及相应的应用场景均不同因而二者所属的技术领域也是不同的。

接下来需要进一步判断二者是否属于相近或相关的技术领域。《专利审查指南》中对于相近或相关的技术领域虽无明确的定义，但是第二部分第七章第 5.3 节指出："通常，审查员在申请的主题所属的技术领域中进行检索，必要时应当把检索扩展到功能类似的技术领域。功能类似的技术领域是根据申请文件中揭示出的申请的主题所必须具备的本质功能或者用途来确定。"我们可以参考此处的规定来更好地理解相近的技术领域的含义，即从整体上来看，其本质功能或用途与所要保护的主题类似。本质功能侧重于主题整体的通用功能，而用途则侧重于该主题本身所直接应用的具体领域。

那么，如何判断技术领域是否相关呢？顾名思义，相关是指存在关联性。与技术领域相近相比，无须与所要对比的主题从包括主题名称的整体上进行比较，而是技术领域与该主题的部分特征相关联，例如其组成部件的本质功能所属或者所应用的技术领域。举例来说，涉案专利中具有电子阀门模块，用于控制保管仓的开启，那么具有能够控制某个机构的开启功能的电子组件所属的通用技术领域——电子阀门领域即为涉案专利的相关技术领域，因为在该领域中可能公开了实现该组件功能的具体结构，该具体结构可能与涉案专利的组件的具体结构相同或者类似。此外，不属于相同、相近或相关的技术领域则为其他技术领域。

具体到本案，涉案专利的充电器租售机其本质功能就是便捷地提供一种可充电电源；而其具体用途则是将该可充电电源用于便携式设备的供电；相应地，现有技术 1 的电池充电机柜的本质功能相同，其具体用途则是将该可充电电源用于电动车的供电。因此，现有技术 1 与涉案专利要保护的主题相比，本质功能相同、用途相近，属于相近的技术领域。

二、实用新型专利技术启示的判断

根据《专利审查指南》第四部分第六章第 4 节关于实用新型专利创造性的审查中的规定，笔者认为，实用新型专利创造性的判断中对于技术启示的要求，可以分为三个层级：

第一层级，现有技术的技术领域与涉案专利权利要求所要保护的主题的技术领域相同，那么至少一份现有技术中只要存在技术启示即可。

第二层级，现有技术的技术领域与涉案专利权利要求所要保护的主题所属的技术领域相近或相关，则至少一份现有技术中必须要有明确的技术启示。《专利审查指南》中对于明确的技术启示仅给出了一个示例，即“现有技术中有明确的记载，促使本领域的技术人员到相近或者相关的技术领域寻找有关技术手段”，但并不能将该明确的技术启示仅仅限缩地解释于此。笔者认为：首先，《专利审查指南》中规定的“现有技术中有明确的记载”，既可以存在于最接近的现有技术中，也可以存在于评价区别技术特征的其他现有技术中。其次，基于所属技术领域的技术人员所具备的能力，除现有技术中有明确的记载之外，还应当包括所属技术领域的技术人员能够从现有技术中直接地、毫无疑义地确定的技术启示，例如现有技术中确实存在明显的客观需求或缺陷，促使所属领域的技术人员到相近或相关技术领域中去寻找有关技术手段；或者是所属技术领域的技术人员根据所属技术领域的公知常识或者众所周知的常识而确定的技术启示。

第三层级，其他技术领域，即现有技术的技术领域与涉案专利权利要求所要保护的主题所属的技术领域既不属于相同的技术领域，也不属于相近和相关技术领域。对于此种情形，《专利审查指南》中并未有明确的规定，在实用新型专利创造性判断过程中一般认为现有技术之间不具备结合的技术启示。但是，对于由现有技术通过简单的叠加而成的实用新型专利，由于其仅仅是将某些已知产品或方法组合或连接在一起，各自以其常规的方式工作，而且总的技术效果是各组合部分效果之总和，组合后的各技术特征在功能上无相互作用关系，则可以根据情况考虑其他技术领域。

具体到涉案专利，首先，如前所述，现有技术 2 与涉案专利相比属于相同的技术领域，且现有技术 2 明确给出了采用区别技术特征解决相同技术问题的技术启示，因此，所属技术领域的技术人员有动机改进现有技术 1 以得到涉案专利的技术方案。其次，对于现有技术 1 而言，其已经公开了与涉案专利的结构、本质功能相同的技术方案，且现有技术 1 与涉案专利的差别仅在于主题名称以及应用场景。由于涉案专利与现有技术 1 的技术方案中存放的都是常见的可充电电源，则在现有技术 2 已经给出相应技术启示的情况下，对现有技术 1 进行改造时仅需要改变保管仓的体积即可，所属技术领域的技术人员显然无须克服任何技术困难，这是显而易见的。因此，所属技术领域的技术人员有动机对现有技术 1 进行改进，进而得到涉案专利的技术方案。

三、小结

综上所述，在实用新型专利的创造性判断中，需要首先准确界定所引用的现有技术与涉案专利的技术领域之间的关系，进而才能判断是否需要明确的技术启示来促使所属领域的技术人员对最接近的现有技术进行改进。在两个方案是否属于相同或相近技术领域的判断上，不应当对其技术领域进行上位概括，而是根据发明创造所属技术领域或直接应用的技术领域来进行判断，综合考虑所要保护的主题和整体架构以及应用场景，进而得出客观、准确的结论。当考虑相近或相关技术领域时，明确的技术启示既可以记载在最接近的现有技术中，也可以记载在其他现有技术中，还可以是本领域技术人员根据其所知晓的普通技术知识可以直接地、毫无疑义地确定的内容，这些都属于明确的技术启示。

无效宣告请求审查决定（第 36684 号）

决定要点

一项权利要求的技术方案与最接近的现有技术相比存在区别特征，另一现有技术公开了上述区别特征中的大部分内容，未公开的部分属于常见的商业模式，采用该商业模式并未对现有技术做出技术上的改进，则该技术方案相对于上述现有技术的结合不具备创造性。

决定文本

一、案由

本专利的专利号为201320826793.3，申请日为2013年12月16日，授权公告日为2014年06月11日，专利权人为深圳市拓特电子有限公司，名称为“充电器租售机”。本专利授权公告时的权利要求书如下：

“1. 充电器租售机，其特征在于，包括有机柜，机柜上设有一个以上的充电模块保管仓，在充电模块保管仓中存放有移动充电模块；在机柜上还设有支付管理模块、主控电路模块、电子阀门模块及电源模块；

支付管理模块，识别管理用户支付的费用，并连接主控电路模块，向主控电路模块提供检测识别信号；

主控电路模块，管理控制电子阀门模块；

电子阀门模块，控制充电模块保管仓的开启，以及向主控电路模块提供移动充电模块是否放回充电模块保管仓的存放检测信号；

电源模块，用于为支付管理模块、主控电路模块和电子阀门模块供电，同时为移动充电模块充电。

2. 根据权利要求 1 所述的充电器租售机，其特征在于，所述的支付管理模块包括有：用于硬币识别的硬币识别模块；用于纸币识别的纸币识别模块；以及用于退还支付的押金的退押模块。

3. 根据权利要求 1 或 2 所述的充电器租售机，其特征在于，所述的支付管理模块包括有：用于联网登录支付的网络支付模块。

4. 根据权利要求 2 所述的充电器租售机，其特征在于，所述的支付管理模块包括有：输入模块及用于记录超时未归还移动充电模块用户信息的诚信记录模块。

5. 根据权利要求 2 所述的充电器租售机，其特征在于，所述的硬币识别模块包括有硬币尺寸检测单元和检测硬币重量的压力传感器单元。

6. 根据权利要求 1 所述的充电器租售机，其特征在于，所述的电子阀门模块包括有在充电模块保管仓关闭状态下检测移动充电模块放入状态的检测开关，以及在驱动充电模块保管仓开启的电磁锁芯。

7. 根据权利要求 1 所述的充电器租售机，其特征在于，所述的机柜为独立柜体或嵌入式柜体或模块化组合柜体。

8. 根据权利要求 1 所述的充电器租售机，其特征在于，所述的充电模块保管仓设有弹出机构。

9. 根据权利要求 1 所述的充电器租售机，其特征在于，所述的充电模块保管仓设有延时电动关闭机构。

10. 根据权利要求 1 所述的充电器租售机，其特征在于，所述的移动充电模块上的后侧面上充有充电端子。”

（一）5W113262 案

针对本专利，深圳来电科技有限公司（以下简称第一请求人）于 2017 年 08 月 23 日向专利复审委员会提出了无效宣告请求，其理由是：权利要求 1—10 不符合《专利法》第 26 条第 4 款关于保护范围清楚的规定，权利要求 1 不符合《专利法实施细则》第 20 条第 2 款的规定，请求宣告本专利权利要求 1—10 全部无效。

第一请求人于2017年09月22日补充提交了书面意见，并随同提交了如下证据：

证据A1：授权公告号为CN203338435U的中国实用新型专利，其授权公告日为2013年12月11日；

证据A2：证书号为TW M352737U1的中国台湾新型说明书，其公告日为2009年03月11日；

证据A3：公开号为CN1277414A的中国发明专利申请公开说明书，其公开日为2000年12月20日；

证据A4：专利号为US5544784A的美国专利及其中文译文，其公开日为1996年08月13日；

证据A5：公开号为EP0693813A1的欧洲专利申请及其中文译文，其公开日为1996年01月24日；

证据A6：公开号为CN101131777A的中国发明专利申请公布说明书，其公开日为2008年02月27日；

证据A7：申请公布号为CN102034302A的中国发明专利申请，其申请公布日为2011年04月27日；

证据A8：公开号为CN101454959A的中国发明专利申请公布说明书，其公开日为2009年06月10日。

结合上述证据，第一请求人认为：

(1) 权利要求1—10保护范围不清楚，不符合《专利法》第26条第4款的规定；

(2) 权利要求1—10未以说明书为依据，不符合《专利法》第26条第4款的规定；

(3) 权利要求1缺少必要技术特征，不符合《专利法实施细则》第20条第2款的规定；

(4) 权利要求1—10不具备创造性，不符合《专利法》第22条第3款的规定。

经形式审查合格，专利复审委员会于2017年10月25日受理了上述无效宣告请求并将无效宣告请求书、补充意见及证据副本转给了专利权人，同时成立合议组对本案进行审查。

专利权人于2017年12月11日提交了意见陈述书，认为本专利符合专利法及实施细则的相关规定，且本专利所要解决的技术问题是携带移动电源不便或直接购买移动电源成本高的问题，而采取了为用户提供自助租借和归还移动电源的设备，使用灵活方便；而第一请求人所提交的证据中均未给出解决上述技术问题的技术启示，上述内容也不属于公知常识，且证据1—3与本专利不属于同一技术领域。

专利复审委员会本案合议组于2017年12月15日发出转送文件通知书，将专利权人于2017年12月11日提交的意见陈述书转送给第一请求人。并于同日发出口头审理通知书，定于2018年01月23日举行口头审理。

口头审理如期举行，第一请求人委托专利代理人任可、公民代理刘志伟和方彬，专利权人委托专利代理人黄良宝出席了口头审理，在口头审理过程中明确了如下事项：

（1）双方当事人对合议组成员无回避请求，对对方出庭人员身份无异议。

（2）第一请求人当庭表示所有无效理由和证据以补充意见为准，放弃权利要求1—7、9—10不清楚的无效理由，放弃权利要求1不符合《专利法实施细则》第20条第2款的无效理由，放弃创造性组合方式中权利要求1相对于证据1结合证据4和公知常识的无效理由。

（3）专利权人对证据A1—A8的真实性、公开日期无异议，对相关中文译文的准确性无异议，对证据的组合方式无异议。

（二）5W113895案

针对本专利，深圳街电科技有限公司（以下简称第二请求人）于2017年11月27日向专利复审委员会提出了无效宣告请求，其理由是：权利要求1和6不符合《专利法》第26条第4款的规定；权利要求1、3、6—8不符合《专利法》第22条第2款的规定；权利要求1—10不符合《专利法》第22条第3款的规定，请求宣告本专利权利要求1—10全部无效，同时提交了如下证据：

证据1：授权公告号为CN203151138U的中国实用新型专利，其授权公告日为2013年08月21日；

证据2：专利号为US5544784A的美国专利及其中文译文，其公开日为1996年08月13日；

证据3：公开号为US2011/0258251A1的美国专利申请，其公开日为2011年10月20日；

证据4：公开号为CN101042758A的中国发明专利申请，其公开日为2007年09月26日。

经形式审查合格，专利复审委员会于 2017 年 12 月 25 日受理了上述无效宣告请求并将无效宣告请求书及证据副本转给了专利权人，要求专利权人在指定期限内答复，同时成立合议组对本案进行审查。

第二请求人于 2017 年 12 月 25 日补充提交了意见陈述书，并补充提交了如下证据（编号续前）：

证据 5：申请公布号为 CN103390304A 的中国发明专利申请，其申请公布日为 2013 年 11 月 13 日；

证据 6：授权公告号为 CN201489594U 的中国实用新型专利，其授权公告日为 2010 年 05 月 26 日；

证据 7：授权公告号为 CN203205893U 的中国实用新型专利，其授权公告日为 2013 年 09 月 18 日；

证据 8：公开号为 CN1277414A 的中国发明专利申请，其公开日为 2000 年 12 月 20 日；

以及证据 3 的中文译文。

第二请求人认为：

（1）权利要求 1 不清楚，不符合《专利法》第 26 条第 4 款的规定。具体为："充电器"的含义不清楚，以及"充电器"和"移动充电模块"之间的关系不清楚。

（2）权利要求 1、6 没有以说明书为依据，不符合《专利法》第 26 条第 4 款的规定。具体为：权利要求 1 中的"检测识别信号"和权利要求 6 中的"移动充电模块放入状态"均概括了一个较大的保护范围。

（3）权利要求 1、3、6—8 相对于证据 1 不具备新颖性，不符合《专利法》第 22 条第 2 款的规定。具体为：权利要求 1 的全部技术特征被证据 1 公开，即使证据 1 没有公开"充电器租售机"这一特征，但该特征属于对设备功能和用途的限定，没有导致本专利权利要求 1 具有不同于证据 1 电池充电机柜的结构和/或组成，因此，权利要求 1 相对于证据 1 仍不具备新颖性。权利要求 3、6—8 的附加技术特征均被证据 1 公开，因此也不具备新颖性。

（4）权利要求 1—10 不具备创造性，不符合《专利法》第 22 条第 3 款的规定。具体为：①即使认为本专利权利要求 1 相对于证据 1 具备"充电器租售机"的区别技术特征，该区别技术特征属于本领域公知常识，另外，证据 2 公开了一种充电电池售货机，而出租和出售都是常见的商业模式，因此权利要求 1 相对于证据 1 与公知常识的结合，或者证据 1 与证据 2 和公知常识的结合不具备创造性；②即使认为证据1没有公开对充电电池的租售、充电电池不属于移动充电模块，证据3公开了“充电器租售机”，给出了将证据1的电池充电机柜用于租售充电器的启示，因此权利要求1相对于证据1和证据3的结合不具备创造性；③权利要求2的附加技术特征被证据2和证据4公开，同时也属于本领域的公知常识；权利要求3的附加技术特征被证据1公开；权利要求4的附加技术特征被证据1和证据5公开，同时也属于本领域公知常识；权利要求5的附加技术特征被证据6公开，同时也属于本领域公知常识；权利要求6的附加技术特征被证据1公开，同时也属于本领域公知常识；权利要求7的附加技术特征中的独立柜体被证据1公开，其他柜体属于本领域公知常识；权利要求8的附加技术特征被证据1公开；权利要求9的附加技术特征被证据7公开，同时也属于本领域公知常识；权利要求10的附加技术特征被证据8公开，同时也属于本领域公知常识，因此权利要求2—10也不具备创造性。

专利复审委员会本案合议组于2018年01月02日发出转送文件通知书，将第二请求人于2017年12月25日提交的意见陈述书和所附证据转送给专利权人，要求其在指定期限内答复。

专利权人在指定期限内未作出答复。

专利复审委员会本案合议组于2018年03月29日向双方当事人发出了口头审理通知书，定于2018年04月23日举行口头审理。

专利权人于2018年04月13日提交了意见陈述书，认为本案与第一请求人的5W113262案存在证据重合情况，而合议组成员乔凌云、董杰、牛晓丽均参与了5W113262案的审查工作，故请求合议组成员乔凌云、董杰、牛晓丽在本案中予以回避。

口头审理如期举行，第二请求人委托专利代理人闫立刚、郝政宇，专利权人委托专利代理人黄良宝出席了本次口头审理。在口头审理过程中明确了如下事项：

（1）专利权人请求合议组成员回避，理由是合议组成员参与了在先案件5W113262案的审查工作。合议组当庭告知双方当事人，该理由不属于《专利法实施细则》第37条规定的回避事项，因此合议组不予回避，本案照常审理。

（2）专利权人对证据1—8的真实性、公开日期以及相关中文译文的准确性无异议。

(3) 专利权人认为：本专利的“充电器租售机”是提供移动充电模块的设备，“充电器”与“移动充电模块”相同；“检测识别信号”指的是支付管理模块识别的用户所支付的费用信息；“移动充电模块放入状态”指的是移动充电模块是否放入充电模块保管仓的放入状态。第二请求人当庭明确无效宣告请求的理由以2017年12月25日的意见为准，并在专利权人作出上述解释的基础上，放弃权利要求1保护范围不清楚、权利要求1和6得不到说明书支持的无效理由，仅坚持权利要求1、3、6—8不具备新颖性，权利要求1—10不具备创造性的无效理由。

(4) 关于本专利权利要求1，第二请求人认为：证据1的充电柜相当于本专利的充电器租售机，充电柜可以收费，租售对其结构并无实质影响，且被充电对象是电动车电池还是移动充电模块对充电柜本身的结构并无影响；充电管理功能要么放在电池端要么放在机柜端，本专利权利要求1中并未记载移动充电模块本身带有充电管理电路，且“租”的模式属于本领域公知常识。专利权人认为：证据1涉及的是电动车电池的充电柜，和本专利的技术领域不同，电动车电池和本专利中可以直接对手机进行充电的移动充电模块不等同；证据1中的充换电控制与管理系统和执行机构子系统与本专利的主控电路模块和电子阀门模块不同，本专利中的主控电路模块需要在检测到移动充电模块放入后开始计时即可，而无须对充电进行管理，且电子阀门模块也无须进行状态识别、充放电处理等，因此本专利中的主控电路和电子阀门模块结构或功能都更为简单；本专利中的电源模块仅提供工作电源，与主控电路之间无信号传输，而证据1中的充电模块受主控电路的控制来对电池充电，因此本专利中的电源模块与证据1的充电模块也不等同。同时，证据3中的充电站不等同于租售机，电源站也不等同于移动充电模块，证据1和证据3没有结合的技术启示。

(5) 关于从属权利要求的附加技术特征，专利权人认为：权利要求2认可第二请求人的意见，权利要求4和5认可相关证据公开了附加技术特征，但相关证据的领域与本专利均不相同；权利要求9要解决的技术问题与相关证据不同。

至此，合议组认为本案事实已经清楚，可以依法作出审查决定。

二、决定的理由

1. 审查基础

本无效宣告请求审查决定针对的是本专利的授权公告文本。

2. 证据认定

证据1—8均为专利文献，专利权人对其真实性、公开日期和相关中文译文的准确性均无异议，且证据1—8的公开日期均在本专利申请日之前，因此可作为现有技术评价本专利权利要求的新颖性或创造性，其中外文证据文字部分公开的内容以其中文译文为准。

3. 关于回避

《专利法实施细则》第37条规定：在初步审查、实质审查、复审和无效宣告程序中，实施审查和审理的人员有下列情形之一的，应当自行回避，当事人或者其他利害关系人可以要求其回避：

（一）是当事人或者其代理人的近亲属的；

（二）与专利申请或者专利权有利害关系的；

（三）与当事人或者其代理人有其他关系，可能影响公正审查和审理的；

（四）专利复审委员会成员曾参与原申请的审查的。

针对在后案件第5W113895案，虽然合议组成员参与了针对同一专利的在先案件5W113262案的审查，但针对同一专利存在多个无效宣告请求的情形，既不属于《专利法实施细则》第37条第（一）、（二）、（三）款所规定的情形，又不属于《专利法实施细则》第37条第（四）款规定的情形，因此审理在后案件的合议组成员无须回避。

4. 关于创造性

《专利法》第22条第3款规定：创造性，是指与现有技术相比，该发明具有突出的实质性特点和显著的进步，该实用新型具有实质性特点和进步。

4.1 权利要求1

权利要求1请求保护一种充电器租售机，其特征在于，包括有机柜，机柜上设有一个以上的充电模块保管仓，在充电模块保管仓中存放有移动充电模块；在机柜上还设有支付管理模块、主控电路模块、电子阀门模块及电源模块；支付管理模块，识别管理用户支付的费用，并连接主控电路模块，向主控电路模块提供检测识别信号；主控电路模块，管理控制电子阀门模块；电子阀门模块，控制充电模块保管仓的开启，以及向主控电路模块提供移动充电模块是否放回充电模块保管仓的存放检测信号；电源模块，用于为支付管理模块、主控电路模块和电子阀门模块供电，同时为移动充电模块充电。

本专利所要解决的问题是解决市面上缺乏为手机、数码设备灵活充电设备技术的不足，使用户可以取走移动充电模块为手机、数码设备充电，因此，权利要求1中的充电器租售机指的就是“移动充电模块租售机”，该移动充电模块可以为手机、数码设备充电。同时，结合权利要求1整体来看，支付管理模块所提供的“检测识别信号”指的是支付管理模块所识别的用户所支付的费用信息。

证据1公开了一种电池充电机柜，并具体公开了如下内容（参见证据1说明书第0024—0042段、0054段，图1—8）：电池充电机柜包括机柜（相当于本专利权利要求1中的机柜）的柜体1，在所述柜体内部设置有若干个充电电池槽2（相当于本专利权利要求1中的充电模块保管仓），柜体1正面设置有控制操作面板3，柜体1内部还设置有强电控制部分和弱电控制部分，所述强电控制部分包括开关电源模块与各充电电池槽的充电电源控制模块，所述弱电控制部分包括充换电控制与管理系统，及与该系统连接并进行具体控制的环境监测与控制子系统，充电控制子系统和执行机构子系统。所述的充换电控制与管理系统（相当于本专利权利要求1中的主控电路模块）通过系统的通信网络与其他子系统进行数据的交互，采集各子系统的状态，控制各子系统的协调运转，存储各子系统的状态、交易数据、电池数据和操作日志，通过外部的网络接口将数据上传至监控中心。所述充电控制子系统包括充电控制单元和多个充电模块6，所述执行机构子系统（相当于本专利权利要求1中的电子阀门模块）包括电池槽开关控制模块和电池识别及处理模块；所述充换电控制与管理系统根据操作面板输入的要求信号，分配执行机构子系统开关相应电池槽进行换电处理或分配充电控制子系统对相应电池进行充电（同时，证据1中的电池充电机柜正常工作时，必然需要有相应的供电模块对弱电控制部分供电，由此，证据1中对相应电池进行充电的充电控制子系统和给弱电控制部分供电的供电模块共同相当于本专利权利要求1中的电源模块）。所述弱电控制部分还包括充电收费与交易子系统，该子系统也与所述充换电控制与管理系统连接，所述充电收费与交易子系统包括读卡器和/或POS机。整个充电管理机柜的运转中，带有RFID读卡器，可以进行身份认证并安全可靠地完成收费或充值，能够打印相关的消费凭据。（充电收费与交易子系统相当于本专利权利要求1中的支付管理模块，且上述内容公开了支付管理模块识别管理用户支付的费用，并连接主控电路模块，向主控电路模块提供检测识别信号。）

执行机构由控制板控制：所述执行机构子系统的电池识别及处理模块包括执行机构控制板，所述电池槽开关控制模块与执行机构控制板电连接，所述执行机构子系统的电池槽开关控制模块包括各电池槽编号控制单元和设置在各电池槽后的电磁锁。电池槽内放置有充电电池后，将信号传送到执行机构控制板，然后对充电电池进行状态识别和放电或充电处理。抽屉打开时，电池槽内设有定位槽，保证电池放入后能准备定位，并通过抽屉式电池槽底部的连接器与抽屉式电池槽后面的接插件公头相连，实现信号的传递。抽屉式电池槽关闭后接插件结合，同时可以在电池槽内设置一组定位销闭合，保证抽屉式电池槽的准备定位。当电池槽推到一定位置时，执行机构闭合，电池槽锁紧。执行机构的电磁锁与执行控制板相连，当中央控制板向执行控制板发出开锁命令后，执行控制板向对应的电磁锁发信号，电磁锁打开抽屉式电池槽弹出，实现换电（公开了电子阀门模块控制充电模块保管仓的开启）。如附图 3 和 4 所示，所述充电电池槽包括框架式电池仓 8 和抽拉式电池屉格 9，每个电池屉格内有电池定位结构和电池连接器。所述电池屉格内安装有接近开关，通过接近开关或通过电池的生命帧可以检测电池槽内电池的放入与取出并判断电池位置摆放是否正确（公开了电子阀门模块向主控电路模块提供电池是否放回充电模块保管仓的存放检测信号）。本实用新型的电池充电机柜采用高度集成的智能化设计，将充电、自动监测控制、环境控制、自动收费和网络通信等功能集于一体，实现无人值守式的电动车或电动小车的电池充换服务及收费。

通过对比可知：本专利权利要求 1 请求保护的是一种给手机或数码设备充电的充电器（移动充电模块）的租售机，而证据 1 公开的是一种对电动车或电动小车的电池提供充换电服务及收费的电池充电机柜，但是证据 1 的电池充电机柜的整体架构和本专利权利要求 1 中租售机的整体架构基本相同，均包括机柜、一个以上的充电模块保管仓、支付管理模块、主控电路模块、电子阀门模块及电源模块，且本专利权利要求 1 中的各模块的功能及连接关系也被证据 1 公开。本专利权利要求 1 与证据 1 的区别在于：请求保护的主题不同，本专利权利要求 1 请求保护的是充电器租售机，其中相应存放的是移动充电模块，可以对移动充电模块进行租售；而证据 1 中公开的是电池充换电机柜，其中相应存放的是电池，电池可以进行交换。由此可以确定权利要求 1 实际要解决的问题是：用户可以取走移动充电模块为手机、数码设备充电或供电、使用后还可归还（租模式），从而灵活、方便地对手机、数码设备充电或供电。

证据 3 公开了一种便携电源发布系统，并具体公开了如下内容（参见证据 3 中文译文第 0034—0038 段、0056 段、0091 段、0099—0105 段，图 1、13—14)：提供了基于便携电源站上的广告和/或收费的基础提供电源的发表于网络以进行充电的便携电子设备的系统、方法和装置。对便携电子设备进行充电，而不需要考虑设备的位置或者是否容易获得与设备相关联的充电设备。图 1 的电源发布系统包括服务器 110、网络 120 以及发布便携电源站的集合 130、140 和 150。每个电源站 130、140 和 150 位于不同于其他电源站的区域（例如，区域 160、165、150 和 170)。电源站 130、140 和 150 在其不使用时被对接在一个对接站中。该对接站为电源站的电源供应或电池充电。当便携电子设备需要电源站对其充电时，电源站从对接站中移出并被连接到该设备。广告调度器 540 接收（在 1030 处）支付信息并处理（在 1040 处）支付信息。支付信息可以包括信用卡信息或用户登录访问已有支付信息的现有账户。广告调度器 540 请求代码生成器 530 通过接口管理器 510 发送（在 1050 处）所生成的指定电源站的解锁代码到请求设备。用户在电源站 230 的输入端口上输入（在 290 处）解锁代码。电源站 230 开始（在 295 处）在特定的持续时长内，向设备 210 以及任何其他连接至充电接口的设备充电。图 13 示出了根据一些实施例的电源站 1310（相当于本专利权利要求 1 中的移动充电模块)。电源站 1310 是从充电站 1320 中取出的。当电源站 1310 未被使用时，所述电源站 1310 位于所述充电站 1320 内。充电站 1320 包括通过充电槽 1360（相当于本专利权利要求 1 中的充电模块保管仓）从墙上的插座向电源站 1310 的电池或电源供应器供电的电源线。来自充电站 1320 的电源向电源站 1310 电源供应充电使得电源站 1310 保持充电状态且准备好用于向其他便携电子设备供应电源。在一些实施例中，充电站 1320 包括 10 个充电槽 1360 以向 10 个不同的电源站充电。当用户希望为便携电子设备充电时，电源站从充电槽 1360 中滑出且被运送到用户所处的任何地方。当用户使用完电源站时，电源站被滑回其被充电的充电槽 1360 中。

由此可见，证据 3 公开了一种移动充电模块（例如电源站 1310）的付费租借系统，可以租借并取走移动充电模块为便携电子设备供电或充电，使用后可归还，从而能够灵活、方便地对便携电子设备供电或充电。因此，证据 3 中给出了对移动充电模块进行租借的启示，在证据 3 给出的启示的基础上，本领域技术人员很容易想到可以对证据 1 中的电池充换电机柜进行改造，在其中存放移动充电模块，从而实现对移动充电模块的租借，至于售卖则是在租借的基础上易于实现的常见的商业模式，对整体技术方案并未作出技术上的贡献。因此，本专利权利要求1相对于证据1和证据3的结合不具备实质性特点和进步，不具备《专利法》第22条第3款规定的创造性。

对于专利权人认为本专利权利要求1相对于证据1和证据3具备创造性的意见，合议组认为：第一，关于证据1的领域问题，移动充电模块实质上是可充电电池加上电源管理功能模块而构成的组件，无论是电动车电池还是移动充电模块都是一种可再充电的、能够给其他设备供电的电源组件，从可充电电池的领域来看证据1和本专利至少属于相近的技术领域，虽然通常给手机或其他便携设备供电的移动充电模块相对体积较小，但这也仅仅是因为电池容量不同所导致的，因此，在证据1公开了整个机柜以及相关各模块的整体架构的情况下，仅仅是存放的是电动车电池还是移动充电模块的不同并不能使整个方案具备创造性。第二，从本专利权利要求1所限定的内容中并不能直接地、毫无疑义地确定本专利的主控电路模块无需对充电进行管理，即使本专利的主控电路模块无须对充电进行管理，但可充电电池的充电过程中通常是需要管理控制的，以便确定何时充满以及防止过充等，该管理要么放在主控电路模块上，要么放在充电模块上，要么放在电池端，这都是惯常使用的几种方式，整个系统的架构并没有发生实质变化，因此即使本专利的主控电路模块不具备充电管理功能也不能使权利要求1整体具备创造性；同时，电子阀门模块缺少证据1中的功能也属于要素省略的发明创造，同样不能使权利要求1整体具备创造性。第三，本专利权利要求1中并未限定电源模块是否与主控电路模块之间存在信号传输关系，且即使二者不存在信号传输关系，也是因为如前所述，充电管理未放置在主控电路模块上而是放置在电池端所导致的，在结合了证据3给出的启示而将证据1中的电池替换为移动充电模块的情况下，移动充电模块端设置充电管理功能从而电源模块与机柜的主控电路模块之间无信号传输也是显而易见的，因此该理由合议组不予支持。第四，关于证据1和证据3的结合启示，证据3的电源站可被取走给便携电子设备充电，其功能与本专利的移动充电模块完全相同，尽管证据3具体租借的过程和整体架构与本专利存在区别，但证据3已明确给出了可以租借移动充电模块的启示，在证据1公开的对可充电电池换电使用的机柜的整体架构的基础上，本领域技术人员容易想到也可以使用该机柜来租借移动充电模块，因此，对于专利权人认为证据1和证据3无结合启示的意见合议组不予支持。

4.2 权利要求2

权利要求2引用权利要求1，进一步限定了支付管理模块的内容。证据2

公开了一种可充电电池售货机，并具体公开了（参见证据2说明书译文第5页第3—10行，图3）：售货机10的货币处理单元30包括硬币槽50，其允许硬币被客户插入并将硬币输送到硬币计数器52（相当于本专利的硬币识别模块）；纸币插入到纸币槽58中并传送到纸币计数器60（相当于本专利的纸币识别模块）。同时，证据4公开了一种利用电子货币支付租赁物品押金的电子系统，并具体公开了（参见证据4的说明书摘要）：其中包括物品租赁系统，该系统包括押金处理模块（相当于本专利的退押模块），用于退还押金的自动计算。可见，证据2和证据4共同公开了本专利权利要求2的附加技术特征，本领域技术人员容易从证据2和证据4中得到技术启示，将其应用于证据1的充电收费与交易子系统中，权利要求2由此也不具备创造性，不符合《专利法》第22条第3款的规定。

4.3 权利要求3

权利要求3引用权利要求1或2，进一步限定了支付管理模块包括有用于联网登录支付的网络支付模块。证据1中（参见证据1说明书第0025段）的充电收费与交易子系统包括读卡器和/或POS机。本领域技术人员均知晓，POS机是一种需要联网登录支付的网络支付模块。因此，权利要求3的附加技术特征被证据1公开，在其引用的权利要求不具备创造性的情况下，权利要求3也不具备创造性，不符合《专利法》第22条第3款的规定。

4.4 权利要求4

权利要求4引用权利要求2，进一步限定了诚信记录模块的内容。对于本领域技术人员来说，在租售过程中记录用户的归还及支付等诚信信息，并根据客户的诚信信息对用户进行管理是常见的商业模式，在租售机中设置输入模块及诚信记录模块也是本领域的惯用技术手段。因此，在其引用的权利要求不具备创造性的情况下，权利要求4也不具备创造性，不符合《专利法》第22条第3款的规定。

4.5 权利要求5

权利要求5引用权利要求2，进一步限定了硬币识别模块的结构。证据6公开了一种公交车硬币检伪装置，并具体公开了（参见证据6说明书0003—0005段）：在入币口的下方设有厚度传感器（相当于本专利的硬币尺寸检测单元）和缓冲出币阀，该缓冲出币阀下方斜置的出币通道上则设有压力传感器（相当于本专利的检测硬币重量的压力传感器单元）。本实用新型先检测出硬币厚度，在出币通道滑行中动态称量出硬币重量，测量得到的数据送入信号控制处理系统中和预存标准值校核判别，检测真伪。因此，权利要求 5 的附加技术特征被证据 6 公开，在其引用的权利要求不具备创造性的情况下，权利要求 5 也不具备创造性，不符合《专利法》第 22 条第 3 款的规定。

4.6 权利要求 6

权利要求 6 引用权利要求 1，进一步限定了电子阀门模块的结构。参见对权利要求 1 的评述，证据 1 说明书 0028 段、0029 段和 0037 段公开了：接近开关用来检测电池槽内电池的放入与取出并判断电池位置摆放是否正确（相当于本专利中在充电模块保管仓关闭状态下检测移动充电模块放入状态的检测开关），以及开关电池槽的电磁锁（相当于本专利中驱动充电模块保管仓开启的电磁锁芯），因此，权利要求 6 的附加技术特征被证据 1 公开，在其引用的权利要求不具备创造性的情况下，权利要求 6 也不具备创造性，不符合《专利法》第 22 条第 3 款的规定。

4.7 权利要求 7

权利要求 7 引用权利要求 1，对机柜做出进一步的限定。证据 1 公开了柜体 1 为独立柜体的特征（参见证据 1 的说明书附图 1），而嵌入式柜体或模块化组合柜体也为本领域的惯用技术手段。因此，在其引用的权利要求不具备创造性的情况下，权利要求 7 也不具备创造性，不符合《专利法》第 22 条第 3 款的规定。

4.8 权利要求 8

权利要求 8 引用权利要求 1，进一步限定了弹出机构。证据 1 说明书 0041 段公开了：每个电池槽设置一个弹出机构和一个电磁锁，当执行机构接收到控制信号时，相应电池槽的电磁锁松开，弹出机构将电池槽推出，装入电池以后将电池槽手动推入充电柜，电磁锁关闭。因此，权利要求 8 的附加技术特征被证据 1 公开，在其引用的权利要求不具备创造性的情况下，权利要求 8 也不具备创造性，不符合《专利法》第 22 条第 3 款的规定。

4.9 权利要求 9

权利要求 9 引用权利要求 1，进一步限定了延时电动关闭机构。对于需要放置物品的仓室，自动延时进行关闭也是本领域的常用技术手段。因此，在其引用的权利要求不具备创造性的情况下，权利要求 9 也不具备创造性，不符合《专利法》第 22 条第 3 款的规定。

4.10 权利要求 10

权利要求 10 引用权利要求 1，进一步限定了“移动充电模块上的后侧面上充有充电端子”。将充电端子设置在电池、移动充电模块后侧面是本领域的常规设计，因此，在其引用的权利要求不具备创造性的情况下，权利要求 10 也不具备创造性，不符合《专利法》第 22 条第 3 款的规定。

鉴于本专利权利要求 1—10 不具备创造性的无效理由成立应予无效，对于第二请求人的其他无效理由以及第一请求人的无效理由合议组不再予以评述。基于上述理由，合议组作出如下决定。

三、决定

宣告第 201320826793.3 号实用新型专利权全部无效。

当事人对本决定不服的，可以根据《专利法》第 46 条第 2 款的规定，自收到本决定之日起三个月内向北京知识产权法院起诉。根据该款的规定，一方当事人起诉后，另一方当事人作为第三人参加诉讼。

合议组组长：乔凌云
主　审　员：董杰
参　审　员：牛晓丽

十

生物序列发明创造性评判中技术启示的确定

评析“具有改变性质的葡糖淀粉酶变体”无效案

创造性作为专利授权实质性条件中最为重要的条款，在专利授权和确权审查中占据重要地位。在采用“三步法”评判创造性的过程中，一般通过判断要求保护的发明对本领域的技术人员来说是否显而易见来确定发明是否具备创造性。对于显而易见性的判断，《专利审查指南》作出了一般性的规定，即需要确定“现有技术整体上是否存在某种技术启示”，“这种启示会使本领域的技术人员在面对所述技术问题时，有动机改进该最接近的现有技术并获得要求保护的发明”。可见，正确认定现有技术给出的技术启示对于衡量发明是否具备创造性具有至关重要的作用。

在针对涉及核苷酸或者氨基酸序列的“生物序列类发明”的专利审查实践中，经常出现当事人从通过计算机分析、序列比对等生物信息学手段获取的预测信息中寻找技术启示的情形，例如，当事人声称，通过将待研究的序列与具有一定同源性的已知功能序列进行比对，进而分析预测影响其功能的结构区域就可以获得相应的改构动机或者适用新用途的启示。在技术启示判断的过程中，如何综合考虑预测信息的作用，成为创造性判断的重点和难点。

一、个案研判——“葡糖淀粉酶变体”案技术启示的把握

日前，针对请求人宜昌东阳光药业股份有限公司就专利权人丹尼斯科美国公司的第200780037776.9号发明专利提出的无效宣告请求案，原专利复审委员会在专利权人于无效宣告程序中提交的权利要求书的基础上，作出了维持发明专利权有效的审查决定。该案中，双方当事人的争议焦点之一就在于

能否依据序列比对手段获得相应的技术启示，该案的审理对专利确权阶段如何确定生物序列发明的技术启示提供了可供借鉴的审理思路。

涉案专利涉及一种改善亲本葡糖淀粉酶的比活和/或热稳定性的方法，所述方法要求在亲本里氏木霉葡糖淀粉酶中引入 I43F/R/D/Y/S 取代。无效请求人主张，证据 2 公开了亲本里氏木霉葡糖淀粉酶序列，其与涉案专利的亲本酶序列完全相同；证据 1 公开了一类具有改善的热稳定性或活性的黑曲霉葡糖淀粉酶变体；证据 4 通过序列比对的方法分析了多种来源的葡糖淀粉酶序列，证明了来自里氏木霉和黑曲霉的葡糖淀粉酶具有结构同源性，由此容易想到将两者进行序列比对以获得改构启示，且经序列比对发现，证据 1 中一个变体的取代位点正好对应于证据 2 中酶序列的 I43 位点，由此有动机对该位点进行氨基酸取代。在该案的审理过程中，专利权人提交了分别来源于里氏木霉和黑曲霉的两种葡糖淀粉酶的全序列比对结果以及证据 4 对应的期刊文章。

对此，无效决定从生物领域技术人员是否有动机把证据 1 的教导应用于证据 2，以及证据 1 是否给出了相应的改构启示两个层次对现有技术给出的技术启示进行了分析，前者实质涉及不同现有技术之间结合动机的判断，后者则涉及对证据 1 给出的序列结构改进动机的考量。

就结合动机而言，合议组认为，根据专利权人提交的全序列比对结果可知，来源于里氏木霉和黑曲霉的葡糖淀粉酶序列的同一性仅为 44.6%，同时里氏木霉和黑曲霉分属不同的微生物属，由此难以想到将黑曲霉葡糖淀粉酶的改构启示直接应用于里氏木霉葡糖淀粉酶的序列中；而证据 4 并未考虑全长序列，仅对里氏木霉葡糖淀粉酶部分保守区序列进行了比对分析，且比对区段并不包含 I43 位点所在的片段，因此，就更难想到将上述不同菌属来源的葡糖淀粉酶进行序列比对来获得改构启示。

就改进动机而言，证据 1 并没有明确指向涉案专利所述的突变位点，相反，其潜在可选的突变位点多达 200 多个，理论上在每个位点上都可选择与原有残基不同的其他 19 种氨基酸取代，请求人所提出的与权利要求 1 的位点相对应的位点也不属于该证据中的优选方案；同时，该证据中采用的几种不同方法预测的突变位点差异非常大，显示预测结论存在很大的不确定性。可见，即使能够想到将不同来源的葡糖淀粉酶在结构上进行比较分析，在面对证据 1 这样近乎天文数字的不确定信息的条件下，也根本无从选择可能改善酶学性能的具体突变。

由以上两个层次综合判断，所属领域技术人员由证据 1、4 的预测信息中并不能获得相应的技术启示，即并不会在此基础上形成有目的地将证据 1 所述特定位点上的氨基酸取代应用于证据 2 的亲本酶，以改善该酶相应性能的动机，且说明书已经通过实验表明上述特定位点上的氨基酸取代具有改善该酶特性的效果，因此，涉案专利相对于所述证据的组合是非显而易见的，具有创造性。

二、类案分析——由序列比对方式获得技术启示的考量要素

从该案的审查过程可以看出，在确定利用序列比对方法的预测结果所提供的方向和教导时，应当重点考虑现有技术中用以作为预测基础的序列所采用方法本身的科学性和可信度、该序列信息与待验证功能的序列之间的相似性、预测的具体结构区域与其功能之间的关系（即构效关系）是否明确这三方面要素。由此给此类案件的审理提供了明确的指引。

该案中，首先，证据 1 公开的几种预测方法的结果差异较大，且缺乏生物学实验验证，导致其科学性和可信度存疑；其次，证据 2 与证据 1 的不同来源的酶序列之间结构差异较大，导致难以基于序列对比提供相对可信的构效关系预测信息，而且，现有技术整体上并未揭示葡糖淀粉酶的构效关系，相反正是涉案专利首次研究了葡糖淀粉酶的空间结构。这些信息足以证明使得所属领域技术人员在涉案专利优先权日之前单纯基于序列比对所得到的预测信息和泛泛的突变位点信息难以形成相对明确的技术启示，因此在对具体位点的具体突变缺乏合理的成功预期的基础上也难以形成有目的的改进动机。

三、法律适用——生物序列类发明的特点与创造性评判思路

近年来，由于生物测序技术的迅速发展，生物信息学数据总量以每 14 个月翻一番的速度飞速增长，抗体、功能蛋白质、功能基因、引物、探针、SNP 位点等发明主题日趋丰富，同时数据分析方法也逐步成熟，导致在现实的科研生产实践中越来越普遍地利用生物信息学方法来分析预测生物序列的结构和功能，从而获得改进现有技术的动机，因此在生物序列类发明创造性评判中明确由生物信息学分析结果所获得的技术启示具有较强的现实意义。

生物序列类发明的突出特点主要体现在三方面，一是发明的起点往往来自于俯拾皆是的现有技术，或者追根溯源很容易找到现有技术的基础，例如采用生物信息学软件确定抗体序列的 CDR 区，从而预测新抗体结构时，发明

起点就来自已知抗体序列；由软件确定诱导基因沉默所需的小干扰 RNA、基因扩增所需的引物或者基因检测所需的探针时，发明起点来自已知目的基因；用软件确定新的 SNP 分子标记与生物体性状功能的联系时，起点来自该 SNP 分子标记所在的基因或者染色体等。二是发明所采用的技术手段本身通常是记载在生物技术手册中的常规方法，例如本案所用的测序技术、定点突变技术、常规的生物信息学方法以及酶活性测定实验等。三是发明目的以及所希望解决的技术问题通常也跟该领域的普遍追求相一致。这些特点就决定了创造性评判容易出现“事后之明”的问题，也就是说，如果在知晓了此类发明的技术方案之后，再去考虑基于现有技术进行改进以获得发明的可能性或可行性，就会造成对发明高度的低估，存在发明创造性评判与生产科研实践相脱离的风险。因此亟须明确和规范此类发明的创造性评判思路。

以利用序列比对方法的预测结果来确定现有技术提供的方向和教导为例，前述“现有技术中用以作为预测基础的序列所采用方法本身的科学性和可信度”“该序列信息与待验证功能的序列之间的相似性”和“现有技术中的构效关系信息”三方面的考量要素集中体现了发明与现有技术之间技术构思的关联性、技术启示的明确性以及技术效果的可预期性。可见，以技术构思的关联性、技术启示的明确性以及技术效果的可预期性为抓手，针对性地分析所属领域技术人员在未得知发明技术方案的前提下，仅基于现有技术的教导是否有动机改进现有技术以获得发明的技术方案，有助于规范生物序列类发明的创造性评判思路，实现合法性与合理性的有机统一。现实中，尽管生物信息学方法种类繁多、形式各异且正处于快速发展期，但是这类方法“通过运算的方式研究大量生物学数据以获得生物学规律”的共同特点决定了可遵循共同的思路以确定相应的技术启示是否存在，这也正是该案值得业内参考借鉴的价值和意义所在。

无效宣告请求审查决定（第 38452 号）

决定要点

如果权利要求修改后的内容在原申请文件中有记载，或者所述内容是所属技术领域的技术人员能够从原申请文件记载的信息中直接地、毫无疑义地确定的，那么这种修改就是允许的。理解权利要求时，应站位所属领域技术人员，从权利要求的文字记载出发，结合对说明书整体技术方案的理解来确定其含义。

判断权利要求是否清楚，不仅应关注权利要求中各技术特征本身，还应考虑它们之间的关系，将权利要求作为一个整体考察其保护范围是否清楚。一般情况下，权利要求中的用词应当理解为相关技术领域通常具有的含义；在特定情况下，如果说明书中指明了某种表述具有特定的含义，并且权利要求的保护范围由于说明书对这种表述的说明而被限定得足够清楚，则应当按照该特定的含义来理解该表述。

方法权利要求通常涉及起始原料、工艺过程、步骤或者流程等技术特征，在起始原料存在多种来源途径的情况下，对该原料来源的进一步限定通常意味着排除了从其他来源获取该原料的方式，原料来源的限定会对权利要求的保护范围起到限缩作用。

如果所属领域技术人员按照说明书记载的内容，不需要创造性的劳动，就能够再现发明的技术方案，解决其技术问题，并且产生预期的技术效果，则说明书满足充分公开的要求。当所属领域技术人员无法确定所述技术方案能够产生的效果时，通常需要说明书中记载实验数据以证实其效果，但说明书记载的实验数据并不要求必须是原始实验数据，只要所述数据能够使所属领域技术人员确信发明能够产生所述用途和/或效果即可。

在判断权利要求是否得到说明书的支持时，应当在所属领域技术人员所掌握的普通技术知识的基础上，结合说明书的全部内容予以考虑，而不是仅考虑说明书具体实施方式的内容。对于权利要求中限定了某产品组成部分而非相应的完整产品的技术方案而言，如果相对于现有技术，发明针对该组成部分进行了改进，且所属领域技术人员一方面能够预期该组成部分能够相对独立地实现完整产品的部分功能，另一方面也能够预期所述组成部分与其他组成部分一起构成完整产品时，所形成的完整产品也能够解决发明所要解决的技术问题，产生相应的技术效果，则应当认可该技术方案能够得到说明书的支持。

在确定现有技术是否给出了获得发明技术方案的技术启示时，应当考察在未得知发明技术方案的前提下，所属领域技术人员仅基于现有技术的教导是否有动机改进现有技术以获得发明的技术方案，而不是在知晓了发明的技术方案之后，再去考虑基于现有技术进行这种改进的可能性或可行性。在判断是否有动机将两篇或多篇现有技术结合从而得到发明的技术方案时，应当充分分析所属领域技术人员对于引入区别特征以解决发明实际解决的技术问题是否存在合理的成功预期；如果无法预见两者结合后将产生的结果，则通常不具有有目的的结合的动机。

虽然随着生物信息学等技术手段在生物领域中的广泛应用，可以通过将待研究的序列与具有一定同源性的已知功能序列进行比对，进而分析预测影响其功能的结构区域，但所属领域技术人员在确定预测的数据所提供的方向和教导时，会重点考虑预测方法本身的科学性和可信度、现有技术中用以作为预测基础的序列信息与待验证功能的序列之间的相似性、预测的具体结构区域与其功能之间的关系是否明确等多种因素。当权利要求涉及的性能改善的酶变体与现有技术公开的亲本酶相比，存在特定位点上的氨基酸取代时，如果基于上述多种因素的综合考虑，所属领域技术人员并不会形成有目的地将所述特定位点上的氨基酸取代应用于亲本酶，以改善该酶的相应性能的动机和启示，且说明书已经通过实验表明上述特定位点上的氨基酸取代具有改善该酶特性的效果，那么该技术方案相对于所述现有技术而言是非显而易见的，具有创造性。

决定文本

一、案由

涉案专利的专利号为200780037776.9，优先权日为2006年10月10日，申请日为2007年10月09日，授权公告日为2014年07月09日。涉案专利授权公告时的权利要求书如下：

“1. 改善亲本葡糖淀粉酶的比活和/或热稳定性的方法，所述亲本葡糖淀粉酶由SEQ ID NO：1、2或3的氨基酸序列组成，其中在所述亲本葡糖淀粉酶中引入I43F/R/D/Y/S取代。

2. 权利要求1的方法，其中所述亲本葡糖淀粉酶选自从木霉属物种（*Trichoderma spp.*）获得的葡糖淀粉酶。”

针对该专利权，请求人于2018年04月28日向专利复审委员会提出了无效宣告请求，其理由是：说明书公开不充分，不符合《专利法》第26条第3款的规定；权利要求1、2不符合《专利法》第22条第3款、第26条第4款以及《专利法实施细则》第20条第1款的规定，请求宣告涉案专利权利要求1、2全部无效，同时提交了如下证据：

证据1：公开号为CN1309700A的中国专利公开文本复印件，公开日期2001年08月22日；

证据2：公开号为WO2006060062A2的PCT申请国际公开文本复印件及其部分中文译文，公开日期2006年06月08日；

证据3：专利号为US6352851B1的美国专利授权公告文本复印件及其部分中文译文，公开日期2002年03月05日；

证据4："Computational studies of glucoamylase selectivity"及其部分译文，Coutinho，Pedro Maldonado，Retrospective Theses and Dissertations，论文全文，公开日期1996年；

证据5："Structure of glucoamylase from *Saccharomycopsis fibuligera* at 1.7 Å Resolution"及其部分译文，Acta Cryst，1998年D54，第854—866页，公开日期1998年；

证据6："Structural similarities in glucoamylases by hydrophobic cluster analysis"及其部分译文，Pedro M. Coutinbo等，Protein Engineering，1994年第7卷第6期，第749—760页，公开日期1994年。

请求人认为：

（1）涉案专利说明书公开不充分，不符合《专利法》第26条第3款规定的理由在于：

计算热稳定性时，涉案专利采用PI表征，PI=（变体残留活性）/（亲本酶残留活性），性能指数>1表示改善的稳定性；并记载了I43R变体的PI=1.28。但说明书记载，在所采用的热稳定性测定条件下，亲本酶残留活性的离散度很大，最大值约为最小值的3倍，由于涉案专利说明书没有提供原始数据和数据统计分析方法，因此本领域技术人员无法确认如何得出1.28的PI值且该数据的获得是否具有极大的偶然性等，也无法确认变体残留活性与亲本酶残留活性之间是否存在显著差异，即说明书公开的内容不足以使本领域技术人员确认I43R变体确实能带来热稳定性改善。同理，比活性计算存在类似的问题，而且在增甜剂用途活性测定和乙醇筛选测定中给出的变体PI值也都较小，所以本领域技术人员也无法确认变体带来比活性改善。此外，涉案专利说明书存在不正常实验数据，其中保守取代得到的变体反而比活改变更大，这违背了本领域常识。

（2）权利要求1、2不符合《专利法》第26条第4款规定的理由在于：

如前所述，说明书公开不充分，由此导致权利要求1、2得不到说明书支持。

此外，对于涉及 I43S 取代的技术方案来说，说明书中未给出相应数据，本领域技术人员无法预知 I43S 是否能够改善里氏木霉葡糖淀粉酶的比活和/或热稳定性。

对于涉及 SEQ ID NO：3 的技术方案来说，该序列对应于酶的催化结构域，而说明书中仅提供了里氏木霉葡糖淀粉酶成熟蛋白的实验数据，本领域技术人员无法得知仅含催化结构域的变体能不能改善比活和/或热稳定性。

对于涉及 SEQ ID NO：1、2 的技术方案来说，首先，从热稳定性来看，说明书仅给出了 I43R 的热稳定性数据，所以无法预知其他几个变体能否改善热稳定性，更不能预知其他几个变体能否同时改善热稳定性和比活；其次，在不同的温度和 pH 条件下，I43 变体的比活值存在差异，特定温度和 pH 条件下测定的比活值不能支持任何温度和 pH 条件下，I43 变体都能改善比活性；在不同的温度和时间下，I43 变体的比活值也存在差异，所以，说明书特定温度和时间条件下测定的比活值不能支持权利要求中任何温度和时间条件下 I43 变体都能改善热稳定性。

（3）权利要求 1、2 不具备创造性，不符合《专利法》第 22 条第 3 款的规定，其中分别以证据 2、1 或 3 作为最接近的现有技术：

（ⅰ）首先，以证据 2 为最接近的现有技术，基于涉案专利说明书的前述缺陷，导致本领域技术人员无法知晓发明是否解决了增强比活和/或热稳定性的技术问题，由此导致权利要求 1、2 不具备创造性。

其次，以证据 2 为最接近的现有技术，涉案专利权利要求 1 与证据 2 的区别在于：a）权利要求 1 中限定了在所述亲本葡糖淀粉酶中引入 I43F/R/D/Y/S 取代，证据 2 未提及在亲本葡糖淀粉酶中引入 I43F/R/D/Y/S 取代；b）权利要求 1 保护的主题是改善亲本葡糖淀粉酶的比活和/或热稳定性的方法，而证据 2 未提及改善亲本葡糖淀粉酶的比活和/或热稳定性的方法。

由于证据 4 教导了里氏木霉葡糖淀粉酶和黑曲霉葡糖淀粉酶在结构上同源，而证据 1 或 3 公开了黑曲霉葡糖淀粉酶的部分区域突变可用于增强比活和/或改善热稳定性，突变优选的位点包括 44 位，经比对可知证据 1 或 3 的黑曲霉葡糖淀粉酶 D44 与涉案专利里氏木霉葡糖淀粉酶成熟蛋白的 I43 对应。可见，本领域技术人员有动机对里氏木霉葡糖淀粉酶的 I43 进行突变以改善比活和/或热稳定性，通过有限次的实验即可得到能够改善黑曲霉葡糖淀粉酶热稳定性和/或比活的 I43 处的具体突变。而涉案专利说明书亦公开了所有的葡糖淀粉酶共享基本结构，且结构的保守与其作用机制有关，进一步证明了本领域技术人员存在改造已知葡糖淀粉酶的动机。在证据1或3已经教导了黑曲霉葡糖淀粉酶的D44处突变可改善比活和/热稳定性的基础上，本领域技术人员能够预期对里氏木霉葡糖淀粉酶的相应位置I43进行突变也可实现相似的技术效果，因此通过引入I43D/F/R/Y/S未取得出乎意料的技术效果。综上，相对于证据2和证据1/3、证据4的结合，权利要求1不具备创造性。同理，权利要求2也不具备创造性。

同时，证据4公开了里氏木霉与泡盛曲霉菌株X100同属于曲霉属亚家族，还公开了泡盛曲霉菌株X100葡糖淀粉酶的催化结构域中5个保守的区段限定了在桶中央腔内的活性部位，活性部位周围的残基包括Y48、W52、R54、D55；证据5公开了泡盛曲霉葡糖淀粉酶的氨基酸序列，且教导了泡盛曲霉葡糖淀粉酶的催化腔内的疏水性接触残基Tyr48（Y48）、Trp52（W52），经序列比对可知，泡盛曲霉葡糖淀粉酶的Y48、W52、R54、D55位点分别对应于里氏木霉葡糖淀粉酶的Y47、W51、R53、D54，上述位点均起到相似的催化作用。同时，涉案专利说明书亦公开了所有的葡糖淀粉酶共享基本结构，且结构的保守与其作用机制有关，证明了本领域技术人员存在定点突变改造已知葡糖淀粉酶的动机。证据2还公开了来自*H. gelatinosa*的葡糖淀粉酶（GA107）的比活明显高于里氏木霉葡糖淀粉酶的比活（高2倍多），经序列比对可知两者第43位氨基酸处存在差异，由于43位与前述Y47、W51、R53、D54这些起催化作用的位点都十分邻近，因此本领域技术人员容易想到，正是由于第43位氨基酸的差异对邻近的催化相关残基产生影响，进而对酶比活产生了影响，由此容易获得在里氏木霉葡糖淀粉酶的I43处突变以便改善酶比活的启示。综上，相对于证据2和证据4、5的结合，权利要求1、2不具备创造性。

此外，证据1或3教导了活性位点邻近的区域是可用于增强比活和/或热稳定性的区域；还教导了优选的黑曲霉葡糖淀粉酶D44位点突变可用于改善比活和/或热稳定性，而如前所述，上述D44与里氏木霉葡糖淀粉酶的I43对应。证据6示出了不同葡糖淀粉酶的5个保守区段，前述泡盛曲霉葡糖淀粉酶催化部位的残基Y48、W52、R54、D55、里氏木霉葡糖淀粉酶的I43均位于证据6所述的保守区段内。可见，证据1/3和证据6均强化了在I43处进行氨基酸突变会影响比活和/或热稳定性的启示。综上，相对于证据2和证据1/3、4、5的结合，证据2和证据4、5、6的结合，或者证据2和证据1/3、

4、5、6的结合，权利要求1、2均不具备创造性。

（ⅱ）以证据1或3为最接近的现有技术，权利要求1与证据1或3的区别在于：a）证据1或3中的亲本葡糖淀粉酶为来自黑曲霉的G2葡糖淀粉酶，而权利要求1中的亲本葡糖淀粉酶来自里氏木霉，且证据1或3中公开的突变位点是D44，权利要求1中的突变位点是I43突变；b）权利要求1中限定了具体的突变I43F/R/D/Y/S。

在证据2和4公开内容的基础上，本领域技术人员有动机对里氏木霉葡糖淀粉酶中与黑曲霉葡糖淀粉酶的D44相对应的I43进行突变以改善比活和/或热稳定性。而涉案专利说明书亦公开了所有的葡糖淀粉酶共享基本结构，且结构的保守与其作用机制有关。改善比活和/或热稳定性是证据1或3教导的，因此权利要求1也未取得出乎意料的技术效果。综上，相对于证据1/3和证据2、4的结合，权利要求1不具有创造性。同理，权利要求2也不具备创造性。

（4）权利要求1、2不符合《专利法实施细则》第20条第1款规定的理由在于：

（ⅰ）权利要求1中三处使用选择性的表述“比活和/或稳定性”“SEQ ID NO：1、2或3”“I43F/R/D/Y/S”，使得权利要求1保护哪些技术方案具有不确定性，保护范围不清楚。权利要求2的保护范围与权利要求1实质上相同，同样保护范围不清楚。

（ⅱ）权利要求2的附加技术特征限定所述亲本葡糖淀粉酶选自从木霉属物种（*Trichoderma spp.*）获得的葡糖淀粉酶。权利要求1中已经限定了亲本葡糖淀粉酶由SEQ ID NO：1、2或3的氨基酸序列组成，根据说明书的描述，SEQ ID NO：1、2或3均来自里氏木霉葡糖淀粉酶，因此，权利要求2的保护范围事实上和权利要求1是相同的，不简要。

经形式审查合格，专利复审委员会于2018年05月10日受理了上述无效宣告请求并将无效宣告请求书及证据副本转给了专利权人，同时成立合议组对本案进行审查。

请求人又于2018年05月28日提交了无效宣告请求补充意见、证据4的公证书、证据5—6的图书馆文献复制证明以及如下证据：

证据7：公开号为CN101522893A的中国专利公开文本复印件，公开日期2009年09月02日。

除了强调上述无效请求的理由以外，请求人还进一步认为：

（1）权利要求1、2不符合《专利法》第26条第4款规定的理由还在于：权利要求的技术方案中除了可以在亲本葡糖淀粉酶中引入I43F/R/D/Y/S取代外，还包括在亲本葡糖淀粉酶SEQ ID NO：1、2或3的其他位点处引入的取代。然而，说明书中仅提供了在SEQ ID NO：1、2或3中具有I43F/R/D/Y/S取代的葡糖淀粉酶变体的相关数据。在此基础上，本领域技术人员无法得知除了在SEQ ID NO：1、2或3中引入I43F/R/D/Y/S取代外，还包括其他位点处的取代的葡糖淀粉酶是否能够产生相似的技术效果。

（2）权利要求1、2不符合《专利法》第33条规定的理由在于：权利要求1的技术方案中除了可以在亲本葡糖淀粉酶中引入I43F/R/D/Y/S取代外，还包括在亲本葡糖淀粉酶SEQ ID NO：1、2或3的其他位点处引入的取代，而这种技术方案超出了原权利要求书和说明书（参见证据7）记载的范围。

（3）权利要求1、2不符合《专利法实施细则》第20条第1款规定的理由还包括：权利要求1涉及SEQ ID NO：1的技术方案中"在所述亲本葡糖淀粉酶中引入I43F/R/D/Y/S取代"指在SEQ ID NO：1的序列中引入I43F/R/D/Y/S取代。然而，根据说明书附图1A中所示，SEQ ID NO：1的第43位氨基酸为T，而并非为I。因此，权利要求1中涉及SEQ ID NO：1的技术方案的保护范围不清楚。权利要求2保护范围与权利要求1实质上相同，同样保护范围不清楚。

专利权人针对上述无效宣告请求于2018年06月25日提交了意见陈述书、权利要求书的修改替换页（共1页2项）、证据2—6的译文异议对照表、序列比对材料以及如下反证：

反证1（即请求人提交的证据4）："Computational studies of glucoamylase selectivity"及其部分译文，Coutinho，Pedro Maldonado，Retrospective Theses and Dissertations，11521，公开日期1996年；

反证2："Glucoamylase structural，functional，and evolutionary relationships"及其部分译文，Pedro M. 等人，Proteins，1997年第29期第334—347页，公开日期1997年；

反证3："Metabolism of Sucrose and its Five Linkage-isomeric α-D-Glucosyl-D-fructoses by *Klebsiella pneumonia*"及其部分译文，Biol. Chem.，2001年第276期第37415—37425页，公开日期2001年；

反证4："Principles of Enzyme Kinetics"及其部分译文，Athel Cornish-Bowden，Butterworths & Co，1976年第一版，出版信息页、第168—170页，

公开日期1976年；

反证5（证据3）：专利号为US6352851B1的美国专利授权公告文本复印件及部分中文译文，公开日期2002年03月05日；

反证6：维基百科网页打印件（https://en.wikipedia.org/wiki/Trichoderma_reesei；https://en.wikipedia.org/wiki/Aspergillus_awamori；https://en.wikipedia.org/wiki/Aspergillus_niger）及其译文；

反证7（证据2）：公开号为WO2006060062A2的PCT申请国际公开文本复印件及其部分中文译文，公开日期2006年06月08日。

修改后的权利要求书为：

"1. 改善亲本葡糖淀粉酶的比活和/或热稳定性的方法，所述亲本葡糖淀粉酶由SEQ ID NO：1、2或3的氨基酸序列组成，其中在所述亲本葡糖淀粉酶中引入I43F/R/D/Y取代。

2. 权利要求1的方法，其中所述亲本葡糖淀粉酶选自从木霉属物种（*Trichoderma spp.*）获得的葡糖淀粉酶。"

专利权人认为：

（1）涉案专利说明书记载了亲本氨基酸序列和向亲本中引入所述取代的方式，也记载了用于测定引入的取代对亲本热稳定性和比活产生影响的热稳定性测定试验和比活性测定试验。基于这些测定，涉案专利给出了变体相对于亲本而言的性能比值，即PI数值。专利说明书给出了PI数值的定义，即热处理后变体残余活性数值与亲本残余活性数值的比值或变体比活性与亲本比活性的比值，当变体相对于亲本而言PI>1，会具有相对于亲本改善的热稳定性和/或比活性性能。说明书在实施例4中公开了I43R的热稳定性PI值为1.28；实施例5中公开了乙醇筛选测定中的I43D、I43F、I43R和I43Y的PI值（均大于1），以及实施例6中公开了增甜剂筛选测定中I43D、I43F和I43R的PI值（均大于1），因此，证明了上述变体相对于亲本具有改善的比活/热稳定性。可见，涉案专利说明书已经证明通过涉案专利权利要求的方法能够实现对亲本葡糖淀粉酶的比活和/或热稳定性的改善，涉案专利说明书公开充分。

涉案专利说明书中已经指明，亲本酶热处理残留活性的波动（15%~44%）为不同时间点的测量波动（即日常变动）。反证4是酶学领域教科书，公开了这种变异是酶学实验中常见的系统误差，并且其波动幅度可能会很大，在存在日常变动的情况下，并不影响对实验内数值的有效比较。反证5同样反映了日常变动属于酶学领域的常见现象；也反映了在存在日常变动的情况下，通过设置同一批实验来进行实验内比较是本领域的一般做法。因此，本领域技术人员基于说明书记载的变体 I43R 的热稳定性 PI 值 1.28，可以确信该变体 I43R 比亲本具有更高的热稳定性；此外，在热稳定性测定试验下获得的该变体 I43R，同样在增甜剂测定试验（60℃反应 1 小时）中表现出优于亲本的活性，也佐证了其热稳定性。

此外，请求人所谓“不正常”数据均涉及其他变体，与涉案专利所要保护的技术方案无关；即使考虑其他变体的数据，由于酶蛋白质在特定位置的保守取代可能会造成酶性质上的差异，这是本领域已知的正常现象（参见反证 3），请求人的质疑毫无根据。

综上，涉案专利说明书未充分公开发明的理由均不能成立。

（2）证据 2 涉及的是野生型里氏木霉葡糖淀粉酶，其从未提及过任何里氏木霉葡糖淀粉酶变体，从证据 2 出发，本领域技术人员根本意识不到涉案专利权利要求 1 所要解决的技术问题；证据 4（即反证 1）涉及“葡糖淀粉酶选择性的计算机研究”，并不涉及改善里氏木霉葡糖淀粉酶的比活和/或热稳定性的任何启示。

鉴于里氏木霉葡糖淀粉酶与黑曲霉葡糖淀粉酶或泡盛曲霉葡糖淀粉酶的全长序列同一性以及催化结构域序列同一性都很低（参见“序列比对材料”），且黑曲霉与泡盛曲霉均属于 *Eurotiomycetes* 纲、里氏木霉属于 *Sordariomycetes* 纲（参见反证 6），亲缘关系较远，本领域技术人员没有动机将证据 1 中关于黑曲霉葡糖淀粉酶的变异启示或证据 5 中关于泡盛曲霉葡糖淀粉酶的变异启示应用于里氏木霉葡糖淀粉酶。

反证 2 是反证 1 第 3 章所对应的论文，其中的图 2 对应于反证 1 的图 2，该附图显示比对的里氏木霉葡糖淀粉酶的氨基酸序列仅对应于该酶的几个区段，且这段序列并不包含 SEQ ID NO：2 的 N16-R53，即根本不涉及 I43（参见“序列比对材料”），且反证 2 中明确指出“同样，仅考虑了 *H. resinae* GA S 和里氏木霉 GA 的部分肽作图 61、62 中能够被匹配到其他 GA 区段的区段”，可见反证 1 中进行初级结构比对时并未考虑全长里氏木霉葡糖淀粉酶，而是仅考虑了“能够匹配其他 GA 区段”的区段，而且这些区段仅占里氏木霉葡糖淀粉酶全长序列的 16%。因此，基于反证 1，本领域技术人员没有动机认为里氏木霉葡糖淀粉酶的 N16-R53 序列与其他曲霉属葡糖淀粉酶的相应序列在结构上相关。

恰恰是专利权人首次在涉案专利的实施例 11 中表征了 TrGA 的晶体结构。涉案专利的所有与结构有关的陈述都是基于涉案专利所表征的 TrGA 的晶体结构。在涉案专利的优先权日之前，由于本领域根本无从得知 TrGA 的晶体结构，仅基于 TrGA 与 AnGA 或 AaGA 的低序列同一性，以及获取相应酶的来源生物较远的亲缘关系，本领域的技术人员没有理由预期它们之间的结构具有相似性。

证据 1 或 3 中虽然涉及比活和热稳定性的改善，但是其涉及的是黑曲霉葡糖淀粉酶变体，且从未具体公开过 D44 位点能够带来热稳定性和/或比活的改善，更没有在说明书中实施对 AnGA 位点 44 处的任何具体氨基酸取代，在说明书中基于两种方法（即，分子动力学模拟、位于活性位点附近）得到的增强特异性活性和/或改善热稳定性的诸多区域中的“特别优选的位点”多达 201 个，需要进行 201^{19} 次筛选实验来获得位点 44 的具体突变的技术效果。同时，利用上述两种方法进行预测所得的结果相差很大，在实施例 2 中使用 DOPE 软件算出的突变位点也不同，证明预测是不准确的。

证据 5 中涉及的是泡盛曲霉淀粉酶变体，主要研究的是扣囊复膜酵母的葡糖淀粉酶的结构，其中提及的活性位点并不涉及请求人所述的与里氏木霉葡糖淀粉酶的 I43 位对应的位点，鉴于泡盛曲霉葡糖淀粉酶与里氏木霉葡糖淀粉酶之间全长序列的差异，本领域技术人员无从知晓它们在空间结构上是否相当，也就没有动机将证据 5 中的泡盛曲霉葡糖淀粉酶的活性位点信息应用于里氏木霉葡糖淀粉酶。另外，证据 2 中公开的 GA107 与涉案专利成熟里氏木霉葡糖淀粉酶 SEQ ID NO：2 相比有 61 个氨基酸不同（参见“序列比对材料”），因此本领域技术人员无从判断 GA107 比活的提高是由于其与里氏木霉葡糖淀粉酶哪个（或哪些）位点差异导致的。

证据 6 的图 2 中并没有涉及里氏木霉，其公开内容与里氏木霉葡糖淀粉酶无关，也没有启发对葡糖淀粉酶保守区段内的位点取代可增强比活和/或改善热稳定性。

如前文针对各篇证据的评述，在涉案专利优先权日之前，本领域技术人员基于上述证据或证据组合，无法获得任何关于改善里氏木霉葡糖淀粉酶热稳定性和/或比活的启示，也无法获得在 I43 位取代（特别是具体取代 I43 F/R/D/Y）的任何启示，引用三篇、四篇甚至五篇文献的组合来否定涉案专利创造性的事实本身就从反面证明了涉案专利具备创造性。

（3）专利权人已经删除了涉及 I43S 的技术方案。

证据2（即反证7）教导了生物功能片段包括葡糖淀粉酶的催化结构域，证据4（即反证1）教导了对葡糖淀粉酶中的淀粉结合结构域进行部分或者完全的蛋白水解切除产生的酶形式能够降解可溶的淀粉，但是不能降解生淀粉或颗粒淀粉形式，因此本领域技术人员能够合理预测，葡糖淀粉酶的催化结构域作为生物功能片段能够发挥对可溶性淀粉的降解。由于涉案专利说明书通过实验证实了I43F/R/D/Y取代改善葡糖淀粉酶的热稳定性和/或比活，本领域技术人员也能够合理预测SEQ ID NO：3作为亲本时的技术效果。因此，权利要求中涉及SEQ ID NO：3的技术方案能够得到说明书的支持。

权利要求1涉及的是“改善亲本葡糖淀粉酶的比活和/或热稳定性的方法”，即权利要求所涉及的方法应当是能够改善比活或热稳定性之一或二者，涉案专利实施例已经证明了I43R具有改善的热稳定性，I43D、I43F、I43R和I43Y具有改善的比活。因此，权利要求能够得到说明书的支持。

（4）基于权利要求1的表述可知，所改善的性质为“比活和/或热稳定性”，亲本葡糖淀粉酶为“由SEQ ID NO：1、2或3的氨基酸序列组成”，且所引入的具体取代为“I43F/R/D/Y取代”。可见，权利要求1清楚地定义了构成其技术方案的技术特征，因此是清楚的。

由于权利要求1中涉及SEQ ID NO：3所示的亲本葡糖淀粉酶不能从木霉属物种获得，因此权利要求2的保护范围与权利要求1并不相同。

专利复审委员会本案合议组于2018年07月10日发出转送文件通知书，将请求人2018年05月28日提交的无效宣告请求补充意见转送给专利权人，同时将专利权人2018年06月25日提交的意见陈述书转送给请求人。

专利权人针对上述无效宣告请求补充意见于2018年08月23日提交了意见陈述书以及如下反证：

反证8（即请求人提交的证据7）：公开号为CN101522893A的中国专利公开文本复印件，公开日期2009年09月02日；

反证9（即证据7的PCT文本）：公开号为WO2008045489A2的PCT申请国际公开文本复印件，公开日期2008年04月17日。

专利权人认为：

（1）权利要求1中“……其中在所述亲本葡糖淀粉酶中引入I43F/R/D/Y取代”的表述本身清楚地表明了所保护的方法是：通过在亲本葡糖淀粉酶中引入I43F/R/D/Y取代来改善亲本葡糖淀粉酶的比活和/或热稳定性，涉案专利说明书中证实了I43F/R/D/Y取代对亲本葡糖淀粉酶的比活和/或热稳定性的改善作用，因此权利要求1中的以上表述能够得到说明书的支持。

（2）证据7（即涉案专利的公开文本，亦即反证8）的说明书中明确记载了以SEQ ID NO：1、2或3作为亲本，在参照SEQ ID NO：3（或者SEQ ID NO：2）编号的第43位具有I43F/R/D/Y取代的变体。因此，从本案公开文本的文字记载的内容能够直接地、毫无疑义地得到权利要求1的技术方案。同理，权利要求2也没有超出原说明书和权利要求书记载的范围。

（3）从涉案专利说明书第［0014］段和图1A可知，权利要求1中涉及的第43位是位于里氏木霉葡糖淀粉酶（TrGA）的催化区域（SEQ ID NO：3）中的一个氨基酸残基；说明书第［0032］段对TrGA葡糖淀粉酶分子的编号方式进行了明确说明："本文的葡糖淀粉酶氨基酸的编号方式是基于TrGA的序列（SEQ ID NO：2和SEQ ID NO：3）"，本领域技术人员由此可知，对TrGA催化区的编号方式是参照SEQ ID NO：2或SEQ ID NO：3进行的；说明书第［0073］段亦有教导，因此权利要求1、2中对于在SEQ ID NO：1的序列中引入I43F/R/D/Y取代的技术方案的保护范围是清楚的。

专利复审委员会本案合议组于2018年08月30日将专利权人2018年08月23日提交的意见陈述书当面转送给请求人，同时向请求人发出口头审理通知书，随后亦向专利权人发出口头审理通知书，定于2018年10月17日举行口头审理。

口头审理如期举行，请求人委托的北京信诺创成知识产权代理有限公司代理人陈悦军、尹吉伟，北京邦信阳专利商标代理有限公司代理人赵步真，公民代理奚慧芬，专利权人委托的北京市中咨律师事务所代理人黄革生、史文静、胡志君、张莉均出席了本次口头审理，双方当事人对对方出庭人员的身份和资格无异议，对合议组成员无回避请求。本案合议组对本无效宣告请求的无效理由和证据逐一进行了调查，双方当事人充分陈述了意见。在口头审理过程中，专利权人明确涉案专利权利要求的技术方案中不包括引入其他取代的步骤；双方当事人一致认可，在涉案专利的优先权日之前，所属技术领域尚未表征过里氏木霉葡糖淀粉酶的晶体结构。

请求人当庭提交了如下参考文献：

参考文献1："Structure of glucoamylase from Saccharomycopsis fibuligera"（即证据5）的部分译文（与之前提交的证据5的部分译文不同），Acta Cryst，1998年D54，第854—866页，公开日期1998年；

参考文献2：公开号为CN102776164A的中国专利公开文本复印件，公开日期2012年11月14日；

参考文献3：公开号为CN101868537A的中国专利公开文本复印件，公开日期2010年10月20日；

参考文献4："Thermodynamics of Ligand Binding to the Starch-Binding Domain of Glucoamylase from *Aspergillus Niger*"及其部分译文，Biologia Bratislava，2002年第57期增补第11期第239—245页，公开日期2002年；

参考文献5：葡糖淀粉酶在NCBI中的BLAST结果、里氏木酶在维基百科中的解释及其部分译文，网页打印件；

参考文献6："Construction of a protease-deficient strain set for the fission yeast Schizosaccharomyces pombe, useful for effective production of protease-sensitive heterologous proteins"，Yeast，第23卷第83—99页，公开日期2006年；

参考文献7："Comparison of different signal peptides for secretion of heterologous proteins in fission yeast"，Biochemical and Biophysical Research Communications，第336卷，第974—982页，公开日期2005年。

请求人主张以上参考文献用于帮助合议组理解和澄清技术内容，仅作为参考资料，不作为证据使用；专利权人强调上述参考文献属于请求人在提出无效宣告请求之日起一个月后提交的新证据，合议组应当不予考虑。

口头审理结束后，请求人又于口头审理当日提交了参考文献6和7的部分中文译文；专利权人提交了基因工程领域教科书的复印件，供合议组参考。

专利权人又于2018年10月26日提交了意见陈述书以及附件1—5。专利权人结合所述附件，进一步重申了口头审理中的意见，还强调"应用培养上清液进行酶活力测定"属于酶学技术领域的常规方法，本领域技术人员认可基于上清液测定的酶活力或比活足以反映酶性能（参见，例如附件1—4），在酶（特别是葡糖淀粉酶等工业用酶）的制备中，只需要离心和超滤浓缩后就可以获得应用的酶制品（参见，例如附件5）。

至此，合议组认为本案事实已经清楚，可以作出审查决定。

二、决定的理由

（一）法律适用

涉案专利的申请日为2007年10月09日，优先权日为2006年10月10日，均早于2009年10月01日，根据"施行修改后的专利法的过渡办法"和"施行修改后的专利法实施细则的过渡办法"的规定，针对涉案专利的无效宣告请求的审理应适用2000年08月25日第二次修正的《中华人民共和国专利法》及2001年06月15日修订的《中华人民共和国专利法实施细则》。

（二）审查基础

专利权人在2018年06月25日提交了权利要求书的修改替换页（共1页2项），所作修改在于删除了原权利要求1中涉及“I43S取代”的并列技术方案。请求人对上述修改方式及其修改时机无异议。合议组经审查后认为，专利权人对权利要求书的上述修改符合《专利审查指南》第四部分第三章第4.6节中关于无效宣告程序中专利文件修改的相关规定。因此本决定以专利权人于2018年06月25日提交的权利要求第1、2项，以及涉案专利授权公告文本中的其他部分作为审查基础。

（三）关于证据

专利权人对证据1—7的真实性、合法性和关联性无异议，对证据1—6的公开性和公开时间无异议，合议组对此予以认可。经请求人和专利权人当庭确认，对于证据2—6的译文，在请求人提交的译文的基础上，专利权人作出修改或补充的部分，以专利权人修改或补充后的译文为准；专利权人没有作出修改或补充的部分，则以请求人提交的为准。

请求人对反证1—5和9的真实性、合法性、关联性、公开性和公开时间均无异议，但是不认可反证6的真实性，理由是反证6涉及维基百科的内容，公众是可以对内容进行编辑的，无法保证内容的真实性。对此，合议组认为，维基百科属于互联网证据，专利权人提交反证6的目的在于说明黑曲霉、泡盛曲霉、里氏木霉在微生物分类学上所处的位置，经合议组核实，利用专利权人提供的网址可以获得反证6的网页原文，且与该反证的网页打印件一致；同时，所属领域的常识能够印证该反证所反映的微生物分类学知识。因此，在没有其他相反证据的情况下，合议组确认其内容的真实性。

（四）无效宣告的理由和范围

专利权人在口头审理当庭不认可请求人主张的“权利要求1、2相对于证据2和常规技术手段结合不具有创造性”这一无效理由，强调该理由是请求人在口头审理当庭才提出的，属于请求人在提出无效宣告请求之日起一个月后增加的新理由，合议组应当不予考虑。

请求人当庭放弃"涉案专利说明书存在不正常实验数据"导致涉案专利不符合《专利法》第26条第3、4款规定的无效理由；但进一步主张，涉案专利在测定亲本酶残留比活时，所使用的酶样品是包括杂质蛋白的上清液而非纯化的亲本酶，这意味着测定过程中所测定的蛋白质涵盖了杂质蛋白，由此测定得到的比活数值及进一步计算得到的PI值也是不准确的，因此不足以证明涉案专利取得了改善比活和/或热稳定性的技术效果，涉案专利不符合《专利法》第26条第3、4款的规定。专利权人认为上述主张属于请求人在提出无效宣告请求之日起一个月后增加的新无效理由，合议组应当不予考虑；同时强调涉案专利通过对同一批次的比较对象同时测量，平衡和抵消了计算过程中无关变量对测定结果的影响。由于PI值是一个比值，因此尽管上清液中含有其他的杂质蛋白，在将二者的比活数值相除之后，其对测定结果带来的影响已被抵消。而且涉案专利的亲本酶和变体酶是通过重组表达获得的，目的蛋白的含量相对于杂质蛋白是占据绝大多数的，故杂质蛋白对酶活性测定的影响并不大。

对此，合议组认为，《专利法实施细则》第64条第1款规定，无效宣告请求应当结合提交的所有证据，具体说明无效宣告请求的理由，并指明每项理由所依据的证据。请求人在提出无效宣告请求时没有具体说明的无效宣告理由以及没有用于具体说明相关无效宣告理由的证据，且在提出无效宣告请求之日起一个月内也未补充具体说明的，专利复审委员会不予考虑。其中所述的"具体说明无效宣告理由"应当要求请求人明确相关无效宣告请求所依据的事实、理由和证据，并加以阐述说明。

本案中，在无效宣告请求书及补充意见中，请求人主张，以证据2为最接近的现有技术，基于涉案专利说明书存在的前述公开不充分的缺陷，导致所属领域技术人员无法知晓其是否解决了发明所要解决的技术问题，即是否实现了增强比活和/或热稳定性的技术效果，因此权利要求1、2不具备创造性。上述无效理由中包含了"权利要求1、2相对于证据2存在区别，且由于该区别特征属于常规技术手段，并未解决发明所要解决的技术问题"的情形，因此上述无效理由不属于新增加的无效理由，合议组将该理由纳入审理范围。

此外，请求人在无效宣告请求书及补充意见中完全没有主张过"测定亲本酶残留比活的实验中存在杂质蛋白干扰，导致测定PI值不准确"的理由，也没有指出涉案专利说明书关于亲本酶残留比活测定实验存在设计缺陷的基本事实，更没有提供任何证据证明该实验中会存在杂质蛋白以及杂质蛋白的干扰会导致测定结果误差，因此，应当认定请求人没有具体说明该无效宣告理由。尽管请求人在口头审理中强调，该缺陷与其提出无效宣告请求时主张的"涉案专利测定的亲本酶残留活性离散度较大"的事实直接相关，必然影响到所属领域技术人员对于说明书充分公开的判断，但合议组认为，并不能从无效宣告请求书及补充意见中与"涉案专利测定的亲本酶残留活性离散度较大"有关的内容获知所述"杂质蛋白干扰"会导致说明书公开不充分的具体无效理由，因为"亲本酶残留活性离散度较大"可能受试验测定条件、日常变动等因素影响，没有充分的证据表明"涉案专利测定的亲本酶残留活性离散度较大"的原因是"杂质蛋白干扰"，即没有证据表明两者之间存在技术或者逻辑上的紧密关联性，因此合议组对该无效理由不纳入审理范围。

由此，在结合双方当事人书面意见的基础上进一步基于口头审理当庭双方当事人的确认，本案合议组审理的关于本无效宣告请求案的理由和范围是：(1) 权利要求1、2不符合《专利法》第33条的规定，依据证据7；(2) 权利要求1、2不符合《专利法实施细则》第20条第1款的规定；(3) 权利要求1、2要求保护的技术方案在说明书中没有充分公开，不符合《专利法》第26条第3款的规定；(4) 权利要求1、2不符合《专利法》第26条第4款的规定；(5) 权利要求1、2不符合《专利法》第22条第3款的规定，依据证据1—6，具体证据组合方式包括证据2和常规技术手段的结合，证据2和证据1、4的结合，证据2和证据3、4的结合，证据2和证据4、5的结合，证据2和证据1、4、5的结合，证据2和证据4、5、6的结合，证据2和证据1、4、5、6的结合，证据2和证据3、4、5的结合，证据2和证据3、4、5、6的结合，证据1和证据2、4的结合，证据3和证据2、4的结合。请求人在口头审理当庭明确创造性无效理由中证据1和3作为同族专利，两者的具体使用方式完全相同。

(五) 关于《专利法》第33条以及《专利法实施细则》第20条第1款、《专利法》第26条第3和4款、第22条第3款

1. 关于《专利法》第33条

《专利法》第33条规定，申请人可以对其专利申请文件进行修改，但是，对发明和实用新型专利申请文件的修改不得超出原说明书和权利要求书记载的范围。

如果权利要求修改后的内容在原申请文件中有记载，或者所述内容是所

属技术领域的技术人员能够从原申请文件记载的信息中直接地、毫无疑义地确定的，那么这种修改就是允许的。理解权利要求时，应站位所属领域技术人员，从权利要求的文字记载出发，结合对说明书整体技术方案的理解来确定其含义。

本案中，权利要求 1 保护一种改善亲本葡糖淀粉酶的比活和/或热稳定性的方法，在限定该亲本酶氨基酸序列（SEQ ID NO：1、2 或 3）的基础上，进一步限定“在所述亲本葡糖淀粉酶中引入 I43F/R/D/Y 取代”。

请求人强调，权利要求 1 所述方法中还包括在亲本葡糖淀粉酶 SEQ ID NO：1、2 或 3 的其他位点处引入取代，例如涉案专利说明书中就记载了在两个或者多个位点上引入取代的酶变体实例。

对此，合议组认为，首先，从权利要求的文字记载来看，其本身并没有记载引入其他取代的操作步骤。而且，依据说明书的记载可知，涉案专利通过里氏木霉葡糖淀粉酶各种变体的热稳定性和/或比活的筛选，得到了具有改善的热稳定性和/或比活的变体类型，即引入 I43F/R/D/Y 取代的变体（参见涉案专利说明书第 57 页表 6、第 59 页表 7、第 62 页表 8），从而证实了该亲本酶氨基酸序列的 43 位点对于改善酶学性能的重要性，该位点由原有氨基酸残基 I 取代为氨基酸残基 F、R、D 或者 Y 均有利于改善酶的热稳定性和/或比活。在权利要求并没有记载进一步引入其他取代的操作步骤且原始申请文件中也明确公开了仅在 43 位引入突变的技术方案的基础上，所属领域技术人员基于权利要求 1 的上述记载，结合对涉案专利说明书整体技术方案的理解，可以确定该权利要求所保护的方法是通过在亲本葡糖淀粉酶中引入 I43F/R/D/Y 取代来改善亲本葡糖淀粉酶的比活和/或热稳定性。

其次，专利权人在无效宣告程序的意见陈述书和口头审理中均明确，该权利要求的技术方案中不包括引入其他取代的步骤，该陈述也与前述分析相一致；此外，经合议组调查，在本案的实质审查过程中，专利权人（即原专利申请人）在答复第六次审查意见通知书时，为了克服通知书指出的权利要求不符合《专利法》第 26 条第 4 款的缺陷，将原权利要求 1 中“方法包含在亲本葡糖淀粉酶中引入 I43F/R/D/Y/S 取代”修改为“其中在亲本葡糖淀粉酶中引入 I43F/R/D/Y/S 取代”，上述修改得到了实审程序审查员的认可，修改前后的文字表述上的差异和带来的结果上的差异也直接表明，修改目的在于排除进一步引入其他取代的技术方案。

再次，说明书记载的具体实施方式并不必然均包含在权利要求的保护范围之内，权利要求可以仅要求保护说明书中记载的部分技术方案，仅以说明书中记载的这些具体实施方式为依据，扩大解释权利要求的保护范围没有合理依据。

综上，请求人基于以上理由认为权利要求不符合《专利法》第 33 条规定的理由不成立。

2. 关于《专利法实施细则》第 20 条第 1 款

《专利法实施细则》第 20 条第 1 款规定，权利要求书应当说明发明或者实用新型的技术特征，清楚、简要地表述请求保护的范围。

判断权利要求是否清楚，不仅应关注权利要求中各技术特征本身，还应考虑它们之间的关系，将权利要求作为一个整体考察其保护范围是否清楚。一般情况下，权利要求中的用词应当理解为相关技术领域通常具有的含义；在特定情况下，如果说明书中指明了某种表述具有特定的含义，并且权利要求的保护范围由于说明书对这种表述的说明而被限定得足够清楚，则应当按照该特定的含义来理解该表述。

方法权利要求通常涉及起始原料、工艺过程、步骤或者流程等技术特征，在起始原料存在多种来源途径的情况下，对该原料来源的进一步限定通常意味着排除了从其他来源获取该原料的方式，原料来源的限定会对权利要求的保护范围起到限缩作用。

请求人主张：（1）权利要求 1 中三处使用选择性的表述使得权利要求 1、2 的保护范围不清楚。（2）说明书附图 1A 中所示，SEQ ID NO：1 的第 43 位氨基酸为 T，而并非为 I，因此在 SEQ ID NO：1 的序列中引入 I43F/R/D/Y 取代的技术方案的保护范围不清楚。（3）权利要求 2 的保护范围与权利要求 1 相同，不简要。

对此，合议组认为：（1）权利要求 1 保护一种改善亲本葡糖淀粉酶的比活和/或热稳定性的方法，在限定该酶序列结构特征"所述亲本葡糖淀粉酶由 SEQ ID NO：1、2 或 3 的氨基酸序列组成"的基础上，进一步限定了该方法中采用的技术手段"在所述亲本葡糖淀粉酶中引入 I43F/R/D/Y 取代"。其中"比活和/或热稳定性"是对该方法所涉及的酶的具体性质的限定，而"SEQ ID NO：1、2 或 3""I43F/R/D/Y"分别是对亲本酶结构、改善亲本酶性能的技术手段的限定。

"比活""热稳定性"均是反映酶学性质的常规指标，其中前者反映的是在一定温度等条件下单位重量的酶蛋白所具有的酶活力，后者反映的是酶蛋白在不同温度下维持酶活性相对稳定的能力，这两种酶学性质之间存在密切联系，而且进一步结合涉案专利说明书中记载的上述参数的具体测定方式可知，热稳定性是利用乙醇用途测定通过在较高温度（60℃）条件下测定的相较初始条件的残留剩余活性来表示，而比活的测定中同时采用了乙醇用途测定条件（32℃）和增甜剂用途测定条件（60℃），结果显示两种测试条件下不同变体相对于亲本均具有较为一致的比活表现，此外，权利要求1所述方法中改善亲本葡糖淀粉酶比活和/或热稳定性的手段均是在所述酶催化区第43位氨基酸残基处引入单一取代，虽然涉及选择不同的氨基酸取代基，但其目的和效果均是改善葡糖淀粉酶的酶学性能，也就是说，在该涉案专利权利要求1这种通过单一位点氨基酸的取代来改善酶的相关性能的情形下，将“亲本葡糖淀粉酶的比活和/或热稳定性”作为葡糖淀粉酶整体的酶学性能加以考量更为合理。

权利要求1通过亲本酶序列结构的可选项、改善亲本酶性能的技术手段的可选项、所要改善的酶的性能描述共同限定了通过在SEQ ID NO：1、2或3所示的氨基酸序列组成的亲本葡糖淀粉酶中引入I43F/R/D/Y取代，以改善亲本酶比活和/或热稳定性的方法，其保护范围是清楚的，请求人主张上述限定方式导致权利要求1保护范围不清楚的理由不成立。同理，请求人认为权利要求2保护范围不清楚的理由也不成立。

（2）根据说明书的记载，SEQ ID NO：1所示序列为里氏木霉葡糖淀粉酶全长氨基酸序列；SEQ ID NO：2所示序列为里氏木霉葡糖淀粉酶全长氨基酸序列（SEQ ID NO：1）中的成熟蛋白质序列，包括催化结构域（SEQ ID NO：3）、接头区域和淀粉结合结构域，其中SEQ ID NO：2、3所示序列分别位于SEQ ID NO：1所示序列的第34—632位以及第34—486位，SEQ ID NO：2与SEQ ID NO：3的起始位置相同（参见涉案专利说明书第［0032］段以及说明书附图1A）；同时，说明书对于里氏木霉葡糖淀粉酶氨基酸残基的编号方式、酶变体的命名规则均有明确说明：“本文的葡糖淀粉酶氨基酸的编号方式是基于TrGA的序列（SEQ ID NO：2和SEQ ID NO：3）”，“发明的变体按以下命名法描述：［原始氨基酸残基/位置/取代的氨基酸残基］。例如，在76位的取代表示为R76L。当在一个给定位置多个氨基酸取代时，取代表示为1）Q172C、Q172D或Q172R；2）Q172C、D、或R，或c）Q172C/D/R……”（参见涉案专利说明书第［0032］、［0073］段），说明书中亦是根据上述编号方式和命名规则表示各种酶变体的，由此，所属领域技术人员可以理解，涉案专利说明书中已经对序列中氨基酸的编号进行了特别定义，权利要求1涉及SEQ ID NO：1的技术方案亦是按照上述编号方式和命名规则来表示相应氨基酸残基取代的，按照上述定义可以理解涉及SEQ ID NO：1的技术方案的保护范围，该权利要求的保护范围是清楚的，请求人主张上述限定方式导致权利要求1和2保护范围不清楚的理由不成立。

（3）权利要求1保护一种以SEQ ID NO：1、2或3的氨基酸序列组成的亲本葡糖淀粉酶作为起始原料，通过“在所述亲本葡糖淀粉酶中引入I43F/R/D/Y取代”来实现改善亲本酶比活和/或热稳定性的目的或效果的方法。对所属领域技术人员而言，用于酶学改造的亲本蛋白酶起始来源既可以从天然存在的来源，例如从天然微生物分离等方法制备得到，也可以通过基因工程技术或者化学合成等其他途径制备得到，权利要求1仅限定了亲本酶的序列结构，并没有限定亲本葡糖淀粉酶起始原料的具体来源，结合上述限定，所属领域技术人员可以认识到SEQ ID NO：1、2或3所示序列可以通过上述任意常规途径制备获得。

从属权利要求2进一步限定“所述亲本葡糖淀粉酶选自从木霉属物种（*Trichoderma spp.*）获得的葡糖淀粉酶”，即权利要求2所述方法限定了所述亲本酶是从微生物制备获得的，上述限定至少排除了从其他来源（例如，人工合成的方式）获取亲本酶以进一步制备具有改善的酶活性变体的步骤，在一定程度上限缩了所引用的权利要求1的保护范围，由此权利要求2的保护范围与权利要求1并不等同，请求人关于权利要求2不简要的无效理由不成立。

3. 关于《专利法》第26条第3款

《专利法》第26条第3款规定，说明书应当对发明或者实用新型作出清楚、完整的说明，以所属技术领域的技术人员能够实现为准。

如果所属领域技术人员按照说明书记载的内容，不需要创造性的劳动，就能够再现发明的技术方案，解决其技术问题，并且产生预期的技术效果，则说明书满足充分公开的要求。当所属领域技术人员无法确定所述技术方案能够产生的效果时，通常需要说明书中记载实验数据以证实其效果，但说明书记载的实验数据并不要求必须是原始实验数据，只要所述数据能够使所属领域技术人员确信发明能够产生所述用途和/或效果即可。

请求人主张，涉案专利亲本酶残留活性的离散度很大，也没有提供原始数据和数据统计分析方法，所以所属领域技术人员无法确认变体残留活性与亲本酶残留活性之间是否真正存在显著差异。

对此，合议组认为，根据说明书的记载，本发明的目的在于提供具有改善的热稳定性和/或比活的亲本葡糖淀粉酶变体，该目的是通过在所述亲本酶中引入 I43F/R/D/Y 取代来实现的。相应地，本发明权利要求 1、2 保护改善所述亲本葡糖淀粉酶的比活和/或热稳定性的方法，其中限定通过引入 I43F/R/D/Y 取代对亲本酶进行改造。

涉案专利说明书公开了所述亲本葡糖淀粉酶的氨基酸序列，同时公开了向亲本酶中引入所述取代的方法，并且具体公开了用于测定引入的取代对亲本酶的热稳定性和比活产生影响的实验方案及其结果，即在热稳定性测定实验和比活性测定实验中将 PI 值分别定义为“热处理后变体残余活性数值与亲本残余活性数值的比值”和“变体比活性与亲本比活性的比值”，当变体相对于亲本的 PI 值大于 1 时，表示相对于亲本而言具备改善的热稳定性和/或比活（参见涉案专利说明书第［0009］—［0243］段）。相应地，说明书公开了 I43R 的热稳定性 PI 值、乙醇筛选测定中的 I43D、I43F、I43R 和 I43Y 的 PI 值以及增甜剂筛选测定中 I43D、I43F 和 I43R 的 PI 值，以上 PI 值均大于 1，用于证明上述变体相对于亲本具有改善的比活/热稳定性（参见涉案专利说明书第［0423］—［0452］段）。

针对说明书记载的亲本酶热处理残留活性以及比活性的离散度较大的问题，说明书明确公开“在所述条件下的亲本 TrGA 分子具有在 15% 和 44% 之间的残留活性（日常变动）”（参见涉案专利说明书第［0425］段），可见，专利权人在进行相关实验的时候已经认识到亲本里氏木霉葡糖淀粉酶存在残留活性日常变动较大的问题，而所属领域技术人员知晓，在酶学实验中“通常发现所估计的常量的日常变动（day to day variation）远大于由实验内变动（within-experiment variation）估计的统计误差。系统误差的实际重要性在于：不应将动力学常数的数值精确性考虑得太过认真，但这并不意味着统计计算没有价值，因为对实验内数值的比较可以合理地正当地进行”（参见酶学领域教科书，例如反证 4 的译文第 2 页第 1—2 段），酶学领域中的常规做法是在存在日常变动的情况下，通过设置相同批次的实验来进行实验内比较（参见，例如反证 5 的译文实施例 5—10）。

可见，尽管说明书并未公开热稳定性测定、乙醇筛选测定及增甜剂筛选测定的原始实验数据和数据统计分析方法，但是说明书中记载的上述实验数据已经使得所属领域技术人员确信发明的方法能够实现对亲本葡糖淀粉酶的比活和/或热稳定性的改善，请求人以此主张涉案专利不符合《专利法》第26条第3款规定的理由不成立。请求人以此理由进一步主张权利要求1、2得不到说明书支持的无效理由也不成立。

4. 关于《专利法》第26条第4款

《专利法》第26条第4款规定，权利要求书应当以说明书为依据，说明要求专利保护的范围。

在判断权利要求是否得到说明书的支持时，应当在所属领域技术人员所掌握的普通技术知识的基础上，结合说明书的全部内容予以考虑，而不是仅考虑说明书具体实施方式的内容。对于权利要求中限定了某产品组成部分而非相应的完整产品的技术方案而言，如果相对于现有技术，发明针对该组成部分进行了改进，且所属领域技术人员一方面能够预期该组成部分能够相对独立地实现完整产品的部分功能，另一方面也能够预期所述组成部分与其他组成部分一起构成完整产品时，所形成的完整产品也能够解决发明所要解决的技术问题，产生相应的技术效果，则应当认可该技术方案能够得到说明书的支持。

请求人主张本发明权利要求得不到说明书支持的理由除上述涉及说明书公开不充分的理由外，其他具体理由在于：

（1）序列3对应于酶的催化结构域，而说明书中仅提供了里氏木霉葡糖淀粉酶的成熟蛋白的实验数据，所属领域技术人员无法得知仅含催化结构域的变体能不能改善比活和/或热稳定性。

（2）对于涉及序列1、2的技术方案来说，说明书仅给出了I43R的热稳定性数据，所以无法预知其他几个变体能不能改善热稳定性，更不能预知其他几个变体能不能同时改善热稳定性和比活。

（3）在不同的温度和pH条件下，比活值存在差异，说明书特定温度和时间条件下测定的比活值不能支持任何温度和时间条件下I43变体都能改善热稳定性。

（4）权利要求保护的方法除了可引入I43F/R/D/Y取代外，还可在其他位点处引入取代，所属领域技术人员无法得知除了引入I43F/R/D/Y取代外还包括其他位点处取代的葡糖淀粉酶能否实现相似的技术效果。

对此，合议组认为：（1）完整葡糖淀粉酶由三个功能结构域组成，即催化结构域、淀粉结合结构域以及用于连接催化结构域和淀粉结合结构域的接头区域。根据涉案专利说明书的记载，SEQ ID NO：3所示序列为里氏木霉葡糖淀粉酶的催化结构域，SEQ ID NO：2 所示序列为里氏木霉葡糖淀粉酶的成熟蛋白质序列，包括催化结构域（SEQ ID NO：3）、接头区域和淀粉结合结构域（参见涉案专利说明书第［0032］段以及说明书附图 1A）。

证据 2（即反证 7）公开了生物功能片段包括葡糖淀粉酶的催化结构域（参见其第 15 页第 24 行—第 16 页第 24 行），证据 4（即反证 1）公开了对葡糖淀粉酶中的淀粉结合结构域进行部分或者完全的蛋白水解切除产生的酶形式能够降解可溶的淀粉，但是不能降解生淀粉或颗粒淀粉形式（参见其第 38 页第 4—5 行）。所属领域技术人员基于酶学技术常识可知，在葡糖淀粉酶的淀粉结合结构域完全被蛋白水解切除后产生的酶形式中，对可溶的淀粉发挥葡糖淀粉酶生物功能的结构应当是催化结构域，由此可判断葡糖淀粉酶的催化结构域作为生物功能片段能够发挥对可溶性淀粉的降解作用。在此基础上，基于涉案专利说明书的具体实施方式中证实了 I43F/R/D/Y 取代能够改善葡糖淀粉酶成熟蛋白的热稳定性和/或比活，所属领域技术人员能够合理判断 I43F/R/D/Y 取代同样能够改善葡糖淀粉酶催化结构域的相应酶学性质，而且也能预期权利要求 1 涉及 SEQ ID NO：3 所示序列的技术方案能够用于构建具有相应突变的葡糖淀粉酶成熟蛋白质变体，并最终从整体上实现改善葡糖淀粉酶成熟蛋白质酶学性能的技术效果。

（2）如前所述，权利要求 1 中“比活”与“热稳定性”这两种酶学性质之间存在密切联系，应当把“亲本葡糖淀粉酶的比活和/或热稳定性”作为葡糖淀粉酶整体的酶学性能加以考量。而涉案专利说明书公开了 I43R 变体的热稳定性 PI 值，乙醇筛选测定中的 I43D、I43F、I43R 和 I43Y 变体的 PI 值，增甜剂筛选测定中 I43D、I43F 和 I43R 变体的 PI 值均大于 1，显示出相对于亲本酶而言，相应变体具备明显改善的热稳定性和/或比活。在以上实验数据的基础上，所属领域技术人员有理由确信上述变体相对于亲本而言，均实现了改善的热稳定性和/或比活，请求人的理由不成立。

（3）虽然涉案专利说明书所记载的乙醇筛选测定和增甜剂筛选测定中均采用了特定的温度和 pH 条件（分别为 32℃、pH4 和 60℃、pH4. 5），但所采用的正是乙醇和增甜剂筛选实验中常规的温度和 pH 范围，其实验结果具有一定的代表性，能够反映常规、典型的实际应用条件下酶变体相对于亲本酶在比活性上的变化；同时所属领域技术人员知晓，酶是在一定的温度和 pH 值范围内发挥活性的物质，测定活性或活性变化通常会参照相应酶正常使用时发挥作用的条件进行，只有在乙醇和增甜剂筛选等典型实验中常规的温度和 pH

范围进行相应实验，其结果对于所属领域技术人员来说才有意义，也就是说所属领域技术人员并不会随意选择任意温度、pH 条件进行此类实验。可见，发明的实验结果能够反映在所属领域常规实验条件下酶变体相对于亲本酶在比活性方面的变化趋势，所属领域技术人员在此基础上有理由确信上述变体相对于亲本而言获得了改善的比活性能。对于热稳定性的测定同样如此，所属领域技术人员基于说明书的记载同样有理由确信上述变体相对于亲本而言实现了改善的热稳定性。因此，请求人的理由不成立。

（4）如前文关于《专利法》第 33 条的决定理由所述，权利要求所保护的方法是通过在亲本葡糖淀粉酶中引入 I43F/R/D/Y 取代来改善亲本葡糖淀粉酶的比活和/或热稳定性，并不包含在其他位点处引入取代，因此请求人的理由不成立。

综上，请求人所提出的涉案专利权利要求的技术方案无法得到说明书支持的无效理由均不成立，合议组对其不予支持。

5. 关于《专利法》第 22 条第 3 款

《专利法》第 22 条第 3 款规定，创造性，是指同申请日以前已有的技术相比，该发明有突出的实质性特点和显著的进步。

在确定现有技术是否给出了获得发明技术方案的技术启示时，应当考察在未得知发明技术方案的前提下，所属领域技术人员仅基于现有技术的教导是否有动机改进现有技术以获得发明的技术方案，而不是在知晓了发明的技术方案之后，再去考虑基于现有技术进行这种改进的可能性或可行性。在判断是否有动机将两篇或多篇现有技术结合从而得到发明的技术方案时，应当充分分析所属领域技术人员对于引入区别特征以解决发明实际解决的技术问题是否存在合理的成功预期；如果无法预见两者结合后将产生的结果，则通常不具有有目的的结合的动机。

生物技术领域作为技术快速更新领域的典型代表，所属领域技术人员通常不会对现有技术的偏见贸然提出挑战，也不会轻易尝试进入未知技术领域，更不会在缺乏成功预期的前提下盲目地进行实验验证。虽然随着生物信息学等技术手段在生物领域中的广泛应用，可以通过将待研究的序列与具有一定同源性的已知功能序列进行比对，进而分析预测影响其功能的结构区域，但所属领域技术人员在确定预测的数据所提供的方向和教导时，会重点考虑预测方法本身的科学性和可信度、现有技术中用以作为预测基础的序列信息与待验证功能的序列之间的相似性、预测的具体结构区域与其功能之间的关系是否明确等多种因素。当权利要求涉及的性能改善的酶变体与现有技术公开的亲本酶相比，存在特定位点上的氨基酸取代时，如果基于上述多种因素的综合考虑，所属领域技术人员并不会形成有目的地将所述特定位点上的氨基酸取代应用于亲本酶，以改善该酶的相应性能的动机和启示，且说明书已经通过实验表明上述特定位点上的氨基酸取代具有改善该酶特性的效果，那么该技术方案相对于所述现有技术而言是非显而易见的，具有创造性。

本案中，请求人主张权利要求 1 不具备创造性时使用了 11 组证据组合方式，其中作为最接近的现有技术的证据分别为证据 2、证据 1 或证据 3，同时明确证据 1 和 3 作为同族专利，两者的具体使用方式完全相同。基于上述无效理由的逻辑关系，合议组将证据组合方式分为三组：

（1）以证据 2 为最接近的现有技术，依据其他证据给出的技术启示评价创造性：

涉案专利权利要求 1 保护一种改善亲本葡糖淀粉酶的比活和/或热稳定性的方法，证据 2 公开了一种里氏木霉葡糖淀粉酶（参见其译文第 1 页第 10—20 行、第 3 页第 5—15 行以及第 4 页第 1—27 行），其推导氨基酸序列如 SEQ ID NO：3 所示，推导成熟蛋白质序列如 SEQ ID NO：4 所示，催化结构域序列如 SEQ ID NO：40 所示，上述序列分别与涉案专利所述的里氏木霉葡糖淀粉酶全长氨基酸序列（SEQ ID NO：1）、里氏木霉葡糖淀粉酶成熟蛋白质序列（SEQ ID NO：2）、里氏木霉葡糖淀粉酶催化结构域（SEQ ID NO：3）完全相同。证据 2 公开的其他技术方案中还涉及来自 *H. gelatinosa* 的葡糖淀粉酶（GA107）（参见证据 2 的译文第 3 页最后两段），其第 43 位氨基酸残基为 T，该酶的比活为 48，而里氏木霉葡糖淀粉酶的比活为 23，GA107 与涉案专利的里氏木霉葡糖淀粉酶成熟蛋白质序列（SEQ ID NO：2）相比有 61 个氨基酸残基不同。

将权利要求 1 与证据 2 公开的上述技术方案相比，两者的区别技术特征在于：a）权利要求 1 保护一种改善亲本葡糖淀粉酶的比活和/或热稳定性的方法，而证据 2 仅公开了亲本葡糖淀粉酶相关序列；b）权利要求 1 中限定了在所述亲本酶中引入 I43F/R/D/Y 取代，而证据 2 并未公开制备酶变体的相关信息。

根据涉案专利说明书的记载，就变体相对于亲本而言的性能比值（PI 数值）而言，I43R 的热稳定性 PI 值，乙醇筛选测定中的 I43D、I43F、I43R 和 I43Y 的 PI 值以及增甜剂筛选测定中 I43D、I43F 和 I43R 的 PI 值均大于 1，证明上述变体相对于亲本具有改善的比活和/或热稳定性（参见涉案专利说明书第［0423］—［0452］段）。可见，权利要求1的技术方案实际解决的技术问题是提供一种改善亲本葡糖淀粉酶的酶学性能的方法。

证据1公开了一大类改良的黑曲霉葡糖淀粉酶变体（参见证据1的说明书第4—13、59—62页），其亲本黑曲霉葡糖淀粉酶的氨基酸序列如SEQ ID NO：2所示，其中同时利用三种方法对所述酶进行研究：利用分子动力学（MD）模拟的方法进行研究，预测其中有9个区域与改善的热稳定性或者增强的特异性活性有关；利用活性位点附近区域可能与改善的热稳定性或者增强的特异性活性有关的理论，预测了其中的6个区域；利用其他菌属对于麦芽糖糊精的高度特异性状况，预测了其中的3个区域与增强的特异性活性有关。以上三种方法得到的预测结果存在差异。

综合这些预测结果，选择所述变体酶在其中的13个区域内发生一个或者多个突变，个别突变区还进一步包含突变亚区，每个突变区或者突变亚区由十几个到三十几个氨基酸残基组成，各自包含几个到十几个优选突变位点，优选的突变来自这些突变位点及其各种组合，进一步优选的突变是在这些突变位点及其各种组合上由亲本酶原有氨基酸残基取代为除原有残基以外的19种氨基酸残基之一或者多个候选残基；其中的突变区之一为40—62区域，该区域包含40—47亚区和58—62亚区，优选的位点包括以下之一或更多：40、41、42、43、44、45、46、47、49、51、53、56、58、59、60、61、62，其中提到了40、43、51、53、56、59和60这几个位点的优选氨基酸残基取代情况，没有涉及44这个位点的优选氨基酸残基取代。该证据还进一步公开了前述13个突变区中的12个突变区与改善的热稳定性有关，8个突变区与增强的特异性活性有关（参见证据1的说明书第13—22、59—62页），与改善的热稳定性有关的12个突变区不包括40—62区域，与增强的特异性活性有关的8个突变区包括40—62区域，也包括40—47亚区和58—62亚区。

此外，该证据还在具体实施方式中采用DOPE软件计算的方法预测热稳定性改善的黑曲霉葡糖淀粉酶变体形式，得出的优选位点并不包含44位点，整体结果也与前述预测结果有所不同（参见证据1说明书的实施例2，第41—46、59—62页）。

证据3公开的内容与证据1基本相同。

证据4（即反证1）是一篇学位论文，其公开了葡糖淀粉酶选择性的计算机研究（参见证据4的译文第1页标题、第2页最后一段—第4页第2段以及图2），即通过计算机研究葡糖淀粉酶对底物的选择性结合和催化的分子基础，在第三章（即证据4的第37—70页）中分析了葡糖淀粉酶的结构、功能和进化关系，其中通过序列比对的方法分析了曲霉属（*Aspergillus*）亚家族中的黑曲霉/泡盛曲霉、黑曲霉T21、里氏木霉等霉菌的部分葡糖淀粉酶序列，并且催化结构域分析中显示，大部分葡糖淀粉酶催化结构域具有相同的构造，均由13个螺旋组成，其中12个螺旋两两配对以（α/α）$_6$桶状存在。根据反证2的图2（对应于证据4的图2）可以看出，比对的里氏木霉葡糖淀粉酶的氨基酸序列仅为全长序列的一部分，并不包含涉案专利中SEQ ID NO：2所示N16—R53区段，更不包含其中的I43位点；同时，反证2明确公开了前述序列比对仅考虑了“能够匹配其他葡糖淀粉酶区段”的区段，而并未考虑全长序列（参见反证2的译文第1页第12—14行，对应于反证1的第41页第2段）。该证据还在第二章（即证据4的第14—15页）中公开了关于葡糖淀粉酶催化结构域的文献回顾，提到在泡盛曲霉菌株X100的催化结构域“显示了非同一般的特性”，“五个恒定部分将活性位点定义为包含桶中心空腔的区域”，并公开了葡糖淀粉酶活性位点中对接配体的立体图（参见证据4的译文第2页最后一段、第10页第3段以及原文第146—146页图2a-i）。

证据5公开了扣囊复膜酵母的葡糖淀粉酶的结构研究，其中在研究泡盛曲霉葡糖淀粉酶结构时提到“围绕相同的两个环的疏水结合结构位点在GluAa和GluSf之间是高度保守的，包括Tyr63（48）、Trp67（52）”等9个位点（参见证据5的译文第1页最后一段）；并且公开了泡盛曲霉葡糖淀粉酶的序列结构（参见证据5的第855页图1）。

证据6公开了通过疏水簇分析葡糖淀粉酶的结构相似性研究（参见证据6的译文第1页第2段以及图2a-i），涉及黑曲霉/泡盛曲霉葡糖淀粉酶等，但是不涉及里氏木霉。

1）就证据2与证据1/3、证据4的结合而言，请求人认为：证据4公开的信息和涉案专利说明书中公开的信息分别证明了里氏木霉葡糖淀粉酶与黑曲霉葡糖淀粉酶的结构同源性，由此容易想到将两者进行序列比对以便获得改构启示。而且经比对能够发现黑曲霉葡糖淀粉酶中的第D44位氨基酸残基与涉案专利中里氏木霉葡糖淀粉酶成熟蛋白质的第I43位氨基酸相对应，由此有动机将证据1/3中关于黑曲霉葡糖淀粉酶第D44位氨基酸残基的改构启示应用于证据2公开的亲本里氏木霉葡糖淀粉酶。突变种类只需应用有限的试验即可获得。

对此，合议组认为：

首先，就结合启示而言，由于来源于里氏木霉和黑曲霉的葡糖淀粉酶序列差异较大，同时里氏木霉和黑曲霉分别属于不同的属，所以难以想到将黑曲霉葡糖淀粉酶的改构启示直接应用于里氏木霉葡糖淀粉酶的序列中。

具体说来，如前所述，证据 2 公开了亲本里氏木霉葡糖淀粉酶，而证据 1 公开的是黑曲霉葡糖淀粉酶变体以及相应的亲本。依据专利权人提供的序列比对材料，可知涉案专利的亲本里氏木霉葡糖淀粉酶成熟蛋白质序列 SEQ ID NO：2（对应于证据 2 公开的亲本里氏木霉葡糖淀粉酶的推导成熟蛋白质序列 SEQ ID NO：4）与证据 1 公开的亲本黑曲霉葡糖淀粉酶序列（证据 1 的 SEQ ID NO：2）的同一性仅为 44.6%；依据涉案专利说明书的记载，涉案专利的亲本里氏木霉葡糖淀粉酶成熟蛋白质序列 SEQ ID NO：3（对应于证据 2 公开的亲本里氏木霉葡糖淀粉酶的推导催化结构域序列 SEQ ID NO：40）与黑曲霉葡糖淀粉酶催化结构域序列（即证据 1 公开的亲本黑曲霉葡糖淀粉酶的催化结构域序列）的同一性仅为 56%（参见涉案专利说明书第［0152］—［0155］段以及表 1 和附图 4），也就是说，证据 2 与证据 1 公开的这两种葡糖淀粉酶在成熟蛋白质序列和催化结构域序列仅具有相对较低的同一性；同时，虽然所属技术领域中涉及真菌的纲目分类存在不同认识，但是基于微生物学分类的基本常识，可知微生物基本分类单位——种是表型特征高度相似、亲缘关系极为接近的一类微生物，即同种内微生物之间的分类学特征通常高度相似，而同属不同种的微生物之间往往差异较大，里氏木霉、黑曲霉分属木霉属和曲霉属，相互之间的差异自然比同属不同种的微生物之间的差异更大。因此，所属领域技术人员难以想到将这两种不同菌属来源的葡糖淀粉酶进行序列比对来获得改构启示，更不会想到将证据 1 中关于黑曲霉葡糖淀粉酶的改构启示应用于证据 2 公开的亲本里氏木霉葡糖淀粉酶。

关于证据 4 的教导，该证据中仅是对里氏木霉葡糖淀粉酶全长序列的一部分通过序列比对进行了分析，且根据专利权人提交的序列比对材料可知，比对的里氏木霉葡糖淀粉酶的氨基酸序列并不包含涉案专利中 SEQ ID NO：2（对应于证据 2 公开的亲本里氏木霉葡糖淀粉酶的推导成熟蛋白质序列 SEQ ID NO：4）所示的 N16—R53 区段，更不包含其中的 I43 位点；同时，作为证据 4 对应的期刊论文——反证 2 明确公开了前述序列比对仅考虑了“能够匹配其他葡糖淀粉酶区段”的区段，而并未考虑全长序列（参见反证 2 的译文第 1 页第 12—14 行，对应于证据 4 即反证 1 的第 41 页第 2 段）。可见，所属领域技术人员基于证据 4 的教导，难以想到将里氏木霉葡糖淀粉酶与黑曲霉葡糖淀粉酶进行序列比对，特别是将里氏木霉葡糖淀粉酶成熟蛋白质序列的N16—R53区段与黑曲霉葡糖淀粉酶相应区段进行序列比对来获得改构启示，请求人的主张无法得到合议组支持。

涉案专利先筛选里氏木霉葡糖淀粉酶的变体，确定可突变位点，然后构建里氏木霉葡糖淀粉酶晶体，并通过与泡盛曲霉葡糖淀粉酶的已知晶体进行结构解析，确定其催化区的结构同源性，进而确定等价残基，即涉案专利在发现里氏木霉葡糖淀粉酶中影响酶学活性的突变位点和解析其晶体结构的基础上，确定了与其催化区晶体结构相似的泡盛曲霉葡糖淀粉酶中相应的改构位点。表征里氏木霉葡糖淀粉酶的晶体结构恰恰是涉案专利的主要技术贡献，说明书中针对葡糖淀粉酶结构的分析结论都是基于其表征的晶体结构而获得的。正如双方当事人在口头审理中所确认的，在涉案专利的优先权日之前所属技术领域中尚未表征过里氏木霉葡糖淀粉酶的晶体结构。因此，虽然基于已有的葡糖淀粉酶的序列信息可以通过序列比对等方式进一步预测本发明的里氏木霉葡糖淀粉酶的功能活性区域和立体结构等信息，但所属领域技术人员在确定预测的数据所提供的方向和教导时，会重点考虑预测方法本身的科学性和可信度、现有技术中用以作为预测基础的序列信息与待验证功能的序列之间的相似性、预测的具体结构区域与其功能之间的关系是否明确等多种因素。本案中，在尚不了解里氏木霉葡糖淀粉酶晶体结构，无法确定其与已有葡糖淀粉酶空间结构相似程度的条件下，仅基于较低的序列同一性，以及来源菌属的较远亲缘关系，不足以给所属领域技术人员提供相应的明确的改构启示。而所属领域技术人员公知，酶蛋白的功能活性由其空间结构所决定，在无法确定所述里氏木霉与其他来源的葡糖淀粉酶空间结构相似程度的情况下，所属领域技术人员更无法依据其他来源葡糖淀粉酶的空间结构信息来获得影响里氏木霉葡糖淀粉酶酶学性质的改构启示。

其次，就改进动机而言，证据1仅给出了一般性的泛泛教导，且结论存在很大的不确定性，即证据1预测的具体结构区域或位点与其功能之间的关系并不是非常明确，导致难以选择可能改善酶学性能的具体位点。

具体说来，如前所述证据1公开了数量极其庞大且不确定的黑曲霉葡糖淀粉酶突变选择，在分析了该证据公开的各个突变区、突变亚区、优选突变位点、优选取代氨基酸残基及其组合之后，可知潜在可选的突变位点多达200多个，理论上可选择的取代种类超过200^{19}种可能，可见，证据1并没有明确指向本申请所述的突变位点，对于可选的突变位点，仅是给出了一般性的泛泛教导，况且请求人主张所属领域技术人员得以获得酶变体改构动机的44位点（对应于涉案专利43位点）取代还不是该证据中取代氨基酸残基的最优选方案；同时，该证据中预测上述突变选择时采用了三种不同的方法，还在具体实施方式中采用了计算机软件预测，其结果差异非常大，且有些预测结果甚至不涉及前述的44位点（对应于涉案专利43位点），显示预测结论存在很大的不确定性，预测结果难以给出明确的技术教导。可见，即使所属领域技术人员能够将里氏木霉葡糖淀粉酶与黑曲霉葡糖淀粉酶在结构上进行比较分析，在面对证据1这样近乎天文数字的不确定信息的条件下，也根本无从选择可能改善酶学性能的突变。在作为现有技术的证据1和证据4并没有就如何确定改善酶学性能的突变位点以及具体引入何种突变给出方向性的充分教导的情况下，即使考虑上述一般性教导，由于所属领域技术人员对试验结果缺乏合理的成功预期，因而通过试验将亲本里氏木霉葡糖淀粉酶改构为所述变体也并不属于所属领域技术人员应用有限试验即可获得的范畴，请求人的主张不成立。

综上所述，证据1和4均未公开涉案专利权利要求1与证据2的区别技术特征，也未公开选择上述区别技术特征的技术启示；同时采用所述区别技术特征的变体取得了有效改善里氏木霉葡糖淀粉酶的比活和/或热稳定性的有益效果，因此涉案专利权利要求1相对于证据2和证据1、证据4的结合而言具有创造性，符合《专利法》第22条第3款的规定。从属权利要求2引用了权利要求1，相对于证据2和证据1、证据4的结合而言也具有创造性，符合《专利法》第22条第3款的规定。

同理，涉案专利权利要求1、2相对于证据2和证据3、证据4的结合而言也具有创造性，符合《专利法》第22条第3款的规定。

2）就证据2与证据4、证据5的结合；证据2与证据4、证据5、证据6的结合；证据2与证据1/3、证据4、证据5的结合；证据2与证据1/3、证据4、证据5、证据6的结合而言，请求人认为：

首先，里氏木霉葡糖淀粉酶与泡盛曲霉葡糖淀粉酶的结构同源，由此容易想到将两者进行比对以便获得改构启示。证据4和5分别公开了泡盛曲霉葡糖淀粉酶的活性部位以及周围的残基，其中包括残基Y48、W52、R54、D55，上述残基分别与涉案专利中里氏木霉葡糖淀粉酶成熟蛋白质的Y47、W51、R53、D54相对应，证明这四个残基对于里氏木霉葡糖淀粉酶催化发挥关键作用；而证据2公开的高比活葡糖淀粉酶GA107与里氏木霉葡糖淀粉酶的序列结构差异体现在第43位残基处，该位点与前述四个催化关键残基（Y47、W51、R53、D54）十分邻近，由此所属领域技术人员容易想到43位残基的差异可能对邻近的四个催化关键残基产生影响，从而改变酶的比活性，由此获得亲本里氏木霉葡糖淀粉酶的改构启示。

其次，证据1教导了活性位点邻近的区域是可用于增强比活和/或热稳定性的区域，I43即位于活性位点邻近的区域；证据6教导了曲霉属（*Aspergillus*）亚家族的5个保守区段，前述四个催化关键残基及里氏木霉葡糖淀粉酶中的I43均位于这些保守区段内，所属领域技术人员容易想到保守区段内的突变更容易引起酶活性的变化。因此，证据1和6均强化了在I43处进行氨基酸突变会影响比活和/或热稳定性的启示。可选择的突变种类，只需应用“有限的试验”即可获得。

对此，合议组认为：首先，就结合启示而言，由于里氏木霉与泡盛曲霉的葡糖淀粉酶序列差异较大，且分别属于不同的属，所以难以想到将泡盛曲霉葡糖淀粉酶的改构启示直接应用于里氏木霉葡糖淀粉酶的序列中。

具体说来，如前所述，证据2公开了亲本里氏木霉葡糖淀粉酶，而证据5公开的是泡盛曲霉葡糖淀粉酶变体以及相应的亲本。依据专利权人提供的序列比对材料，可知涉案专利的亲本里氏木霉葡糖淀粉酶成熟蛋白质序列SEQ ID NO：2（对应于证据2公开的亲本里氏木霉葡糖淀粉酶的推导成熟蛋白质序列SEQ ID NO：4）与证据5公开的亲本泡盛曲霉葡糖淀粉酶序列的同一性仅为44.7%；依据涉案专利说明书的记载，涉案专利的亲本里氏木霉葡糖淀粉酶成熟蛋白质序列SEQ ID NO：3（对应于证据2公开的亲本里氏木霉葡糖淀粉酶的推导催化结构域序列SEQ ID NO：40）与泡盛曲霉葡糖淀粉酶催化结构域序列的同一性仅为56%（参见涉案专利说明书第［0152］—［0155］段以及表1和附图4），也就是说，证据2与证据5公开的两种葡糖淀粉酶在成熟蛋白质序列和催化结构域序列的同一性上均相当之低；同时，基于微生物学分类的基本常识，可知同属不同种的微生物之间往往差异较大，里氏木霉、泡盛曲霉分属木霉属和曲霉属，自然相互之间的差异相较同属不同种的微生物之间的差异更大，所属领域技术人员难以想到将这两种酶进行序列比对来获得改构启示，更不会想到将证据5中关于泡盛曲霉葡糖淀粉酶的改构启示应用于证据2公开的亲本里氏木霉葡糖淀粉酶。

正如前面针对“证据2与证据1/3、证据4”的证据组合方式所分析的那样，所属领域技术人员基于证据4的教导，同样也难以想到将里氏木霉葡糖淀粉酶与泡盛曲霉葡糖淀粉酶进行序列比对，请求人的主张无法得到合议组支持。

正如前面针对“证据 2 与证据 1/3、证据 4”的证据组合方式所分析的那样，在尚不了解里氏木霉葡糖淀粉酶的晶体结构的条件下，基于较低的序列同一性，以及来源菌属的差异，同样没有合理理由预期里氏木霉葡糖淀粉酶与泡盛曲霉葡糖淀粉酶之间的序列比对有助于提供改构亲体酶的技术启示。

其次，就改进动机而言，证据 1、4—6 公开了海量信息，给出的教导不确定，且优选的技术方案也与涉案专利保护的酶变体并不对应，导致难以选择可能改善酶学性能的酶变体结构。

具体说来，证据 4 和 5 所述的泡盛曲霉葡糖淀粉酶的活性部位以及周围的残基、证据 1 所述的活性位点邻近的区域以及证据 6 所述的保守区段均涉及众多可选位点，其中恰恰都没有提到与涉案专利中里氏木霉葡糖淀粉酶成熟蛋白质的第 I43 位氨基酸直接对应的残基，而且“活性部位周围的残基”“活性位点邻近的区域”本身就表示很不确定的范围，所述保守区段与酶的比活和/或热稳定性之间的关联性也很不明确；而依据专利权人提交的序列比对材料可知，证据 2 公开的高比活葡糖淀粉酶 GA107 与里氏木霉葡糖淀粉酶的序列相比，实际上多达 61 个位点存在差异，所属领域技术人员基于现有技术（例如证据 1、4—6）难以判断葡糖淀粉酶 GA107 比活的提高究竟是由于哪个或者哪些残基的差异所导致的，为了改善酶学性质，理论上可选择的取代种类超过 61^{19} 种可能，而且没有理由不优先从所谓“催化关键残基”中寻找合适的突变位点；即使从其邻近区域寻找突变位点，亦存在众多可选位点，完全无从想到里氏木霉葡糖淀粉酶中 I43 处的氨基酸残基取代会改善酶的比活和/或热稳定性。

在作为现有技术的证据 1、4—6 并没有就如何确定改善酶学性能的突变位点以及具体引入何种突变给出方向性的充分教导的情况下，即使考虑上述一般性教导，由于所属领域技术人员对成功获得所需试验结果缺乏合理预期，因而通过试验将亲本里氏木霉葡糖淀粉酶改构为所述变体也不属于所属领域技术人员应用有限的试验即可获得的范畴，请求人的主张不成立。

综上所述，证据 1—2 和 4—6 均未公开涉案专利权利要求 1 与证据 2 的区别技术特征，也不存在选择上述区别技术特征的技术启示；同时采用所述区别技术特征可以有效改善里氏木霉葡糖淀粉酶的比活和/或热稳定性，这属于有益的技术效果，因此涉案专利权利要求 1 相对于证据 2 与证据 4、证据 5 的结合；证据2与证据4、证据5、证据6的结合；证据2与证据1、证据4、证据5的结合；证据2与证据1、证据4、证据5、证据6的结合而言具有创造性，符合《专利法》第22条第3款的规定。从属权利要求2引用了权利要求1，相对于上述证据的结合而言也具有创造性，符合《专利法》第22条第3款的规定。

同理，涉案专利权利要求1、2相对于证据2与证据3、证据4、证据5的结合；证据2与证据3、证据4、证据5、证据6的结合而言也具有创造性，符合《专利法》第22条第3款的规定。

（2）以证据2为最接近的现有技术，基于涉案专利说明书的实验数据缺陷，并未实际解决发明所要解决的技术问题，由此评判创造性：

如前文关于《专利法》第26条第3款的审查意见所述，所属领域技术人员基于说明书的记载有理由确信，权利要求中的变体相对于亲本而言，均实现了改善的热稳定性和/或比活，因此请求人关于涉案专利“并未实际解决发明所要解决的技术问题”的主张不成立，以此为基础进一步指出权利要求1、2相对于证据2和常规技术手段的结合不具有创造性的无效理由也不成立。

（3）以证据1或3为最接近的现有技术，依据其他证据给出的技术启示评价创造性：

依据前述分析，可以确定权利要求1与证据1的区别技术特征在于，权利要求1的亲本葡糖淀粉酶来自里氏木霉，而证据1中的亲本葡糖淀粉酶为来自黑曲霉的G2葡糖淀粉酶；权利要求1的突变位点为I43，而证据1中提及的数量众多的突变位点包含D44；权利要求1中还限定了具体的突变I43F/R/D/Y。根据涉案专利说明书记载的相关技术效果，可以确定权利要求1的技术方案实际解决的技术问题是提供一种改善其他亲本葡糖淀粉酶的酶学性能的方法。

基于“证据2与证据1、证据4”的证据组合方式类似的理由，证据2和4均未公开涉案专利权利要求1与证据1有关突变位点及其具体突变的区别技术特征，就结合启示而言，由于来源于里氏木霉和黑曲霉的葡糖淀粉酶序列差异较大，同时里氏木霉和黑曲霉分别属于不同的属，所以难以想到将黑曲霉葡糖淀粉酶的改构启示直接应用于里氏木霉葡糖淀粉酶的序列中；就改进动机而言，证据1仅给出了一般性的泛泛教导，且结论存在很大的不确定性，导致难以选择可能改善酶学性能的具体位点；同时涉案专利采用所述区别技术特征取得了有效改善里氏木霉葡糖淀粉酶的比活和/或热稳定性的有益效果，因此涉案专利权利要求 1 相对于证据 1 和证据 2、证据 4 的结合而言具有创造性，符合《专利法》第 22 条第 3 款的规定。从属权利要求 2 引用了权利要求 1，相对于上述证据的结合而言也具有创造性，符合《专利法》第 22 条第 3 款的规定。

同理，涉案专利权利要求 1、2 相对于证据 3 与证据 2、证据 4 的结合而言也具有创造性，符合《专利法》第 22 条第 3 款的规定。

基于以上事实和理由，本案合议组作出如下审查决定。

三、决定

在专利权人于 2018 年 06 月 25 日提交的权利要求 1、2 的基础上，维持第 200780037776. 9 号发明专利权有效。

当事人对本决定不服的，可以根据《专利法》第 46 条第 2 款的规定，自收到本决定之日起三个月内向北京知识产权法院起诉。根据该款的规定，一方当事人起诉后，另一方当事人作为第三人参加诉讼。

合议组组长：邹凯
主　审　员：魏聪
参　审　员：王荣霞　葛永奇　史晶

十一

发明构思的把握在新颖性、创造性评判中的作用

评析“化学气相沉积装置”无效案

针对请求人维易科精密仪器国际贸易（上海）有限公司就专利权人中微半导体设备（上海）有限公司的实用新型专利权（ZL201220056049.5）提出的无效宣告请求，国家知识产权局原专利复审委员会经审理作出审查决定，在修改后的权利要求书的基础上维持专利权有效。

该案中，双方的主要争议焦点在于新颖性、创造性的判断，具体地，在于权利要求的技术方案与现有技术是否相同，以及现有技术的不同方案间是否存在相互结合的技术启示。笔者从发明构思的角度对上述焦点进行分析，以期对新颖性、创造性的判断思路有所启发。

一、把握发明构思是正确理解发明的前提

“发明”是发明人为解决现有技术中存在的问题而采取的技术改进思想或技术构思。对于一项发明创造而言，技术问题是发明创造的起因，技术效果是发明创造的结果，技术手段是解决技术问题实现技术效果的具体过程。技术问题、技术手段和技术效果作为发明三要素，统一于发明这一有机整体，构成了发明创造的核心，体现了发明构思。尽管在专利文件中，技术方案是通过一个个技术特征这一外在形式来呈现，但蕴含于这些技术特征背后的发明构思才是一项技术方案的灵魂和本质。因此，无论是在理解发明，还是在进行新颖性、创造性判断时，把握发明构思这一技术本质才是正确理解和判断的前提和基础。准确把握发明构思，需要站位本领域技术人员的立场，基于专利文件依次寻找如下三个问题的答案：第一，了解起因——技术问题从何而来？第二，起因与结果间的桥梁——技术改

进手段是什么？第三，把握结果——技术效果因何而就？下面，笔者就以本案为例，对如何把握发明构思进行阐述。

本案涉及的是一种用于制造半导体芯片的气相沉积装置，该装置中包括旋转的主轴和随之转动的托盘。在工作时，芯片放置在托盘上，并由托盘带动其进行转动，同时通过气相沉积工艺在芯片表面沉积外延层。由于半导体芯片的高度精密性，对于托盘转动的平稳性和精度有着极高的要求。涉案专利就是对于主轴和托盘之间连接方式的改进。

现有技术中托盘和转轴之间常用的连接方式有两种，一种为固定连接，另一种为摩擦面连接。其中，固定连接为托盘和转轴通过螺钉等方式永久固定连接，这种连接方式能够较为有利地增加两者之间的牢固性，保证了托盘在转动过程中的稳定度，但存在安装过程中需要的精度高、后续维修更换相关部件困难的技术问题；摩擦面连接为转轴与基片托盘间通过一个带状的摩擦接触面进行连接，这样可以保证在转轴高速旋转时整个基片托盘会自发地调整成水平状态，但该方式则存在着旋转加速和减速的过程中基片托盘和转轴容易发生相对位移，从而无法精确判断托盘旋转位置的技术问题。涉案专利正是基于这样的技术问题作出的改进。

涉案专利解决上述技术问题所采取的技术手段是在摩擦面连接的基础上，增加了同步运动配合结构，即设置突出部和与之配合的凹陷部，在整个工作过程中，依靠摩擦力驱动托盘运动，由设置的同步运动配合结构避免突发情况导致的托盘与转轴之间的相对位移，由此提高对于托盘位置的精确控制。通过这样的连接方式，既能实现旋转中对基片托盘的自平衡，也能防止基片托盘和转轴之间的相对转动，从而达到预期的技术效果。

二、把握发明构思是准确得出审查结论的保障

在进行新颖性、创造性评判时，将技术方案与现有技术进行对比是这一评判的必经步骤，对比的方式往往是将二者的技术特征一一进行比较，这是在实践中易于操作也较为直观的操作方式，但在审查实践中可以发现，这种做法往往无法准确地反映发明构思的实际过程，也难以客观地衡量发明的实际贡献。究其原因，主要在于技术特征文字本身更多地体现了技术手段，而技术手段需结合在其背后蕴含的技术问题和技术效果才能体现发明的本质。因此，倘若在进行技术特征对比时，能够从发明构思的角度对技术方案和现有技术进行分析比较，找出二者在发明构思上的区别，再精确定位出二者的

区别是通过哪些技术特征来体现的，如此则更有助于判断技术方案与现有技术之间的异同。

以本案为例，请求人使用的主要的现有技术为证据1，该证据为一篇专利文献，其针对的改进起点为固定连接方式，要解决的同样为安装过程中需要的精度高、后续维修更换相关部件困难的技术问题，其采取的技术手段为在托盘和转轴之间采用了可分离的连接方式，在安装过程中，将托盘放置在转轴之上即可。为了满足后续的旋转需求，证据1给出了两种具体实施方式：方案一，在托盘和转轴之间设置独立保持装置，该独立保持装置具体体现为设置凹口和与之配合的凸起件或指状件；方案二，在托盘和转轴的接触部位设置相配合的摩擦带，可以使转轴在摩擦力的作用下驱动托盘转动，这也是证据1优选的实施方式。

请求人欲使用上述方案一来评价涉案专利的新颖性，并认为由于转轴与托盘之间存在接触，因此方案一也必然存在摩擦力的作用。

从涉案专利与证据1的技术特征和附图来看，二者的连接方式确有相近之处，其传动方式似乎也是相同的，但从二者的发明构思角度来分析，则很容易凸显出二者的区别。涉案专利的发明构思是采用同步运动配合结构，来解决摩擦传动过程中转轴和托盘之间发生相对位移的问题，正常转动时，转轴依靠摩擦力带动托盘旋转，同步运动配合结构不起作用，急起、急停等特殊情况下，同步运动配合结构才会产生作用，保证转轴和托盘之间不发生相对转动。方案一的发明构思则是采用接触传动这种可分离连接的方式，来克服以往的固定连接的缺陷，而完全没有提及摩擦的问题，从其转轴顶部的形状可以看出，它并不包括摩擦带，转轴和托盘之间虽有接触，但它们之间的摩擦力仅仅是两个相互接触的部件在接触时所产生的不可避免的摩擦，这个摩擦力与本专利中能够带动托盘运动的摩擦力完全不同，它不足以维持托盘随转轴转动，因此方案一才要设置独立保持装置用于使转轴带动托盘转动，并且在转动时，独立保持装置要时刻发挥作用。由此可知，在二者方案中虽然均存在类似凸起指状件的结构，但二者在转轴带动托盘运动的过程中所起的作用并不相同，方案一的传动方式也并非摩擦传动，因此涉案专利权利要求中体现摩擦传动的技术特征自然也就构成了二者的区别，即方案一并未公开“通过基片托盘和旋转轴顶部之间的摩擦力使所述基片托盘围绕所述旋转轴的中心轴线转动”这一技术特征。

此外，请求人还认为证据1方案一和二的结合能破坏涉案专利的创造性。

与前述进行技术特征比对时类似，在判断不同方案间是否存在结合启示时，从发明构思的角度进行审视，还可以确保在判断时将发明作为一个整体来进行考量，即不仅只考虑技术手段本身，还关注其解决的技术问题和所实现的技术效果，这样更容易判断出不同方案间是否存在结合的障碍，从而在一定程度上避免了主观因素的影响。

同样以本案为例，若仅从技术手段的角度看来，方案一和二组合后似乎能得到涉案专利的技术方案，但从发明构思的角度来看，虽然二者均具有采用接触传动这种可分离连接的方式来克服以往的固定连接的缺陷这一总的发明构思，但是在具体的传动方式上两种方案却遵循着不同的技术思路。方案一采用了独立保持装置用于使转轴带动托盘转动，但该方式在急停时主轴将承受较大的应力，而对于证据 1 中优选的方案二而言，其采用了摩擦传动的方式，该方式的目的在于将机械惯量减到最小，从而在设备急停过程中，当托盘的惯性超过它与转轴之间的摩擦力时，托盘可独立于转轴旋转，从而减小转轴应力。由此，方案一和方案二分别采取了两种并列的、不同的驱动方式，并且这两种方式在转轴应力这一证据 1 聚焦且关注的技术问题上是相互矛盾和冲突的，如果在方案二摩擦传动的基础上再设置独立保持装置，就无法实现减少主轴应力的目的，因此本案中，现有技术没有给出将摩擦传动和接触传动两种驱动方式进行结合的技术启示。

由以上对本案的分析可以看出，正确把握发明构思，了解发明创造产生的过程和各技术特征或技术手段在发明中所起的作用，有助于客观地看待发明的技术方案，这既是准确理解发明的前提，也是“客观、公正”地进行新颖性、创造性评判的基础和保障。

无效宣告请求审查决定（第 33884 号）

决定要点

如果一项专利的权利要求与最接近的现有技术之间存在区别，虽然现有技术公开了该区别，但该区别在现有技术中与在本专利中所起作用并不相同，本领域技术人员没有动机将该区别结合到该最接近的现有技术中以解决本专利所要解决的技术问题，则该权利要求是非显而易见的。

决定文本

一、案由

本专利授权公告的权利要求书共包括12项权利要求，其中独立权利要求1如下：

“1. 一种化学气相沉积装置，其特征在于：包括：

处理腔室，其内部包括一个旋转轴，旋转轴上可分离地放置有基片托盘，基片托盘的下表面包括一凹槽，所述旋转轴包括一顶部，所述顶部可分离地插接于所述凹槽内，所述基片托盘至少部分地受所述顶部支撑并通过二者之间的摩擦力使所述基片托盘围绕所述旋转轴的中心轴线转动；

所述旋转轴顶部与基片托盘上还包括一个同步运动配合结构，所述同步运动配合结构包括一个突出部和一个与之对应配合连接的凹陷部，所述突出部和所述凹陷部分别设置在所述旋转轴的顶部和所述基片托盘的下表面上或相反设置；

其中，当所述基片托盘受其与所述顶部之间的摩擦力驱动而围绕所述旋转轴的中心轴线转动时，所述突出部和所述凹陷部相互配合并保持所述基片托盘和所述旋转轴同步转动。”

针对本专利，维易科精密仪器国际贸易（上海）有限公司（下称请求人）于2017年8月21日向专利复审委员会提出了无效宣告请求，认为：权利要求1缺少必要技术特征，不符合《专利法实施细则》第20条第2款的规定；权利要求1—12不清楚且得不到说明书的支持，不符合《专利法》第26条第4款的规定，应予全部无效。

经形式审查合格，专利复审委员会于2017年8月31日受理了上述无效宣告请求，并将无效宣告请求书转送给专利权人，同时成立合议组对本案进行审查。

请求人于2017年9月1日提交了意见陈述书，同时补充提交了如下证据：

证据1：公开日为2004年4月14日、公开号为CN1489644A、申请号为01822507.1的中国发明专利申请公开说明书；

证据2：公开日为2011年10月27日、公开号为WO2011/132885A2的PCT专利文献及其中文译文（申请公布日为2013年1月9日、申请公布号为CN102870194A、申请号为201180019675.5的中国发明专利申请公布说明书）；

证据3：公开日为2010年8月26日、公开号为US2010/0212595A1的美国专利文献；

证据4：授权公告日为2011年11月23日、授权公告号为CN202047131U、申请号为201120083598.7的中国实用新型专利说明书；

证据5：公开日为2009年5月7日、公开号为JP2009-99770A的日本专利文献；

证据6：申请公布日为2010年12月22日、申请公布号为CN101922042A、申请号为201010263418.3的中国发明专利申请公布说明书；

证据7：公开日为1985年6月25日、公开号为JP昭60-117747A的日本专利文献。

请求人于2017年9月8日再次提交了意见陈述书，并补充提交了证据2、3、5、7的部分中文译文。

请求人进一步认为：权利要求1、2、4—6、8和9不具备新颖性，不符合《专利法》第22条第2款的规定；权利要求1—12不具备创造性，不符合《专利法》第22条第3款的规定。

合议组分别于2017年9月14日和2017年9月19日将请求人的两次意见陈述书和证据副本转送给专利权人，并于2017年9月30日向双方当事人发出了口头审理通知书，定于2017年11月6日举行口头审理。

针对无效宣告请求书，专利权人于2017年10月16日提交了意见陈述书，认为本专利符合《专利法》第26条第4款和《专利法实施细则》第20条第2款的规定。合议组于2017年10月24日将该意见陈述书转给请求人。

针对请求人补充的理由和证据，专利权人于2017年10月30日提交了意见陈述书、权利要求书的修改替换页、反证1-26（略）以及证据5和证据7的全文中文译文。在授权公告的权利要求书的基础上，专利权人删除了权利要求1，在权利要求6和9中增加了特征“且所述突出部与所述凹陷部之间存在一间隙”，并调整了权利要求的序号和引用关系。专利权人认为：修改后的权利要求1—11符合《专利法》第26条第4款、《专利法》第22条第2、3款以及《专利法实施细则》第20条第2款的规定，反证1—2用于证明证据1中的两种技术方案之间彼此独立甚至相互排斥，反证3—26用于证明本专利获得了商业上的成功。

口头审理如期举行，双方当事人均出席了本次口头审理。在口头审理中：

（1）合议组当庭将专利权人于2017年10月30日提交的意见陈述书、权利要求修改替换页、反证1—26及证据5和证据7的译文转给请求人。

（2）专利权人重新提交了权利要求书的修改替换页，在2017年10月30日提交的修改文本的基础上，放弃对权利要求6、9中增加特征的修改和对权利要求11引用关系的修改，最终修改后的权利要求书如下：

“1. 一种化学气相沉积装置，其特征在于：包括：

处理腔室，其内部包括一个旋转轴，旋转轴上可分离地放置有基片托盘，基片托盘的下表面包括一凹槽，所述旋转轴包括一顶部，所述顶部可分离地插接于所述凹槽内，所述基片托盘至少部分地受所述顶部支撑并通过二者之间的摩擦力使所述基片托盘围绕所述旋转轴的中心轴线转动；

所述旋转轴顶部与基片托盘上还包括一个同步运动配合结构，所述同步运动配合结构包括一个突出部和一个与之对应配合连接的凹陷部，所述突出部和所述凹陷部分别设置在所述旋转轴的顶部和所述基片托盘的下表面上或相反设置；

其中，当所述基片托盘受其与所述顶部之间的摩擦力驱动而围绕所述旋转轴的中心轴线转动时，所述突出部和所述凹陷部相互配合并保持所述基片托盘和所述旋转轴同步转动；

所述旋转轴的顶部包括一连接头，所述连接头包括一上表面和位于所述上表面下方的一外周面，所述突出部设置于所述连接头的上表面上或所述外周面上。

2. 一种化学气相沉积装置，其特征在于：包括：

处理腔室，其内部包括一个旋转轴，旋转轴上可分离地放置有基片托盘，基片托盘的下表面包括一凹槽，所述旋转轴包括一顶部，所述顶部可分离地插接于所述凹槽内，所述基片托盘至少部分地受所述顶部支撑并通过二者之间的摩擦力使所述基片托盘围绕所述旋转轴的中心轴线转动；

所述旋转轴顶部与基片托盘上还包括一个同步运动配合结构，所述同步运动配合结构包括一个突出部和一个与之对应配合连接的凹陷部，所述突出部和所述凹陷部分别设置在所述旋转轴的顶部和所述基片托盘的下表面上或相反设置；

其中，当所述基片托盘受其与所述顶部之间的摩擦力驱动而围绕所述旋转轴的中心轴线转动时，所述突出部和所述凹陷部相互配合并保持所述基片托盘和所述旋转轴同步转动；

所述旋转轴的顶部包括一连接头以及位于所述连接头下方的连接头支撑

部，所述突出部设置于所述的连接头支撑部的外周面上。

3. 一种化学气相沉积装置，其特征在于：包括：

处理腔室，其内部包括一个旋转轴，旋转轴上可分离地放置有基片托盘，基片托盘的下表面包括一凹槽，所述旋转轴包括一顶部，所述顶部可分离地插接于所述凹槽内，所述基片托盘至少部分地受所述顶部支撑并通过二者之间的摩擦力使所述基片托盘围绕所述旋转轴的中心轴线转动；

所述旋转轴顶部与基片托盘上还包括一个同步运动配合结构，所述同步运动配合结构包括一个突出部和一个与之对应配合连接的凹陷部，所述突出部和所述凹陷部分别设置在所述旋转轴的顶部和所述基片托盘的下表面上或相反设置；

其中，当所述基片托盘受其与所述顶部之间的摩擦力驱动而围绕所述旋转轴的中心轴线转动时，所述突出部和所述凹陷部相互配合并保持所述基片托盘和所述旋转轴同步转动；

所述旋转轴的顶部包括一连接头以及位于所述连接头下方的连接头支撑部，所述连接头支撑部上设置一个向外延伸的延展平台，所述突出部位于延展平台上，并从延展平台的上表面向上突出以与所述基片托盘对应位置的凹陷部的形状相匹配。

4. 如权利要求1至3任一项所述的化学气相沉积装置，其特征在于：所述突出部包括一个或多个突起结构。

5. 如权利要求4所述的化学气相沉积装置，其特征在于：所述突起结构为条形突起结构或多边体突起结构或圆柱体结构或椭圆柱体结构。

6. 如权利要求1至3任一项所述的化学气相沉积装置，其特征在于：所述凹槽的下部开口直径大于其上部开口的直径，所述旋转轴顶部的上部直径小于下部直径且具有梯形截面。

7. 如权利要求1至3任一项所述的化学气相沉积装置，其特征在于：所述突出部具有一上表面，所述突出部上表面高于所述基片托盘的下表面。

8. 如权利要求1至3任一项所述的化学气相沉积装置，其特征在于：所述突出部与所述凹陷部之间存在一间隙，且所述突出部与凹陷部对应的内周壁具有一同步表面，在所述基片托盘与旋转轴相对转动时，所述同步表面与凹陷部内周壁接触。

9. 如权利要求1至3任一项所述的化学气相沉积装置，其特征在于：所述旋转轴的顶部包括一具有一外周面的连接头，所述凹槽包括一内周壁，所述连接头的外周面与所述凹槽的内周壁相互接触，形成一个摩擦接触区，所述摩擦接触区位于所述基片托盘的重心上方。

10. 一种化学气相沉积装置，其特征在于：包括：

处理腔室，其内部包括一个旋转轴，旋转轴上可分离地放置有基片托盘，基片托盘的下表面包括一凹槽，所述旋转轴包括一顶部，所述顶部可分离地插接于所述凹槽内，所述基片托盘至少部分地受所述顶部支撑并通过二者之间的摩擦力使所述基片托盘围绕所述旋转轴的中心轴线转动；

所述旋转轴顶部与基片托盘上还包括一个同步运动配合结构，所述同步运动配合结构包括一个突出部和一个与之对应配合连接的凹陷部，所述突出部和所述凹陷部分别设置在所述旋转轴的顶部和所述基片托盘的下表面上或相反设置；

其中，当所述基片托盘受其与所述顶部之间的摩擦力驱动而围绕所述旋转轴的中心轴线转动时，所述突出部和所述凹陷部相互配合并保持所述基片托盘和所述旋转轴同步转动；

所述凹陷部位于旋转轴顶部的上表面，与位于所述基片托盘的下表面的凹槽中间的一个突出部相匹配。

11. 如权利要求8所述的化学气相沉积装置，其特征在于：所述突出部和凹陷部间的间隙不小于0.01mm。”

请求人对上述修改后的权利要求书没有异议。

（3）请求人明确其无效理由为：权利要求1—3、10缺少必要技术特征，不符合《专利法实施细则》第20条第2款的规定；权利要求1—11得不到说明书支持、保护范围不清楚，不符合《专利法》第26条第4款的规定；权利要求1、3—5、7和8不具备新颖性，不符合《专利法》第22条第2款的规定；权利要求1—11不具备创造性，不符合《专利法》第22条第3款的规定。

在此基础上，双方当事人对本案充分发表了意见。

请求人于2017年11月13日提交了意见陈述书，坚持其在口审当庭陈述的意见。

至此，合议组认为本案事实已经清楚，可以作出审查决定。

二、决定的理由

(一) 审查文本

专利权人于口头审理时对权利要求书进行了修改并提交了修改替换页，请求人对该修改无异议。经合议组审查，该修改文本符合《专利法》及其实施细则和《专利审查指南》的相关规定，本决定在该修改后的权利要求书的基础上作出。

(二) 关于证据

专利权人对证据1—7的真实性、公开性无异议，合议组经审查确认上述证据的真实性，同时其公开日期均早于本专利申请日，可以作为本专利的现有技术使用。

关于相关证据的中文译文，专利权人仅认为证据7的译文中“托盘”应为“卡盘”，同意请求人的其他译文内容，对此请求人没有异议。因此，除证据7的该术语的译文应为“卡盘”外，其余证据的译文以请求人提交的为准。

(三) 关于《专利法实施细则》第20条第2款

《专利法实施细则》第20条第2款规定：独立权利要求应当从整体上反映发明或者实用新型的技术方案，记载解决技术问题的必要技术特征。

请求人认为：本专利要解决的技术问题之一是实现旋转过程中基片托盘的自平衡，为了解决该问题，本专利至少采用了两个技术手段，即在旋转轴的连接头和基片托盘的接触区域下方存在足够的间隙S1，以及在突出部和凹陷部之间存在间隙S2并且该间隙不小于0.01mm、小于5mm。但本专利独立权利要求1—3和10中并没有记载上述技术特征，因此不能解决自平衡的技术问题，不符合《专利法实施细则》第20条第2款的规定。

对此，合议组认为：(1) 根据本专利说明书第0035段的记载，“在出现基片托盘1040安装不够水平时，或在旋转轴初始旋转时，或在旋转轴加速或减速旋转时，基片托盘1040会因为该摩擦力作用及自身惯性及重力的作用能够逐渐自动达到水平位置，以实现自平衡”。可见，本专利是通过摩擦力以及自身惯性和重力的共同作用来实现基片托盘在旋转时的自平衡，间隙S1的存在只是本专利中实现自平衡的优选方案，并非必不可少的技术特征。另外，本专利中旋转主轴的顶部可分离地插接在基片托盘的凹槽内，为了安装和分离的方便，必然不会出现无法实现自平衡的过盈配合。而且出于安装便利，设置间隙也是实际操作通常会选取的方式。即使旋转主轴的顶部和基片托盘的凹槽设计为无间隙的贴合，在基片托盘出现不水平的情况时，也一定程度上存在能够进行自平衡的调整空间。因此，间隙 S1 的特征并非本专利解决自平衡所必不可少的技术特征。(2) 根据说明书第 0036 段的记载，如果间隙 S2 设计得太小，会由于热胀冷缩导致基片托盘无法取出，而设计得太大又不能防止主轴和基片托盘发生相对运动。因此，间隙 S2 的设计目的并非用于实现自平衡，而且本领域技术人员也通常会选取间隙 S2 存在的技术手段。因此，请求人关于独立权利要求 1—3 和 10 缺少必要技术特征、不符合《专利法实施细则》第 20 条第 2 款规定的理由不能成立。

（四）关于《专利法》第 26 条第 4 款

《专利法》第 26 条第 4 款规定：权利要求书应当以说明书为依据，清楚、简要地限定要求专利保护的范围。

1. 请求人认为：权利要求 1—3、10 中包含了旋转轴连接头和基片托盘接触区域下方以及突出部与凹陷部之间不存在间隙的技术方案，该方案无法解决本专利所要解决的自平衡的技术问题，因此得不到说明书支持。基于引用关系，从属权利要求 4—9 和 11 也得不到说明书支持。

对此，合议组认为：如前所述，旋转轴连接头和基片托盘接触区下方的间隙属于优选方案，该间隙的存在与否并不影响基片托盘自平衡的实现；突出部和凹陷部之间的间隙只是为了防止由于热胀冷缩导致基片托盘无法取出，并不涉及旋转过程中基片托盘的自平衡问题，因此不会导致权利要求得不到说明书的支持。

2. 请求人认为：权利要求 7 引用了权利要求 1—3 任一项，其记载了“所述突出部具有一上表面，所述突出部上表面高于所述基片托盘的下表面”，而该技术特征仅记载在针对图 7a—7b 的实施例中，该实施例对应于权利要求 2，因此权利要求 7 在引用权利要求 1 和 3 时得不到说明书支持。

对此，合议组认为：本专利图 2a—2c 和图 6a—6b 也分别示出了突出部的上表面高于基片托盘的下表面，它们分别对应于权利要求 1 和 3，因此权利要求 7 引用权利要求 1 和 3 时能够得到说明书的支持。

3. 请求人认为：本专利独立权利要求中包括了突出部和凹陷部在旋转轴顶部和基片托盘下表面上的正向和反向两种设置的技术方案，从属权利要求分别涉及两种方案中的一种，在引用独立权利要求时会与其另外一种方案之间产生矛盾，从而导致从属权利要求保护范围不清楚。

对此，合议组认为：从属权利要求的保护范围是由其附加技术特征和引用的独立权利要求的技术特征共同构成的，附加技术特征构成了对于独立权利要求保护范围的进一步限定，因此本领域技术人员知晓，当附加技术特征与独立权利要求的两个并列技术方案相结合时，能够将相互矛盾的方案排除在权利要求的保护范围之外。而且，专利权人通过修改删除了原权利要求 1，新的独立权利要求 1—3 中均只包括了正向设置这一种技术方案，因此在从属权利要求引用它们时，也不会导致权利要求保护范围不清楚。

4. 请求人认为：权利要求 8 和 11 中对于内周壁和同步表面的限定不清楚。

对此，合议组认为：根据权利要求 8 记载的“所述突出部与凹陷部对应的内周壁具有一同步表面”以及“所述同步表面与凹陷部内周壁接触”可以确定，“内周壁”为凹陷部的内周壁，“同步表面”为突出部外表面的一部分，其与凹陷部内周壁相对应，当基片托盘与旋转轴相对转动时，突出部与凹陷部之间发生相对运动，此时突出部的同步表面会与凹陷部的内周壁发生接触。因此，请求人据此认为权利要求 8 和 11 不清楚的无效理由不能成立。

综上所述，请求人关于权利要求 1—11 得不到说明书支持或者保护范围不清楚、不符合专利法第 26 条第 4 款规定的理由均不能成立。

（五）关于《专利法》第 22 条第 2 款

《专利法》第 22 条第 2 款规定：新颖性，是指该发明或者实用新型不属于现有技术，也没有任何单位或者个人就同样的发明或者实用新型在申请日以前向国务院专利行政部门提出过申请，并记载在申请日以后公布的专利申请文件或者公告的专利文件中。

请求人认为：证据 1、2、4 分别公开了一种化学气相沉积装置，均设有保持主轴和基片托盘同步转动的转动保持机构即同步运动配合机构，虽然在转动过程中是依赖于转动保持机构使得转轴带动基片托盘转动，但是在转动之初是利用摩擦力驱动的，因此证据 1、2、4 均公开了权利要求 1 的技术方案，权利要求 1 不具备新颖性。权利要求 3—5、7—8 也不具备新颖性。

经查，证据 1 公开了一种用于化学气相沉积的无基座式反应器（参见其说明书第 11 页倒数第 2 段到第 13 页第 1 段、附图），其图 5A、5B、5C 和 5D

显示了该反应器一个实施例的晶片支撑组件的变型。从图 5A 可以看出，反应器包括反应腔 100、具有位于反应腔 100 之内的顶端 280 的主轴 250、晶片托架 200 以及辐射加热元件 140。从图 5D 可以看出，晶片托架 200 的底面 202 包括一个中心凹进部分 290。主轴 250 的顶端 280 在凹进部分 290 中的插入在主轴壁 282 和凹进部分壁 292 之间产生了摩擦配合，该摩擦配合使晶片托架 200 能够在没有独立保持装置的情况下由主轴 250 进行旋转。本发明同样考虑在晶片制成组件中使用独立保持装置，这种独立保持装置的实例示于图 9A、9B 和 9C。如图 9A 所示，主轴的顶端可以包括从平直表面垂直向下延伸的凹口，晶片托架可以在凹进部分的平直表面具有匹配凹口，该凹口从平直表面垂直向上延伸，然后指状件可以插入凹口，将晶片托架和主轴连在一起。或者如图 9B 所示，主轴顶端的平直表面可以包括与主轴顶端成一体的凸起件，在晶片托架的沉积位置，凸起件被插入凹进部分的平直表面的匹配凹口中。从图 9C 中可以看出，保持装置包括两个指状件或者两个凸起件，以及相应数量的匹配凹口。

证据 2 公开了一种基板处理设备（参见其中文译文第 0074 段和第 0104 段，图 1、30a），该基板处理设备 1000 包括：具有反应空间 s 的腔室 400；设置在腔室 400 上以选择性地打开或关闭反应空间 s 的盖 300；容纳在腔室 400 内的主盘 500，在主盘 500 上安置有一个或多个晶片 10；以及驱动装置 600，包括选择性地旋转主轴 500 的驱动轴 610 和用于驱动驱动轴 610 的驱动单元 620。驱动轴 610 可分离地耦合到主盘 500 以传送驱动力。驱动轴 610 在可分离地耦合到主盘 500 的同时，将驱动力传送至主盘 500。例如，如果驱动齿轮安装在驱动轴 610 的上端并且安置凹陷（在其横向表面形成有齿轮凹槽）在主盘 500 的下表面凹进以便啮合驱动齿轮且传送来自驱动齿轮的旋转驱动力。

证据 4 公开了一种在基片上生长薄膜的反应装置（参见其具体实施方式部分、附图），图 1 中反应腔 1 包括侧壁 12、设置于反应腔 1 内的气体输送装置 2 和基片托架 8。反应腔 1 内还包括一支撑装置 3，用于支撑前述基片托架 8。支撑装置 3 通常与一旋转驱动装置 5a 相连接，旋转驱动装置 5a 可选择性地带动支撑装置 3 和基片托架 8 一起旋转。图 2a 为根据本实用新型一种实施方式所提供的用以实现本实用新型的清洁方法的装置 100。图 4 所示为前述支撑装置 3 的一种实施方式，具体而言，该支撑装置为一具有一支持端 3a 的一可旋转轴。由图 5a、5b 可知，可旋转轴 3 的支持端 3a 可分离地容纳于前述清洁装置 6 的凹进部 67，使二者连接在一起并可以保持一起运动，如：一起旋转、一起上下升降。根据需要，可旋转轴 3 的支持端 3a 也可以很容易地从清洁装置 6 的凹进部 67 里分离开来，并将清洁装置 6 从反应腔 1 内移出至反应腔 1 外，这些装载和卸载清洁装置 6 的动作可以通过图 2a 所示的机械传送手 R 来完成。

合议组经审查认为：

证据 1 中虽然同时公开了通过摩擦配合使得晶片托架随主轴旋转，以及设置独立保持装置，但是图 5A—5D 和图 9A—9C 所示出的内容分别属于两个并列的技术方案。根据证据 1 说明书的记载（参见其第 4 页倒数第 3 段、第 5 页第 9—12 行、第 12 页倒数第 2 段），其发明目的是避免现有技术的 CVD 反应器中永久性安装的基座存在的明显增大晶片支撑组件总体的热惰性和机械惯量的缺陷，因此证据 1 优选仅通过摩擦力使得晶片托架保持在主轴上，没有任何的保持装置，由此能使托架-主轴组件的机械惯量减到最小，并能够由此降低主轴上的应力。如果主轴必须突然停止，并且施加在晶片托架上的惯性力超过它与主轴顶端之间的摩擦力，晶片托架就可能独立于主轴地旋转，从而减小了主轴上的应力。因此，证据 1 并不需要避免晶片托架和主轴之间的相对转动，反而希望通过相对转动来减少主轴的应力。而且，在证据 1 中设置摩擦配合或者独立保持装置，其目的均是将晶片托架保持在主轴上，通过摩擦配合或独立保持装置均足以单独实现上述目的，因此也没有必要同时使用。另外，即使图 9A—9C 中会由于主轴和晶片托架间的接触存在摩擦力，但该摩擦力并不足以使所述托架围绕旋转轴转动，该方案中是通过独立保持装置来保证托架随主轴转动。因此，权利要求 1 相对于证据 1 中图 9A—9C 的技术方案至少存在如下区别：通过基片托盘和旋转轴顶部之间的摩擦力使所述基片托盘围绕所述旋转轴的中心轴线转动。

证据 2 是通过驱动齿轮驱动主盘随驱动轴旋转，其中并没有公开摩擦力作为主要驱动力起作用，并且该证据中需要由驱动齿轮作为主要驱动力量，因此即使由于驱动齿轮与主盘间存在接触摩擦力，该摩擦力也不足以驱动主盘旋转。因此，权利要求 1 与证据 2 也同样至少存在区别“通过基片托盘和旋转轴顶部之间的摩擦力使所述基片托盘围绕所述旋转轴的中心轴线转动”。

证据 4 公开了清洁装置与主轴同步运动，但结合图 4 和图 6 的内容可知，其主要是通过支撑装置上的支持端来驱动清洁装置随主轴转动，同样没有公开摩擦力作为主要驱动力起作用。基于与前述相同的理由，权利要求 1 与证据 4 也同样至少存在区别“通过基片托盘和旋转轴顶部之间的摩擦力使所述基片托盘围绕所述旋转轴的中心轴线转动”。

因此，上述区别技术特征的存在导致权利要求1请求保护的技术方案与所述证据公开的技术方案实质上不同，请求人认为权利要求1相对于证据1、2或4不具备新颖性的理由均不能成立。

相应地，包含上述区别特征的独立权利要求3以及从属权利要求4—5和7—8不具备新颖性的理由也均不能成立。

（六）关于《专利法》第22条第3款

《专利法》第22条第3款规定，创造性，是指与现有技术相比，该发明具有突出的实质性特点和显著的进步，该实用新型具有实质性特点和进步。

如果一项专利的权利要求与最接近的现有技术之间存在区别，虽然现有技术公开了该区别，但该区别在现有技术中与在本专利中所起作用并不相同，本领域技术人员没有动机将该区别结合到该最接近的现有技术中以解决本专利所要解决的技术问题，则该权利要求是非显而易见的。

请求人认为：证据6公开了同时包括摩擦传动和接触传动来保持驱动轴与托盘同步转动的技术方案，其与权利要求1的区别在于突出部和凹陷部的设置位置，而调整凹凸配合关系是本领域的常规技术手段。权利要求1相对于证据1与证据2的结合、证据1与证据6的结合、证据4与证据6的结合或者证据6与公知常识的结合不具备创造性。权利要求2—11相对于证据1、2、4、6及其结合以及它们分别与证据3、5、7以及公知常识的结合不具备创造性。

经查，证据6公开了一种用于MOCVD反应腔的外延片托盘及其配合的支撑和旋转联接装置（参见其说明书第0050—0070段，图5-11），如图5所示，所述可机械装卸的圆形托盘10，放置在MOCVD系统的反应腔50中；该托盘10的上表面11与底面12平行，在上表面11上围绕中心开设有若干浅凹盘，用于排列放置多个外延片40（图1）。所述旋转装置是垂直设置的驱动轴20，通过机械手取放托盘10，使托盘10底部中间、向下凸出的托盘转轴100，对应插入驱动轴20顶部开设的沉孔200中，将驱动轴20与托盘10耦合连接。在对外延片40处理的过程中，由所述旋转驱动装置22的马达带动驱动轴20旋转，并通过相互的耦合使托盘10与驱动轴20能同步旋转。所述可机械装卸的托盘10，与底部中心的驱动轴20耦合，可通过以下多种结构使下凸的托盘转轴100与驱动轴20沉孔200的接触，通过摩擦传动或者接触传动实现由驱动轴 20 带动的托盘 10 的旋转。如图 9 至图 11 所示，在一些优选的实施方式中，在凸出的托盘转轴 100 和驱动轴 20 的沉孔 200 上分别设置轴向的定位装置，通过定位装置的耦合，对应增加了旋转方向上的若干对接触面，保证托盘 10 转速与驱动轴 20 转速的一致。具体地，可在托盘转轴 100 的侧面设置若干向外凸出的定位键 140，在驱动轴 20 沉孔 200 的侧面对应位置，开设若干形状匹配的定位槽 240。在托盘 10 放入反应腔 50 时，通过设置在旋转驱动装置 22 上的转角位置传感器，对准该定位键 140 和定位槽 240 的位置，将托盘转轴 100 插入沉孔 200，使定位键 140 的侧端面 141 与定位槽 240 的侧端面 241 相接触，通过轴向的接触传动使托盘 10 与驱动轴 20 一起旋转，且两者转速能保持一致。

合议组经审查后认为：权利要求 1 与证据 6 图 9—11 的技术方案相比至少存在区别“通过基片托盘和旋转轴顶部之间的摩擦力使所述基片托盘围绕所述旋转轴的中心轴线转动”。证据 6 虽然公开了摩擦传动和接触传动两种传动方式，但根据其说明书第 0054 段记载的“通过摩擦传动或者接触传动实现由驱动轴带动托盘的旋转”可以确定其摩擦传动和接触传动是并列的关系。而且其说明书第 0035 段记载，在托盘转轴和驱动轴沉孔的侧面对应设置若干定位槽和定位键，通过其在旋转方向的接触面传动，使托盘与驱动轴的转速同步，避免了由于摩擦传动而引起的部件磨损，提高了在中高速旋转条件下长期使用的可靠性，减少了托盘的更换，从而减少了外延片的生产成本。由此可见，证据 6 在使用定位槽和定位键相配合进行传动时，能够避免摩擦传动引起的磨损，即使用接触传动时会避免采用摩擦传动。同时，证据 6 中的接触传动是通过定位槽和定位键的接触面传动，使托盘与驱动轴转速同步。因此，即使定位槽和定位键的接触面上存在摩擦力，该摩擦力也不足以驱动托盘与驱动轴同步运动。

证据 1、2、4 公开的内容如前所述。

综合证据 1、2、4、6 的内容来看，证据 1、6 中仅公开了分别通过摩擦传动或接触传动保持主轴和托盘同步运动的方案，并未公开同时采用摩擦传动和同步运动配合结构的技术方案，而证据 2 和 4 中均没有公开采用摩擦力驱动二者同步转动的技术特征。而且，证据 1 中优选仅通过摩擦力使托架保持在主轴上，并不排斥托架与主轴的相对运动，由此能够减小主轴的应力；证据 6 中通过采用接触传动，避免了摩擦传动引起的部件磨损，减少了生产成本。因此，证据 1 和 6 对于接触传动和摩擦传动的共同使用均给出了相反的技术教导。另外，证据1中的独立保持装置、证据2中的驱动齿轮、证据4中的支持端以及证据6中的定位键和定位槽与本专利中的同步运动配合结构在功能上也存在差异，上述证据中各装置的作用均是通过接触作用力保持主轴和托盘同步运动，接触作用力在托盘的运动过程中必须时刻发挥作用，托盘和主轴之间不再需要摩擦力作用，因此这些装置均为接触传动装置；而本专利的同步运动配合结构其目的仅在于确保主轴和托盘不发生相对转动，在托盘随主轴的运动过程中，主要由摩擦传动发挥作用，因此本专利的同步运动配合结构并不属于接触传动装置，因此上述证据也无法给出将摩擦传动与同步运动配合结构相结合的技术启示。此外，目前也没有证据显示这种结合方式是本领域的公知常识。因此，请求人关于权利要求1相对于证据1与证据2的结合、证据1与证据6的结合、证据4与证据6的结合或者证据6与公知常识的结合不具备创造性的理由均不能成立。

另外，证据3公开了一种用于支撑晶片托架的支持组件，其晶片托架支撑件上具有至少一个凸轮；证据5公开了一种气相生长装置，其具有嵌合孔和嵌合突起，二者的配合能够使得通过驱动轴将旋转力传递至基座；证据7公开了一种晶片托架与旋转轴的固定结构，其突出部与旋转轴形成为一体并横向延伸。证据3、5和7中均未公开摩擦传动和接触传动相结合的技术内容，也没有给出将摩擦传动和接触传动相结合的技术启示。

因此，请求人关于权利要求2—11不具备创造性的无效理由也均不能成立。

基于上述事实和理由，合议组作出如下决定。

三、决定

在专利权人口审当庭提交的权利要求1—11的基础上维持201220056049.5号实用新型专利权继续有效。

当事人对本决定不服的，可以根据《专利法》第46条第2款的规定，自收到本决定之日起三个月内向北京知识产权法院起诉。根据该款的规定，一方当事人起诉后，另一方当事人作为第三人参加诉讼。

合议组组长：任颖丽
主　审　员：刘彤
参　审　员：赵锴